FALTER

폴터

FALTER: Has the Human Game Begun to Play Itself Out?
by Bill McKibben

This Korean edition was published by Saenggakieum Books in 2020 by arrngement with Henry Holt and Company, New York through KCC(Korea Copyright Center Inc.), Seoul.

이 책은 ㈜한국저작권센터(KCC)를 통한 저작권자와의 독점계약으로 도서출판 생각이음에서 출간되었습니다.

FALTER
폴터

휴먼 게임의 위기, 기후 변화와 레버리지

빌 맥키번 지음
홍성완 옮김

생각이음

—

코레티 티유말루(Koreti Tiumalu, 1975-2017)와

우리 지구 행성의 미래를 위해 전력을 다해 싸우는

친애하는 수많은 동료들에게 바친다.

—

차례

희망에 관한 단상

30년 전인 1989년 처음으로 기후 변화에 관한 대중서를 썼다. 당시에는 기후 변화를 온실 효과로 불렀다.《자연의 종말The End of Nature》이라는 책 제목이 암시하듯 낙관적인 내용은 아니었다. 안타깝게도 그 암울한 내용은 맞는 것으로 드러났다. 나의 기본 요지는 인류가 지구를 전혀 손쓸 수 없을 정도로 바꿔 놓았다는 것이었는데, 10년이 지나서야 과학자들은 이런 사실을 강조하고 우리 시대를 인류세Anthropocene*로 언급하기 시작했다.

　이 책도 역시 암울하다. 어느 면에서는 더 암울하다. 그 사이 인류가 더 깊은 수렁에 빠졌기 때문이다. 이 책은 기후 위기에 직면하게 된 과정과　내가 보기에 역시 인류의 미래를 위협하는, 이를테면 인공지능 같이 새롭게 발전하는 기술 분야에 관한 이야기다. 간단히 말해 지금의 문제는 인류가 생태를 파괴하고 기술적 자만심으로 실험을 하고 있다는 것이다. 잠재된 위험이 아주 크고, 역경도 아주 오래 지속될 듯하다. 향후 추세 역시 매우 불길하다. 그렇다보니 독자들에게 보다 유쾌한 읽기

---

* 인류로 인한 자연환경 파괴를 특징으로 하는 지질학적 시기.

경험을 제공할 다른 책들이 얼마든지 있다는 것은 나 또한 부정하지 않는다.

이 암울함이 현재의 기류와 배치된다는 것도 알고 있다. 최근 몇 년간 세상 모든 것이 꾸준히 개선되고 있다는 100여 개의 TED 강연*과 10여 권의 책들이 출간되어 세간의 이목을 끌고 있다. 이런 강연이나 책들은 일련의 그래프를 끝없이 보여주면서 영유아 사망률이 줄고 있다거나 수입이 오른다는 것을 보여준다. 하지만 당혹스러울 정도로 상황이 악화되고 있다는 논조 역시 포함돼 있어 조금이라도 생각을 해본 사람이라면 현재의 암울함을 인식했을 것이다. 캐나다의 심리학자 스티븐 핑커Steven Pinker는 지극히 낙관적인 자신의 책《이제 계몽의 시대로 Enlightenment Now》에서 이렇게 말한다. "세상이 얼마나 대단해졌는지 생각해 보면 거기에 걸맞게 행복한 사람은 아무도 없는 것 같다." 그는 사람들이 그저 "투덜거리고, 불평하고, 칭얼거리고, 푸념하고, 욕을 하는 것 같다"는 말도 덧붙였다.[1]

이런 책들에 감사한다. 무엇보다도 인류 문명이 실제로 무너진다면 정확히 얼마나 많이 잃어야 하는지 상기시켜주기 때문이다. 지난 수백 년간 지구상의 생활 조건이 개선됐다는 사실은 우리가 좋은 미래를 맞이할 거라는 어떤 증거도 되지 못한다. 오히려 새로운 질서가 위협으로 부상할 수 있으며, 실제로는 이미 등장해 있다. 여러 해 동안 힘과 체격, 부와 지능을 향상시켜 온 사람이 암이나 버스처럼 보다 큰 힘에 쓰러질 수 있는 것처럼 문명도 그럴 수 있다. 그런데도 현재 전 세계를 지배하

---

* Technology, Entertainment, Design 강의. 미국의 비영리 재단에서 운영하는 강연회.

고 있는 힘과 부의 분배 방식 때문에 우리는 유례없이 새로운 도전에 대처할 준비가 안돼 있고, 지금까지도 이에 대처를 안 하고 있다.

그럼에도 내가 젊었을 때보다 덜 암울한 것이 있다. 이 책은 이런 위험에 저항하는 것이 적어도 가능하다는 확신으로 끝맺는다. 이런 확신의 일부는 인간의 창의력에서 나온다. 나의 경우 태양광 패널 같은 기술이 급속히 확산되어 세상을 바꾸는 것을 지켜보면서 매일같이 큰 힘을 얻는다. 또 이런 확신의 상당 부분은 지난 수십 년 간 내가 경험한 많은 일들에 기초하고 있다. 나는 변화를 일으키는 운동에 몰두해왔다. 범지구적 기후 캠페인을 벌이는 최초의 조직으로 성장한 350.org 단체의 설립을 도왔다. 비록 아직 화석연료 산업과의 싸움에서 이기지 못했지만 북한을 제외한 전세계 모든 나라에서 많은 동료들과 함께 조직적인 기후 투쟁을 벌이고 승리도 거뒀다.

지금도 세계 곳곳에서 친구들과 동료들이 미국의 그린 뉴딜과 유사한 조치를 강력하게 요구하고 있다. (나와 기후 투쟁을 함께 하던 친애하는 동료 코레티 티유말루Koreti Tiumalu에게 이 책을 바친다. 코레티는 2017년 너무나도 젊은 나이로 세상을 떠났다.) 나는 몇번이나 감옥에 갔었고 수많은 집회에도 참석했다. 그리고 이 과정에서 우리가 견고한 세력에 맞설 도구를 갖고 있다고 믿게 됐다.

실제로 이 견고한 세력을 이길 날이 올지는 잘 모르겠다. 독자에게 희망을 갖게 하는 것이 작가의 의무라고는 생각하지 않는다. 작가의 의무라면 정직이 유일하다. 하지만 이 책을 고른 독자들이 꼭 알기 바라는 것이 하나 있다. 내 삶은 지금도 싸우는 중이고 결코 체념한 상태가

아니라는 것을. 그렇지 않았다면, 이 책을 쓰는 수고를 굳이 감수하지도

않았을 것이다.

1부

게임 판의 크기

아주 높이 떨어진 곳에서 지구를 본다면(좋은 것이든 나쁜 것이든, 이 책은 자주 높고 넓은 시각을 취한다), 가장 먼저 눈에 띄는 인류 문명의 징표는 아마 지붕이 될 것이다. 하강하는 외계인의 눈에 보이는 지붕의 모습은 대개 해당 지역의 기후에 따라 다양하다. 이를테면 겨울에 눈이 쌓이지 않게 흘러내리는 구조가 있는데, 여기에는 맞배지붕,* 망사르드 지붕,** 모임지붕***과 박공지붕****이 있다. 아시아 국가들의 사찰 탑은 원뿔 모양의 꼭대기가 흔하다. 러시아 교회에서는 양파형 돔이 등장하고, 서방 교회는 위에 첨탑이 있다.

아마 최초의 집은 야자수 잎으로 지붕을 만들었을 것이다. 작물 재배를 시작한 신석기 시대는 추수 후 남는 짚이 든든한 지붕 재료로 쓰였다. 영국 남부지방에는 일부 가정에 500년 된 초가지붕이 남아 있다. 수세기 동안 새로운 짚이 더해지면서 짚의 두께가 무려 2미터가 넘는 집

* 맞배지붕: 양면으로 경사를 이룬 지붕.
** 망사르드 지붕: 완만한 경사를 이루다가 가파르게 꺾이는 지붕.
*** 모임지붕: 하나의 꼭지점에서 만나는 지붕.
**** 박공지붕: 맞배지붕과 거의 똑같은 지붕.

도 있다. 하지만 짧은 줄기의 신종 밀이 등장하고 질소 비료의 광범위한 사용으로 밀짚이 약해지면서 지붕에 적합한 좋은 재질을 찾기가 힘들어졌다. 그런데도 현재 초가지붕은 환경친화적 지붕을 찾는 부유한 유럽인들에게 갈수록 인기를 얻고 있다. 일례로, 독일에서는 이제 '짚을 엮어 지붕을 얹는 이엉장이 전문가로' 학위를 받을 수 있다.

그러나 인류는 적어도 기원전 3세기부터 단단한 지붕을 선호하기 시작했다. 아마도 그리스 신전을 화재로부터 보호할 가치가 있다고 여기면서부터일 것이다. 적갈색 기와가 지중해와 소아시아로 급격히 퍼졌고, 유지비가 적게 드는 슬레이트 지붕이 인기를 끌었다. 산림이 우거진 곳에서는 나무 널빤지와 나무껍질이 유용하게 쓰였다. 현재 도시 빈민가에 거주하는 이들의 평균적인 삶을 고려해 볼 때 골이 진 철판 지붕이 가장 많이 사용될 가능성이 있다.

이런 얘기가 재미없는가? 아마 그럴 것이다. 사실 내가 얘기하고 싶은 것은 휴먼 게임이다. 이것은 문화와 상업과 정치의 합이고, 종교와 스포츠와 사회생활의 합이다. 또 춤과 음악, 만찬과 예술과 질병과 섹스와 인스타그램의 합이고, 사랑과 상실의 합이기도 하다. 말하자면, 인류가 경험하는 모든 것의 합이 휴먼 게임이다. 하지만 내가 이 모든 것을 다루기에는 역부족이다. 적어도 준비가 될 때까지는 그렇다. 그래서 내가 상상할 수 있는 문명의 가장 일상적 측면만 다뤘다.

사실 지붕에 물이 새지 않는 한 굳이 지붕 생각을 할 사람은 거의 없다. 너무나 당연히 있는 게 지붕이다. 그래서 더, 내가 말하려는 것을 분명히 보여준다. 좀더 정확히 표현하면 아주 흔하고 전혀 관심 대상이 아닌 지붕조차도 내가 말하려는 이 휴먼 게임의 복잡성과 영속성, 범위를 설명한다.

대부분의 서구 집들이 지붕재로 쓰는 아스팔트 슁글*을 생각해 보자. 거의 틀림없이 모든 지붕 형태 중에서 가장 칙칙한 지붕일 것이다. 초기 사례는 1901년으로 거슬러 올라간다. 처음 만든 생산자는 미시간주 그랜드래피즈의 레이놀즈H.M. Reynolds라는 회사였다. "오래 가는 지붕이 수지가 맞는 지붕이죠!" 이 회사가 제품을 팔면서 내건 슬로건 문구다. 원재료인 아스팔트는 전세계의 몇 곳에서만 천연으로 얻을 수 있다. 대표적으로 캐나다 앨버타 주에서 나오는 타르샌드**가 있는데, 대부분 역청이다. 역청은 지질학자들이 아스팔트를 지칭하는 전문 용어다. 하지만 슁글에 사용되는 아스팔트는 석유 정제과정에서 섭씨 260도로 끓이기 전에 뽑아낸다. 감압 증류***를 통해서 가솔린, 디젤, 나프타 같은 좀더 값이 나가는 제품들로부터 분리시킨다. 분리 후에는 고온으로 저장하고 운반해서 사용되며, 대부분은 도로를 만드는 데 쓰인다.

그중 일부가 공장에 보내져 슁글로 만들어진다. 이때 제조업체는 내구성 향상을 위해 슬레이트, 비산재, 운모****같은 광물 입자를 추가한다. 세계에서 가장 큰 슁글 제조업체 서턴티드 코퍼레이션CertainTeed

---

* Shingle, 아스팔트 사이에 강한 유리섬유를 넣고 겉 표면을 채색된 돌 입자로 코팅해서 만든 것.
** tar sands, 원유 중 가벼운 물질은 빠져나가고 잔류 아스팔트가 공간 사이에 채워져 있는 사암.
*** vacuum distillation, 끓는점이 비교적 높은 액체 혼합물을 분리하기 위해 액체에 작용하는 압력을 감소시켜 증류 속도를 빠르게 하는 방법.
**** 슬레이트는 지붕·천장·내장·외장 등에 사용되는 천연 또는 인조 돌판. 비산재는 연소 과정이나 파쇄 과정에서 날리게 되는 회분과 재. 운모는 화강암 가운데 많이 들어 있는 규산염 광물의 하나.

Corporation은 미 전역에 61개 사업장을 갖고 있다. 그중 하나인 노스캐롤라이나주 옥스퍼드 공장은 셩글 제조과정을 제대로 보여주는 이른바 '이것이 저평가된 과정'이라는 비디오를 제작했다. 이 비디오는 마치 한 편의 발레 공연처럼 붓고, 폐기하고, 실어 나르는 모습을 보여준다. 궤도차로 도착한 석회암을 분쇄해서 뜨거운 아스팔트와 섞은 후 아주 긴 유리섬유 매트에 코팅하는 과정이다. 옅은 안개 같은 물이 뿌려지고 증발하면 시트가 냉각되고 절단 준비가 완료된다. 그런 다음, 판매될 때까지 대형 창고 속 팔레트 위에서 기다린다.[1]

이 모든 것이 작동하려면 수천 개의 작업이 동시에 이뤄져야 한다는 사실을 듣다보면 혀를 내두를 수밖에 없다. 먼저 바다 깊은 곳, 혹은 적도 사막에서 석유를 시추해야 한다. 파이프라인과 철도가 깔려야 하고, 정제 공장이 만들어져야 한다. 물론 각 단계마다 상당한 자금이 필요하다. 석회암과 모래도 캐내야 하고, 다른 생산 라인에서는 수 킬로미터에 달하는 유리섬유망을 가공해야만 한다.

모든 원재료가 노스캐롤라이나 공장에 투입되고 나면 완성품 셩글이 대량으로 생산된다. 그리고 철도와 트럭에 실려 수많은 건자재 판매점으로 배달되고 바람과 불, 변색에 대한 내성을 평가하는 건축업자의 확인이 완료되면 공사현장에 투입된다. 유리펠트에 광물 알갱이로 표면을 처리해서 만든 아스팔트 셩글, D3462-87 지침을 제정하고 시행하기 위해 미국재료시험협회(ASTM)에 동원돼야 했던 엄청난 수의 사람들을 한번 더 생각해 보라.

이런 과정을 주변에 보이는 모든 것에, 그리고 듣고 냄새를 맡을 수 있는 모든 것에 반복해서 적용해 볼 수 있다. 무한히 흥미로운 모든 활동들이 언제나 그 많은 지붕 아래서 이뤄진다. 내 경우는 스포티파이*로 오케스트라 바오밥Orchestra Baobab의 음악을 들으면서 글을 쓴다. 이들은 1970년대에 세네갈 수도 다카르Dakar에서 연주하던 하우스 밴드**였다.

오케스트라 바오밥의 음악에는 1940년대 서부 아프리카로 향했던 쿠바 선원들의 비트가 담겨 있다. 이 그룹은 마침내 파리의 스튜디오에서 최고의 앨범을 녹음했고, 이제는 컴퓨터 서버로 전세계 수많은 사람들이 이들의 음악을 듣는다. 헤드폰 안으로 퍼지는 이들의 음악에 묻어 있는 역사와 기술, 상업과 숭고함, 스윙의 유희를 분석해 보라. 인종, 정체성, 팝, 순수성의 문제들과 식민사상이 겹겹이 쌓여 있다. 아니면 저녁에 무엇을 먹을 것인지, 혹은 어떤 배낭을 메고 갈지 생각해 보라. 이 **모든 것**에는 연결고리가 있다. 그리고 이 연결고리를 따라 과거와 현재 구석구석까지 가볼 수 있다.

내가 말하는 이 휴먼 게임은 상상할 수 없을 정도로 깊고, 복잡하고, 아름답다. 위험에 빠지기도 한다. 실제로는 이미 시작돼서 지금도 위태롭다.

나는 이 책에서 이 게임의 위태로움을 이야기할 것이다. 그리고 마지막에는 아직 가능할지는 모르겠지만 이 위험을 피할 수 있는 몇 가지 방법을

* Spotify, 라디오처럼 본인이 선곡할 필요 없이 음악이 끊임없이 흘러나오는 애플리케이션.
** house band, 정기적으로 시설에서 연주하는 밴드 리더가 중심이 되어 조직하는 음악가 그룹.

제시하고자 한다. 하지만 시작은 휴먼 게임의 불안보다는 안정성을 먼저 강조하는 것이 좋을 듯싶다. 인류는 다함께 놀랄 만한 성취를 이루었다. 이는 모두가 주저 없이 인정하는 사실이다. 여기에 각자의 삶에서 성취한 것을 더해 보라. 또 기관과 기업들이 창출한 모든 것과 인류의 희망과 꿈, 노력을 합하고, 끊임없는 인류의 활동 전부를 모아 보라. 경이로울 것이다.

내가 이것을 게임이라 부르는 것은 분명한 결과를 알지 못하기 때문이다. 다른 게임처럼 결과가 어떻게 나올지는 사실 **중요치** 않다. 적어도 '우주 속 우리의 자리'라는 가장 큰 맥락에서 보면 그렇다. 그럼에도 다른 게임처럼 연관된 모든 사람들의 이목을 집중시킨다. 궁극적인 목표가 없다고 해서 규칙이 없다는 의미가 아니다. 최소한의 심미적 측면에서 정의하면 게임이 잘 진행될 때는 참여자의 존엄성이 증가하고 게임 상황이 나빠지면 이 존엄성은 사라진다.

휴먼 게임의 맥락에서 존엄성의 척도는 충분한 식생활, 안전, 신체 보호, 유익한 활동 등 매우 다양하다. 이런 다양한 평가를 통해서 인간은 점점 더 많은 것들을 해낸다. 하루 2달러 이하로 사는 극단적인 빈곤은 과거보다 훨씬 드문 일이다. 장내 기생충처럼 빈곤으로 퍼졌던 많은 질병 역시 감소했다. 20세기와 비교하더라도 이제는 폭력으로 죽을 가능성도 훨씬 적어졌다. 2012년 전세계 사망자는 5,500만 명이 넘었다. 이중 전쟁으로 죽은 사람은 12만 명에 불과하다.[2] 이제는 성인의 85퍼센트가 글을 읽을 수 있다. 불과 두 세대 만에 깜짝 놀랄 정도로 증가한 것이다.[3]

여성들은 더 많은 교육을 받고 있으며 미약하지만 조금 더 평등해졌다. 1970년대 평균 5명 이상 아이를 낳던 것에 비해 이제는 2.5명 미만의 아이를 낳는다. 아마 전 세계가 마주한 가장 가파르고 극적인 인구학적 변화일 것이다. 1500년에 인류가 생산해낸 재화와 서비스는 현재 가치로 2,500억 달러다. 이것이 500년 후에는 60조 달러가 된다. 무려 240배가 증가한 수치다.[4] 스티븐 핑커는 우리가 전례 없는 계몽의 시대에 살고 있다고 주장한다. "지금 이 순간 믿기 힘든 낙관주의 정신이 온 나라를 휩쓸고 있다. 일자리가 다시 돌아오고 있다"는 도널드 트럼프의 트위터까지 긍정의 합창이 넘쳐난다.

사실 이런 진보적 생각에는 사람들이 꽤 익숙해져 있다. 너무 익숙한 나머지 다른 것은 상상조차 하지 못하는 경우가 있다. 한때 세계은행에서 수석 이코노미스트로 있었던 카우식 바수Kaushik Basu가 그렇다. 그는 최근 세계의 GDP가 50년 동안 매년 20퍼센트씩 성장할 것이라고 예측했다. 소득과 소비가 4년마다 두 배가 된다는 뜻이다.[5] 여기에는 날마다 더 많은 아이디어가 나오고, 더 많은 노래가 등장하고, 더 많은 사진이 찍히고, 더 많은 공이 들어가고, 더 많은 교과서가 읽히고, 더 많은 돈이 투자되는 것이 포함된다.

세계은행 전 수석 이코노미스트였던 바수 만큼이나 명망 높은 권위자 프란체스코 교황은 2015년 환경과 빈곤에 관한 기념비적 회칙에서 이렇게 말했다. "우리의 보금자리 지구가 점점 더 거대한 쓰레기 더미로 보이기 시작한다." 이 문제에서는 교황의 권위가 충분치 않다고 생각하는가? 이것도 생각해 보라. 2017년 11월 세계 184개국 15,000명의 과학자들이 '인류에 대한 엄중한 경고'를 내놓았다. 핑커와 마찬가지로 이들에게는 차트가 있었다. 그런데 이들의 차트는 일인당 담수가 감소하는 것부터 산소가 없는 '데드존dead zone'이 전세계의 바다로 확산하고 있는 것까지 모든 것을 망라해서 보여줬다. 그 결과, 과학자들은 인류가 "광범위한 고통에 직면하고 재앙적 수준으로 생물다양성을 잃을 것"으로 예측했다. 또 이들은 "나락을 향해 가고 있는 궤도에서 방향을 틀기에는 너무 늦게 되는 시점이 곧 도래할 것"이라는 말도 덧붙였다.

이들의 경고는 발표 후 6개월도 지나지 않아 역사상 여섯 번째로 논의가 많이 되는 학술 논문이 됐다.[6] 우려가 심각해지자 미 항공우주국(NASA)이 지원하는 한 단체는 최근 로마, 한Han, 마우리아Mauryan, 굽타Gupta 왕조의 몰락을 모델링한 핸디(HANDY: Human and Nature Dynamics)라는 프로그램을 만들었다. 이 프로그램은 단추만 누르면 '지속 불가능한 자원 착취와 불평등한 부의 분배가 증가하여 전지구적 산업문명이 향후 수십 년 안에 붕괴될 수 있다'는 불안한 예측을 거침없이 내뱉는다.(내 경우, 그 존재조차 몰랐던 마우리아 왕조가 한때 번성했다가 철저히 잊혔다는 사실에 더 전율을 느꼈다.) 그런데 이 모델에서 가장 큰 위험 중 하나는 '지금까지' 잘돼 왔음을 근거로 엘리트층이 구조적인 변화에 반론을 제기해온 일이다.[7]

문제는 항상 이 '지금까지'다. 초고층 빌딩에서 떨어진 사람을 뒤늦

게 발견하는 것처럼 말이다. 초조한 마음으로 차를 운전하다보면 포장
도로의 주행 속도가 점점 느려지는 많은 조짐들이 발견된다. 2017년
9월 보고서에 따르면, 현재 지구상에 있는 토지 3분의 1이 심각하게 훼
손된 상태다. 생산성도 지속적으로 하락하는 추세다.[8] 이밖에도 우리
는 많은 것들을 잃었다. 지구상에 있는 척추동물을 가중치로 살펴보면
인간이 전체의 30퍼센트를 차지하고, 농장에서 사육하는 동물이 67퍼
센트를 차지한다. 이것은 야생동물의 경우에 무스, 치타, 웜뱃을 다 합
쳐도 겨우 3퍼센트에 지나지 않는다는 것을 의미한다.[9] **실제로 야생 동
물의 수는 1970년대와 비교하면 절반에 불과하다.** 부지불식간에 야생
동물이 대부분 소리 없이 사라졌다.

2018년 과학자들은 지구상에 있는 가장 큰 오래된 나무들이 빠르게
죽어가고 있다고 발표했다. "기후 변화가 새로운 해충과 질병을 숲에 끌
어들이고 있기 때문이다." 사람들은 아프리카 생명수인 바오밥나무 그
늘 아래에 모여 처음으로 사냥을 시작했다. 이 나무는 2,500년 동안 살
수 있다. 하지만 지난 10년 사이 지구상에 존재하는 가장 오래된 바오
밥나무 6개 가운데 5개가 죽었다.[10] 레바논의 삼나무 역시 기후 변화로
쌓인 눈이 사라지고 더위에 잎벌들이 더 일찍 부화되면서 성서에 나오
는 길가메쉬Gilgamesh가 삼나무숲 수호신인 훔바바를 무찌른 것처럼 금
세기가 채 끝나기 전에 고사될 지도 모른다.[11]

현대판 노아의 방주마저 새고 있다. 예지력이 넘치는 세계 농학자들
이 북극 산맥에 만든 난공불락*의 국제종자저장고Global Seed Vault는 지

---

* 공격하기가 어려워 쉽게 함락되지 아니함.

구상에 퍼져 있는 주요 작물 수백만 종의 종자를 저장할 수 있다. 하지만 개장한 뒤 8년이 지나 지구 역사상 가장 무더운 해에 녹아내린 눈과 폭우로 입구 터널이 침수됐고, 그런 다음에 얼어버린 일이 생겼다. 다행히 종자들은 무사했지만, 건축가들은 자신들이 만든 요새가 오랫동안 지속될지 더 이상 확신할 수 없게 됐다. "계획 당시에는 영구동토층이 녹는 그런 극한 날씨를 경험할 것이라고는 미처 생각하지 못했다"는 게 노르웨이 정부 대변인의 말이었다.[12]

그럼에도 그 어떤 것도 우리의 속도를 늦추지 못하고 있다. 오히려 그 반대다. 에너지와 자원은 인류 역사에서 지난 35년 동안 그 이전보다 더 많이 사용됐다는 게 대다수의 주장이다.[13] 정부가 제시하는 미래에 관한 모든 경제적 가정이 실현되기 위해서는 가장 나이 어린 계층이 지구상에서 살아가는 동안 경제규모가 계속해서 두 배씩 늘어나야만 한다. 따라서 과거의 성과가 미래에 대해 많은 것을 보여준다고 주장하기는 어렵다. 미래가 과거와 똑같은 게임으로 보일지 몰라도 새로운 토대 위에 서 있는 까닭이다.

부분적으로는 이 과거가 너무 짧기 때문이다. 인간은 자의식이 강한 최초의 종으로 정착했다. 그래서 우리 자신의 이야기에 매몰되어 그런 과거 이야기가 실제로 얼마나 짧은지 잊는 일은 거의 없다. 그 대신 매일 우리는 구상에 생명체가 살아온 수십억 년을 24시간으로 환산하면 인류의 정착 문명이 5분의 1초 전에 시작됐다는 사실을 잊고 있다.[14] 이 짧은 폭발이 일어나는 동안 불을 다스리고, 언어가 개발되고, 농사를 짓기 시작했다.

시간 척도로 인간의 삶을 보면, 이런 변화가 영원할 것처럼 보인다. 하지만 지질학적으로는 그야말로 눈 깜짝할 사이에 일어났다. 또 이제는 핵무기 개발이나 인터넷의 등장처럼 많은 추정들이 실시간으로 변화하는 것을 목격하고 있다. 따라서 이 짧은 기간 동안에도 일상적으로 가끔은 갑작스럽게 문명이 연달아 붕괴되고 있다는 사실이 어쩌면 우리를 잠시 멈추게 할지도 모른다. 또 어떤 면에서는 재레드 다이아몬드Jared Diamond가 쓴《문명의 붕괴Collapse》같은 책이 그린란드에서 이스터 섬*에 이르는 과거의 재난 이야기로 우리의 호기심을 유발한다.

그런데 이런 경고도 왠지 우리에게 자신감을 주는 듯하다. 이런 재앙에도 결국 모든 것이 지속되고 있기 때문이다. 로마가 멸망하자, 다른 나라가 등장했다. 비옥한 초승달 지대**가 사막으로 바뀌었지만 사람들은 다른 곳을 찾아 작물을 재배했다. 에덴동산의 사과, 바벨 탑, 이카로스***같이 인간의 한계 초월을 경계하는 이야기가 우스꽝스럽게 느껴지는 이유도 지금 여기에 우리가 여전히 존재하고 계속해서 한계를 넘어서고 있기 때문이다.

때로는 잠시 동안이지만 겁에 질려 있다가 금방 떨쳐내기도 한다. 이를테면, 전후 소비가 폭발적으로 일어나 전 세계로 확산되자 근대 환경보호주의가 등장해서 그런 성장 궤도의 지속가능성에 의문을 제기했다. 이 운동은《성장의 한계The Limits to Growth》라는 책이 나오면서

---

* Easter Island, 남태평양에 있는 칠레령의 화산섬.

** Fertile Crescent, 나일 강, 티그리스 강과 페르시아 만을 연결하는 고대 농업 지대.

*** Icarus, 그리스 신화에서 아버지의 경고를 무시하고 태양에 너무 접근해 밀랍으로 만든 날개가 녹아 바다로 떨어진 인물.

1972년 처음으로 절정에 다다랐다. 정확한 시기와 방식을 구체적으로 적시하지는 않았지만, 이 책의 저자들과 이들이 만든 컴퓨터 모델은 무모한 성장이 "향후 수백 년 이내 언젠가" 수많은 자연의 한계와 충돌할 것이고, 극적인 변화 없이는 "결과적으로 인구와 산업 능력 모두에서 상당히 갑작스럽게 통제할 수 없는 감소가 일어날 가능성이 아주 높다"고 예측했다. 그 대신, 전세계 국가들이 "생태학적이고 경제적으로 안정된 환경을 만든다면 먼 미래에도 지속가능할 수 있으며" 더 일찍 시작할수록 더 쉬운 과제가 될 것이라고 말했다.[15]

우리가 그렇게 하고 있지 않다는 것은 더 말할 필요도 없다. 공기와 물을 더 깨끗하게 하는 법안을 통과시켜 환경에 대한 생각을 다소 진지하게 만들었지만 경제성장 문제를 대하듯 심각하게 받아들인 적은 없었다. 1992년 부시 대통령은 리우 환경 정상회담을 앞두고 이론상 획기적인 유명한 선언을 했다. "미국인의 삶의 방식은 협상 대상이 아니다."[16] 세계의 많은 나라들을 대변하는 말이기도 했으며 나중에 그가 옳았다는 것이 밝혀졌다. 지금까지는 우리가 그것을 피해왔다. 안 좋은 상황이 가속화되고 있는 순간에도 게임은 계속된다.

그렇다면 실제로 게임의 종료가 이미 시작됐을 거라는 내 공포심을 심각하게 받아들여야 하는 이유는 뭘까? 이 책에서 지속적으로 반복하고 내 불안의 근원을 요약하는 한 단어가 있다. 바로 **레버리지**leverage다. 우리가 그저 너무 커지고 너무 빠르게 움직이고 있어 이 모든 결정에 엄청난 위험이 따른다는 것이다.

로마의 붕괴는 당연히 큰직한 사건이었다. 하지만 당시 세계의 많은 지역에서는 로마제국의 **존재**조차 알지 못했다는 점을 감안하면 **어디에서나** 중대한 사건은 아니었다. 로마가 멸망했다고 마야인이 떨지는 않았다. 중국인이나 이누이트족도 마찬가지다.

그러나 서로 연결된 세상은 다르다. 이런 세상은 일종의 어떤 유대감이 존재한다. 이를테면, 세계 곳곳에 사는 모든 사람들이 기후 변화가 임박해 있다는 과학자들의 경고를 모두 들을 수 있다. 하지만 거리라는 방어막이 없어진다. 또 우리의 소비량만 보더라도 다른 유형의 엄청난 레버리지가 있다는 의미이기도 다. 로마 황제가 거대한 바다의 수소 이온 농도(pH)를 바꿀 수는 없었으나, 이제는 그런 마술이 즉시 가능하다. 그리고 마침내는 새로운 수준의 기술이 비상한 방법으로 인간의 힘을 증폭시키고 있다. 따라서 이 책은 많은 부분에서 인간 유전공학에서 인공지능에 이르기까지 급속한 컴퓨터화로 모든 것을 갖게 된 신과 같은 인간의 힘을 검토하게 될 것이다.

휴먼 게임은 위험 상태에 처해 있다. 아주 잘못 돼가고, 또 아주 잘 돼가는 것에서부터 위험하다. 앞으로 살펴보겠지만, 인간은 지금 지질학적으로 파괴력을 지닌 존재로 부상했다. 지구의 물리적 시스템의 급속한 악화는 내가《자연의 종말》을 쓸 때까지만 해도 이론에 그쳤지만, 이제는 진행형이다. 실제로 많은 사람들이 인식하는 것보다 훨씬 더 많이 진행됐다. 2015년 파리기후회담에서 세계 각국의 정부들이 섭씨 1.5도 이하, 최소한 2도 이하의 온도가 상승하는 것을 목표로 정했다. 2018년 가을, 기후 변화에 관한 정부 간 협의체(IPCC)에서는 2030년까지 1.5도를 초과할 것이라고 발표했다. 달리 말하면, 우리가 모래사장에 그어놓은 선을 밀물이 완전히 지워버리기까지 15년이 걸릴 거라는 의미다.

동시에 인간은 파괴가 아닌 대체를 통해 휴먼 게임을 위협하는 거대한 **창조** 세력으로 부상했다. 로봇은 그저 또 다른 기술이 아니다. 인공지능도 아스팔트 정글처럼 그저 또 하나의 개선에 불과한 것이 아니다. 이것들은 대체 기술이다. 더 이상 쓸모가 없어지는 것은 인간이 될지 모른다. 우리가 인간이 아니라면 휴먼 게임은 말이 되지 않는다.

하나의 종족으로 짧은 이력을 가지고 있는 인류 역사는 흥망성쇠를 거듭했다. 하지만 지금은 오직 부주의와 고의로 인류 역사를 끝낼 수 있는 충분한 레버리지가 확보됐다. 기후 온난화로 야기되는 현재의 물리학적 변화가 "지금까지 인류 문명의 역사 전체보다 더 길어질 것"이라고 경고한 일군의 과학자들 주장이 〈네이처Nature〉지에 발표됐다.[17] 이스라엘의 역사학자이자 미래학자인 유발 하라리Yuval Noah Harari는 최근 "일단 기술이 인간의 정신을 재설계하게 되면 호모 사피엔스가 사라지고 인류 역사는 끝날 것이다. 그리고 완전히 다른 과정이 시작되는데 나와 여러분 같은 사람은 도저히 이해할 수 없는 것이다"라고 썼다.[18] 말하자면, 지금껏 우리가 해온 게임이 폭발음이나 훌쩍거림이 아닌 상승하는 해수면의 출렁이는 소리와 함께 디지털 시대가 만들어낸 기계 소리로 끝날 수도 있다는 의미다.

너무나 치명적인 것은 초대형 레버리지다. 처음으로 인류가 스스로 자신의 퇴로를 차단하겠다고 위협하고 있기 때문이다. 로마가 멸망했을 때는 거기에 다른 뭔가가 있었다. 핀볼*에 비유하면, 게임에서 가장 유쾌한 득점을 올리지는 못했어도 다른 실버볼이 있고 다른 기회가 있다. 하지만 현재의 변화는 너무나 커서 시스템 전체가 기울어지기 시작했다. 어느 지점에 이르면 시스템 자체가 멈출 것이다.

또 앞으로 살펴보겠지만, 극단적 불평등이 인간사회에 엄습하는 것을 용인해온 결과로 소수의 사람들이 소수의 장소에 모여 중대한 결정을 해왔고, 앞으로도 그럴 것이다. 이를테면 휴스턴에 있는 석유회사의 중역들이나 실리콘 밸리와 상하이에 있는 기술 거물들이다. 특정한 어느 시점에 특정한 철학적 편향을 따르는 특정 장소의 특정인들, 이것이 바로 모든 레버리지의 가장 위에 놓인 레버리지다. 그리고 자신들의 부를 이용해 정치를 좌우할 수 있는 사람들의 능력이 또 하나의 레버리지층이다. 나는 이것이 두렵다.

휴먼 게임이 완벽하지 않다는 것도 불안 요소다. 사실 어느 누구도 완벽한 삶을 살지 않는다. 슬픔과 상실을 경험하지 않는 사람은 없을 것이다. 너무나 많은 사람들이 필요 이상으로 훨씬 더 많은 불행을 겪는다. 참으로 안타까운 일이다. 보통은 게임 규칙이 어떤 사람에게는 우호적이고 다른 사람한테는 해가 되기 때문이다. 내가 좀더 운이 좋은 쪽에 있었던 걸 감안하면 다른 사람들보다 게임이 더 매력적으로 보일 수 있다. 그리고 지금 태어나는 아이들한테는 설령 상실이 있더라도 극심하게 느껴지지 않을 것이다. 공룡이 사라진 것을 지금 우리가 고통을 느끼지 않

---

* 보통 동전으로 하는 아케이드 게임의 하나로, 핀볼 머신으로 불리는 유리로 덮힌 케이스 안에서 하나 이상의 금속 공을 이용하여 점수를 얻는 오락이다.

는 것처럼 이들도 분명 알지 못하는 것의 부재를 애석해 하지는 않을 것이다. 만약 충분한 지지만 받는다면, 어쨌든 '태양은 결국 폭발할 것이다'처럼 무엇이든 철학적일 수는 있을 것이다. 하지만 상실은 내가 감당할 수 있는 그 이상의 철학이 있다. 실제로 우리가 생각할 수만 있다면, 이 게임의 상실은 내가 그리고 많은 다른 사람들이 상상할 수 있는 가장 큰 비극이다.

따라서 우리는 싸울 것이고, 우리 중 일부는 이미 싸우고 있다. 내 생각에 성공 확률이 크지 않지만 몇 가지 탈출구가 있다. 성공하려면 보수와 진보 모두가 진정한 사고 전환이 필요하다. (특이하게도 보수는 보호 conservation에 신경 쓰지 않는 경향이 있고, 진보는 모든 혁신progress이 좋다고 생각하는 경향이 있다.) 하지만 이런 변화가 아주 빨리 일어난다면 게임은 계속될 수 있다. 과학자들의 추정으로는 태양이 붉은 거인으로 변하고 지구 궤도를 지나 확장될 때까지는 50억 년이 걸린다. 나는 낙관적이거나 비관적인 사람이 아니다. 우리가 본격적으로 개입하는 것만이 유일한 기회라는 것을 알 만큼 그저 현실적인 사람이다.

앞서 나는 우리가 하는 휴먼 게임이 규칙과 결말이 없다고 말했다. 하지만 여기에 반드시 수반돼야 하는 두 가지 논리가 있다. 첫째는 계속해 나가는 것이며, 두 번째는 인간답게 유지하는 것이다.

앨버타의 거대한 타르샌드 단지는 건물 모퉁이를 따라 걷는 것조차 마치 지옥 안을 돌아다니는 느낌을 준다. 아마 현존하는 산업단지 중 가장 클지도 모른다. 이곳에는 물과 유독성 화학물질이 광산에서 나온 폐기물과 섞여 검은 수프 색깔을 띠는 거대한 많은 '침전지들'이 있으며, 그 가운데 세상에 잘 알려지지 않은 세계 최대의 댐이 있다. 이 오수 위로 새가 앉으면 죽을 수 있기 때문에 밤낮으로 총을 쏴 새들을 내쫓고 있다. 포성이 울리는 소리와 함께 숲이 탄광으로 짓밟힌 이야기를 들으면 아마 여러분은 우리가 전쟁 지역에 있다는 생각이 들 것이다. 타르샌드에서 가장 큰 임차인이자 석유회사인 코크Kochs, 코노코필립스ConocoPhillips, 페트로차이나PetroChina 와 함께 또 다른 회사들이 사람들을 동원해서 승리한 결과다. 야생의 자연과 성스러운 것은 모두가 이들의 적이다. 그리고 그들은 이기고 있다.

자연과 인간 세상을 파괴하는 행위는 흉악하고 있을 수 없는 일이다. 수년 간 이런 행위를 종식시키려 애써온 내 노력은 이곳 사람들의 끝이 안 보이는 싸움에 비하면 보잘 것 없는 일이었다. 그럼에도 이 거대한 상처는 그 자체로는 휴먼 게임에 실질적인 위협이 되지 않는다. 지구는 유한하지만 매우 크다. 따라서 충분히 멀리 떨어져 있기만 한다면, 내가 세계를 돌아다니며 목격한 가장 추악하고 끔찍한 이 상처조차도, 캐나다의 방대한 북쪽 수림대와 광대한 북미와 지구 반구의 방대함에 묻힐 것이다.

마찬가지로 인도 델리의 아침은 회색빛의 음침한 지옥에서 깨어나는 느낌을 준다. 지구상에서 가장 붐비는 도시 가운데 하나인 델리는 소음과 악취로 늘 사람들의 건강을 위협한다. 어떤 날은 블록 끝이 안 보일 정도로 스모그가 자욱하다. 도로를 걷다 보면 마치 혼자 있는 것 같고, 도시의 소음은 꼭 유령이 내는 소리처럼 들린다. 부근의 지역농장에서 그루터기를 태울 때면 자동차와 버스가 내뿜는 배기가스와 빈민가의 요리용 불이 합해져 공기가 최악으로 치닫고 거의 참을 수 없는 지경에까지 이른다. 최근에는 공항 활주로가 안 보여 국제 항공기들이 그야말로 델리를 쓸어내듯이 착륙하면서 고속도로의 차들이 연달아 충돌했고, 시야 확보가 어려운 탓에 기차 운행도 중단되는 일이 발생했다. 얼마나 공기가 안 좋으면 선로 위로 달리는 기차가 멈춰 섰는지 상상해보라. 그 다음 달에는 대규모 국제 크리켓 대회가 선수들의 '계속된 구토'로 시작됐다. 당시 대기 오염도는 국제 안전 기준의 무려 15배에 달했다. 결국 20분 만에 경기를 멈춘 주심이 이렇게 말했다. "오염에 관한 규칙은 별로 많지 않은 것 같네요."[1]

델리의 대기오염은 아마도 현재 세계에서 최악일 것이다. 시민들이 스모그에 시달리자 당국이 해 뜨는 비디오를 보여주려고 거대한 LED

스크린을 설치한 중국 도시들마저 이겼다. 안 그랬으면 파키스탄의 라호르Lahore가 왕관을 받아야 마땅했을지도 모른다. 미세먼지 수준이 안전 기준 대비 30배에 달하면 텁텁한 갈색 연무가 나타난다. 한 기자는 이것을 "거대한 공항 흡연실" 같다고 묘사했다.[2] 나쁜 대기 때문에 일상적으로 휴교를 지시한 아시아 국가들도 있다. 하지만 별 도움이 안 된다. 대부분의 가정에 공기 청정기가 없기 때문이다. 한 대규모 연구에서는 델리에 사는 440만 어린이 가운데 절반이 호흡으로 폐에 돌이킬 수 없는 손상을 입었다는 것이 발견됐다.[3] 전 세계적으로 매년 900만 명이 오염으로 죽는다. 후천성면역결핍증(AIDS), 말라리아, 결핵, 그리고 전쟁으로 인한 사망자를 합한 것보다 훨씬 많은 수치다.[4] 최악의 경우는 중국인 3분의 1이 스모그로 사망하고 2030년까지 전세계적으로 1억 명의 희생자가 나올 수도 있다.[5]

가슴 아프고 참담하다. 있을 수 없는 일이다. 전 세계적으로 가장 큰 공공보건 위기라 할 수 있다. 하지만 이런 위기조차도 휴먼 게임에는 **실질적인** 위협이 되지 않는다. 타르샌드에서 일어난 대대적인 자연 파괴가 공간적으로 제한적인 것처럼 이런 위협도 아직까지는 제한적이기 때문이다. 이 문제는 너무나 느리게 이루 다 말할 수 없는 인간적 고뇌와 함께 해결될 것이고, 또 해결할 수 있다. 이는 런던, 로스앤젤레스, 그리고 머뭇거리기는 했지만 어쨌든 공기정화 노력을 시작한 베이징이 주는 교훈이다.

극심한 환경문제들도 계속해서 늘고 있다. 농장에서 흘러나온 비료가 표토(겉흙)를 회복이 불가능하게 만들고 해양 데드존이 생기게 했다. 또 바다를 떠도는 거대한 플라스틱 폐기물이 해류의 흐름을 바꿔놓고 있다. 교외 개발로 농경지와 열대림이 훼손되고, 지층에 있는 지하수가 배수되면서 지하 수면이 가라앉는 현상이 나타나고 있다. 이런 이슈들은 당연히 우리의 관심이 필요하고 심지어 독차지해야 마땅하다. 이런 이슈가 의미하는 바가 너무나 심각하고 급박하기 때문이다. 그럼에도 한 가지 상상할 수 있는 것은 인류가 하나의 종으로 기본적인 생존을 위협받을 정도는 아닐지라도 많은 면에서 빈곤하게 살아갈 것이라는 점이다. 다른 생물들과 마찬가지로 인간으로서의 존엄성도 상실될 것이다. 게임이 잘못되고 있는 모든 징후가 그렇다. 그렇더라도 게임은 계속될 것이다.

하지만 모든 위협이 다 그런 것은 아니다. 작은 범주(다음 세 가지 항목을 포함하고 있는)에 속하는 물리적 위협의 경우는 양적으로 워낙 차이가 나면 질적으로도 차이가 커져 그 영향이 매우 지대하고 인류 문명이 거의 온전하게 살아남을 수 있을지도 확신할 수가 없게 된다.

첫 번째는 대규모 핵전쟁이다. 로버트 오펜하이머J. Robert Oppenheimer가 첫 원자폭탄 실험을 보면서 한 말을 항상 새겨 볼 필요가 있다. 힌두교 경전에서 인용한 말인데, "이제 나는 죽음이요, 세상의 파괴자가 되었다Now I am become Death, the destroyer of worlds." 이제까지는 핵전쟁을 미연에 방지하려는 국제적 노력이 임시방편이긴 해도 그럭저럭 작동해 왔다. 실제로 이 안전장치는 지난 50년 동안 공식적·비공식적으로 강화된 것처럼 보였다. 다시 우리가 핵 악몽을 겪고 있는 것은 대부분 트럼프 대통령과 북에 있는 그의 친구가 보여주는 어리석은 행동이 그 증거다. 이들은 '왜 우리가 핵을 사용하면 안 되는지' 이해 못하는 거의 유일한 사람인 듯하다.

두 번째 위협은 작은 화학물질군이다. 적절한 타이밍에 과학자들은 오존층이 파괴되고 있다는 것을 밝혀냈다. 오존층은 일종의 보호막으로 우리들 대부분은 그 존재조차도 알지 못했다. 과학자들이 경고를 하지 않았다면 아마 우리는 지금쯤 눈이 멀어 낭떠러지로 떨어지고 말았을 것이다. 실제로 백내장은 많은 경우 오존층이 차단하는 자외선이 우리 몸에 들어왔을 때 가장 흔히 나타나는 증상이다. 오존층이 발견되고 10년이 채 되지 않아 화학회사들은 방해를 멈추고 몬트리올 의정서*에 따라 대기에서 프레온 가스를 제거하기 시작했다. 이제 남극 오존층에 생긴 구멍은 10년마다 더 작아진다. 그래서 과학자들은 2060년까지 전부 치유될 것으로 기대하고 있다.

그리고 세 번째 위협은 기후 변화다. 아마도 앞의 모든 도전들 가운데 당연히 가장 큰 위협이 될 것이다. 분명 우리가 가장 미진하게 대응했던 부분이다. 이 때문에 게임은 완전히 끝나지는 않을 수 있지만, 지금 거의 모든 사람들이 상상하는 것 이상으로 더 극심하게 적어도 게임 판을 완전히 바꿔 놓을 작정인 듯하다. 무엇보다도 지구 상에서 인간이 거주할 수 있는 공간이 말 그대로 줄어들고 있다. 이전에 볼 수 없던 새로운 전개가 우리 세기의 가장 중요한 화두가 될 것이다.

---

* Montreal Protocol, 오존층을 파괴하는 물질을 제약하기 위해 1987년 채택된 국제협약.

기후 변화는 너무나 익숙한 말이 됐기 때문에 **도시 스프롤 현상***이나 **총기 사건**처럼 사람들이 자연스럽게 받아들이면서 과거로 인식하는 경향이 있다. 그래서 우리가 어떤 일을 해왔는지 정확히 기억할 필요가 있다. 아마 기억만으로도 경외심을 갖게 될 것이다. 이제껏 인류가 해온 일 가운데 가장 엄청난 일이기 때문이다.

지난 200년 동안 화석 연료를 소비한 사람들은 엄청난 양의 석탄과 가스와 석유를 자동차, 지하 용광로, 발전소, 제철소의 연료로 사용했다. 연료를 태울 때는 탄소 원자가 대기 속에 있는 산소 원자와 결합하여 이산화탄소를 배출하고 이 이산화탄소의 분자 구조가 우주로 되돌아가는 복사열을 가둔다. 달리 말하면, 지구의 에너지 균형은 태양에서 받아들인 복사열과 지구에서 우주로 방출되는 복사열로 유지되는데, 우리가 이것을 바꿔놨다. 화석연료를 사용한 수많은 사람들이 지구의 작동 방식을 근본적으로 변화시켰다.

문제는 이 변화 규모에 있다. 화석 연료를 조금만 썼다면 큰 문제가 안 됐을 것이다. 하지만 인류가 200년이라는 세월 동안 엄청나게 많은 화석 연료를 태운 결과, 대기 중에 있는 이산화탄소 농도가 275ppm(parts per million)에서 400ppm으로 상승했다. 현재의 궤도로 계속 간다면 아마 700ppm이나 그 이상이 될 것이다. 이 'ppm'에 대해 제대로 인식하지 못하는 사람이 많을 것 같아 다른 말로 표현해 보겠다. 우리가 배출해 내는 이산화탄소 때문에 매일 지구 주위에 가두고 있는 여분의 열은 히로시마에 투척된 핵폭탄 40만 개, 혹은 매 초당 4개에서

---

* 도시 개발이 주변 미개발 지역으로 확산되는 현상.

나오는 열과 맞먹는다.[6

　나중에 살펴보겠지만, 이 놀라운 양의 열 때문에 엄청난 변화가 야기되고 있다. 그러나 지금은 그 결과를 걱정하지 말고 그냥 그 규모에 놀라워하자. 현재까지 방출된 여분의 탄소를 한 곳에 모을 수만 있다면 지상에서 달까지 닿을 수 있는 지름 25미터의 단단한 흑연 기둥을 만들 것이다.[7 45억 년의 지구 역사에서 더 많은 양의 이산화탄소가 대기 속으로 흘러들어간 경우가 네 번이나 더 있었다. 하지만 속도 면에서 지금이 가장 빠르다. 매년 거의 400억 톤의 이산화탄소를 지금 우리가 대기 속으로 밀어 넣고 있는 것이다. 페름기* 마지막의 그 극적인 순간 대부분의 생명체가 멸종되는 와중에도 대기 속의 이산화탄소 함유량은 지금보다 10분의 1 속도로 증가했다.[8

　이미 살펴본 대로 그 결과는 놀랍다. 내가 이 위기에 대해 연구한 지난 30년 동안 더위가 가장 심했던 해로 기록된 것만 해도 전부 스무 번이었다. 이제까지는 지구 온도가 화씨로 대략 2도 가량 올라갔다. 언젠가 〈뉴욕타임스〉가 "전지구의 표면 온도로는 큰 숫자"라고 기막히게 절제된 표현으로 묘사했다.[9 이것이 인류의 가장 큰 업적이다. 실제로 지구상의 한 종족이 해낸 일로는 가장 큰 일이다. 최소한 20억 년 전 시아노박테리아(cyanobacteria, 청록색 해조류)가 산소와 함께 대기에 밀려와서 지구상에 있는 많은 고대의 생명체를 죽인 이후만 보면 확실히 그렇다.

　'예상했던 것보다 더 빨리'는 기후 과학자들의 표어가 됐다. 실제로

---

* Permian Age, 고생대의 마지막 여섯 번째 시기로 2억 9,000만 년 전부터 2억 4,500만 년까지의 지질 시대. 말기에 급속한 온난화가 옴.

만년설과 바다에 대한 악영향은 본질적으로 보수적인 과학자들조차도 세기 말로 예측했으나 수십 년이나 앞서 등장했다. 한 극지 전문가는 2018년 봄에 있었던 목격담을 이렇게 말했다. "기후 회의에서 사람들이 '내 생각보다 더 늦게 발생했다'고 말하는 것을 들어본 적이 없다."[10] 거의 비슷한 시기에 일군의 경제학자들이 지구 온난화의 확률이 35퍼센트라는 UN의 이전 "최악의 시나리오"가 실제로는 너무나 낙관적인 시나리오였음을 보고하기도 했다.[11] 2019년 1월에는 과학자들이 이전에 생각했던 것보다 바닷물이 40퍼센트 더 빠르게 뜨거워지고 있다는 결론을 내렸다.

"이제 우리는 정말로 미지의 세계에 있다." 이 표현은 2017년 봄 마지막 데이터가 그 이전에 측정한 모든 온도 기록을 깬 것을 보여주면서 세계기상기구(WMO) 책임자가 한 말이다.[12] 은유적 표현이 아니라 말 그대로다. **우리는 실제 아는 것을 벗어났다.** 그 해 여름 대서양 허리케인이 동부 쪽으로 점차 발달했다. 이곳에서도 이전에 본 적이 있는 폭풍이었다. 허리케인이 멕시코와 루이지애나, 플로리다에 상륙하는 대신 아일랜드와 스코틀랜드에서 맹위를 떨쳤다.

당시 미 해양대기청(NOAA)이 컴퓨터 예측으로 보여준 지도상의 폭풍 이미지가 기이하게도 원뿔 모양의 바람이 북위 60도에서 갑자기 일직선으로 멈춰서 있었다. 나중에 알고 보니 그 프로그래머가 예측 모델을 만들던 당시에는 허리케인이 이 선까지 도달하리라는 생각을 꿈에도 해보지 못해서였다.

프로그래머는 이렇게 말했다. "이곳은 열대 저기압이 있기에는 정말

흔치 않은 지점입니다." "어쩌면 돌아가서 경계에 대해 다시 검토해야
할 것 같습니다."[13 아마 그래야 할 것이다.

만약 당신이 건장한 사람을 만나 그를 힘껏 밀쳐도 그가 화를 내지 않을
어떤 정당성이 있다면 별다른 일이 생기지 않을 수 있다. 지구 온난화가
시작됐을 때만 해도 사람들은 지구가 얼마나 튼튼한지 몰랐다. 많은 일
들이 벌어졌어도 지구 시스템은 큰 변화 없이 견디는 것이 가능했다. 어
쨌든 지구는 두꺼운 빙하와 깊은 바다로 무척 단단한 것처럼 보인다. 하
지만 지난 30년의 교훈은 명백하다. 지구는 실제로 균형이 잘 잡혀 있었
다. 그런데 우리가 힘껏 떠밀어 망가뜨려 아주 많이 삐딱하다. 지금까지
어떤 일이 벌어졌는지 찬찬히 살펴보자. 항상 명심해야 할 것은 아직 지
구 온난화가 초기 단계에 있고, 상황은 필연적으로 점점 더 악화되고 있
으며, 그런 상황이 계속될 것이라는 사실이다.

　아주 간단하게 지구의 수문학hydrology, 즉 지구를 둘러싼 물의 이동
흐름을 생각해 보라. 물은 지구 표면과 바다로부터 증발해서 비와 눈으
로 내린다. 끝없는 펌프처럼 이런 과정이 계속돼야만 지구에 필수적인
수분이 유지될 수 있다. 하지만 지구의 에너지라고 할 수 있는 열의 양
이 늘어나면 이 기계의 다이얼을 오른쪽으로 돌리는 것과 같아져서 더
많은 일을 하게 된다. 온도가 오르면 물의 증발이 늘어나고, 그래서 메
마른 곳은 더 건조해진다. 이런 현상을 가뭄이라 부르는데, 이제는 어디
서나 볼 수 있다.

케이프타운은 지구상에서 가장 아름다운 도시 가운데 하나다. 하지만 2018년 내내 심각한 가뭄과 싸워야 했다. 이곳에 거주하는 400만 시민들은 매일 한 사람당 약 90리터의 물을 공급받았다. 마시거나 화장실에 사용하지 않는다면 샤워 정도는 충분히 할 수 있는 양이다. 이유가 무엇일까? 과학자들의 말로는 과거를 근거로 천년에 한번 정도 나올 수 있는 3년 동안의 가뭄 때문이었다.[14] 하지만 '과거를 근거로'라는 말은 전혀 타당하지 않다. 지난 역사는 지금과 본질적으로 차이가 나는 다른 대기에서 화학작용이 일어난 시기였기 때문이다.

이런 이유로 모든 대륙에는 케이프타운 같은 이야기가 존재한다. 케이프타운보다 2년 정도 앞서 극심한 가뭄을 경험한 곳은 인구 2000만 명이 사는 브라질 상파울루였다. 개발도상국에 있는 세계적 첨단도시라 할 수 있는 인도의 방갈로르Bangalore에는 거의 200만 명의 IT 전문가가 살고 있다. 이곳 역시 2012년부터 매년 가뭄현상을 겪고 있다.[15] 이탈리아의 포리버밸리Po River Valley는 농업 중심지로 전체 생산되는 곡물의 35퍼센트를 공급한다. 하지만 1960년에 비해 평균 기온이 섭씨 2.2도 가량 높아지고 강우량은 5분의 1로 줄었다. 결국 2017년 여름 엄청난 가뭄을 견디지 못한 주지사와 시장이 제한 급수를 시행했다. 한 지방관리는 "이전의 포 평원Po Plain은 놀라울 정도로 물이 풍부해서 모두가 항상 가용한 상황에 익숙해져 있었다"고 말했다.[16]

이탈리아 대부분이 영향을 받았다. 로마는 세계에서 가장 큰 공공 음수대 연결을 차단했고, 바티칸 역시 성베드로 광장에 있는 바로크 양식의 분수를 잠가야 했다. 그런데 이게 전부가 아니었다. 9월이 되자 코티

안 알프스Cottian Alps 몬비소Monviso에 위치한 포po강의 수원지가 바닥을 드러냈다.(17 포의 수원지는 이탈리아의 시인이자 인문주의자 페트라르카Petrarch와 중세시대 영국의 최고 시인 초서Chaucer, 그리고 단테Dante도 언급했다. 하지만 이들은 지구의 이산화탄소가 지금보다 40퍼센트나 적었던 시기에 살았다.

대지가 건조해지자 불이 자주 발생했다. 점차 더 많은 숲이 농지로 전환된 까닭에 전반적인 화재 건수는 감소했다.(18 하지만 산불이 일어날 만한 곳에서는 불이 이전과 다른 위협적인 존재가 됐다. 얼마 전에 있었던 한 컨퍼런스에서 미국산림청의 전직 소방대장 제리 윌리엄스Jerry Williams는 "진짜 상상도 못 했던 화재를 1987년 8월말 북캘리포니아에서 처음 겪었다"고 털어놨다. 천여 개의 불길이 동시다발적으로 발생했던 것이다. "그때 당시 이런 말을 한 기억이 난다. '주여, 이런 불은 두 번 다시 안 보고 싶습니다.' 그런데 다음 해에 옐로스톤에서 엄청난 불길을 목격했다." 그는 또 이렇게 말했다. "매년 '최악'의 불을 볼 것 같다. 다음 해에 보는 것도 아직 최악이 아니다. 정말 끝이 없을 것이다."(19

마이클 코다스Michael Kodas가 자신의 최근 책《메가파이어Megafire》에 썼듯이 미국 서부 전역에서 일어나는 화재 시즌은 1970년보다 평균 78일이 더 길어졌다. 일부 지역에서는 사실상 끝이 없이 발생한다. 2000년 이후 12개가 넘는 주들이 미국의 관측 사상 가장 큰 들불을 신고했다.(20 이런 불은 주변에 신고자가 있고 도시인들도 연기를 맡을 수 있어 금방 알 수 있다. 하지만 현재 거의 매년 봄과 여름에 시베리아 전역에서 일어나는 훨씬 더 방대한 불은 오직 위성사진으로만 추적이 가능하다. 이런 점에서 보면 지구의 위험에는 실제로 분명한 리듬이 있다. 긴 가뭄에 이어 기록적인 폭염이 발생하고, 그 다음에는 여기저기서 화재가 발생한다.

호주의 맥아서McArthur 산불위험지수(FFDI)는 줄곧 100에 머물렀다. 하지만 2009년 한 달간 기록적인 폭염과 관측 사상 최저 강우량을 기록한 이후 지수가 165에 달했고 교외로 번져 나간 화재로 173명이 사망했다.[21] 앨버타 타르샌드 단지 중심에 있는 포트맥머리Fort McMurray는 2016년 도시 전체가 유령도시로 변했다. 들판에 쌓인 눈이 무너지면서 기록적인 봄 폭염이 발생했던 탓이다. 곧 이어 5월에는 화재가 일어나 150만 에이커(1에이커=1,224평)에 불길이 번져 주민 8만8,000명이 피신해야만 했다.[22] 2018년에는 고대 그리스의 중심지였던 아티카Attica에 기록적인 더위가 기승을 부리는 와중에 폭발이 일어나 80명이 사망했다. 간신히 에게해로 뛰어든 사람은 목숨을 건졌지만 '등에 화상을 입었다.' 해변에 도달하지 못한 24명은 원모양으로 서로를 껴안은 채 목숨을 잃었다.[23]

가끔은 인간이 화재를 유발한다. 골프채가 바위를 치면서 생긴 불똥이 남부 캘리포니아에 몇 건의 화재를 일으켰다. 유타주에서는 표적 사격수들이 2012년 가뭄 기간에 20건의 화재를 촉발시켰다.[24] 그런데 좀더 심사숙고해 보면, 모든 화재의 시초는 인간이다. 우리가 지구 온도를 화씨 1도씩만 올려도 번개 횟수는 7퍼센트가 증가한다.[25] 뜨겁고 메마른 새로운 세상에서는 한번 불이 붙으면 진화가 거의 불가능하다. 코다스가 자신의 책에 썼듯이, 이런 불들은 "새로운 범주의 화재를 일으키고

산림 전문가나 소방관도 거의 보지 못한 행태를 보인다. 불꽃이 화재가 일어난 곳에서 수 킬로미터 떨어져 있는 나무들까지 일제히 불타게 할 수 있어 아직 불이 붙지 않은 숲과 지역에 새로운 화재를 일으킨다. 불길이 자체 기상 시스템을 만들어 토네이도 같은 불기둥이 허공에서 회전하고 하늘을 화재적운*으로 뒤덮는다. 이것이 지상에 번개를 치면서 새로운 불을 촉발시키고 바람을 일으켜 소방 헬기의 접근을 차단한다." 한 호주 연구원의 말처럼 이런 불은 "현재 지구상에 있는 어떤 진압 장비나 방법으로도 통제되지 않는다."[26]

또 이런 범주의 화재는 광범위한 지역에 엄청난 피해를 준다. 늘어서 있던 집들이 전부 불타는 사진을 아마 페이스북에서 봤을 것이다. 이것 외에도 다른 모든 영향을 상상해 보라.

2017년 봄 당연시되고 있었던 심각한 가뭄과 기록적인 폭염이 지나간 뒤 캔사스주 역사상 가장 큰 들불이 목격됐다. 다행히 화재 지역에는 집들이 많지 않았다. 대신 수많은 철조망 울타리를 지탱하던 나무기둥이 전부 타버렸다. 새로운 울타리를 만들려면 1마일에 1만 달러의 비용이 들어 보험에 가입하지 않은 많은 목장들의 경우 울타리 수리비만 200만 달러 이상 지출을 의미했다.

가장 심각했던 피해는 가축들이었다. 〈뉴욕타임스〉 보도에 따르면, 애슐랜드 밖에 있는 한 목장에서는 "수십 마리의 앵거스Angus 소가 시커먼 땅 위에 드러누워 발굽을 하늘로 향한 채 죽어 있었다. 다른 소들

---

* pyrocumulus cloud, 산불에 의해 뜨거워진 공기와 매캐한 연기가 하늘로 날아올라 어우러져 생겨난 뭉게구름 형태의 적운.

은 보지도 숨을 쉬지도 못하고 고장난 장난감처럼 비틀거리며 돌아다녔다. 털이 검게 그을리고 눈은 화상을 입었다. 귀는 녹아버린 플라스틱 인식표가 달라붙어 있었다." 69살의 농장주는 소총을 들고 소들 사이를 돌아다녔다. 농장주가 말했다. "소들은 온순해요. 우리를 알아봐요. 우리도 소들을 잘 알죠. 그저 '너무, 미안'한 생각만 들어요. 다 됐다고 생각했는데, 다음 날 더 많은 소들을 향해 총을 쏴야 합니다."[27]

앞서 설명한 지구의 펌프 작용은 물을 빨아들이는 것만이 아니라 물을 토해내는 것도 포함한다. 모든 가뭄과 홍수는 경험에 근거한 단순한 규칙이 있다. 가끔씩 가뭄과 홍수가 몇 달 간격으로 같은 곳에서 일어난다는 것이다. 하지만 건조한 곳은 더 건조해지고, 습한 곳은 더 습해진다는 것도 경험에 의한 또 다른 규칙이다.

최근 텍사스 연안의 해수면 온도가 화씨로 약 1도가 올랐는데, 이것은 대기 중 습도가 평균 약 3퍼센트에서 5퍼센트 더 많아졌다는 의미다.[28] 2017년 8월 허리케인 하비는 멕시코만을 거치면서 특히 더위와 함께 회오리를 동반한 '거의 기록적인 속도'를 가진 4등급 태풍으로 강해졌다.

하지만 미국 역사상 가장 경제적 타격을 준 카트리나와 하비를 동급의 태풍으로 만든 것은 바람이 아니라 양동이로 들이붓는 듯한 엄청난 비였다. 양동이가 아닌 축구 경기장으로 계산해 보면, 그때 내린 비는 약 128조 리터로 뉴올리언스의 슈퍼 돔 2만6,000개를 채우고도 남는

양이었다. 무게로는 1,270억 톤에 달해 휴스턴을 약 2센티미터 가라앉힐 수 있었다. 현재까지 미국 역사상 가장 많이 내린 호우는 장소에 따라 강우량이 137센티미터가 넘는 곳도 있다.

한 연구는 "휴스턴에서 측정된 하비의 강우량이 구약성서가 쓰인 이후 한 번쯤 발생했을 법한 양이라는 점에서 '성서에나 있는 일'이었다"라고 결론을 내렸다.[29] 지난 25년 동안 우리가 대기 온도를 높여놨기 때문에 텍사스에서는 그런 많은 비를 동반한 폭풍우가 올 확률이 6배나 높아졌다.[30] 또 다른 연구에 따르면, 폭풍이 지나간 뒤 3개월 동안 대기 중에 있는 이산화탄소 수치가 급상승하기 전에 발생한 유사한 폭풍과 비교했을 때보다 강우량이 40퍼센트나 증가했다.[31] 2018년 9월, 미국 캐롤라이나 주를 강타한 허리케인 플로렌스가 동부 해안에서 기록된 강우량으로는 신기록을 세웠다. 폭풍이 체서피크만*의 모든 물에 해당하는 만큼의 비를 쏟아 부었다.[32]

이것은 단지 휴스턴에서만 일어난 현상이 아니다. 1,400만 명이 거주하지만 석유 재벌이 단 한 명도 없는 캘커타에는 인구의 3분의 1이 범람하기 쉬운 슬럼가에 살고 있다. 이곳은 지난 50년간 '집중 호우가 발생한 날'이 3배로 늘었다. 노숙을 하는 네 아이의 엄마가 이렇게 말했다. "신에게 기도하는 것이 있어요. 만약 폭풍이 와서 우리가 죽게 된다면 아이들도 한 번에 데려가 남아서 고통 받는 사람이 없게 해달라고 말합니다."[33] 내가 사는 미국 북동부 내륙의 버몬트 주에서도 플립형 핸드폰이 처음 나온 해인 1996년부터 24시간 동안 5센티미터 이상 내리는 엄

* Chesapeake Bay, 미국 메릴랜드 주와 버지니아 주에 걸쳐있는 거대한 만이다.

청난 집중 호우가 53퍼센트나 증가하는 것을 지켜봤다.[34]

이 모든 물은 지난 몇 세기 동안 인류가 쌓아올린 것에 흘러내리는 폭포수인 듯하다. 2018년 〈뉴욕타임스〉가 조사한 바에 따르면, 독성 화학물질을 취급하는 현장 가운데 미국에서만 2,500곳이 범람하기 쉬운 지역에 위치해 있다.[35] 허리케인 하비가 집어 삼킨 한 공장의 경우 엄청난 양의 가성소다가 쏟아져 나왔다. 사실상, 지금 상황은 우리가 지구를 런닝 머신 위에 올려놓고 계속해서 속도를 높이는 것과 똑같다. 우리는 지질 역사가 수백억 년 동안 끊임없이 아주 느리게 전개된다고 당연하게 생각한다. 그러나 규칙이 바뀔 때는 이와 다를 것이다.

실제로는 아마 아주 느리게 진행되고 있을지도 모른다. 하지만 이제는 바로 그 '아주 느리게'가 다른 의미를 갖는다. 히로시마 원폭에 버금가는 열기가 정말 놀라운 속도로 빙하를 녹이고 있다. 우주에서 찍은 초기 사진에 북극을 가득 채우고 있던 빙하가 이제는 상당 부분 사라졌다. 멀리 떨어져서 본 지구의 모습은 눈에 띄게 달라 보인다. 얼어 있던 모든 것이 녹고 있다.

수년 전 등산가이자 영화 제작자인 데이비드 브리시어즈David Breashears가 히말라야로 카메라를 가져가 1924년 말로리Mallory 원정 당시 세계의 지붕에서 찍어 보낸 최초의 이미지를 재촬영했다. 그는 며칠간 산에 올라 똑같은 험준한 바위에 도착해서 똑같은 빙하를 똑같은 앵글로 잡았다. 유일하게 달라진 것은, 이제 빙하가 수백 피트*나 더 작아졌다는 사실이다. 물론 자유의 여신상도 세월이 지나면 키가 더 작아질 것이다.

* 100피트는 약 30미터

한 번 얼음이 녹기 시작하면 이 과정을 늦추기란 어렵다. 2018년 한 연구는 우리가 지금 당장 모든 온실 가스의 배출을 중단한다고 하더라도 지구상에 있는 3분의 1 이상의 빙하가 다가오는 수십 년 안에 어떻게든 사라질 것이라고 결론 내렸다.[36]

그렇더라도 당장은 미래를 생각하지 말자. 이 엄청난 변화가 시작되는 초기 단계에서는 그냥 지금까지 우리가 어떤 일을 했는지에 대해서만 생각해보자. 기후 변화는 현재 미국 경제에 연간 2,400억 달러,[37] 세계적으로는 1조2,000억 달러의 비용을 발생시킨다. 매년 전 세계 GDP의 1.6퍼센트를 앗아가는 셈이다.[38] 아직까지 그리 많은 것은 아니다. 전체 게임이 근본적으로 바뀌지 않을 정도로 세상이 부유해졌기 때문이다.

하지만 푸에르토리코와 같은 특정 지역을 보라. 바람을 동반한 5등급의 허리케인 마리아Maria가 온 나라를 모조리 휩쓸어 버린 이후를 말이다. 이 허리케인은 금세기 아메리카 대륙에서 발생한 최악의 자연재해였다. 거의 5천여 명의 사망자가 발생했는데, 2018년 봄 하버드 대학의 한 연구는 이 수치가 카트리나로 사망한 사람의 두 배에 달한다고 평가했다.[39] 경제적 손실은 수년 동안 이들의 삶의 질을 떨어뜨릴 것이 확실하다. 폭풍 이전의 GDP가 연간 1,000억 달러에 달하던 섬에 복구비용만 총 900억 달러 이상이 들어갔기 때문이다. 경제학자들은 섬의 경제가 폭풍 전으로 돌아가려면 26년이 걸릴 것으로 예상했다.[40] 물론 그 사이에 또 다른 허리케인이 강타하지 않는다는 전제 하에서 그렇다.

작은 변화로 큰 차이를 만들 정도로 주변부에 아주 가까이 살고 있
는 사람들을 보라. 앞서 언급했듯이 절대 빈곤과 굶주림은 지속적으로
줄고 있다. "문제는 칼로리 섭취가 과다하다는 것이지 부족하다는 것
이 아니다." 스티븐 핑커가 의기양양하게 자신의 책에 썼던 말이다.[41]
하지만 2017년 말 UN의 한 기구는 만성 영양실조에 있는 사람의 수가
지난 10년간 감소했다가 다시 늘기 시작해서 무려 3,800만 명이 늘어
나 총 8억1,500만 명이라고 발표했다. 그 이유는 "주로 폭력 분쟁과 기
후로 인한 타격이 급증했기 때문이다."[42] 2018년 6월 아동 노동에 관해
유사한 슬픈 일이 연구원들의 추적으로 세상에 알려졌다. 이 역시 수년
간 감소하다가 다시 증가한 1억5,200만 명의 아이들이 "늘어나는 분쟁
과 기후 변화가 유발한 참사 때문에" 일을 한다는 내용이었다.[43]

이런 '분쟁' 역시 인류가 기후에 끼친 악영향과 늘 긴밀하게 연결된
다. 기록적인 가뭄으로 시리아가 불안정해지면서 유럽 전역에 100만 명
의 난민이 이동했고, 따라서 서구정치를 해친 갈등은 이제 다반사로 일
어나는 흔한 일이 됐다. 2018년 세계은행의 한 연구는 기후 변화가 더
심해지면 2050년까지 무려 **1억4,300만** 명이나 되는 아프리카, 남아시
아, 라틴 아메리카 사람들이 고향에서 내몰리게 될 것이라고 예측했다.
저자들은 기발하게 "난민 유입에 앞서 사회의 기반 시설과 사회공공 서
비스, 고용 기회를 준비"해야 한다고 도시들에 촉구하기도 했다.[44]

더 작은 100여 개의 사례들도 있다. 케냐산 정상을 덮고 있던 얼음이
이제는 3분의 2가 사라졌다. 주변 지역에 물을 공급하던 18개의 빙하
가운데 10개가 완전히 사라진 것이다. 목초지가 먼지로 변하자 목동들

은 키우던 가축을 산에서 가장 가까운 농경지로 몰기 시작했다. 한 목동
은 '소들이 먹을 게 하나도 없다'고 말했다. "근처 어딘가에 풀이 있다면
누구라도 소를 그대로 죽게 놔두지는 않겠죠?" 예로부터 그들과 민족이
다르면서 그 땅을 경작하는 농부들은 당연히 강력하게 맞섰고, 이 과정
에서 사람들이 죽기도 했다. 한 농부가 말했다. "이틀 동안 한숨도 못 잤
어요. 안 그러면 목동들이 소를 몰고 와서 농장에 풀어 놓을 테니까요.
숨어 있다가 우리가 잠들면 소나 염소를 몰고 와 양배추나 옥수수를 먹
게 하거든요."(45

여러 연구가 이런 변화들에 대한 정량화를 시도하고 있다. 기온의 표
준 편차가 증가하면 집단 간 갈등이 14퍼센트가 늘어난다는 것도 그중
하나다.(46 굳이 이런 연구를 찾아 볼 필요도 없이 상식만으로도 추론이
가능하다. 지구는 이미 들끓고 있다. 지구를 바꾸려는 시도가 시작되면
서 사람들이 더욱 긴밀하게 움직이고 있다. 그 다음에는 어떤 일이 일어
날지 모두다 알 것이다.

30년 전에는 지구 온난화가 어느 정도 자정 능력이 있어 기온이 상승하
면 그만큼 지구를 식힐 다른 변화가 촉발될 것이라는 희망이 있었다. 구
름의 경우는 늘어나는 수분 증발로 대기가 더 촉촉해지면서 더 많은 구
름이 생겨 태양 빛 일부도 차단할 것으로 보았다. 하지만 그런 행운은
없었다. 오히려 더 뜨거워지는 지구에서 생성되는 구름이 더 많은 열을
가둬 지구를 보다 뜨겁게 하는 것처럼 보인다.(47

이런 피드백 고리는 지구의 모든 시스템 속에 존재한다. 그리고 지금 까지 문제를 나아지게 하기 보다는 악화시키고 있는 것으로 판명됐다. 북극의 하얀 얼음이 녹으면 태양 광선이 우주로 반사되지 않는다. 반짝 이는 거울 같은 얼음이 짙은 푸른 바닷물로 대체되어 태양열을 흡수하기 때문이다. 최근 몇 년 동안 북극 일부에서는 해수면 온도가 섭씨 3.9도나 상승했다.[48] 북극 땅속 보이지 않던 얼음도 이제는 빨리 녹기 시작했다. 그리고 영구 동토층이 녹으면서 미생물이 얼어붙은 유기물질의 일부를 메탄과 이산화탄소로 전환시켜 온난화를 더 많이 유발하는데, 과학자들 은 아마 최종 온난화에 화씨 1.5도 이상을 더할 수 있는 충분한 양일 거 라고 말한다.[49]

새로운 연구들도 들불과 가뭄, 선택적 벌목이 열대 삼림지대의 황폐 화로 이어져 탄소 배출원이 더 많은 이산화탄소 공급원으로 전환된 것 을 보여준다. 이 변화는 중요하다. 경제학자들이 《성장의 한계》와 같은 책에서 자원 부족과 이로 인한 가격 상승이 새로운 자원을 찾게 될 것 이라는 주장을 하면서 조롱했을 때, 이들의 논지는 구리가 바닥난 적 없 고 석유도 명백하게 계속 흐른다는 것이었다. 하지만 폐기물은 어디에 놓아야 할까? 기온이 상승하면 숲과 바다가 탄소를 흡수하는 능력이 약 화되어 그런 곳을 찾기란 훨씬 더 힘들어진다. 〈뉴욕타임스〉는 기온 상 승으로 그런 약화가 계속된다면 "청소 노동자가 파업하는 결과와 비슷 한 것일지라도 그 규모는 엄청날 것이다. 또 대기 중의 이산화탄소량이 더 빨리 증가한다면 지구 온난화는 현재 속도를 넘어 가속화될 것이다" 라고 지적했다.[50] 그리고 지금 이 말대로 일어나고 있는 것처럼 보인다.

배기가스가 더 느리게 증가하는 데도 대기 중의 이산화탄소량은 계속해서 더 빨리 치솟고 있다.

다시 이야기가 앞서 나가고 있다. 지금 이 순간은 우리가 어떤 일을 해왔는지, 세상을 어떻게 바꿔놨는지에 집중하자. 인류 미래의 오랜 목가적 그림인 골든 스테이트 캘리포니아를 생각해보자.

캘리포니아는 10여 년 전 시작된 끔직한 가뭄이 이후 5년 동안 지속됐다. 수천 년을 통틀어 가장 심했는데, 얼마나 심했는지 마지막 빙하기 때 내린 빗물이 고여 있는 2만 년 된 지하수를 사용할 정도였다.[51] 주에 있는 시에라네바다 산맥은 238조 리터의 물이 증발되어 1인치가 상승하기도 했다.[52] 〈LA타임스〉의 표현에 따르면 "현대사에서 전례 없는" 1억200만 그루의 나무가 고사했다. 사탕소나무는 500년을 사는데 "숲 속 어느 곳을 가봐도 이 큰 나무의 절반이 죽어 있었다"는 게 한 수목 관리원의 말이다.[53] 가뭄은 2017년 겨울에 끝났다. 뜨거운 태평양 연안에서 높은 산에 쏟아지는 끝없는 대기의 강*으로 마침내 비가 왔다. 그제서야 모든 이가 안도의 한숨을 쉬었다. 물론 캘리포니아 당국은 이것이 일시적인 유예임을 알고 있다고 말했다. 그럼에도 언덕이 무성하고 초록색으로 바뀌면서 약간의 여유를 갖고 잊을 수 있었다. 하지만 다시 기록적인 강우와 홍수로 많은 문제들이 발생했다. 일례로 미국에서 가장 큰 댐이 엄청난 폭우로 10억 달러 규모의 피해가 발생했다.

2017년 여름은 최악의 가뭄이 일어났던 해보다도 덥고 건조했던 것으로 드러났다. 초록 수풀 전체가 이내 갈색이 됐고, 10월에는 폭풍처럼

---

* atmospheric river, 수증기를 많이 포함한 공기가 대규모로 지구 위를 이동하는 현상.

번지는 불이 내퍼Napa와 소노마Sonoma를 휩쓸고 지나갔다. 모든 TV와 문자로 보낸 주의와 경고에도 금세기 미국에서 일어난 화재 중 가장 짧은 시간에 많은 사람들이 죽었다. 특히 불꽃을 피해 달아날 수 없었던 노년층이 많았다.

언론은 하루 전까지만 해도 지구상 어느 곳보다도 멋진 삶으로 표현할 정도였던 그 지역에서 '종말론적인 장면'을 보도했다. 사람들이 피신처로 삼은 수영장에서도 사망했는데 측면 타일이 마치 "오븐 속 선반처럼 뜨거웠다." 산타 로사Santa Rosa에서는 "타이어의 알루미늄 휠이 녹아 굳기 전의 수은이 작은 강을 이룬 것처럼 차도 위로 흘러내렸다. 병 더미들이 함께 엉키고 뒤틀어져 흡사 피카소의 조각품 같기도 했다. 플라스틱 쓰레기통은 도로 위를 더럽히면서 오그라들어 있었다."[54]

그런데 10월은 바로 캘리포니아 주의 전통적 화재 시즌이 끝나는 시기였다. 그래서 사람들은 다시 안도의 한숨을 쉬고 약간의 시간이 있다는 것을 알고 청소를 시작했다. 하지만 12월 들어 캘리포니아 남부에서 발생한 기록적인 폭염과 건조함이 주 역사상 가장 큰 화재를 일으켰다."[55] 불길은 "10차선 고속도로를 믿기 힘들 정도로 가볍게 뛰어넘어" 루퍼트 머독Rupert Murdoch, 엘론 머스크Elon Musk, 비욘세Beyonce의 집까지 위협했다.

불은 새해까지 계속됐다. 2018년이 시작되면서 사람들은 다시 안도의 한숨을 쉬면서 약간의 겨울비가 올 것이라는 전망을 반겼다. 초기에는 폭풍이 몰아치고 엄청난 양의 폭우가 쏟아졌다. 일부 지역에서는 5분도 채 안돼 약 1.3센터미터의 비가 쏟아졌다. 비는 산불로 황폐해진

산 위로도 내렸고 홍수를 막을 나무가 없다보니 걷잡을 수 없이 흘러내리는 진흙 더미로 변했다. 이 때문에 21명이 사망했다. 살아남은 사람들은 화물 열차처럼 우르릉거리는 소리가 기억난다고 했다. "집과 차, 사람들이 묻혔다." 근처에 살던 작가 노라 갤러거Nora Gallagher의 말이다. "고속도로와 철로도 묻혀버렸다. 개울은 재로 새까맣게 변해서 바다로 흘러갔다. 해변에서는 사람들의 시신이 발견됐다. 그리 멀지 않은 곳에서는 곰의 사체가 있었다."[56]

남은 2018년 내내 더 나아지지 않았다. 8월 초까지 기록된 주의 역사상 가장 컸던 화재는 멘도시노*지역의 엄청난 불에 자리를 내줬다. 요세미티 계곡은 불길이 진입로까지 번져 '무한정' 폐쇄됐다. 기상학자들은 샤스타 카운티의 중심도시 레딩Redding보다 위로 약 12킬로미터나 솟아 올라가 아주 난폭하게 회전하면서 나무껍질까지 벗겨내는 그 엄청난 '파이어 토네이도fire tonado'를 이해하려고 애썼다. 그리고 가을이 되자 그중 가장 섬뜩한 불이 치코Chico 위에 있는 시에라Sierra 구릉지에서 발생했다. 가을 '우기'에 내리는 3.6밀리미터 비가 지나간 후 시에라 구릉지에 위치한 파라다이스Paradise에서 화재가 발생한 것이다. 수십 명의 사람들이 차 안에서 죽었다. 불타는 좁은 도로를 따라 대피하려다 변을 당한 것이다. 대통령은 이 불을 '삼림 관리' 탓으로 돌리고 갈퀴질**을 권했다. 그 사이 법의학 팀은 불타버린 지역의 재에서 희생자의 DNA를 찾아내려고 애썼다.

---

* Mendocino, 미국 캘리포니아주 서북부의 곳.
** 트럼프 미국 대통령이 당시 산불 피해 현장에서 '핀란드는 낙엽 갈퀴질로 산불을 예방했다'고 말했다.

이것이 지금 이 순간 우리의 현실이다. 앞으로 더 악화될 것이다. 하지만 이미 아주 많이 나빠졌다. 다시 노라 갤러거의 말이다. "기후 변화를 믿는 사람이나 부정하는 사람 모두의 마음 속 깊은 곳에서는 이것이 어딘가 다른 곳에서 일어날 것이라고 생각한다. 실제로 이곳이라고 말하지는 않을 지라도 가난한 지역으로 일컫는 푸에르토리코나 뉴올리언스, 혹은 케이프타운 같은 곳이라 생각할 수도 있다. 아니면 해수면이 오르고 있는 섬 가운데 하나라고 생각할 수도 있다. 혹은 2025년이나 2040년, 아니면 그 다음 해 다른 시간대에 일어날 것이라고 생각할 수도 있다. 하지만 이전 천국에서 온 엽서가 당신한테 말할 것이다. 이런 일이 다음 해, 혹은 어딘가 다른 곳에서 일어나는 일이 아니라는 것을. 이것은 당신이 사는 바로 그곳에서 일어날 수 있고, 당장 오늘 일어날 수도 있다. 그 누구도 피할 수 없을 것이다."[57]

3장

상황은 훨씬 더 나빠질 수 있다.

2015년 수리생물학 저널Journal of Mathematical Biology에 발표된 한 연구는 2100년까지 세계 해양이 식지 않을 경우 엄청 뜨거운 열이 "광합성 과정을 방해하여 식물성 플랑크톤의 산소 생성을 중단"시킬 수 있다고 지적했다. 지구의 산소 3분의 2가 식물성 플라크톤에서 나온다는 것을 감안하면 "동물과 인간이 대거 사망하는 결과가 초래될 가능성이 높다."[1]

1년 뒤 북극권 시베리아에서는 혹서로 영구동토층이 녹아 그 안에 갇혀 있던 순록의 시체가 발견됐다. 그리고 죽은 이 순록에서 탄저균이 나와 주변의 물과 땅으로 퍼지면서 근처에 있던 순록 2,000마리가 감염됐다. 또 감염된 순록이 일부 사람들을 감염시키면서 12살 소년이 죽었다. 영구동토층이 "차갑고, 산소도 없고, 어둡기 때문에 미생물과 바이러스의 온상이 되기 쉽다"는 것은 이미 입증된 사실이다. 과학자들이 빙하 아래에서 발견한 800만 년 된 박테리아의 소생을 성공시킨 사례도 있다. 시베리아와 알래스카에 스페인 독감 바이러스, 천연두, 흑사병의 잔재가 있을 것이라고 믿는 연구자들도 있다.[2]

이런 상황도 고려해보자. 빙판이 녹아 육지의 무게가 감소하면, 이것이 지진을 촉발할 수 있다. 그린란드와 알래스카에서는 이미 지진 활동이 증가하고 있다. 그 사이 새로운 해수 무게가 더해져 지각 모양이 틀어지기 시작했다. 유니버시티 칼리지 런던 위험센터(UCLHC) 책임자는 "이 때문에 화산 활동이 엄청나게 늘고 지진, 해저 산사태, 쓰나미 등이 많이 발생할 수 있는 단층들이 활성화될 것"이라고 설명했다.[3

이런 산사태는 약 8,000년 전 스칸디나비아에서도 발생했다. 마지막 빙하기가 물러가고 노르웨이 대륙붕이 무너지면서 켄터키주 크기의 지역이 "심해 평원에 곤두박질치고 복수심에 불타 맹렬히 소리 지르는 것 같은 거대한 파도가 연이어 생성되면서" 노르웨이 해안에서 그린란드까지 모든 생명의 흔적을 앗아갔다. "영국과 네덜란드, 덴마크, 독일을 한때 연결했던 웨일즈 크기의 거대한 땅덩어리도 삼켜버렸다." 스코틀랜드 북동부에 위치한 셰틀랜드를 강타한 파도는 높이가 거의 20미터에 달했다.[4

이럴 가능성도 있다. 이산화탄소 수치가 계속 올라가면 사람들이 더 이상 똑바로 생각하지 못할 수도 있다. 1000ppm에서 인간의 인지 능력은 21퍼센트나 떨어진다. 1000ppm은 2100년에 가능한 범위 안에 있다. "위기 대처와 정보 활용, 전략적 사고에 가장 큰 영향을 미친다"는 게 하버드대 연구의 발표 내용이었다. 이런 역량이야말로 인간이 가장 필요로 하는 것이므로 아주 심각한 얘기다.[5

애써 다른 말로 내가 여러분을 바보로 겁주려는 것일 수 있다고 하자. 그렇다고 대기 구성이 근본적으로 변화하고 있는 지금의 상황을 반대로 돌려 놓지는 못한다. 지구의 열 균형에 변화가 오고 온갖 형태의 공포를 촉발할 것이 확실하며 회피할 수 없다는 말이다. 가장 무서운 것은 앞으로 새로운 모든 국면에 일어날 극적인 불확실성일지도 모른다. 보이지 않던 것이 물리적 세계의 전면으로 나오고 있는 것이다. (과거 정치와 트럼프 정치의 차이와 유사하다. 과거에는 워싱턴을 몇 주간 까맣게 잊고 지낼 수 있었다. 지금은 대통령이 밤낮없이 나무 뒤에서 뛰어나와 소리를 지른다.)

지금까지는 이미 일어난 일에 주목했다면, 이제는 미래를 생각하면서 가장 가능성 있는 시나리오에 집중해 보자. 이것만으로도 충분히 충격적이기 때문이다. 해일이나 천연두가 오기 전에, 그리고 질식사로 죽거나 명료한 생각을 하지 못하기 전에 가장 일상적이고 기초적인 사실, 즉 누구나 매일 먹어야 하고 수많은 사람이 바다 근처에 산다는 사실에 집중할 필요가 있다.

먼저, 식량 공급을 보자. 곡물 수확량은 2차 세계대전 이후 놀라운 속도로 발전하면서 빠르게 증가하는 인구를 앞설 정도로 계속해서 가파른 성장을 해왔다. 그 대신 소작농들이 생활수단을 잃고 전세계의 많은 슬럼가로 내몰리는 엄청난 인적 대가를 치렀다. 하지만 생산량을 빠르게 증대시킨 것은 엄청난 양의 비료와 살충제, 기계를 이용한 녹색혁명의 결과였다. 그러나 이제 이런 상승은 폭염과 가뭄이라는 외면할 수 없는 사실들과 마주한 듯히다. 여러 연구결과를 보면 온난화가 커피, 카카오, 병아리콩, 샴페인 생산에 심각한 영향을 끼친다. 그렇지만 인류가 섭취하는 칼로리 대부분을 곡물이 공급한다는 점에서 본다면 정말로 걱정해야 하는 것은 곡물류다. 옥수수, 밀, 쌀은 모두 지난 1만 년 동안의 기후에 적합한 작물로 진화했다. 이런 곡물들은 유전 물질을 찾아내 새로운 품종을 개발하는 전문가들이 변화를 주더라도 한계가 있다. 사람은 베트남 하노이에서 캐나다 에드먼턴으로 옮겨 살 수 있고 베트남 식당을 열 수도 있다. 하지만 벼를 옮긴다면 그대로 죽고 말 것이다.

세계에서 가장 고도화된 기술 농경의 본거지인 호주에서 진행된 2017년 한 연구에 따르면, "밀의 생산성은 기후 변화의 직접적인 영향으로 악화됐다." 밀의 생산성이 1900년에서 1990년 사이에 3배로 늘었지만, 이후 기온이 상승하고 강수량이 거의 3분의 1로 감소하면서 정체 상태에 있다. 연구원들은 "근본적 요인으로 기후 변화가 아닌 변동성이 심한 가변 기후일 가능성은 1,000억 분의 1보다도 낮다"고 말했다.

이것은 농부들에게 값비싼 신기술을 계속해서 소개하고 있지만 "현상 유지에만 성공할 뿐 더 이상 나아가지 못하고 있다"라는 의미이기도 했다. 또 이들은 같은 추세가 계속된다면 20년 안에 실제로 수확량이 줄기 시작할 것이라고 말했다.[6] 2018년 6월에는 파리기후협약이 현재 **목표로 하는** 섭씨 2도의 기온이 상승하면 미국의 옥수수 수확량이 18퍼센트 감소한다는 연구자들의 발표가 있었다. 현재 단계에서 섭씨 4도가 상승한다면 곡물 수확량은 거의 절반으로 줄어들 것이다. 옥수수는 미국이 세계 최대의 옥수수 생산국이자 지구상에서 가장 널리 재배되는 작물이다.[7]

옥수수는 발육 과정의 중요한 순간에 일주일만 고온에 노출돼도 풍요로운 수확을 기대할 수 없는 단점이 있다.(한 상품 컨설팅 회사의 책임자는 "1,000조 개의 옥수수 알갱이에 수분을 공급할 있는 기회는 단 한번 뿐"이라고 설명했다.)[8] 그러나 가장 척박한 환경에서 잘 자라는 작물조차도 고온에는 민감하다. 수수의 경우가 그렇다. 수수는 5억 인류의 중요한 식량인데, 특히 땅속 깊이 뻗어 있는 수염뿌리 덕분에 건조한 환경에서도 잘 자라는 특성이 있다. 그런데도 이 수수조차 한계에 도달하고 있다. 지난 30년 간 미국 중서부에서 나온 데이터를 살펴보면, 폭염은 수수잎 내 수증기와 주변 공기 속에 있는 수증기 차이를 의미하는 '증기압차'에 영향을 끼친다. 날씨가 더욱 더워진다는 것은 수수가 더 많은 수분을 대기 속으로 방출한다는 의미다. 지구 온도가 현재 전 세계가 **목표**로 하는 섭씨 2도만 더워져도 수수의 수확량은 17퍼센트나 떨어진다. 만약 섭씨 5도가 더워지면 수확량은 거의 60퍼센트가 떨어진다.[9]

아마 아스팔트 정글을 제외하면 옥수수 수확량보다 더 지루한 주제는 없을 것이다. 자극적인 제목으로 유저들의 클릭을 유도하는 클릭베이트clickbait와는 정확히 반대다. 그런데도 사람은 먹어야만 산다. 휴먼 게임에서 가장 중요한 질문 하나는 아마 이것일 것이다. '저녁은 뭘 먹지?' 그리고 '별거 없네'라는 답이 나왔을 때는 분위기가 급속히 냉랭해질 수 있다. 2010년 러시아를 강타한 극심한 폭염은 곡물 수확을 현저히 떨어뜨렸다. 이 때문에 크렘린이 곡물 수출을 금지하면서 국제 밀 가격이 급등했다. 그리고 이것이 아랍의 봄*을 촉발하는 데 일조했다. 당시 이집트는 밀을 지구상에서 가장 많이 수입하는 나라였다. 이 경험으로 학계와

* Arab Spring, 2010년에 튀니지에서 시작되어 아랍 중동 국가 및 북아프리카 일대로 확산된 반정부 시위.

보험업계는 다음 단계의 푸드 쇼크가 어떤 형태일지 검토하기에 이르렀다. 2017년 이 가운데 한 팀이 홍수와 가뭄을 수반하는 극심한 엘니뇨가 단기간 지속되면 어떤 현상이 생길지 상상해봤다. 이들은 옥수수와 콩 수확량은 10퍼센트, 밀과 쌀은 7퍼센트가 감소하는 상황을 가정했다. 결과는 혼란스러웠다. "상품 가격이 4배가 되고 시민들의 불안과 심각한 반인도주의적 결과들이 나타났다. 식량 폭동이 중동, 북아프리카, 라틴아메리카의 도시 전역에서 일어났다. 유로화가 약세를 보이고 유럽 주요 주식시장의 시가 총액은 10퍼센트나 하락했다."[10]

거의 비슷한 시기에 영국에서 진행된 한 연구팀에 따르면, 많은 양의 식량을 재배할 수 있더라도 식량을 배분하는 운송 시스템이 14개 주요 요충지를 통해서만 운영된다면 기후 변화로 대규모 붕괴가 초래될 수 있는 취약성이 있는 것으로 나타났다. 미국의 강과 운하의 경우는 전 세계에서 사용되는 옥수수와 콩 생산량의 3분의 1을 실어 나르고 있지만 최근 몇 년간 홍수와 가뭄으로 폐쇄되거나 방해받는 일이 빈번했다. 브라질은 세계 곡물 수출의 17퍼센트를 차지한다. 그러나 2017년 엄청난 폭우로 트럭 3,000대의 발이 묶이는 일이 있었다. "점점 안 좋은 상황으로 치닫고 있다"는 것이 보고서 저자 중 한 사람의 말이었다.[11]

이로부터 5주 후 또 다른 보고서가 더 심각한 문제를 제기했다. 충분한 식량을 재배하는 것과 아울러 유통을 보장할 수 있는 방법을 강구하더라도 식량 그 자체가 본연의 가치를 상당 부분 상실한다면 어떻게 될까? 환경연구 저널에 실린 논문은 식물 성장을 빠르게 촉진시키면 이산화탄소 수치가 상승하고 주요 기초 작물의 단백질도 줄어든 것 같다고

말했다. 아주 깜짝 놀랄 발견이었는데 농학자들마저도 그런 일이 벌어
지고 있다는 조짐을 오랫동안 간과했다.

　하지만 이것은 사실인 듯하다. 연구자들은 21세기 후반 예상되는 이
산화탄소 수준에서 곡물을 재배했을 때 칼슘과 철분 같은 미네랄이 8퍼
센트 감소하고 단백질도 역시 같은 양이 줄어드는 것을 발견했다. 이 말
은 작물에 의존해 단백질을 섭취하는 개도국 사람들의 영양섭취가 크
게 줄어든다는 의미다. 인도 한 곳만 보더라도 전체 식단에서 5퍼센트
의 단백질을 잃을 수 있다. 5,300만 명이 단백질 결핍이라는 새로운 위
험에 처한 것이다. 산모와 유아 건강에 필수적인 아연의 손실도 전 세계
1억3,800만 명의 사람을 위험하게 할 수 있다.[12]

　2018년 쌀 연구자들은 18종의 벼를 이산화탄소 수치가 높은 땅에서
시험 재배했을 때 "단백질이 아주 적어진" 것을 발견했다. "식량의 영양
분이 줄어들 거라는 생각은 놀라운 발상이었다"고 한 연구자가 말했다.
"직관적으로 이해할 수 있는 것은 아니었지만 계속 연구하면 놀라운 결
과가 나올 거라 생각했다. 우리가 인류의 식량 시스템을 지탱하고 있는
생물물리학적 환경을 완전히 바꾸고 있는 것이다."[13] 단지 인간의 식량
시스템만이 아니다. 이를테면 벌들은 사람이 의존하지 않는 미역취에
의존한다. 과학자들은 1842년까지 거슬러 올라가는 스미소니언 박물관
의 미역취 샘플에서 꽃가루의 단백질 함량이 "산업혁명 이후 3분의 1이
줄었고, 이런 변화가 이산화탄소의 증가와 밀접한 관련이 있다"는 것을
발견했다."[14]

　벌들은 분명 작물에 이롭기 때문에 섬뜩한 뉴스라 할 수 있다. 2018년

8월 새로운 대규모 연구가 그에 못지않은 무서운 사실을 찾아냈다. 전례 없는 더위 속에서 농작물의 해충이 번창하고 있다는 것이다. "해충의 환경으로는 더 좋아지고 있다"라는 것이 콜로라도대 한 연구원의 말이다. 설사 UN이 목표로 정한 섭씨 2도의 온도 상승 제한을 맞춘다 해도 늘어나는 해충들로, 밀은 46퍼센트, 옥수수는 31퍼센트, 쌀은 19퍼센트가 사라질 것이다. "기온이 더 올라가면 예측한 대로 진딧물과 조명충나방 같은 해충의 신진대사가 가속화된다. 이것은 해충들을 더 배고프게 만들고 기온이 더 올라갈수록 번식 또한 빨라진다"는 것이 연구자들이 발견한 내용이었다. 5,000만 년 전의 식물 화석조차도 분명한 메시지를 주고 있다. "해충으로 인한 작물 피해는 기온의 상승이나 하락과 상관관계가 있고 가장 더울 때 피해가 최대치에 이른다."[15]

사람들은 매일 특정한 양의 음식을 먹는 데 익숙하다. 마찬가지로 특정한 장소에 사는 것에도 익숙해져 있다. 이런 곳들의 상당수가 바다에 근접해 있는 데는 분명한 이유가 있다. 강과 바다가 만나는 하구가 지구상에서 가장 비옥한 생태계로 둘러싸여 있기 때문이다. 물을 통해 교역도 쉽게 할 수 있다. 아테네, 코린트, 로도스 섬 같은 초기 도시에서 인도 뭄바이, 상하이, 뉴욕과 같은 가장 큰 현대도시에 이르기까지 바다와의 근접성은 부와 힘을 의미했다. 그리고 이제는 아마도 치명적일 수 있는 심각한 취약성을 의미하기도 한다.

홀로세Holocene는 마지막 빙하기가 멈췄을 때부터 시작된 1만 년 동안의 인류 역사를 말한다. 이 기간 내내 대기 중의 이산화탄소는 안정된 수준을 유지했다. 마찬가지로 해수면도 안정 수준을 유지했기 때문에 사람들이 해수면의 상승을 염려하는 데는 시간이 걸렸다.

2003년 UN의 기후 변화에 관한 정부 간 패널(IPCC)은 21세기 말까지 해수면이 불과 50센티미터가 상승할 것이라는 예측을 내놨다. 상승의 대부분은 찬물보다는 따뜻한 물이 더 많은 공간을 차지하고 비용과 문제를 야기하기에 충분했지만 50센티미터 상승은 실제로 취락 분포에 지장을 줄 정도는 아니었다.[16] 그러나 IPCC 과학자들은 이런 예측을 하면서도 그린란드와 남극 대륙을 덮고 있는 거대한 대륙 빙하가 녹을 가능성에 대해서는 고려하지 않았다고 경고했다. 따라서 이후 우리가 배운 거의 모든 것들은 과학자들이 그 대륙 빙하가 몹시 취약하다고 생각한 것에 바탕을 두고 있다.

고(古)기후학자들의 경우는 먼 옛날에 종종 해수면이 놀라운 속도로 오르내렸던 사실을 발견했다. 1만4,000년 전 빙하기가 통제력을 잃기 시작하면서 연구자들이 융빙수펄스 1A(meltwater pulse 1A, mwp-1a)라 부르는 엄청난 해빙량이 해수면을 약 18미터나 상승시켰다.[17] 이 가운데 약 4미터는 한 세기에 생긴 것일 수 있다. 다른 연구 팀에 따르면 수백만 년 전 이산화탄소 수치가 거의 지금 수준이었던 플리오세* 기간 동안 서남극의 대륙 빙하가 한 세기도 안돼 붕괴된 것으로 보인다.[18] "서남극의 가장 최근의 현장 데이터는 일종의 OMG(Oh My God)이다." 연방정부 관리가 2016년 한 말이었다. 이것은 2018년 초여름 **실로** 획기

---

* Pliocene, 533만 년에서 258만 년 전까지의 지질시대.

적인 소식이 나오기 전 일이었다. 당시 44개 기관 84명의 연구원이 데이터를 수집하고 내린 결론은 얼어붙은 대륙에서 2012년부터 녹는 속도가 **3배**나 빨라지면서 지난 30년간 3조 톤의 얼음이 사라졌다는 것이었다.[19]

그 결과, 과학자들은 이제 해수면이 50센티미터가 아니라 1미터 혹은 2미터 상승한다는 식으로 자신들의 추정을 지속적으로 상향 조정하고 있다. 세계 최고의 기후학자인 제임스 핸슨James Hansen은 "향후 50~150년 안에 몇 미터는" 상승할 것이라고 내다봤다. 또 그 정도의 해수면 상승이라면 연안 도시들이 "사실상 통제 불가능한" 상황에 놓일 것이라고 말했다.[20] 2017년 해수면 상승에 관한 가장 종합적인 책을 쓴 제프 구델Jeff Goodell이 말한 것처럼, 이런 해수면 상승은 "오늘날 시리아 전쟁 난민 위기를 대수롭지 않게 보일 기후 난민 세대를 만들어낼 것이다."[21]

정말 기막힌 일은 우리가 이런 변화에 너무나 준비가 안돼 있다는 사실이다. 구델은 플로리다의 석호 비스케인만 바닥에서 건져 올린 모래 위에 세워진 마이애미비치에서 몇 달간 취재를 하며 가까스로 추적해서 플로리다의 최대 개발업자 호르헤 페레즈Jorge Perez를 박물관 개관식에서 만날 수 있었다. 구델의 주장에 따르면, 페레즈는 해수면 상승을 걱정하지 않았다. 이유는 다음과 같다. "나는 이삼십 년 안에 누군가 해결책을 찾을 거라 믿어요. 만약 마이애미에 그런 문제가 있다면 뉴욕과 보스턴도 문제가 될 겁니다. 만약 그렇게 되면 사람들은 어디로 가야 합니까?" 그는 거의 트럼프 수준으로 자아도취증을 보이며 덧붙였다. "게

다가 그때쯤이면 난 죽었을 텐데, 무슨 상관이죠?"[22]

　적어도 우리가 준비하는 범위에서 1미터 이하는 오래된 낮은 예측이다. 베네치아의 경우는 팽창식 차단막에 60억 달러를 들여 해일을 막으려 하고 있다. 그러나 그것들은 약 30센티미터의 해수면 상승을 막도록 고안됐다. 뉴욕시는 허리케인 샌디 같은 폭풍에 범람하는 맨해튼의 침수를 막기 위한 제방으로 '유 배리어U-Barrier'를 만들고 있다. 하지만 해수면이 상승하면 샌디 같은 바람이 훨씬 더 많은 물을 맨해튼으로 몰고 올 것이다. 그렇다면 왜 더 높이 만들지 않을까? 건축가는 "비용이 기하급수적으로 올라가기 때문"이라고 말했다.[23] 비용은 이미 올라가기 시작했다.

　2018년 연구자들이 보여주고 있는 것처럼 홍수가 많은 지역에 근접해 있는 플로리다 집들은 7퍼센트 할인된 가격에 팔리고 있다. '세심한 구매자'라면 무슨 일이 닥칠 것인지 알기 때문에 시간이 지날수록 이 할인율은 커질 것이다.[24] 보험 회사들도 꺼리고 있다. 유럽의 최대 보험사 한 곳의 CEO는 2018년 '뉴욕에서 뭄바이'까지 건물 지하층이 2020년까지 보험 가입이 안될 수 있다고 말했다.[25]

기후 변화에 따른 비용 일부는 우리가 사용하는 익숙한 화폐 단위로 측정이 가능하다. 이를테면, 기후 과학자들은 2017년 연방 법원에서 진술한 증언에서 지금 우리가 더 강력한 행동을 취하지 않는다면 미래의 시민들이 지구 온난화에 대처하기 위해 535조 달러의 비용을 지불해야 할 것이라고 말했다.[26] 어떻게 이런 계산이 가능할까?

플로리다에 있는 작은 카운티 한 곳을 살펴보자. 이곳은 아주 작은 해수면 상승이 일어나더라도 침수를 방지하기 위해서는 241킬로미터의 도로를 높여야 한다. 카운티의 연간 도로 예산은 2,500만 달러인데, 이 작업에는 1마일에 7백만 달러가 소요돼 총 10억 달러가 넘는 공사비가 필요하다. 알래스카에서 나온 수치들도 살펴보자. 이곳에서는 공무원들이 상승하는 해수면의 위협으로부터 400명이 거주하는 한 해안가 마을을 4억 달러의 비용을 들여 이주시킬 준비를 하고 있다. 한 사람당 100만 달러의 비용이 소요되는 셈이다.[27] 이런 식으로 곳곳에 있는 모든 사람의 수만큼 곱하게 되면 왜 비용이 많이 드는지 파악할 수 있을 것이다.

일군의 경제학자들은 지구 온난화로 2100년까지 세계의 생산량을 50퍼센트까지 감소시킬 수 있는 리스크가 12퍼센트라고 예측했다. 다시 말하면 8분의 1의 확률로 대공황보다 8배 나빠질 수 있다는 의미다.[28]

하지만 측정할 수 없는 것들이 있고, 이로 인한 피해는 훨씬 더 커질 수 있다. 예를 들면, 2050년까지 국제이주기구(IOM)가 추정하는 중간값으로 2억 명의 기후 난민이 생길지도 모른다. 최대 추정치는 10억 명에 이른다. 이미 "살던 집에서 내쫓기게 될 가능성은 40년 전과 비교해 60퍼센트나 높아졌다."[29] 미군의 고민도 커지고 있다. 대규모 인구이동이 전 지역을 불안하게 만들 수 있기 때문이다. 미 태평양사령부 전 사령관 새뮤얼 로클리어Samuel Loklear 제독은 왜 기후 변화가 그의 가장 큰 걱정거리인지 설명하면서 "안보가 아주 빨리 무너지기 시작할 것이

다"라고 말했다.[30]

살던 집을 잃는 그 자체가 집을 잃은 사람들에게는 가장 큰 근심거리다. 여기서 지난 여름 그린란드 빙상에 다녀온 얘기를 해볼까 한다. 두 명의 베테랑 빙하학자와 젊은 시인 두 명과 동행했다. 시인 한 명은 태평양 마샬제도 출신의 캐시 제트닐 키지너Cathy Jetnil-Kijiner라는 여성이었고, 다른 한 명은 엄청난 대륙 빙하가 녹으면 해수면이 6미터 이상 올라가는 지구상에서 가장 큰 섬인 그린란드에서 태어난 아카 니비아나Aka Niviana라는 시인이었다.

그린란드의 빙하는 지금도 녹고 있다. 우리 일행은 나르사수아크Narsasuaq에 있는 2차 세계대전 당시의 활주로에 착륙하여 빙산으로 막혀 있는 투눌리아픽Tunulliarfik 협만을 통과하는 보트를 타고 최종적으로 콰터래잇 빙하Qaterlait Glacier 기슭에 도착했다. 그리고 빙하의 얼음 경사면을 간신히 올라가 거의 1킬로미터에 달하는 내륙의 빨간색 화강암 기반의 노두에서 야영을 했다. 사실 캠프는 두 번이나 만들었다. 오후 햇빛이 내리쬐면서 처음 고른 캠프지에 개울물이 불어나 텐트가 침수됐기 때문이다. 저녁식사 뒤 북극의 늦은 햇빛이 비추는 가운데 두 시인은 각자 고향의 전통 드레스를 입고 바다와 높은 빙산 모두를 볼 수 있는 더 먼 빙하까지 거슬러 올라갔다. 거기서 시인들은 자신들이 지은 시를 낭송했는데, 저항하기 힘든 삶의 현실과 싸우는 성난 심장으로부터의 울부짖음이었다.

니비아나의 고향은 얼음이 사라지고 있었고, 사람들의 삶의 방식도 달라졌다. 과학자들은 우리가 빙상 위에서 지내는 동안 북극에서 "가장 오래된 두꺼운 해빙"이라 "보통 여름에도 얼어 있던 그린란드 북쪽 개빙 구역opening water"이 녹았음을 알렸다."[31] 캠프 해안가 바로 위로 올라 가면 외딴 마을이 있다. 그런데 얼음이 녹아 일어난 산사태로 최근 30미 터의 쓰나미가 발생해 네 명의 주민이 사망한 일이 있었다. 과학자들은 "기후가 따뜻해지면 더 빈번하게 일어날 수 있는" 정확히 그런 사건이 었다고 말했다.[32]

그러나 이런 영향은 훨씬 더 가까운 시일에 제트닐 키지너의 고향에 서 일어날 가능성이 크다. 마샬제도는 해수면보다 1~2미터 정도 밖에 높지 않아 이미 '거대 조수king tides'가 집안 거실을 휩쓸고 묘지를 파헤 치고 있다. 반지 모양의 산호섬atolls에 사는 생명체들을 천년 동안 지탱 해 온 담수의 작은 알lens에 바닷물이 침투하면서 빵나무와 바나나 야자 나무가 말라 죽고 있다. 제트닐 키지너는 그야말로 빙하가 녹으면 자신 의 고향을 익사시킬 수 있는 얼음 위에 서 있었다. 그렇게 되면 그녀와 그녀의 동포들에게는 그녀의 말대로 "집이라 부를 거라곤 달랑 여권"만 남는다.

독자 여러분들도 두 여성 시인의 시에 흐르는 조용한 분노가 이해될 것이다. 이들은 반구의 가장 삭막한 풍경과 배경을 가진 거대 빙상으로 이동하는 빙하의 찬바람을 마주하며 자신들의 시를 소리쳐 낭송했다. 그것은 오래된 쓰라린 역사에서 비롯된 분노였다. 마샬제도는 전쟁 후 원자폭탄을 실험하는 장소였다. 마찬가지로 미국이 그린란드에 건설했 던 30개의 기지를 버리면서 얼음 주위에 핵폐기물을 두고 간 것처럼, 비 키니 산호섬도 사람이 살 수 없는 상태로 남아 있다.

똑같은 짐승들이

이제 결정을 하네

누가 살고

누가 죽어야만 하는지…

우리가 요구하는 건 세상이

SUV, 에어컨, 상품화된 편의시설 너머로 보는 것

기름으로 뒤덮인 꿈, 믿을 수 없네

그런 내일이 결코 오지 않기를

하지만 기후 변화는 당연히 다르다. 처음 위기는 가장 취약하고 어려운 계층에 먼저 영향을 끼치더라도 결국 우리 모두에게 닥칠 것이다.

당신들의 집도 내 집처럼 되겠지

지켜보지. 마이애미, 뉴욕,

상하이, 암스테르담, 런던,

리우데자네이루, 그리고 오사카가

물에 빠져 숨 쉬려 애쓰는 것을…

그 누구도 빠져나갈 수 없다는 것을.

과학은 이런 위기에 대해 많은 것을 말해 줄 수 있다. 여행을 기획한 미국 빙하학자 제이슨 박스Jason Box는 지난 25년 동안 그린란드를 돌아다녔다. 박스가 말했다. "5년 전 이곳에 처음 왔을 때 그 생김새 때문에 지금 이곳을 독수리 빙하가 있는 곳이라고 불렀습니다. 그러나 지금은 새의 머리와 날개가 녹아 버렸어요. 독수리가 죽었으니 이제는 뭐라 불러야 할지 모르겠습니다." 그는 얼음 위에 흩어져 있는 원격 기상관측소의 전지를 교체하느라 분주했다. 이것들은 하나의 스토리를 말해주고 있으나 박스의 동료인 웨일스 과학자 알룬 허바드Alun Hubbard가 인정했듯이 계기 장비로 설명할 수 있는 것에는 한계가 있었다. "그냥 깜짝 놀라 외상trauma을 입은 풍경을 처다보게 하는 정도죠. 빙상의 변화 정도를 내 머릿속에 기록할 수만은 없는 거니까요."

하지만 예술가들은 이 변화를 측정해서 기록**할 수** 있다. 이들은 얼음이 녹고 있다는 사실을 침수된 집들과 갈팡질팡하는 삶으로 바꿔 놓고, 오랜 역사와 잃어버린 미래를 반대로 평가한다. 과학과 경제학은 사람들이 특정한 리듬으로 수천 년 동안 살았고, 음식을 먹었고, 현재 사라지고 있는 특정한 장소에 대한 노래를 불렀다는 사실을 평가할 실질적인 방법이 없다. 이것의 가치는 예술만이 측정할 수 있다. 슬픔과 분노를 측정 단위로 보면 이치에 맞을 것이다. 놀랍게도 여기에 희망도 있다. 찬바람 속으로 소리쳐 낭송한 여성 시인들의 시는 이렇게 끝났다.

모든 형태의 생명체는 요구한다

우리 모두가 돈에다 주는 만큼의 존중을…

그러니 한 명도 빠짐없이

결심해야만 한다

우리가

깨어날

것인지를

우리는 그렇게 해야만 한다. 사실 이 책은 그 깨어난다는 게 어떤 모습일지에 대한 설명으로 끝맺는다. 그러나 만약, 이제는 확실해 보이지만 빙하가 계속 녹는다면 마샬제도의 마을들과 그린란드 항구는 가라앉고 말 것이다. 그렇게 되면 우리는 존재 방식이 잘려 나가는 것이기 때문에 좀더 빈곤해질 것이다. 또 가장 오래되고, 가장 정교한 조각의 일부를 인류의 퍼즐에서 잃어버리게 될 것이다.

제프 구델이 썼듯이 '베네치아를 잃는다는 것'은 단지 지금의 베네치아를 잃게 된다는 것이 아니다. "르네상스 시대의 화가 티치아노Titian와 조르조네Giorione가 걷던 좁은 길의 돌을 잃는 것이다. 성당 안에 있는 11세기 모자이크가 없어지고, 발굴한 마르코 폴로의 집과 대운하를 따라 지어진 궁전이 사라지는 것이다. 베네치아를 잃는 것은 시간을 거슬러 올라가 문명인으로 살아온 우리 자신의 일부분을 잃는 것이다."[33]

우리 모두는 이미 잃고 있는 것이 있다. 내가 사는 곳은 계절을 잃고 있다. 겨울이라는 계절은 더 이상 겨울을 확실하게 의미하지 않는다. 그래서 늘 날씨를 보고 본능적으로 계절을 말하던 방식이 깨지기 시작했다. 캘리포니아는 평온함을 잃고 있다. 다음에 일어날 화재의 냄새가 유칼립투스 숲에 계속해서 머물고 있는 까닭이다. 더 가난해지는 길은 여러 방식이 있다. 우리는 이 모든 것을 직접 확인하게 될 것이다.

이 책은 인류의 존재에 관한 이야기다. 하지만 잠시동안 사람 이야기는 접어 두고 규모에서 깜짝 놀랄 수 있지만 결과적으로 우리 인간에 대한 영향력이 얼마나 큰지 확인할 수 있는 깊은 바다와 먼 옛날로 가보자.

먼저 바닷물을 보자. 당연한 데도 불구하고, 우리는 지구라고 이름 짓는 오류를 범했다. 지구 표면의 70퍼센트가 바다로 덮여 있으니 '바다'가 더 이치에 맞을 것이다. 해수면의 상승과 지역의 침수를 걱정하는 이들은 바다 주변에 사는 사람들이다. 하지만 낚시로 생계를 유지하는 사람이 아닌 이상 바다 속에 어떤 일이 일어나는지 생각하는 일은 거의 없다. 바다는 아주 끝없이 광대해 보이나 인간이 수평선 너머로 사라지고 창공을 느낀 적은 거의 없다.

물론 이런 이유로 우리는 그렇게 무심코 바다를 학대했다. 금세기 중반이 되면 바다 속에는 물고기보다 플라스틱이 더 많을 수도 있다.[1] 우리가 아주 많은 병bottles을 바다에 내다버리고 있기 때문이다. 또 다른 이유는 바다 생물이 번식하는 것보다 우리가 훨씬 더 많은 생물을 빼앗아오기 때문이다. 황새치, 청새치, 농어 같은 바다의 큰 물고기 90퍼센트 정도가 1950년 이후에 사라졌다. 일본 시장에서 참다랑어 한 마리가 18만 달러에 팔렸다거나 매일 27만 마리의 상어가 대부분 지느러미(스프 맛보다는 다른 사회적 의미가 추가되는) 때문에 죽는다는 것은 이제 놀라운 일이 아니다. 매년 저인망 어선이 모든 해저를 평평하게 만들면서 갈아엎는 해저 지역만 해도 미국 대륙 크기의 두 배에 달한다. 이것은 눈에 보이지 않기 때문에 일어나는 일인데, 만약 이런 일이 지상에서 있었다면 진정한 저항이 일어났을 것이다.[2

하지만 이런 과잉 어획과 바다로 비료를 쏟아내는 모든 주요 강 하구의 데드존dead zone과 수천 킬로미터 연안에서 천천히 회전하면서 움직이는 플라스틱 더미들은 인간이 바다에 저지르는 가장 사소한 모욕일 것이다. 다시 말하지만 우리가 태우는 화석 연료와 이것이 만들어 내는 이산화탄소가 가하는 위협이야말로 압도적으로 육지보다 바다에 훨씬 더 큰 영향을 끼친다. 무엇보다 바다는 지구에서 우주로 방출되지 못한 여분의 열이 가장 많이 축적되는 곳이기 때문이다. 우리가 지구 주변의 대기 열에 집중하고 있지만, 사실 여분의 열 가운데 약 93퍼센트는 바다 속에 모이고 있다. 이제 심해는 1960년대, 1970년대, 1980년대보다 약 9배나 빠르게 뜨거워지고 있다.[3

그런데도 트럼프 행정부가 온도 모니터링 부표 망을 운영하는 정부 기관에 대폭 축소를 제안한 것은 말할 가치조차 못 느끼게 한다. 바다가 얼마나 많은 열을 흡수하고 있는지 이해하려면 다음을 숙고해 보라. 바다가 열을 흡수하지 않았다면 1955년 이후 대기 온도가 섭씨 53.9도까지 올라갔을 것이다.[4

이 모든 열의 가장 극적인 영향을 알아 보려고 전문 다이버가 될 필요는 없다. 스노클이면 된다. 이마저도 없다면 공기를 한번 들이마시면 된다. 호주 퀸즐랜드 주에 있는 포트 더글러스에서 모터보트를 타고 한두 시간을 가면 그레이트 배리어 리프Great Barrier Reef 바깥쪽 가장자리에 도착한다. 2018년 봄 마지막으로 갔을 때는 바다가 거칠어 이른 아침 햇살에 모두가 말없이 그저 졸고만 있었다. 우리는 3년 전에 한 선원이 BBC 시리즈 블루 플래닛2*의 놀라운 산호 산란 장면을 촬영한 오팔 리프Opal Reef로 향했다. 이 다큐멘터리는 달의 변화에 따라 영국 동물학자이자 영화감독인 데이비드 아텐버러David Attenborough의 신중하고 멋진 내레이션과 함께 산호 정원이 동시적으로 내뿜는 알과 정자 구름을 카메라에 담았는데, 세상에서 가장 왕성한 번식력을 보여주는 정말 멋진 광경이었다. 하지만 더 이상은 볼 수 없을 것 같다.

우리는 배를 정박하고 스노클과 마스크를 쓴 다음 선미에서 내려 해파리로부터 몸을 보호하기 위해 몸 전체를 감싸는 '스팅거 수트stinger suit'를 입었다. 나는 퀸즐랜드 제임스쿡 대학의 암초 연구원인 제임스 케리James Kerry와 함께 45미터를 수영해 암초 가장자리에 도착했다. 그리고 아래를 유심히 내려다봤는데, 마치 우리가 텅 빈 주차장 위에서 스노클링을 하는 것 같았다. 무성한 부채 모양과 사슴뿔과 쟁반 모양의 산호 **형태**는 그대로 남아 있었다. 하지만 선명한 형광색 대신 어두운 그늘만 보였다. 살아 있는 산호의 수도 극히 적어 수면으로 올라와 케리가 하나하나 다 말해 줄 정도였다. 그가 말했다. "파란

---

* Blue Planet II, 2001년, 전 세계적인 인기를 끌고 전작의 속편으로 제작된 해양 다큐멘터리.

색을 띤 것은 **레이스 산호***인데 아주 튼튼하죠. 바닥 아래에 있는 베개 같은 것 보셨어요? 산호충류인 커다란 싱글 폴립singlepolyp 산호라고 해요." 약간의 물고기가 돌아다녔다. 대부분 죽은 산호를 덮고 있는 조류를 먹고 사는 비늘돔류 물고기들이었다.

그레이트 배리어 리프는 세계 최대의 산호초 지대다. 하지만 산호는 3년 전과 비교하면 거의 절반만 살아 있다. 이제는 훨씬 더 흔한 일이 되었지만 2016년과 2017년 따뜻한 물이 급습하면서 생긴 엄청난 산호 백화현상**이 북부와 중앙부를 황폐화시켰다. 이 때문에 바다 속이 얼마나 음침해 보이는지 설명하기도 힘들다. 같은 맥락에서 어떻게 산호들이 죽은 것을 직감적으로 알 수 있었는지도 정확히 설명하기가 어렵다. 그날 모터보트에 타고 있던 사람들은 말로 표현하려고 애썼지만 일종의 슬픔에 빠져들었다.

바다로 더 많은 과학자를 끌어들이는 그레이트 배리어 리프 유산 (GBRL)의 미디어와 과학을 책임지는 산호 과학자 딘 밀러Dean Miller는 수년에 걸쳐 이 곳 전역에 있는 암초의 횡단면을 필름에 담았다. 또 같은 경로로 산호 전체 지도를 만들었다. "이곳은 누군가가 암초를 만들어낸 것처럼 자신들이 좋아하는 산호를 완벽한 모양과 크기로 심어 놓은 마치 영화 〈니모를 찾아서Finding Nemo〉에 나오는 번잡한 도시 같았다. 하지만 이제는 불이 꺼진 것처럼 그저 조용하다." 죽은 산

---

* Pocillopora damicornis, 또는 콜리 플라워 산호라고 일반적으로 알려진 돌 산호의 일종으로 인도 양과 태평양의 열대 및 아열대 지방이 원산지다.

** bleaching event, 산호가 수온의 급격한 변화로 하얗게 죽어가는 현상.

호는 큰 폭풍이 와서 허물어뜨리기 전까지는 그 모양을 유지할 것이
다. 하지만 지난 2년간 그 누구도 이 지역에서 산란을 본 적이 없다. 암
초 전문가 존 브로디Jon Brodie가 기자에게 말했다. 이제 암초가 "말기에
있다. 내 인생이었는데 이제는 포기했다. 우리는 실패했다."[5] 그 지역 관
료들은 응당 전형적인 반응을 내놓았다. 퀸즐랜드 관광협회 회장은 수석
산호 과학자를 '바보'라고 칭하면서 정부가 앞으로 연구 지원을 끊어야
한다고 주장했다. 하지만 그는 관광객들이 "암초가 죽었다고 생각하면
굳이 장거리 여행을 감수하지 않을 것"이라는 점에 주목했다.[6]

　우리는 오로지 여분의 열만 바다에 들여보내는 게 아니다. 공장과 차,
용광로가 대기 중에 엄청난 이산화탄소 기둥을 만들어내기 때문에 그
일부가 바닷물로 흡수된다. 이 순간에도 시간당 100만 톤이 대기에서
바다로 흘러 들어간다.[7] 과학자들은 수십 년 동안 인간이 분출시킨 탄
소 일부가 그냥 깊은 바닷물 속으로 사라지는 것을 축복으로 여겼다. 하
지만 약 15년 전부터 연구자들은 엄청난 위험을 감지하기 시작했다. 알
고 보니 우리가 만들어 낸 탄소량이 아무런 영향을 끼치지 않고 흡수되
기에는 바다조차도 너무 작았다. 이산화탄소가 바다 속으로 흘러 들어
가면 일부가 탄산으로 변하고, 이것이 바닷물의 수소 이온 농도 지수
(pH)를 낮춘다.

　인류 역사가 기록된 홀로세 기간을 통틀어 바다의 pH는 꾸준히 8.2를
기록했다. 이제는 8.1로 떨어졌다. 별로 큰 차이가 아닌 것처럼 들리겠
지만 pH가 로그 눈금logarithmic scale을 사용한다는 사실을 기억하면 생
각이 달라질 것이다. 산성으로 보이는 바다는 약 30퍼센트 증가했다. 현

재의 이산화탄소 배출 속도라면 금세기 말까지 바다의 pH가 7.8이나 7.7까지 떨어질 수도 있다. 노련한 해양학자 엘코 롤링Eelco Rohling의 말에 따르면, 이것은 "실험실 물고기나 다른 해양생물의 건강과 번식, 기동성에 아주 심각한 영향을 주지 않고 견딜 수 있는 수치를 훨씬 넘어선 것이다."[8]

인체의 경우는 pH가 약 7.4다. 만약 이것이 0.2단위(금세기 우리가 바다에서 예상하는 증가치의 약 절반)로 떨어진다면 "발작, 혼수상태, 심지어 사망 같은 심각한 건강문제를 유발"할 수 있다. 물이 산성화되면 지구의 생물학적 사슬에서 가장 밑에 있는 작은 식물성 플랑크톤이 골격부에 필요한 탄산염을 만들려고 안간힘을 쓰게 된다. 물고기의 혈중 pH는 주변 물과 균형을 이룬다. 만약 물이 점점 더 산성화가 된다면 물고기들이 세포 내 균형을 회복하기 위해서 엄청난 양의 에너지를 사용해야 한다. 이것이 성장을 억누르고 기동성을 느리게 한다.[9]

이처럼 이산화탄소는 지구 대부분을 차지하는 바다를 데우면서 산성화시킨다. 롤링이 "이것을 이중의 타격"이라고 말한 것으로 미루어 볼 때 "해양 생태계 전체의 주요 종 개체수와 다양성이 극적으로 줄어들 수 있을 것이다. 이것이 아래쪽으로 내려가는 먹이그물의 꼭대기에서부터 종의 붕괴를 유도할 것이다."[10] 이런 공포를 느낀 사람은 롤링만이 아니다. 2013년 세계 최고 해양 과학자 540명이 힘을 합쳐 UN에 보고서를 제출했다. 이들은 금세기 동안 바다가 "뜨겁고, 신맛이 나고, 호흡이 불가능하게" 될 것이라고 예견했다.[11] 과학자들은 이제는 일상적으로 2050년까지 사실상 세계의 모든 산호초가 죽게 될 것이라고 예측한다.[12 대략 30년 정도가 남았다.

　말하자면, 과거 소련이 붕괴된 시기와 같은 시간이 앞으로 흘렀을 때의 일이다. 프리스비*를 발명하거나 도니 오즈몬드**가 태어난 해와 비교하면 절반 정도가 되는 시간이 흐른 뒤의 일이다. 오늘날 태어난 아이가 해양 생물학자가 되기를 원한다면 2050년까지는 간신히 박사학위를 받을 수 있을 것이다.

지구 온난화 이슈를 다루기 꺼려하는 정치인들은 종종 이런 말을 한다. '기후는 늘 변하고 있다.' 기후 변화를 제대로 걱정하고 있는 사람조차도 하나마나한 뻔한 말을 하는 경우가 있다. '지구는 괜찮을 것이다. 곤경에 처하는 건 사람이다.' 이런 진술들은 엄밀히 따지면 맞다. '완벽하게 안정적인 시스템은 없다. 또 지금부터 몇 십억 년 후 태양이 폭발할 때까지 지구라는 암석은 약 1억5천만 킬로미터 거리에서 계속 궤도를 돌고 있을 것이다'라는 말처럼 말이다.

　하지만 이런 진술들은 핵심을 벗어났다. 인간이 현재 일으키고 있는 기후 변화는 인간문명이 이제껏 알았던 그 무엇과 비교해도 엄청난 일이 될 것이다. 또 지구의 생명활동을 근본적으로 저하시킬 것이라는 점에서도 그렇다. 인간은 이제 하나의 지질학적인 힘을 가지고 있다. 실제

---

* Frisbee, 1950년대 발명. 던지기를 하고 놀 때 쓰는 플라스틱 원반.
** Donny Osmond, 1957년에 태어난 미국 가수, 편곡가, 음반 프로듀서, 영화배우, 뮤지컬 배우, 무용가, 방송MC, 방송연기자, 소설가, 카레이서다.

로 인간은 수십억 년의 지구역사를 종식시킬 수 있는 여섯 개 정도의 거대한 지질학적 힘 가운데 하나다.

화석 기록을 보면 지구의 생명활동 이전에 있었던 대붕괴를 알 수 있다. 5억4천만 년 전의 주요 동물 문* 대부분이 화석 기록에 나타난다. 이것을 캄브리아기 대폭발**이라 부르며, 이때 **폭발**이란 단어는 즐거운 의미다. 생명체가 갑자기 엄청 많아진 것처럼 보였는데, 지구상을 번성시키기 위한 진화가 다양하게 시도됐기 때문이다. 그후 다섯 번에 걸쳐 많은 생명체가 갑자기 사라졌다. 우리는 이것을 대멸종mass extinction 시기라 부른다. 이 모두를 관통하는 공통의 실마리에 이산화탄소가 있다.

첫 번째 대멸종과 오르도비스기*** 말기까지 4억4,300만 년을 되돌아본다는 것은 어려운 일이다. 하지만 탄소 주기에서 뭔가 '잘못'됐다는 것은 분명하다. 이것을 피터 브래넌Peter Brannen은 멸종에 관한 자신의 명저에서 '재앙' 기간 내내 '거친 진동'이 나타났고 평가한다.[13] 그리고 그 시대에 정통한 한 지질학자의 말을 인용한다. "탄소 주기에 심각하게 급속한 변화가 나타나면 끝이 좋지 않다."[14]

2억5천만 년 전 고생대 마지막 시기인 페름기Permian 대멸종에 대해서는 더 많은 것이 알려져 있다. 무엇보다, 지구상의 거의 모든 생명체가 멸종한 최악의 시기였다. 원인은 화산 활동이었다. 후지산처럼 카리스마 있는 분석구(cinder cones, 원뿔형의 화산체)의 폭발이 아니라 '용암이

---

* 門, 강(綱)의 위이고 계(界)의 아래인 생물 분류 단위.
** Cambrian Explosion, 고생대 캄브리아기에 갑자기 다양한 종류의 동물 화석이 출연한 현상.
*** Ordovician, 고생대 2기로 캄브리아기 다음에 오며, 웨일스지방의 오르도비스 부족으로부터 유래하였다.

분출하여' 시베리아 트랩Siberian Trap이라 부르는 화산암 지대에 마구 쏟아냈다. 화산은 그 자체로 많은 이산화탄소를 만들어낸다. 하지만 용암의 경우는 수억 년 동안 쌓인 엄청난 양의 석탄과 오일, 가스 같은 퇴적물에 불을 붙인다.[15] 오래되지 않아(지질학적 시간으로), 지구는 지옥처럼 변했고, 바다가 극심하게 산성화됐다. 전 세계의 대다수 종들이 영원히 사라졌다. 심지어 곤충왕국에까지 심각한 피해를 끼친 유일한 멸종기였다.

유사한 '대륙 범람 현무암'*이 롱아일랜드에서 퀘벡, 모리타니아,** 모로코까지 균열을 따라 트라이아스-쥐라기Triassic-Jurassic 멸종을 촉발하고 공룡이 번성하도록 지구를 깨끗하게 만들었다. 그리고 6,500만 년 전 공룡들이 멸종하는 사건이 있었다. 백악기*** 말은 우리들 대다수가 거대한 소행성이 우주 어디선가 돌진해 왔을 것으로 상상하고 멸종하면 떠올리는 바로 그 시기다. 피너 브래넌의 묘사에 따르면 "에베레스트 산보다 더 큰 암석이 총알보다 20배나 빨리 이동해" 멕시코 만에 거대한 분화구를 생성시켰고, 304미터 높이의 쓰나미가 발생했으며, 엄청난 양의 땅이 우주 공간으로 날아 갔다. 이후 이것이 "전 세계에 운석 눈보라"가 되어 돌아왔다.[16] 결국 육중하게 걸어 다니던 티라노사우루스****가 퇴장하고, 마침내 인간이 출현한다. 백악기 말을 다룬 헐리우드 영화가

---

* continental flood basalt, 대륙에 발달한 대형 화산암체로 현무암질 마그마가 다량 분출한 후 덜 굳은 상태에서 넓게 퍼져 용암대지를 형성함.

** mauritania, 아프리카 북서부에 위치.

*** Cretaceous, 중생대의 마지막 지질시대.

**** Tyrannosaur, 지상에 존재했던 공룡 중 가장 강했던 육식 공룡.

여기까지만 묘사하고 있으나 잘못되지 않았다면 상황은 훨씬 더 복잡했을 것이다.

약간 덜 극적이지만 적어도 그만큼 큰 다른 뭔가가 소행성 충돌 때부터 지구 전역에 일어나고 있었다. 또 다른 거대한 대륙 범람 현무암 폭발이 오늘날 인도의 데칸 고원*에서 일어났다. 브래넌에 따르면 "당시 인도의 화산활동은 정말 엄청나서 그보다 아래인 미국의 48개주** 전체를 183미터의 용암으로 덮기에 충분하고도 남을 정도"였다. 또 이산화탄소, 지구 온난화, 바다 산성화라는 일상적 경로를 통해 다섯 번째 대멸종으로 몰아가는 역할을 하는 데도 부족함이 없었다. 소행성이 "총이고 데칸 고원은 총알이었던" 셈이다.[17] 화산 폭발은 소행성이 충돌할 때 이미 진행 중이었다. 하지만 2018년에 발표된 연구논문은 그 영향으로 "가속을 부채질했다"고 지적한다.[18] 아마도 수중의 지질 구조판 가장자리를 따라 새로운 균열이 생겼을 것이다.[19]

오늘날 또 다른 이산화탄소 구름이 다시 한번 지구를 감싸고 있다. 이번에는 화산이 아니라 배기관과 높은 굴뚝에서 나오고 있다. 대륙 크기의 용암이 넘쳐흘러 그 엄청난 양의 석탄에 불을 지르는 것이 아니라 대륙 크기의 전력망을 가동하느라 석탄을 태우고 있다. 이 과정에서 8기통 엔진이 화산만큼 효과적으로 작동하는데, 놀랍게도 화산보다 훨씬 더 빠른 것으로 드러났다.

페름기 말에 있었던 만큼 불에 탈 탄소는 그렇게 많지 않다. 대기 속

---

* Decan Traps, 인도의 거대 화성암지대. 지구상에서 가장 큰 화산활동 지형.
** 알래스카 및 하와이 제외.

이산화탄소 농도는 결코 고점에 근접하지도 않을 것이다. 하지만 앞서 언급한 '대륙 범람 현무암'보다 우리가 탄화수소를 훨씬 더 빠르게 태우고 있다. 200년 동안 인류의 경제활동은 주로 화석 연료를 파내고 불태우는 것으로 이뤄졌다. 우리에게 200년은 긴 시간처럼 보이지만 지질학적 시기로 보면 그야말로 쏜살같이 지나간다. 현재 우리는 이산화탄소를 페름기 말보다 10배나 더 빠르게 대기 속에 주입하고 있다. 다시 반복하지만 페름기 말은 지구 역사상 최악의 사건이었다.[20] 3억 6천만 년 전 멸종 위기에 있었던 데본기* 말과 비교한다면 과거 속도보다 1만2천 배에서 많게는 4만 배나 빠르게 대기 속으로 이산화탄소를 밀어내고 있다.[21] 페름기 말에는 해양종의 90퍼센트가 전멸했고, 바다는 1만 년에 걸쳐 0.7pH 산성화됐다. 지금 추세라면 2100년까지 250년 동안에만 0.5pH가 떨어져 있을 것이다.[22] 현재 우리가 배출하는 이산화탄소는 연간 400억 톤에 이른다.

우리의 리더들은 그 수준에서 안정 상태를 유지하는 것으로 보인다고 자랑스럽게 말하지만, 이 수준은 지난 3억 년 동안 그 어느 때보다도 가장 빠른 속도다. 심지어 최악이었던 페름기 말까지 포함해도 가장 빠르다. 최근 미 지질조사국의 세스 버지스Seth Burgess가 고대 시베리아 용암이 모든 석탄을 태우면서 나타난 이산화탄소의 파동에 관한 새로운 연구를 발표했다. 한 기자가 과연 그 사건을 우리의 최근 상황과 비교하는 것이 적절한지 물었다. "그 비교가 전혀 말이 안 된다고 생각하지 않는다"는 것이 그의 대답이었다. 과거 대멸종의 시간 척도(시간 길이)가

* Devonian, 고생대 중 네 번째 시기.

"우리의 현재 기후가 변화하고 있는 시간 척도와 깜짝 놀랄 정도로 비슷하다. 원인은 다를지 몰라도 전형적인 특징은 비슷하다."[23]

그렇다면, 우리에게 닥칠 수 있는 위험의 외적 한계를 정의해 보자. 2017년 대규모 과학자 팀이 언급한 "생물체의 전멸"은 이미 진행되고 있다. 지난 수십 년간 지구상에 있는 개별 동물 절반이 사라졌고, 지역에 퍼져 있는 수십억 마리의 동물 집단도 이미 사라졌다.[24] 2018년 연구자들의 보고에 따르면, 곤충은 전멸하기 쉽지 않은 종인데도 일부 지역의 곤충 개체수가 80퍼센트나 줄었다. 여전히 많은 사진이 남아 있는 좀더 카리스마가 넘치는 동물상*이라도 처음에는 감소를 알아채지 못한다. 한 연구는 프랑스 사람이 서아프리카에 실재로 남아 있는 사자보다 일 년에 더 많은 사자 사진을 본다는 것을 알아냈다.[25]

그런데 이런 상실들은 다면적인 공격에서 비롯된다. 목재와 농지를 얻기 위해 숲이 개간됐고, 농약과 같은 독성물질이 해안 지역을 오염시켰다. 또 맛있다고 알려진 동물들이나 어류들을 과도하게 포획했다. 그리고 지금은 지구 역사상 그 어느 때보다 훨씬 더 빠르게 다섯 번의 대멸종을 촉발시킨 바로 그 가스 혼합물이 대기를 채우고 있다. 지구가 종내 이런 것을 처리할 수 없다는 것이 아니다. 아주 긴 시간이 걸리겠지만, 결국 이 모든 탄소가 바다 속 석회석과 오일, 가스, 석탄으로 변하고, 마침내는 주기가 그 자체로 반복될 것이다. 충분히 돌려놓는다면 문제될 것은 없다.

하지만 지구상 모든 생명체 중 우리 인류는 그렇게까지 심하게 후퇴

---

* charismatic fauna, 대중적 호소력이 강하여 각종 모금운동이나 캠페인에 등장하는 동물.

하지는 않을 것이다. 페름기의 어류와 달리, 우리에게는 경고가 있다. 백악기의 용각류 동물(초식 공룡의 총칭)과 달리, 우리는 그것에 대해 뭔가를 할 수 있다. 피터 브래넌이 대재앙의 역사에 썼듯이 "감사하게도 우리에게는 아직 시간이 있다."[26] 하지만 명백히 많지는 않다.

특권은 망각에 있다. 예를 들어, 백인의 특권은 인종문제를 확실히 잊을 수 있다는 것과 관련된다. 현대사회에서 부유한 곳에 사는 것은 자연세계가 존재한다는 사실조차 잊게 하는 대단한 특권 가운데 하나다. 부모님과 우리 생애에서는 자연세계가 대체로 배경으로 기능한다. 새로운 지역을 세분하고 명명하는 것은 그곳에 어떤 것이 있었는지에 좌우된다. 교외도 자연세계가 보이지 않게 설계됐다. 이곳 어디에 굽은 길로 둘러싸인 개울이 있는가? 대도시는 느닷없이 부를 창출한 것처럼 보인다. 당연히 이것은 환상이다. 그런데 강력한 환상이다.

〈뉴요커New Yorke〉에서 기자를 했던 젊은 시절에는 이것을 꿰뚫어보지 못했다. 당시 살았던 그리니치빌리지 아파트에 들어오고 나가는 모든 파이프와 케이블의 최종 근원지와 도착지와 연결되는 수도관과 전선, 하수관을 따라다니면서 1년간 추적하기 전까지는 그랬다. 이 과정에서 뉴욕의 놀라운 **실체**를 알게 됐다. 즉, 어마어마한 수도 터널의 공급선이 허드슨만의 수력 댐과 아마존 분지의 유전까지 뻗어 있고 상상할수 없는 비용과 위험, 노력으로 건설됐다는 점이다.

이 모든 것들이 원활하게 돌아간다고 하면 오랫동안 우리가 자연세계를 무시했던 일은 용서받을 수 있다. 발전소나 폐기물 처리장의 지하나 벽, 또는 시야 밖에서 안전하게 있다는 전제 하에서 그렇다. 그러나 이 원활한 작동과 활기 넘치는 효율성이 기후 변화라는 압력에 못 이겨 무너지기 시작했다. 허리케인 샌디가 뉴욕시 해안에 대서양 연안의 기록적인 더위를 실어 나르면서 해수면을 급격히 상승시켰다. 맨해튼을 지나는 고속도로(FDR Drive)에 흰 파도가 넘치고 인근의 사우스페리South Ferry 지하철역에 바닷물이 폭포처럼 들이닥쳐 선로가 침수됐다. 캘리포니아 주의 내퍼Napa는 불길에 휩싸였고, 남아프리카 공화국의 케이프타운은 가뭄으로 바싹 말라 제한 급수를 시행했다.

잠시 대량 멸종에 관한 생각은 접어두자. 지질학적 규모의 대재앙은 분명 가능하다. 게임이 끝났다고 주장할 수도 있다. 설사 이것이 우리가 궁극적으로 치러야 하는 것일지라도, 처음에는 삶이 좀 달라지는 듯 보이고 느껴지는 수준일 것이다. 우리가 아는 삶은 갑자기 끝나지도 않을 것이다. 하지만 줄어들 것이다. 많은 장소가 이미 그렇게 됐다. 비유하자면, **우리의 게임 판의 크기는 훨씬 더 작아질 것이다.** 이것이 지구에서 살고 있는 우리 시대가 가장 주목해야할 단 하나의 사실일지도 모른다.

이 수축은 그 자체로 보면 새롭다. 지금까지의 모든 인류 역사와 상반된다는 점에서 그렇다. 인류는 아프리카에서 시작된 뒤, 처음에는 천천히 그리고 아주 빠르게 퍼져나갔다. 현대 게임의 주요 설계자인 북미인들에게 이런 확장은 국가적 스토리가 될 만큼 연대기적으로 가깝다. 이들 중 다수가 구세계Old World의 혼잡한 환경과 종교적 구속에 염증을 느끼고 새로운 곳에 온 유럽인들의 후손이다. 신대륙에 도착하자마자, 이들은 대륙에 이미 살고 있었던 원주민들을 학살하거나 쫓아냈다. 그리고 많은 노예들을 데려와 '신세계' 건설 현장에 투입했다.

이런 기초적이고 비극적인 사실들에도 불구하고 신대륙에서 창출한 부wealth가 도덕적으로도 우월하다고 의미를 부여하는 것까지는 막지 못했다. 그래서 미국인들은 자신들이 특별히 혁신적이고 기업가 정신이 충만하며 용감하다고 믿는다. 하지만 실제로는 그간의 업적이야말로 고귀한 인품이나, 혹은 다른 사람들을 지속적으로 억압해서 얻은 결과라기보다 순전히 뜻밖의 횡재였다. 북아메리카에 정착한 이들은 어느 곳과도 비교되지 않는 새로운 땅에서 유럽인들이 하고 있었던 게임 판을 대폭 확장한 것이었다.

위대한 환경역사학자 도널드 워스터Donald Worster가 말한 것처럼 콜럼버스는 새로운 경로로 아시아의 실크와 향료 등을 찾아 나섰다. 하지만 그가 발견한 것은 이보다 훨씬 좋은 것들이었다. "기대하지 않았던 풍요로운 공간과 땅, 토양, 숲, 광물, 그리고 거의 무제한으로 가질 수 있는 풍부한 물이었다."[1] 유럽인들은 새로운 행성에 상륙한 것이나 거의 마찬가지였다. 가스로 가득 차고, 적대적이고, 척박한 태양계의 행성 하나가 아니라 유럽이나 아시아 같은 행성이었다. 대부분은 인간의 손이 전혀 닿지 않아 퇴화된 상태였다. 워스터에 따르면, "미국은 그 안에서 사람들이 원하는 거의 모든 것을 제공했다. 세계 최대의 광활한 원시 토양과 서부 사막을 가기 전까지 끝이 보이지 않는 담수가 공급됐다. 숲은 품질과 다양성, 유용성 측면에서 다른 모든 나라보다 훨씬 능가했다. 재생이 탁월한 모피와 어류 자원도 풍부했고 사람이 알고 있는 거의 모든 광물이 있었다."[2] 말하자면, 현대의 경제생활에 인터넷 발명이 끼친 영향력을 몇 배나 확대시켜 보는 것 만큼이나 가치가 있었다.

아담 스미스는 "아메리카 대륙의 발견과 희망봉Cape of Good Hope을 지나 동인도로 가는 길을 발견한 것이 인류 역사상 가장 위대하고 중요한 두 가지 사건이었다"고 썼다. 그곳 원주민들에게는 '끔찍한 불행'을 안겨 준 두 발견이었지만, 이런 새로운 식민지로 게임 무대가 확장되면서 "중상주의는 찬란하고 영예로운 수준으로 격상됐으며, 다른 방법으로는 절대 달성할 수 없는 일이었다."[3]

결국 북미인들이 당연하게 신대륙의 많은 곳을 채웠지만 그렇다고 확장을 멈춘 건 아니었다. 1890년대 미국의 역사학자 프레드릭 잭슨 터너Frederick Jackson Turner가 프런티어*가 닫혔다고 선언하자 또 다른 신대륙이 열렸다. 이번에는 지하였다. 도처에서 사람들이 지하에서 캐낸 화석 연료의 사용법을 재빨리 터득했다. 그래서 다시 한번 확장의 범위가 넓어졌다. 이는 문자 그대로 확장을 의미했다. 말로 이동하거나 걸어 다닐 수 있는 몇몇 마을로 제한된 게 아니라 누구나 이동할 수 있고 누군가와 결혼할 수 있는 것까지 완전히 모든 것을 바꾸는 지리로부터의 자유였다. 세기가 바뀌면서 저렴한 전기는 에어컨 설치를 늘렸다. 이것은

---

* frontier, 미국에서 개척지와 미개척지와의 경계선을 이르던 말.

한때 너무 더워 변방에 머물렀던 지역이 '선 벨트'*로 바뀌었음을 의미

했다. 하지만 이 새로운 확장에서 가장 큰 영역은 경제였다. 모든 서구

인들이 이제는 터무니없는 엄청난 육체노동을 감당해낼 노예 같은 존재

에 본질적으로 접근할 수 있었다. 1배럴 (약 60달러가 되는)의 석유의 경우

인간의 노동력으로 환산하면 2만3천 시간에 해당하는 에너지를 공급한

다는 점에서 그랬다.

위대한 경제학자 존 메이너드 케인스John Maynard Keynes는 한때 "예

수가 강림하기 2000년 전부터 18세기 초까지 지구의 문명 중심에 사는

일반인의 생활수준은 사실상 큰 변화가 없었다. 오르락내리락하면서 전

염병과 기근, 전쟁, 황금기 등이 찾아왔지만 혁신적이고 과격한 변화는

없었다"고 추정했다. 이것을 바꾼 게 석탄이었고, 그 다음에는 석유와

가스였다. 갑자기 20년 혹은 30년마다 생활수준이 두 배로 뛰었다.

이런 것들은 한번만 입는 혜택이었다. 더 이상 발견될 신대륙은 없었

다. 그러자 언제가는 소행성을 채굴할 수 있을 거라고 흥분해서 말하던

사람들조차도 애팔래치아Appalachia 산맥의 광활한 숲을 발굴하는 일에

서 물러나겠다는 것처럼 여겼다. (영화 속의 우주 비행사 맷 데이먼Matt Damon

은 화성에서 운 좋게 감자를 키우는 데 성공한다. 하지만 그에게 필요한 영양분을 공급한

것은 자신의 대변뿐이었다. 당연히 이것은 아이오와주 표토만큼 좋지 않았다.) 물론 우

리는 새로운 에너지를 발견하고 있다. 특히 태양광 패널은 이 책 마지막

장에서 보듯이 여러 면에서 기적이다. 화석 연료에서 얻은 기적과는 다

른 유형인데도 전력의 밀도가 높고 이동이 아주 용이하다.

* the Sun Belt, 미국 남부 약 북위 37도 이남의 따뜻한 지역. 일조 시간이 길기 때문에 부르는 명칭.

우리 인간 세계는 수세기 동안 확장을 거듭해왔다. 그래서 우리는 상당부분 이런 확장을 일상적이고 평범하게 생각한다. 만약 경제가 매년 성장하지 않는다면 그 결과로 우리는 고통을 받게 될 것이다. 우리의 시스템과 기대가 그런 성장에 의존하고 있기 때문이다. 우리는 선조들보다 훨씬 더 큰 무대에서 게임을 하고 있다. 그리고 훨씬 더 큰 힘을 가지고 게임을 한다.

그러나 지구 온난화로, 이 확장은 이제 끝나가고 있다. 수축의 시기가 시작되고 있다. 거주하기 위한 새로운 대륙이 아니라 인간의 자리가 줄어들기 시작했다. 지구는 크지만 유한하다. 우리는 지구의 일부를 잃기 시작했다.

지독한 더위만으로도 기후 변화가 끼치는 영향은 명백하다. 더위로 남아 있는 인간의 거주공간이 좁아지기 시작했다. 인류 역사상 가장 치명적인 열 번의 폭염 가운데 아홉 번은 2000년 이후에 발생했다.[4] 심지어 시원한 태평양 연안의 북서부마저 기온이 세 자리*로 치솟아 이제는 포틀랜드 가정의 70퍼센트가 냉방을 하고 있다.[5] 그나마 포틀랜드는 이 끔찍한 폭염에 대비해 반려동물에 친화적이고 보드 게임까지 구비된 '무더위 쉼터'를 갖추고 있다. 반면, 1960년부터 평균기온이 한 자리 수로(화씨) 상승한 인도는 폭염과 관련된 사망률이 150퍼센트나 증가했다.[6] 이런 폭염은 견딜 수 없을 정도로 가혹하다.

* 화씨가 100도일 경우, 섭씨는 37.78도.

2016년 여름에는 파키스탄과 이란 도시들이 7월 며칠간 기온이 섭씨 53.9도 이상이 되면서 최고조에 달했다. 지구 역사상 신뢰할 수 있는 기록으로 가장 높은 온도였다. (잠깐 주방의 오븐을 들여다보니 온도가 섭씨 54도로 설정할 수 있다.) 더욱이 이곳은 더워질수록 건조한 사막 더위가 기승을 부렸다. 페르시아만과 오만만Gulf of Oman 해안 가까이에서도 똑같은 더위가 화씨 세 자리 기온으로 치솟는 습도 수치와 합쳐져 체감온도가 섭씨 60도가 넘는 폭염을 불러왔다. 2015년 이란의 반다르에마샤르Bandar-e Mahshahr에서는 체감온도가 섭씨 74도에 달했다. 지구에서 목격된 가장 높은 수치다.[7]

약 10년 전 호주와 미국 연구자들이 생존할 수 있는 더위와 습도의 최대 조합을 알아내기 위한 작업에 착수한 적이 있었다. 이들은 '습구 온도'*로 섭씨 35도가 한계라고 결론지었다. 말하자면 기온이 섭씨 35도가 넘고 습도 90퍼센트가 초과하면 "몸이 스스로 식히지 못해 몇 시간만 생존할 수 있고 개인의 생리기능에 따라 정확한 생존시간이 좌우된다." 습도가 높으면 피부로부터의 수분 증발이 늦어져 땀을 통해 몸을 식힐 수 없기 때문이다. 한 연구원의 말에 따르면 "설사 환기가 잘되는 그늘진 환경이라도 습구온도 35도 이상이 지속되면 생존에 가장 적합한 사람조차도 살아남을 수 없다." 이들의 결론은 지구가 더워지면서 초승달 지역에 사는 인류의 5분의 1에 해당하는 약 15억 명이 그런 높은 위험 온도에 노출된다는 것이었다. 여기에는 인도, 파키스탄, 방글라데시와 같이 인구 밀도가 가장 높은 지역과 바다를 끼고 있는 중동 도시가

---

* wet-bulb temperature, 물에 젖은 천으로 온도계를 감싸서 측정한 기온을 말함.

포함된다.

25년마다 발생하고 있는 이 지역의 극심한 폭염은 이제 "매년 몇 주 동안은 한계점에 근접한 기온과 함께 연례행사가 될 것이고, 이로 인해 기근과 집단 이주를 야기할 것이다."[8] 물론 이 지역의 인구 대부분이 밖에서 일하는 까닭도 있다. 2018년 다른 연구는 4억이 거주하는 중국 화베이 평원이 순식간에 금지구역red zone으로 추락할 수 있다는 것을 분명히 밝혔다. 한 MIT 교수는 "이곳이야말로 치명적인 폭염으로 앞으로 가장 덥고 건조한 곳이 될 것이다"라고 설명한다. "전 세계가 현재와 같이 이산화탄소 배출을 지속한다면 지구상에서 가장 인구 밀도가 높은 나라에서 가장 인구 밀도가 높은 지역의 거주가능성이 제한될 수도 있다."[9]

이처럼 새로운 세계가 기존의 세계를 빠르게 대체하고 있다. 사실상 지구가 태양에 더 가까이 있다는 의미다. 2070년대가 되면 열대지역에서는 말 그대로 숨을 쉬는 것조차 불가능할 정도의 더위를 현재처럼 1년에 하루가 아닌 100일에서 250일간 경험할 것으로 예상된다. 가장 최근의 연구는 2100년까지 "가장 낙관적인 예측 아래에서 배출가스 감축이 이뤄지더라도, 세계 인구의 거의 절반이 어쩌면 연간 20일간 치명적인 더위에 노출될 것이라는 전문가들의 말"에 주목하고 있다.[10] 한 분석가는 "많은 사람들이 최대 수치에 도달하기도 전에 무너지고 말 것이다"라는 말을 했다. "이들은 끔찍한 문제에 마주치게 될 것이다" 그 결과로 "경제, 농업, 군사, 레크리에이션을 포함한 인간 활동의 모든 분야가 완전히 탈바꿈할 것이다"라는 말도 덧붙였다.[11]

이미 늘어난 더위와 습기로 사람들이 밖에서 할 수 있는 일의 양이

10퍼센트나 줄었고, 금세기 중반에 가면 그 영향이 두 배가 될 것이다.[12] 플로리다 농장 노동자들에 관한 새로운 보고서에서는 온도 상승의 결과로 "더욱 더 많은 사람들이 탈수증에 걸린다"는 것이 발견됐다. 불법 체류자들은 "특히 취약하다. 보복에 대한 두려움으로 휴식이나 그늘 혹은 물을 요구할 가능성이 낮기 때문이다."[13] 많은 곳에서 단지 무더위 때문에 인간이 인간으로서 할 일을 제대로 못할 것이다.

2018년 여름은 세계의 많은 지역이 관측 역사상 가장 무더웠다. 아프리카는 6월에, 한반도는 7월에, 유럽은 8월에 최고 온도를 기록했고, 미국의 데스밸리*가 아메리카 대륙에서 본 가장 무더운 달을 기록했다. 세계 역사상 가장 무더운 밤이 오만의 한 도시에서 목격됐는데 아침까지 수은주가 섭씨 42.8도 이상을 유지했다. 〈뉴욕타임스〉의 보도에 따르면, 알제리의 정유회사 직원이 기온이 섭씨 51도에 달하자 그냥 작업을 중단했다. "도저히 계속할 수가 없었다. 일하는 것이 불가능했다. 정말 지옥이었다"는 것이 이 노동자의 말이었다. 파키스탄 나와브샤Nawabshah에서는 섭씨 50도의 더위가 새로운 지역 기록을 세웠다. "가게들이 문을 열 생각도 안했고, 택시 운전사들은 불볕더위를 피해 길을 벗어나 있었다."[14]

캐나다 몬트리올에서는 폭염으로 77명이 죽었다. 한 노숙자는 에어컨이 있는 쇼핑몰에서 냉방이 꺼질 때까지 있다가 두세 블록의 다른 곳으로 옮겨 다녔다고 말했다. 그는 "공원에 더 많은 식수대가 필요하다"고 〈가디언〉 기자에게 말했다. 기자는 당시 기온이 섭씨 40도였던 카이

---

* Death Valley, 캘리포니아 남동부의 건조 분지.

로의 학생도 인터뷰했다. 그의 대가족은 돈을 절약하여 거실용 에어컨을 샀다. "이제는 거실에서 가족 모두가 시간을 보내고 있다. 거기서 음식을 준비하고, TV를 보고, 놀거나 공부를 한다."[15] 말하자면 이들의 생활공간이 단 하나의 방으로 줄어들었다는 의미다. 한 기자가 말했듯이 도시가 더워지면 "도로가 텅텅 비고, 공원은 조용하고, 이웃 전체가 아무도 안 사는 것처럼 보인다. 밖에 나가는 모험을 택할 사람은 아무도 없다."[16]

더위는 바다에서도 마찬가지다. 해수면 상승으로 사람들이 늘 살던 곳에서 내쫓기고 있다. 들판에서 끔직한 더위를 이겨내야 했던 아시아 소작농들은 또한 바닷물이 토양을 망가뜨릴 것을 걱정해야 한다. 이제 매년 수많은 사람들이 베트남의 숭고하고 비옥한 메콩강 삼각주를 떠나고 있다. 해안지역 대부분의 공동체가 적어도 그럴 가능성에 대한 영향을 공부하기 시작했다는 점을 감안해 볼 때 상세한 내용을 힘들여 찾을 필요는 없을 것이다. 내가 특별한 노력을 기울인 것도 아닌데, 2017년 말 일주일 사이에만 루이지애나, 하와이, 자카르타, 보스턴에서 소식이 들려왔다. 루이지애나에서는 정부 관리들이 해수면 상승에 대비해 수천 명을 이주시킬 계획을 마무리 짓고 있다고 했다. "모두가 현재 있는 곳에서 살지 못할 수 있고, 자신의 생활방식으로 계속 살아갈 수도 없을 것이다"라는 것이 주정부 관리의 말이었다.[17]

하와이에서 진행된 새 연구는 향후 수십 년 동안 61킬로미터의 연안도로가 고질적으로 침수되고 폐쇄되면서 "많은 지역사회로의 접근을 위태롭게 할 것이다"라고 예측했다.[18] 인도네시아의 대도시 자카르타에서는 그달 초 자바해Java Sea 상승으로 순식간에 "거리가 강이 되고 약 3,000만 명이 사는 방대한 지역이 사실상 마비됐다."[19] 보스턴에서는 2018년이 시작되는 며칠 동안 북동풍이 도시의 가장 평평한 지역 일부를 순식간에 침수시켜 대형 쓰레기 수거통과 승용차가 금융가를 떠다녔다. "만약 지구 온난화에 대해 물어보고 싶은 사람이 있다면 홍수지대가 어디에 있는지 보면 된다"는 것이 보스턴 시장의 말이었다. "그 지대 중 일부는 30년 전만 해도 물에 잠기는 곳이 아니었다."[20]

현재 해수면보다 10미터 이상 높은 지역을 찾아보면 지구상 육지의 2퍼센트 만이 겨우 해당된다. 그래도 게임 판은 해수면 상승으로 **엄청나게** 줄어들지는 않을 것이다. 하지만 그 2퍼센트에서 10퍼센트의 사람들이 살고 있으며, 10퍼센트의 세계 총생산이 발생한다.[21] 대부분은 아니지만 방어가 불가능한 곳이 있다. 아무도 벵골의 해안 주변에 방파제를 구축하는 비용을 지불하지 않을 것이다. 이미 폭풍 때면 침수되는 가나의 수도 아크라Accra를 방어하는 것도 마찬가지다.

제프 구델에 따르면 "서아프리카 토고의 수도 로메Lome 외곽에는 파손된 빌딩들이 해변에 줄지어 있다."[22] 그 토고의 수도를 방어하기 위해 세계가 얼마나 많은 돈을 써야 할지 알고 싶은가? "좋든 싫든 간에 우리는 그렇게 멀지 않은 미래에 세계의 비도시 연안 대부분에서 철수하게 될 것이다." 2016년 듀크대학의 해수면 전문가 오린 필키Orrin Pilkey가 쓴 글이다. "힘들거나 재앙적인 특징이 나타날 때 우리는 철수를 선택할 것이다. 지금이라도 전략적이고 계산된 방식으로 계획을 수립하거나, 그렇지 않고 나중에 닥칠 일만 걱정한다면 폭풍이 가져오는 엄청난 파괴와 전술적 혼란 속에서 철수하게 될 것이다. 다른 말로 말하면 질서정연하게 떠나거나 공황상태로 달아날 수 있다."[23]

습기나 해수면 상승으로 물이 많아져 달아나는 사람이 있는가 하면, 물이 적어 이주를 하는 사람도 생길 것이다. 기억해야 할 것은 지구 온난화에 따라 습한 지역은 더 습해지지만, 건조한 지역은 더 메마른 곳이 될 것이다. 2017년 말에 발표된 한 연구에서는 지구가 파리기후협약의 목표인 '겨우' 섭씨 2도의 온도 상승 목표를 어떻게든 맞춘다 하더라도, 2050년까지는 지구의 4분의 1이 심각한 가뭄과 사막화를 경험할 것이라고 추정했다. "우리 연구는 전세계 육지면의 약 20퍼센트에서 30퍼센트에 극심한 건조화가 나타날 것이라고 예측한다"라고 이 연구의 주 저자가 말했다.

같은 해 다른 연구는 더운 날에 더 많은 수분 증발이 발생됨에 따라 미국의 곡물 벨트 전역에서 옥수수와 대두 콩 생산량이 22퍼센트에서 49퍼센트가 감소할 것으로 보았다. 대규모로 물을 공급하면 도움은 줄 수 있다. 하지만 우리는 세계 곡창지대 대부분에 존재하는 지하 대수층 물을 이미 과도하게 퍼냈다.[24]

일부 미국인들은 아직도 가뭄으로 인한 혼란이 어땠는지 기억할 것이다. 오클라호마 노동자들이 덜거덕거리는 픽업트럭 위에 포개 앉아 건조지대를 벗어나 캘리포니아의 풍요로운 초원으로 향했다는 사실을 말이다. 하버드대의 한 연구자는 최근 기후 변화로 인한 미국인의 이주는 대공황시대 대탈출의 두 배가 될 것이라고 예측했다[25] 하지만 모두가 알다시피, 이제는 의지할 만한 탈출 경로마저 막혀 있다. 덥고 건조한

해가 많아지면서 캘리포니아의 눈 덮인 들판이 계속해서 줄어들고 있
다. 그 결과, 캘리포니아 주는 많게는 70퍼센트에서 80퍼센트의 급수량
감소에 직면해 있다.[26]

심지어 새로운 게임 경기장이 늘어날 것으로 기대했던 곳에서도 그
반대 현상이 나타나고 있다. 따뜻해진 기온으로 북극을 새로운 캔자스
주로 만들어야 하지 않을까? 엑슨Exxon의 전 최고경영자 렉스 틸러슨
Rex Tillerson이 다음과 같이 당당하게 한 말이 있다. "곡물 생산지역의
기후 패턴이 변화하면 우리도 거기에 맞춰 적응할 것이다." 그러나 아이
오와가 아이오와인 이유는 기온 때문만이 아니다. 그곳의 표토 또한 중
요한 조건인데, 북극으로 이동하면 땅이 전부 얼어 있기 때문에 어느 것
도 확보되지 않는다. 또 영구동토층이 녹으면서 더 많은 탄소가 대기로
퍼져나간다. 영구동토층이 북반구의 5분의 1을 차지한다는 것을 감안
한다면 작은 문제가 아니다. 이 층이 녹으면 길이 갈라지고, 집이 기울
고, 심지어 뿌리째 뽑힌 나무들로 과학자들이 이른바 '취한 숲drunken
forests'이라 부르는 것이 만들어진다.

2017년 90명의 과학자들이 발표한 공동보고서에 따르면, 북극이 녹
아 생기는 경제적 손실은 이번 세기에 90조 달러에 육박한다. 이 손실은
얼음이 녹아 선박 항로가 용이해져 얻을 수 있는 이득을 훨씬 초과하는
액수다.[27]

특정 지역을 보면 그 이유를 알 수 있다. 바로 캐나다 허드슨만 가장
자리에 위치한 매니토바주 처칠Churchill이라는 마을이다. 이 곳은 철도
만으로 더 낮은 지역과 연결되지만 2017년 봄 기록적인 홍수로 많은 선

로가 유실됐다. 철도를 소유하고 있는 회사는 '특히 더운 기후에서' 수리비용이 제대로 나오지 않는다고 말하면서 변호사를 통한 계약 해지는 책임을 넘어서는 예측 밖의 사건으로 일어난 '불가항력'적 상황 때문이라고 분명히 말했다. "기후 변화의 시대에 뭔가를 고친다는 것은 설사 고치더라도 영원히 고쳐진 것인지 확신할 수 없다. 우리가 막거나 바꾸거나 통제할 수 없는 상황으로 바뀌고 있다."그 회사 기술자의 말이었다. 기차가 멈추자 기후 변화의 영향을 조사하려는 새로운 연구센터의 건립마저도 중단됐다.[28

만약 돈이 충분하다면 잠시나마 무엇이든 막을 수 있다. 캐나다 정부는 1억1,700만 달러를 들여 2018년 여름에 철도 운행을 재개했다. 처칠에 거주하는 사람이 1인당 약 13만 달러를 지불한 셈이다. 하지만 다음에 또 그런 일이 발생한다면? 처칠은 철도가 끝나는 그곳을 "캐나다 정신이 깃든 신화적 장소라고 주장한다." 머지않아 우리가 버릴지 모르는 다른 많은 곳에서도 그런 의미로 말한다. 예를 들면, 섬터 요새*, 케네디 우주센터, 마러라고**가 있다. 점점 생존이 불가능한 온도로 치솟는 이라크 도시들이 성경학자들이 말하는 에덴동산에 가까이 있다는 것도 주목할 만하다. 2018년 스코틀랜드 고고학자들은 환상열석***과 고대 노르웨이 회관, 신석기시대의 무덤 같은 선사 유적지 다수가 해수면 상승으로 위험에 처해 있다고 발표했다. 유물들이 조수로 쓸려가는 것은 인간

---

* Fort Sumter, 미국 사우스 캐롤라이나주 동남부 성채로 남군이 이 요새를 포격해 남북 전쟁이 터짐.
** Mar-a-Lago, 미국 플로리다주에 위치한 리조트 및 역사적 상징물.
*** stone circle, 돌을 원형으로 배치한 고대 유적지.

의 역사가 쓸려간다는 의미다.[29]

이미 많은 사람들이 초원 걷기를 주저한다. 주로 이곳에 사는 진드기가 라임병*을 퍼뜨리기 때문이다. 많은 해변에서도 사람들이 이제는 오도 가도 못하고 모래 위에만 앉아 있다. 따뜻해진 바다가 다른 해양 식물들을 죽이면서 해파리가 번성하여 파도와 함께 밀려오기 때문이다. 지구의 지름은 약 1만2,756킬로미터로 계속해서 남아있을 것이다. 지구 표면도 여전히 2억 평방마일(1평방마일은 2.59km^2)을 유지할 것이다. 하지만 인간을 위한, 지구는 줄어들기 시작했다. 우리의 발밑과 마음속에서 말이다.

---

* Lyme disese, 주로 날씨가 따뜻할 때 유행하고 진드기를 통해 감염되는 세균성 감염증.

기후 변화가 대중적 이슈가 된지 30년이 지났다. 사실 지난 수십 년간 우리가 기후 문제에 직면할 것이고, 그 속도 역시 1980년대에 가속화된다고 경고하는 산발적인 과학 보고서와 대통령 비망록이 있었다. 기후 정치라는 이 초기 국면은 최근 〈뉴욕타임스 매거진〉 특별호에 나다니엘 리치Nathaniel Rich가 그 개요를 친절하게 설명했다. 그러나 중요하게 기억해야 할 점이 있다. 이 모든 일이 소수의 과학자와 관료들의 제한적인 만남에서 비밀리에 일어났다는 사실이다.[1] 세계의 지도자들과 시민들은 사실상 1988년 6월 어느 무더운 날까지도 기후 변화가 가져올 위협을 전혀 몰랐다. 그날 NASA의 중견 과학자 제임스 핸슨James Hansen이 상원 위원회에서 "온실 효과가 감지됐는데 이것이 지금 지구의 기후를 바꾸고 있다"고 증언하기 전까지는 알지 못했다.[2]

그후 몇 주 동안 의원들은 '화석 연료를 태우면서 생성되고 열을 가두는 가스를 다루는' 국가에너지정책법(NEPA)을 도입했다. 세계의 대기과학자들은 이 위기를 추적하기 위해 기후 변화에 관한 정부 간 패널(IPCC) 구성을 발표했다. 당시 부통령이었던 조지 H. W. 부시도 백악관으로 향하는 성공적인 선거 홍보전을 하는 과정에서 "백악관 효과로 온실 효과와 싸울 것"이라고 발표했다. 미국은 진심인 것처럼 보였고, 대응도 구체화되기 시작했다.

그러나 나중에 안 일이지만, 그러한 일은 실제 일어나지 않았다. 그로부터 30년 후 전세계의 탄소배출량은 거의 두 배가 됐다. 산업혁명이 시작된 이후, 1988년부터 배출된 모든 온실가스의 절반 이상은 배기관과 굴뚝에서 뿜어져 나왔다.[3] 1988년 이후 한 해만 빼고 매년 전년도보다 더 많은 화석 연료를 태웠다. 그 예외가 되는 해는 경기가 절벽으로 추락했던 2009년뿐이었다.

말하자면, 도널드 트럼프가 기후 변화의 진전을 늦추기 위해 자신이 생각할 수 있는 모든 것을 다했다고 말하는 불쾌한 인간이지만, 지구가 더워지고 있는 게 그의 잘못은 아니다.

인류가 직면한 최대의 위협이라는 과학자들의 주장에도 불구하고 그에 대한 반응이 미온적인 것은 어떻게 보면 이미 예견된 일이었다. 내 기억으로 1988년 《자연의 종말》을 끝마쳤을 때쯤 한 정치학자와 인터뷰를 한 적이 있었다. 그는 이것을 '지옥에서 온 문제'라고 표현했다. 그가 말했다. 세계 곳곳에는 너무나 많은 다른 이해관계가 존재한다. 화석 연료는 세계경제의 중심에 있으면서 현대의 모든 순간에 연루돼 있다. 그렇지만 바로 그것이 우리를 죽음으로 내몰고 있다. 마치 의사가 당신의 주된 문제는 심장과 폐가 몸 전체에 독을 내보고 있었다고 말하는 것과 같다. 우리가 할 수 있는 일은 아무것도 없다. 적어도 가용한 시간 내에는 없다는 것이 그의 말이었다.

지금까지는 그의 말이 맞는 것으로 드러났다. 살펴볼 만한 몇 가지 근거가 있다.

하나는 결코 과소평가해서 안될 단순한 타성이다. 인류학자들은 자주 나무 뒤에서 으르렁거리며 나오는 호랑이를 상대하기 위해 인간이 어떻게 진화해왔는지 설명한다. 인간은 생존 때문에 단기적 사고에 맞춰져 있다. 내일은 항상 내일의 문제였다. 하지만 문자 그대로 현재에 투자한 경우, 다시 말해 이 투자에 수천 억 달러의 성패가 달려있을 때에는 이것이 얼마나 커질지 생각해 보라. 마이애미비치 거리는 이미 정기적으로 침수되는 지역이다. 그런데도 시장은 시의 100주년 경축행사에서 사람들에게 이렇게 말했다. "나는 사람의 혁신을 믿습니다. 만약 30~40년 전에 세계 곳곳의 친구와 아이폰이나 스마트 워치로 통화할 수 있을 거라고 내가 말했다면 여러분들은 아마 내가 정신이 나갔다고 생각했을 겁니다."(4

그렇다. 으르렁거리는 호랑이는 정확히 이 순간에 실제로 우리를 잡아먹지 않는다. 어쨌든 30년 안에는 으르렁거리는 호랑이를 상대하는 앱이 나올지도 모른다. 이런 식의 반응을 우스갯거리로 삼기 십상이지만 사실 우리 대다수도 이와 같이 반응해 왔다. 우리는 평상시와 다름없이 살아왔다. 말 그대로, 그 문제에 대해 듣고 싶어하지 않는다.

심지어 뭔가를 해보려는 정치인들조차 쉬운 일을 했다. 언뜻 생각하면 당연하다고 보겠지만, 이들은 가능한 한 소란을 적게 유발하고 상대적으로 자신이 취할 수 있는 작은 조치들만 찾았다. 선거에서 당선될 사람들의 연설문에서도 이것이 자신들이 할 수 있는 전부라고 주장한다. "A지점에서 B지점으로 가는 가장 빠른 방법을 알아내는 것이 내가 하는 일 가운데 하나입니다. 우리가 청정에너지 경제를 확보할 수 있는 가장 좋은 방법은 무엇일까요." 버락 오바마 대통령은 임기 마지막 끝 무렵에 이렇게 설명했다. "정치에 관여하고 있지 않은 사람은 아마 이렇게 말할 겁니다. '두 지점 간의 가장 짧은 선은 직선뿐인데, 그냥 똑바로 갑시다.' 불행히도 민주주의에서는 지그재그로 가야만 할 때가 있습니다. 또 아주 실리적인 관심사와 이해관계도 고려해야 합니다."(5

오바마가 말한 '지그재그'는 시간을 절약하지도 생존 가능성을 망가뜨리지도 않는다는 것이 분명하다. 하지만 이 '지옥에서 온 문제'를 풀려는 선의의 노력조차도 얼마나 힘든지 보여준다. 환경보호가 오바마의 주된 관심사는 아니었지만 기후 변화의 중요성은 이해했다. 2008년 민주당 후보 지명이 결정됐던 밤, 그는 "바로 지금이 바다가 상승을 늦추기 시작하고 지구가 치유를 시작하는 순간일 겁니다"라고 말했다. 평소처럼 흠잡을 데 없는 타이밍으로 보였다. 그의 재임 기간은 수압파쇄법*의 대규모 출현과 거의 일치한다. 갑자기 미국은 텍사스와 애팔래치아 산맥의 혈암shale에서 천연가스를 쉽게 분리시켜 공급량을 엄청 늘릴 수 있는 것처럼 보였다.

처음에는 환경보호주의자들에게도 희소식처럼 들렸다. 천연가스는 미국과 전세계의 전기 공급에서 대부분을 차지하는 석탄과 비교해 절반

---

* fracking, 고압의 액체를 이용하여 광석을 파쇄하는 채광 방법.

정도의 이산화탄소를 방출하기 때문이다. 오바마에게는 하늘이 준 선물이었다. 아주 작은 고통만으로 미국의 탄소 배출을 줄일 수 있고, 천연가스 공급의 상당 부분을 장악하고 있는 대형 석유회사들의 저항도 없을 것이기 때문이다. 공익사업 측면에서도 사회기반시설을 본질적으로 그대로 유지할 수 있었다. 대부분의 경우, 실제로 오래된 석탄화력발전소를 개조만 하여도 새로운 가스 공급원을 연소시킬 수 있었다. 또 천연가스 사용이 석탄 산업을 서서히 붕괴시키더라도 오바마가 물려받은 실패한 경제를 가스가 촉진시키는 것만으로 충분히 상쇄하고도 남았다. 새로운 풍부한 에너지에 매료되어 제조업 일자리가 해외에서 돌아오고 있었다. 2012년 연두교서에서 대통령은 새로운 천연가스가 한 세기 동안 미국에 지속적으로 공급되고 10년 후까지 60만 개의 새로운 일자리를 창출할 것이라고 선언했다. 그는 자신의 행정부 하에서 "지구를 둘러싸는 새로운 가스관을 충분히 늘렸고, 또 일부를 추가했다"는 것을 자랑했다.[6]

그래서 화학자들이 천연 가스에 대해 불편한 쟁점을 제기했을 때 그 누구도 귀를 기울이려 하지 않았다. 이들은 메탄이 연소될 때 석탄에 비해 절반 정도의 탄소를 배출하는 것은 확실히 맞다고 말했다. 하지만 만약 메탄이 연소되지 **않는다면**, 즉 가스관에 모으기도 전에 대기 속으로 빠져나간다면, 혹은 발전소나 가정집 오븐으로 가는 길 어딘가에서 새어나간다면 이산화탄소보다 8배나 더 효과적으로 대기 속에 열을 가두게 될 것이다.

코넬대학의 두 교수 로버트 하워스Robert Howarth와 토니 잉그라페

아Tony Ingraffea가 발표한 일련의 명쾌한 논문에서는, 수압파쇄법으로 채취한 가스가 조금이라도 새어나가면 어쩌면 3% 정도만 유출되더라도 석탄보다 기후를 **더** 손상시킬 것이라고 지적했다. 이들의 예비 데이터에 따른 누출량은 수압파쇄법으로 시추된 가스가 수천 마일에 이르는 파이프라인을 따라 가스 흐름을 유지하는 압축기 스테이션에 도달하기까지의 과정에서 대기 중에 유출되는 양, 즉 셰일 시추작업 당시 발생한 메탄가스 양의 3.6퍼센트~7.9퍼센트에 견줄 만하다. 2018년 6월 새로운 연구가 유전과 가스전에서 새어나오는 메탄의 양이 미 환경보호국(EPA)이 공식 추정하는 것보다 60퍼센트나 더 높다는 것을 발견했다.[7] 결국 위성 데이터를 통해 알아낸 미국의 메탄가스 배출량은 실제로 2002년부터 30퍼센트가 급등했음을 보여줬다.

이는 미국의 **전체** 온실가스 배출량(이산화탄소와 메탄을 합친 것)이 오바마의 재임 기간 동안 거의 꼼짝 안 했다는 의미다. 사실은 올라갔을지도 모른다. 그렇다. 이산화탄소 배출량은 줄어들었다. 하지만 메탄을 토해낸 것이 늘어나면서 상쇄가 된 것이었다. 다른 말로 하면, 중대한 10년을 낭비한 셈이다. 낭비보다 더 나쁜 일이다. 왜냐면 새로운 모든 굴착 장비와 파이프라인, 가스를 연료로 쓰는 발전소가 앞으로 수십 년 동안 운영될 것이기 때문이다.

어느 정도는 오바마의 잘못이 아니다. 그는 끝없는 성장에 기반한 정치와 경제시스템이 굴러가도록 선출됐다. 이것을 너무 틀어버리면 누구에게도 득이 되지 않는 그의 재선 실패에 대한 우려도 있었다. 하지만 그가 퇴임한 이후에도 계속해서 자랑하는 것에 주목할 필요가 있다.

2018년 11월 자신의 재임 기간에 러시아와 사우디아라비아를 제치고 미국이 석유와 가스의 최대 생산국이 됐다면서 텍사스 청중들에게 이렇게 말했다. "여러분, 제가 그렇게 만들었습니다."[8] 이런 일은 세계 어디에서나 똑같다. 리더마다 다른 것들을 우려하지만 말이다. 예를 들면, 중앙위원회가 분노하고, 소수 집권체제가 흔들리고, 휘발유 가격이 자꾸 올라 군중들이 폭동을 일으키는 일들 말이다. 이런 제도상의 타성 앞에서는 카리스마조차 아무런 쓸모가 없다.

지구상에서 가장 잘생기고, 가장 진보적이고, 분명 가장 '깨어 있는' 지도자 캐나다의 쥐스탱 트뤼도Justin Trudeau를 생각해 보라. 그는 오바마가 여태 한 것보다 훨씬 더 거침없이 기후 변화에 관한 말을 쏟아냈다. 그의 주장에 따르면, 파리협상의 막판에 우선적인 기후 목표를 섭씨 2도에서 1.5도로 더 낮추도록 여러 국가들을 설득했던 것은 캐나다 외교관들이었다. "지구상에서 기후 변화라는 도전과 현실로부터 빠져나갈 수 있는 나라는 하나도 없다." 그가 UN 총회에서 한 말이었다. "우리는 미래 세대에게 책임감을 가지고 기후 변화를 인정해야 할 것이다."[9] 하지만 트뤼도의 나라에는 지구상에서 가장 큰 타르샌드 매장층 두 개 가운데 하나가 있다. 이 방대한 북부 앨버타 지역에서는 물과 삼림에 엄청난 대가를 치르면서 질벅한 오일이 채굴된다. 트뤼도는 이곳이 더디게 확대되는 것을 반대한다. 2018년 한 파이프라인 회사가 브리티시콜롬비아주 연안에 새로운 파이프라인을 설치하는 사업에서 발을 빼려하자 트뤼도가 이를 **국유화**하기 위해 무려 100억 달러 이상 납세자의 혈세를 투입했다.

다른 수많은 정치인들과 마찬가지로, 그 역시 오일이 가진 상징적인 힘을 포기할 의지가 없었다. 2017년 봄 환호하는 휴스턴 석유업자들에게 트뤼도가 말했다. "땅에 1,730억 배럴의 오일이 있는 것을 발견하고도 거기 그대로 놔둘 나라는 절대 없습니다." 그렇지만 그가 기후 변화를 바로잡아야 한다고 아주 조금만이라도 진지하게 생각했다면, 거기 그대로 놔두는 것이 정확히 그가 해야만 하는 일이었다. 만약 1,730억 배럴의 오일을 연소시킨다면, 트뤼도가 파리에서 주장한 섭씨 1.5도 목표치의 30퍼센트를 이산화탄소가 채우게 될 것이다. 말하자면, 세계 인구의 0.5퍼센트를 차지하는 한 나라가 인간과 재앙 사이에 있는 대기 공간의 3분의 1을 주장하고 있는 셈이다.

쥐스탱 트뤼도 같은 리더가 더 용감하게 관리할 수 없다면 어떤 희망이 있을까? 특히 남은 시간이 너무 짧다. 정치인들이 다루는 여타 이슈와 달리, 기후 문제는 오바마가 말한 그 느린 지그재그 접근으로 진행**할 수 없다**. 기후 변화는 타협이 명백히 의미 있는 상이한 이해관계 사이의 통상적인 정치 협상이 아니다. 기후 변화는 인류와 **물리학** 사이의 협상이며, 물리학은 타협하지 않는다. 특정 시점이 지나면 조치를 취할 여지가 없어진다.

이 지점은 분명 우리에게 달려있다. 지구상에 있는 가장 큰 물리적 구조물인 만년설과 배리어 리프, 열대 우림이 우리 눈앞에서 사라지는 것은 분명 좋은 신호가 아니다.

그래서 지옥에서 온 문제다. 정부는 기후 문제를 되도록 피하려 한다. 인간의 심리구조로는 이에 대처할 수가 없다. 기후 변화가 너무 빠르다.

그럼에도 생각해보지 않을 수 없다. **우리는 이전에도 지옥에서 온 문제와 마주한 적이 있었다.**

20세기에 직면했던 것은 히틀러였다. 대부분 미국인들은 처음에 그가 상징하는 위협을 부정하려 했다. 미국 상공회의소는 그와 싸우는 영국에게 배를 빌려주는 것을 반대했다. 결과적으로는 그 어느 때보다도 더 많은 노력과 돈이 들었다. 수많은 사람들이 목숨을 잃어야 했다. 40만 명(소련군은 1,000만 명이 죽었다)이 죽어야 했지만, 그래도 감당했다. 그렇다면 왜 지금은 그와 비슷한 규모의 위기인데도 맞서려 하지 않을까?

사실 그 세대에는 그들이 추축국(독일, 이탈리아, 일본)에 맞서도록 밀어붙인 진주만이 있었다. 마찬가지로 우리에게는 태풍 카트리나, 샌디, 하비가 있었다. 그리고 대안적 방안들이 없는 것도 아니다. 마지막에 논의하고 있듯이 태양과 바람이 지구 행성에 동력을 일으키는 가장 저렴한 방법이라는 점에서 그렇다. 이 싸움을 하느라 그 누구도 죽을 필요는 없다. 해결해야 할 과제이기 때문에 세계를 상대로 싸우는 것보다 훨씬 더 쉬울 것이다.

그렇다. 기후 변화는 아주 어려운 문제다. 하지만 여기서는 일반적인 관성 이상의 뭔가가 더 진행되고 있다.

7장

지구 전체를 상대로 반역죄를 범할 때에 쓰는 말이 있어야 한다.

1977년 7월 엑슨의 수석 과학자 가운데 한 사람인 제임스 블랙James F. Black이 석유 재벌의 뉴욕시 본사에서 회사의 최고 경영진들을 대상으로 당시 이른바 온실 효과에 관한 초기 논문의 일부를 슬라이드로 보여주고, 다음과 같은 결론을 내렸다. "인류가 지구 기후에 영향을 끼칠 가장 가능성이 큰 방식은 화석 연료가 연소될 때 방출하는 이산화탄소라는 게 일반적인 과학적 합의입니다."[1] 1년 후에는 더 많은 회사 경영진들에게 설명했다. 그는 대기 중의 이산화탄소 농도가 두 배가 되면 지구의 평균 기온이 섭씨 2도에서 3도, 그리고 무려 섭씨 10도 까지 오를 수 있다는 독립 연구자들의 예측도 소개했다. 일부 지역은 강수량이 훨씬 더 많아지고 사막으로도 변할 수 있다고 했다.[2] 말하자면, 제임스 핸슨이 상원에서의 증언으로 기후 변화를 공적 이슈로 만들기 10년 전에 이미 엑슨은 전 세계에서 가장 큰 정유회사이자 사실상 그 당시 세계에서 가장 큰 기업이었던 자신들의 제품이 지구를 파괴할 수도 있음을 알고 있었다.

이런 사실은 퓰리처상을 수상한 인사이드클라이밋 뉴스InsideClimate News라는 웹사이트를 통해 처음으로 알려졌고, 이후 〈LA타임스〉와 컬럼비아대 저널리즘 스쿨의 놀라운 보도를 통해 세상에 알려졌다. 이들은 그 회사의 기록보관소를 파고들고 이전에 다녔던 직원들을 대상으로 인터뷰한 결과를 바탕으로 인류 역사상 가장 중대한 은폐를 찾아냈다.

화석연료 기업들은 오랜 기간 적어도 조금은 기후 변화에 대해 우려하고 있었다. 1959년 초 세계석유산업 100주년을 기념하여 미국석유협회(API)가 주최한 이른바 '에너지와 사람'이라는 심포지엄에서, 물리학자 에드워드 텔러Edward Teller가 산업계의 가장 중요한 경영진들에게 이렇게 말했다. "이산화탄소는 이상한 속성을 가지고 있습니다. 가시광선은 투과하지만 지구에서 내뿜는 적외선은 흡수합니다." 텔러는 기온이 오를 것이고, 만약 그랬을 때 "만년설이 녹고 해수면 상승이 시작될 가능성이 있다"고도 예측했다.[3]

하지만 이런 형태의 경고는 쉽게 무시당했다. 이때는 미국 해양생물학자 레이첼 카슨Rachel Carson이 인류의 현대성을 무색하게 만든 1962년작 《침묵의 봄Silent Spring》을 출간하기 전이었다. 더 중요한 것은 지구 온난화가 단지 추측에 불과했다는 사실이다. 기후만큼 복잡한 것을 컴퓨터로 모델링할 사람이 아무도 없었던 까닭이다. 1968년 초 대통령 과학 자문이 이산화탄소의 변화가 "기후에 중대한 결과를 초래할 수 있다. 아마 과거에 때때로 발생했던 것 같은 치명적인 결과를 유발할 수도 있다"고 국가 공익사업 연례회의에서 경고했던 일은 사실이지만,[4] 아무도 확실하게는 알지 못한 것도 사실이었다.

그러나 1970년대 후반 엑슨이 이 문제를 제기했을 때는 온실 효과가 막연한 가능성에서 훨씬 더 불명확한 뭔가로 바뀌어 있었다. "현재 생각으로는 중요해질 수 있는 에너지 전략의 변화라는 어려운 결정이 필요해지기까지 우리에게 5년에서 10년의 시간대가 있다는 것입니다"라고 제임스 블랙이 한 자리에 모인 엑슨의 경영진에게 말했다. 2년 후 회사의 과학자들은 최고 경영진에게 빠짐없이 배포한 문서에서 "화석 연료의 사용 증가와 삼림 면적의 감소가 대기 중 이산화탄소를 증가시키는 잠재적 문제를 악화시키고 있다"고 말했다. 미국석유협회는 산업계를 망라하는 전담반을 구성했다. 엑슨, 텍사코Texaco, 쉘Shell, 걸프Gulf, 그리고 또 다른 정유회사 대표들이 참여해서 "신생학문과 그것의 함의, 그리고 가급적이면 개선해서 배출량을 줄일 수 있는 곳을 살펴보게 했다."(5

엑슨은 수백만 달러를 연구 노력에 쓰기로 결정했다. 결국 자신들이 탄소를 만들어내고 있었으므로 그것을 이해하는 게 필요했던 것이다. 무엇보다도 이산화탄소 탐지기를 탑재한 유조선, 에쏘 애틀랜틱Esso Atlantic을 구비했다. 바다가 얼마나 빨리 잉여 탄소를 흡수하는지 측정하기 위해서였다. 수학자를 고용해 더 정교한 기후 모델도 구축했다. 1982년까지는 회사가 측정한 대단히 심각한 초기의 예측치조차 너무 낮을 수 있다는 결론이 나왔다. 그 해에 회사 과학자들은 '외부로 배포하지 말 것'이라는 표기와 함께 '엑슨 경영진에게는 광범위하게 유포'하라는 기업 문서에서, 지구 온난화를 막기 위해서는 "화석 연료의 연소를 중대하게 감소시키는 것이 필요하다"고 결론지었다. 그렇게 하지 않는다면 "잠재적으로 대재앙적 사건이 일어날 수 있다는 것을 고려해야만 한다"고 했다. 더 지연되면 위험할 것이라는 경고도 있었다. "일단 영향을 측정할 정도가 되면 되돌릴 수 없을 것이다."[6]

엑슨 경영진은 이런 경고를 심각하게 받아들인 것으로 알려졌다. 내부 문서는 회사가 (그리고 다른 석유 재벌들이) 새로운 석유 시추 플랫폼의 갑판을 보다 높이 만들어, 이제는 알려진 도래하는 해수면의 상승을 대비하려 했다는 것을 보여준다. 북극의 온난화 영향을 파악하기 위해 파견된 조사팀은 "지구 온난화가 보퍼트해Beaufort Sea 탐사와 개발 비용을 낮추는 것 말고는 도움될 게 없다"는 결론을 내렸다. 팀의 리더가 1991년 산업학회에서 말했듯이 "온실 가스는 화석 연료의 연소로 상승하고 있다. 아무도 이 사실을 반박할 수는 없다." 그 결과로 북극에서의 시추 시즌이 두 달에서 많게는 다섯 달로 길어질 수 있다고 조사팀이 예측했는데, 실제로 그런 일이 일어났다.[7]

엑슨만이 알고 있었던 것은 아니다. 2018년 가을에 드러난 새로운 문서들은 쉘의 과학자들이 1980년대 후반 이산화탄소 수치가 빠르게는 2030년에 두 배가 될 수 있다고 예측한 것을 보여줬다. "유수와 파괴적 홍수, 저지대 농지의 침수"도 증가할 것이라고 추측했다. 쉘의 전문가들은 대체로 "아마 기록된 역사상 가장 큰 변화가 올 것이다"라고 말했다.[8] 잠시 동안 이러한 폭로가 암시하는 것을 생각해 보라. 제임스 핸슨이 지구 온난화를 공적 이슈로 만든 1988년까지 정유회사들은 그를 포함한 다른 모든 연구자들이 옳았다는 것을 알았다. 핸슨의 NASA 기후 모델을 이용해 북극에서의 시추 비용을 결과적으로 얼마나 낮출 수 있는지 계산한 사실도 있었다.

따라서 이들이 순수하게 사실을 말했다면 어떤 일이 일어났을지 상상해 보라. 핸슨이 미 상원에서 지구 온난화가 진짜이며 아주 위험하다고 말한 후 1988년 7월 엑슨의 CEO가 무심코 말한다. "우리 연구도 그의 말을 지지한다. 사실인 것으로 보인다." 이런 언급은 어느 도덕 체계에서나 요구되는 최소한의 도의로 보인다. 경제적으로도 반드시 파괴적이지도 않았을 것이다. 사실 엑슨 정도의 회사라면 앞선 정보로 미래 에너지 경제를 구축하는 데 일찍감치 유리한 위치에 있어야 했다. 1978년 초 엑슨의 한 관리자는 이렇게 말했다. "이것은 인류에게 유익하게 하는 프로젝트의 맥락에서 엑슨의 기술과 경영, 리더십 자원에 기대하는 일종의 기회일 수도 있다."[9]

만약 엑슨과 함께 동업계 기업들이 이 길을 택했다면 역사와 **지질학** 역사가 아주 많이 달라졌을 것이다. 아무도 '엑슨이 불필요한 우려를 자아내고 있다'라는 말도 하지 않았을 것이다. 모두가 문제의 심각성을 이해하고 덤벼들었을 것이다. 그렇다고 일이 더 쉬워지지는 않았을 것이다. 여전히 앞서 설명한 모든 장애물이 존재했을 것이다. 타성에서 인간 심리에 이르기까지 말이다. 30년이 지나서도 기후 변화는 **해결되지도** 않았을 것이다. 하지만 오존층 구멍에 대처한 것처럼, 우리는 좀 더 큰 걸음을 내딛었을 것이다. 또한 해결책을 향해 가고, 위기의 강도는 약해졌을 것이다.

하지만 그런 일은 오존층에 생긴 구멍 수준의 문제가 아니었던 까닭에 당연히 일어나지 않았다. 오존층 구멍의 경우는 범인이 소규모의 가스 층이었고 제조업체에 가용한 대체제도 있었다. 이제 범인은 화석 연료 였다. 지구상에서 가장 수익성이 좋은 물질이다. 따라서 핸슨이 상원에 서 증언한 뒤 한 달이 지나자, 엑슨의 홍보담당자는 내부 메모에서 회사 가 기후 변화의 과학적 데이터에 대한 "불확실성을 강조"할 것을 권고 했다.[10]

이렇게 하여 인류 역사상 가장 중대한 거짓말이 시작됐다. 1년이 안 돼 엑슨, 쉐브론Shvron, 셸, 아모코Amoco, 그리고 다른 정유 회사들이 모여 지구기후연합(GCC)이라는 조직을 구성했다. 기후 변화에 관한 '국 제적 정책토론에 기업이 조직적으로 참여하기 위한 것'이었다. 지구기 후연합은 이전에 담배산업에 맞서 싸운 전문가들을 고용했다. 심지어 1960년대 레이첼 카슨에 맞서 공격의 선봉에 섰던 회사도 고용했다. 미 국광업협회(NCA)와 미국석유협회는 '화석 연료에 부과되는 세제안을 막 기 위한 풀뿌리 서신 및 전화 캠페인'에 함께 참여했으며, 이산화탄소가 많아질수록 '세계 기아가 종식'될 것이라는 비디오도 제작했다. 또한 기 후 변화에 대응하는 전지구적 차원의 첫 번째 노력이었던 1997년 교토 의정서에 반대하도록 선동했다.

교토회담 2개월 전, 엑슨의 회장 겸 CEO였던 리 레이먼드Lee Raymond 가 북경에서 열린 세계석유협의회(WPC)에서 연설을 했다. 그는 1980년 대 기후 변화에 대한 명백한 결과물을 만들어낸 과학부서의 관리와 감 독 책임자였다. 당시 리의 연설은 여태껏 미국인이 했던 연설 가운데 가장 무책임한 것 가운데 하나로 뽑힐 정도다. 그는 지구가 시원해지고 있다고 주장하면서 화석 연료 배출을 줄이는 것이 기후에 영향을 끼칠 수 있다는 생각은 '상식에 벗어난다'고 말했다. 나아가 "지금 혹은 20년 후에 정책이 제정되더라도 다음 세기의 중반 무렵 기온에 영향을 줄 가능성은 아주 낮다"고 분명하게 말했다.

기억해 보면, 엑슨의 과학자들은 이미 이러한 각각의 전제가 잘못됐다는 것을 보여줬다. 그 과학을 근거로 기업의 의사결정을 했던 엑슨이다. 북극의 보퍼트해가 녹고 있다는 것을 알고 난 뒤 높아지는 해수면에 적합하도록 시추 장치를 높게 만들고 있었던 엑슨이다. 단지 다른 사람들한테는 말하지 않고 있었을 뿐이다.

지구기후연합은 결국 거세지는 환경보호라는 압력에 해체됐다. 유럽 녹색단체가 거센 캠페인을 시작한 후 BP*와 쉘**이 떠났고, 많은 미국 기업들이 결국 철수했다. 그러나 너무 많은 희생을 치르고 얻은 승리였다. 그때 이미 지구는 손상을 입고 있었다. 나는 밤늦게까지 협상한 끝에 마침내 잠정 합의를 이끌어낸 아침, 쿄토 컨벤션 센터에 있었다. 비록 완전하지도 않은 제한적 합의였지만, 그래도 그 순간이 실제로 기후 변화와 싸우는 것으로 방향을 급격히 돌린 것으로 보였다. 그런데 바로 내 옆에 그 합의에 맞서 싸우는 것을 조정하던 로비스트가 서 있었다. 각국 대표들이 환호하며 박수를 치자, 그가 나를 돌아보며 이렇게 말했다. "이렇게 되는 것을 워싱턴에서 통제하고 있었는데, 저는 서둘러 돌아가

---

* 영국의 최대 기업이자 세계 2위의 석유회사.

** 세계에서 두 번째로 큰 석유회사며 여섯 개의 슈퍼메이저 중 하나이다.

야겠습니다."

지구기후연합에서 일하던 많은 사람들이 조지 W. 부시 행정부로 들어가 일을 했다. 부시가 대통령으로 취임한 지 9일 후, 리 레이먼드가 그의 오랜 친구인 부통령 딕 체니Dick Cheny와 함께 방문했다. 딕이 거대 석유채굴회사 할리버튼Haliburton의 CEO에서 물러난 직후였다. 레이먼드는 분명 부시가 이산화탄소를 오염물질로 취급하는 그의 선거 공약을 버리도록 설득했을 것이다. 그리고 1년이 채 지나지 않아 부시의 여론 조사관 프랭크 런츠Frank Luntz가 10년 전 지구기후연합이 생각해 낸 전략을 정식화한 내부 비망록을 작성했다. "유권자들은 과학계에서도 지구 온난화에 대한 합의가 이루어지지 않았다고 믿는다." 런츠가 쓴 내용이다. "만약 대중이 과학적 이슈로 합의했다고 믿게 되면 지구 온난화에 대한 시각도 바뀔 것이다. 그러므로 과학적인 확실성이 부족하다는 점을 계속 만들어 논쟁의 주된 이슈로 삼아야 한다."[11]

이 전략은 그들이 필요로 했던 만큼 정확히 잘 작동했다. 여론조사에 따르면 2017년 말까지도 미국인 거의 90퍼센트가 지구 온난화에 과학적 합의가 있었다는 사실을 알지 못했다.[12] 2006년에 물러난 리 레이먼드는 퇴직금으로 무려 4억 달러를 챙겼다. 바로 그 이전 해에 회사는 사상 최고의 수익을 올렸다고 공시했다.

그의 후계자 렉스 틸러슨Rex Tillerson은 약간 덜 대립적이었다. 적어도 기후 변화가 사실일 수 있다는 것을 인정하려 애썼다. 하지만 주주총회에서는 이 위협을 계속해서 대수롭지 않은 것으로 여겼다. "만약 모델이 형편없고 예측한 결과를 얻지 못하면 어떻게 해야 합니까?" 2015년

그가 물었던 말이다.(13

엑슨은 계속해서 기후 변화를 부정하는 사람들과 위장단체에 자금을 댔다. 그중 하나인 기업경쟁연구소(CEI)가 "이산화탄소는 사람들이 공해라고 부르지만 우리는 생명이라고 부릅니다"라는 TV광고를 했다. 다른 하나는 엑슨이 1990년대에 발견해서 도움을 줬던 하트랜드연구소 Heartland Institute다. 이들은 광고판을 세워 기후과학자들을 유나바머*와 찰스 맨슨**같은 악명 높은 연쇄 살인범에 비유했다. 엑슨은 나아가 5,000억 달러에 러시아 북극에서 석유를 탐사하기로 거래를 맺었다. 이 탐사는 오로지 그 지역의 얼음이 급격히 녹았기 때문에 가능했다. 그 엄청난 돈의 대가로 틸러슨은 블라디미르 푸틴의 별장에서 러시아 우정 훈장을 받았다. 엑슨은 화석 연료가 야기하는 위험과 상관없이 결코 아무것도 바꾸지 않을 것이다. 틸러슨이 마지막 주주총회에서 말했듯이, 지구는 "좋든 싫든 화석 연료를 계속 사용해야 할 것이다."(14

틸러슨은 결국 미 국무장관으로 당연히 일을 시작했고, 그의 보스 도널드 트럼프는 기업의 홍보전략이 얼마나 잘 성공했는지 보여주는 완벽한 사례였다. 기후과학 부정자들이 공들여 키운 케이블 방송사 폭스 뉴스만 보는 트럼프는 지구 온난화가 미국 제조업을 무너뜨리기 위해 "중국이 만들어낸 농간"이라고 믿었다. 더 나아가 극지방 만년빙이 "유례없는 수준"에 있다고 믿었다.(15 그 결과, 미국은 파리기후협정에서 빠져

---

* Unabomber, 1978년부터 17년간 우편물 테러로 미국 전역을 공포에 떨게 한 미국 수학자이자 테러리스트, 본명은 시어도어 존 카진스키임.

** Charles Manson, 추종자로 맨슨 패밀리를 구성, 살인을 저지른 미국 5대 연쇄 살인자 중 한 명.

나왔다. 이것은 지구의 대기 속에 가장 많은 탄소를 쏟아 붓고 있는 나라가 이제는 위기를 막기 위한 행동조차 하지 않는 유일한 국가가 됐다는 의미다. 그 동안 엑슨의 사업은 평소대로 계속됐다. 틸러슨의 후임인 대런 우즈Darren Woods는 경영진에게 회사의 '기후 리스크'를 공개하는 보고서를 작성하고 동의하게 함으로써 주주들의 압력을 막아냈다. 이 보고서가 2018년 겨울에 공개됐을 때도 엑슨은 변화의 필요성을 전혀 직시하지 않았던 것으로 밝혀졌다. 엑슨의 거짓말을 처음 폭로한 인사이드 클라이밋 뉴스팀은 이 회사의 진술을 다음과 같이 요약했다. "엑슨은 기존 유전에 있는 모든 석유를 생산하고 새로운 매장층에도 투자를 계속할 수 있을 것이라고 주장한다."[16

이런 기만과 혼란을 30년 동안 부추긴 캠페인이 불법인지는 분명하지 않다. 엑슨은 항상 "기후 변화에 관한 과학적 합의를 추적해 왔고 해당 이슈에 관한 연구를 전문가 학술지에 공개적으로 발표했다"고 주장했다.[17 아무튼 수정헌법 제1조는 거짓말할 권리를 보호한다. 하지만 2018년 가을 뉴욕주 검찰총장 바버라 언더우드Barbara Underwood가 투자자에게 거짓말을 한 것은 범죄라는 이유로 엑슨을 고소했다. 2019년 1월, 대법원은 수백만 페이지의 회사 내부 문서를 메사추세츠주 검찰총장 마우라 힐리Maura Healey에게 넘겨줘야 한다고 판결했다. 그렇게 되면 사람들이 더 많은 것을 알게 될 것이다.

확실한 것은 이런 허위정보 유포로 어쩌면 우리가 기후 변화를 둘러싼 싸움에서 결정적 차이를 만들어낼 수 있었던 기회를 박탈당했다는 사실이다. 환경 작가인 알렉스 스테픈Alex Steffen은 "지속 불가능한 부

당한 시스템에서 돈을 벌기 위해, 그 사이에 필요한 변화를 막거나 지연

시키는" **약탈적 지연**이라는 용어를 새로 만들었다. 기후 변화와 정유회

사들의 행태가 그 전형적인 사례다. "1990년에 전세계의 배출량을 줄

이기 시작했더라면 아직 확신을 갖고 기후 위기를 다룰 수 있었을 것

이다." 스테픈의 말이다. "간단히 계산해서 배출량이 매 10년마다 대략

4분의 1씩 감소한다면 CO_2 예산* 내에서 유지할 수 있었을 것이다." 이

것은 "아주 쉬운 일이 아닐"테지만 "제대로 된 점진적인 규제 개혁과 잘

설계된 탄소 거래 또는 가격 시스템"으로 성공했을 것이다.

   그러나 2020년으로 치닫고 있는 현재** 탄소 배출이 급증한 지 30년

이 지났지만 자그마한 파리기후협약의 목표를 달성하는 것조차 거의

불가능하게 됐다. "이제 길path은 지옥처럼 가파르다. 우리가 처한 새로

운 곡선은 배출량을 완전히 파괴적 수준으로 10년 동안 50퍼센트 감소

시킬 것을 요구한다." 지구물리학자 마이클 만Michael Mann이 말했듯이

"초보자용 슬로프였던 것이 이제는 최상급자 슬로프가 됐다." 스테픈의

설명에서 이것은 "기후 조치가 이제는 더 이상 우리의 기대처럼 질서

있고, 점진적이고, 지속적이지도 않을 수 있다"는 의미다.[18] 2018년 초

전세계의 변화 노력을 계산한 분석가들의 견해는 냉혹했다. "충분히 빠

르지 않다," 그중 한 사람의 말이었다. "충분히 크지 않다. 조치가 충분

하지 않다."[19]

---

* 지구 온난화가 1.5°도로 제한되는 경우 생활 방식을 통해 개별적으로 생성할 수 있는 CO_2의 양을
설명하기 위한 것.

** 2019년 원서 출간 기준임

나는 기후 싸움이 힘들 거라는 것은 늘 알고 있었다. 인류가 이전에 경험했던 그 어떤 것보다도 더욱 힘들거라는 점에서 그렇다.《자연의 종말》에서는 우리가 지구의 대규모 변화를 물리칠 만큼 충분히 빠르게 진전을 보일지 의심스럽다고 말했다. 하지만 그때는 28살이었던 까닭에 책을 쓰면서도 지구상에 가장 힘 센 소수의 사람이 앉아서 우리의 과제를 한없이 힘들게 하는 거짓말을 만들어내고 있었다는 사실은 상상도 못했다. 지난 30년 간 그런 거짓말 속에서 지구 온난화가 '사실인지'에 대한 끝없는 논쟁에 참여하면서 살아왔다. 물론 **논쟁의 양측은 처음부터 답을 알고 있었다.**

이중 한 쪽이 거짓말을 전혀 꺼리지 않았을 뿐이다. 따라서 그런 거짓말이 어디에서 오는지 이해할 필요가 있다.

2부

레버리지

8장

앞에서 나는 순진한 청년이었다고 말했다. 다시 증명해 보이겠다.

대학을 나온 뒤 1년 동안 〈뉴요커〉 기자로 지내면서 미시시피 델타에 있는 투니카Tunica라는 작은 마을에 간 적이 있었다. 냄새가 지독한 슈가디치Sugar Ditch라는 작은 개울을 따라 길게 모여 있는 판자촌에 대한 기사를 쓰기 위해서였다. 주민들이 전부 흑인인 이 마을에는 수도 배관시설이 없고 수돗물도 나오지 않았다. 인권운동가 제시 잭슨Jesse Jackson이 이곳을 '미국의 에티오피아'라고 불러 물의를 일으켰던 지역이기도 했다.

마침내 CBS 탐사보도 프로그램 〈60분〉이 특별취재에 들어갔다. 뜨거운 햇빛 아래에 있는 마을 주변은 악취가 진동했고 판잣집 벽에는 벌레들이 우글거렸다. 사람들도 쪼들리는 삶에 몹시 지쳐 보였다. 아주 가까운 곳에는 백인들이 거주하는 교외 마을이 있었는데, 내가 자란 쿨데삭*과 복층구조의 목장들처럼 보였다.

* cul-de-sacs, dead end(막다른 골목)와 비슷한 의미지만 차량통행이 적고 비교적 조용해서 미국의 경우 고급 주택단지가 속해 있기도 함.

그렇다고 내가 빈곤을 모를 정도로 순진했던 것은 아니다. 내가 다닌 맨해튼 교회에서는 지하에 노숙자 쉼터를 운영하고 있었다. 하지만 **미래**에 대해서는 무지했던 탓에 사람들이 그들에게 뭔가를 할 거라고만 생각했고, 따라서 튜니카도 먼 과거에나 어울릴 법한 별난 곳이라고 확신했다. 다른 사람들도 모두 튜니카 이야기를 그렇게 보도했다. 어쨌든 이것은 더 슬픈 날의 잔재가 남아 있다는 것을 못 보고 넘어가도록 했다. 최악의 소작농 시대를 묘사하는 일종의 반 윌리엄즈버그* 정서였다. 당혹스러운 것만큼이나 이상한 울림이었다.

그 다음 해에 연방정부는 예정대로 그 집들을 완전히 철거하고 새로운 아파트를 짓기 시작했다. 미국 주택도시개발부(DHUD)가 지적했듯이, 분뇨와 접촉하면 급기야는 50가지 이상의 질병에 걸릴 수도 있었다. 부자 나라에서 분뇨로 인한 질병은 분명 말도 안 된다.

내 순진함은 미국이 불평등을 줄이려는 방향으로 큰 걸음을 내딛고 있었던 바로 그 시기에 성장한 현실에서 자연스럽게 비롯됐다. 당시에는 세상을 더 공평하게 만드는 것이 분명한 과제로 보였다. 나는 뉴딜**과 위대한 사회***라는 두 정책이 실행되는 사이에서 태어난 1960년생이다. 내 유년기에는 시민평등권 운동과 여성운동이 주를 이루었다. 그래서 그게 정치의 전부인 줄 알았다. 고등학교를 졸업하던 1978년은 미국의 최상층 1퍼센트가 국가의 전체 부에서 차지하는 비중이 23퍼센트로

* Williamsburg, 1699년부터 1780년까지 식민지 시대 버지니아의 수도였다.
** 1930년대 대공황 하에서의 제반정책.
*** 1964년 민주당 정책이념.

떨어진 해였다.

이것은 나중에 밝혀졌듯이 역대 가장 낮은 수치였다. 그때 이후로 부유층의 비율은 두 배가 됐다. 내가 태어났을 때 CEO들의 급여는 노동자의 평균보다 20배가 넘지 않았다. 이제 많게는 295배나 된다.[1] 또 정말 심각한 빈곤이 불평등의 급격한 증가와 함께 다시 찾아왔다. 내가 튜니카에서 보고 상상한 것은 일종의 유물이 됐다. 2017년 UN은 극한 빈곤과 인권에 관한 특별 조사위원을 파견해 미국을 순회하게 했다. 2주 동안 전 지역을 두루 돌아다니며 현지 상황을 살펴본 호주 전문가는 이렇게 결론지었다. "전 세계에서 가장 부유한 국가 가운데 한 곳에서 4,000만 인구가 궁핍한 생활을 하고 500만이 넘는 사람이 제3세계 환경에서 살고 있다. 불공평하고 비인간적인 일이다."[2] 그는 자신이 본 수많은 참상들을 전했다.

샌프란시스코에서는 1만4천 명의 노숙자가 노상 방뇨로 체포됐다. 시의 빈민가 화장실 비율이 사람당 "UN이 시리아 난민 수용소에 정한 최소한의 기준조차도 충족하지 못한 탓이다." 치아가 하나도 없는 사람들이 있는 것은 성인의 치과 진료를 메디케이드가 보장하지 않기 때문이다. 그런데도 그가 가장 집중해서 본 것은 미국 시골에서 유행하는 십이지장충이었다. 십이지장충(**아메리카구충**)은 사람의 맨발바닥을 통해 신체 깊숙이 침입하는 기생충으로, 결국에는 소장에 들러붙어 "숙주의 피를 빨아들인다. 수개월 혹은 수년 간 방치하면 철분 결핍, 빈혈, 체중 감소, 피로, 정신기능의 손상이 야기된다. 특히 빈곤층 아동들에게는 온갖 질병을 일으킨다."[3]

베일러 의과대학 연구진이 조사한 한 카운티에서는 **34퍼센트**의 주민이 질병 검사에서 양성 반응이 나왔다. 1960년대 앨라배마 시민권 운동의 온상이었던 론데스Lowndes라는 카운티에서였다. 수십 년 전 투니카처럼 미처리 하수가 문제였다. 이 연구 뒤에 이어진 언론의 취재에서는 이동식 주택단지가 발견됐다.

이곳도 위생시설이라고는 숲으로 연결돼 있는 갈라진 파이프와 이동식 주택에 물을 실어 나르는 십자 모양의 파이프만이 있었다. "개방식 하수관에는 모기가 득실댔다. 또 개미의 긴 행렬이 이동식 주택에서부터 하수관을 따라 움직였다." 〈가디언Guardian〉지의 기사였다. "주택과 가장 가까이에 있는 웅덩이 끝에는 당밀 같은 액체가 햇빛 속에서 흐릿하게 어른거리며 반짝이고 있었는데, 가까이 가서 보니 실제 뭔가 움직이고 있었다. 사람들이 방출한 하수에 수천 마리의 유충들이 들끓고 있었다."

연구자들은 전국 곳곳의 따뜻한 지역에 퍼져 있는 십이지장충병 같은 열대성 질병의 방치로 현재 고통 받고 있는 미국인의 수가 약 1200만 명에 달할 가능성이 있다고 추정했다. [4]

이 책은 빈곤과 불평등에 관한 것은 아니다. 그런 책들은 많고, 더 많아질 필요도 있다. 실제로 사람들이 날마다 자신의 실제 삶에서 어려움을 겪고 있기 때문이다. 하지만 빈곤과 불평등, 불공정도 휴먼게임을 끝낼 것 같지는 않다. 추pendulum는 결국 반대 방향으로 향할 수 있다. 또 내

어린 시절에 자국을 남긴 평등주의와 비슷한 방향으로 갈 수도 있을 것이다. 인간사에서 반복되는 개혁이나 혁명 같은 변화를 통해 일어날 수도 있다. 우리는 이 리듬으로 기후 변화처럼 더 실존적인 위협에 맞선 싸움과 강력하게 맞물려 있는 불평등과의 싸움을 제대로 속도 낼 필요가 있다. 이것이 우리가 350.org에서 환경 피해의 최전선에 있는 지역사회와 가장 긴밀하게 활동하는 것이 현명한 접근이면서 옳은 일이라고 확신을 갖게 하는 '기후 정의'에 대해 많은 이야기를 하는 이유다. 가난한 사람들의 운동*이나 여러 노동조합과 토착민과 함께 나오미 클라인 Naomi Klein이 주도한 립매니페스토**의 노력에 열광하는 이유이기도 하다. 모두가 다 같은 투쟁이다.

하지만 이 책에서 빈곤과 불평등의 급속한 증가는 주로 현재 우리가 누구인지, 어떻게 우리가 여기까지 왔는지, 어떤 것을 우리가 걱정하는지, 어떻게 우리가 세상을 이해하는지에 대한 지표 역할을 하게 될 것이다. 이런 목적에서 보면 '우리' 중에 가장 중요한 당사자는 공식적이든 비공식적이든 지난 40여 년간 빈곤과 불평등이 치솟도록 방관한 권력자들이다. 방관이라기 보다는 **촉진시켰다**는 표현이 더 적절할 것이다. 미국 내 극한 빈곤에 관한 UN 특별 조사위원의 보고가 이뤄지고 난 뒤 며칠 지나지 않아, 미국 의회의 대응은 대규모 감세안을 통과시키는 것이었다. 이것은 실제 거의 모든 경제학자들이 불평등을 더욱 악화시킬

* Poor People's Campaign, 킹 목사 주도로 1968년 미국 내 가난한 사람들을 위한 경제 정의를 얻기 위해 벌인 운동.
** Leap Manifesto, 캐나다의 작가, 예술가, 국가지도자들, 사회운동가들이 광범위하게 연합해 2015년 발표한 정치 선언문으로 캐나다 경제의 재편과 화석 연료 사용 종식을 요구했음.

것이라고 예측했던 사안이었다.

UN 전문가는 세계 기구에 제출한 공식 보고서에서 다음과 같은 점에 주목했다. "전략이 오히려 불평등을 극대화시키는 데 제격인 것처럼 보인다. 가난한 사람들에 대한 경멸이, 심지어 가끔은 증오가 '승자독식'의 사고방식과 함께 동력이 되는 것 같다."[5 승자가 모든 것을 독식하고 지배한다는 것이다.

2016년 대통령 선거기간 동안 0.1퍼센트의 미국인, 즉 24,949명이 기부금의 40퍼센트를 냈다.[6 이들은 똑같은 사람들이거나 적어도 같은 부류의 사람들로 기후 변화에 대한 조치를 막아섰던 사람들이다. 따라서 우리는 이런 행동의 동인이 무엇인지 이해할 필요가 있다. 이들의 몸속으로 침입해서 머릿속에 달라붙어 있는 지적·정신적 십이지장충을 진단해볼 필요가 있다.

우선적으로 말할 것은 현재의 불평등이 거의 믿기 어려운 수준이라는 사실이다. 아주 진지한데도 만화 같아서 헛웃음이 나온다. 세계 최고의 부자 여덟 명이 최하위층에 있는 인류의 절반보다 더 많은 부를 보유하고 있다. 이 추세는 당연히 미국에서 가장 두드러진다. 미국에서 가장 부유한 세 사람이 하위 1억5천만 명이 가진 것보다 더 많은 재산을 보유하고 있다.[7 가장 부유한 0.1퍼센트가 가장 가난한 90퍼센트가 가진 것 전체를 합한 만큼을 가지고 있는 셈이다.[8 세계 최고의 부자이자 아마존닷컴의 설립자겸 CEO인 제프 베조스Jeff Bezos가 이혼 전을 기준으로 그의 재산이 늘어나지 않게 하려면 매일 2천8백만 달러*를 써야만 한다. 2017년 중간 직급의 직원 연봉이 28,000달러**라는 것을 감안하면 씁쓸한 미소만 나온다.(9 월마트 집안인 월튼가 역시 미국 가정의 42퍼센트를 합한 것 이상의 부를 보유한다.(10

물론 이 상황은 정확히 누구에게 기대하든 최악이다. 미국 흑인가구의 가계 평균 재산은 1,700달러인데 계속해서 하락하고 있다.(11 이마저도 학자금 융자가 늘고 임금이 정체되어 새로 생기는 각각의 세대마다 악화되고 있는 실정이다. 긍정적인 부분은 크레딧 스위스가 전 세계적으로 40세 이하의 억만장자가 약간 증가한 것으로 보고했다. 2003년에 21명이고, 2017년에는 46명으로 늘었다.(12 또 2018년 여름에는 〈포브스Forbes〉지가 카다시안가Kardashian에서 가장 어린 카일리 제너Kylie Jenner가 자신의 립글로스 화장품 라인 인기에 힘입어 이제 곧 47번째가 될 것이라고 보도했다. 미국 아동들은 이제 그 이전 세대의 구성원들과 비교해 자신들의 부모보다 더 많은 소득을 올릴 가능성이 훨씬 낮다. 이것은 우리가 세상을 어떻게 인식하느냐에 있어 상당히 근본적인 변화다.(13

하지만 우리가 부모보다 돈을 더 많이 버는 운이 좋은 사람이라도, 설사 우리가 승자라도, 불평등은 실질적인 비용을 초래한다. 2009년 두 명의 역학자 리처드 윌킨슨Richard Wilkinson과 케이트 피킷Kate Pickett이 부유한 국가군을 연구했다. 이들은 불평등이 증가하면 범죄와 학교

---

* 원화 336억, 환율 1,200원 기준.
** 원화 3,360만원, 환율 1,200원 기준.

중퇴자 수, 10대 임신과 마약 복용 비율, 정신질환 및 비만의 발생 정도가 상승한다는 것을 발견했다. 또 그리스에서 태어난 아이와 사람당 소득이 2배나 되고 의료비의 지출 역시 2배나 되는 미국에서 태어난 아이를 비교했다. 결과는 오히려 그리스 아이가 평균 1.2년 더 오래 살았다. "이제 소득 불평등과 건강에 관한 많은 연구가 국가들과 미국 내 여러 주들, 혹은 다른 큰 지역들을 비교한다. 이런 연구의 대다수는 더 평등한 사회가 더 건강한 경향이 있다는 것을 보여준다." 이것이 연구자들이 주목한 사항이었다.[14] 연구는 문맹률에서 살인률에 이르기까지 거의 모든 것에 적용됐다. 그 결과, 불평등은 최하위층에게만 해악을 끼치는 게 아니라 사회의 모든 이들에게 해악을 끼친다.

2015년에는 두 명의 통계학자가 또 다른 주목할 만한 경향을 지적했다. 중년의 백인 미국인의 사망률이 올라가기 시작했다는 것이다. 너무나 생각지도 못한 수치라 연구자들조차 처음에는 자신들의 연구를 믿지 못했다. 이들 중 한 사람이자 노벨상 수상자인 앵거스 디턴Angus Deaton이 다음과 같이 말했다. "사망률은 지속적으로 떨어졌다. 100여 년 동안 기대수명은 엄청 늘어나고 사망률이 낮아지고 있었는데 이 모든 것이 갑자기 뒤집어져 뭔가 잘못됐다고 생각했다. 이런 일이 일어난 게 믿기지 않아 몇 주간 숫자들을 점검했다." 숫자들은 실제로 정확했다. 이런 경향이 1999년까지 거슬러 올라간다는 확신이 들자, 디턴과 그의 동료 연구자는 결과에 대한 설명을 찾기 시작했다. 가장 심각하게 타격을 받은 집단은 미국의 노동자 계층이었다. 사실 이들은 텔레비전과 휴대폰을 소유하는 등 세계 다른 지역에 비해 그렇게 가난하지 않았다. 그렇지만 이들 또한 국가경제가 변화하는 시기에 제한적인 안전망과 함께 사회 최하위층에 근접해 있다는 사실에 불안감을 느꼈다.

연구자들은 이 새로운 사망률에 '절망이 낳은 죽음'이라는 이름을 붙였다. 자살과 마약성 진통제 오피오이드opioid 남용과 나쁜 영양섭취가 이 죽음의 원인이었다. 당연히 훨씬 더 평등한 유럽국가에서는 똑같은 글로벌 침체와 중국의 부상, 제조업의 공동화를 겪었지만 유사한 상승은 나타나지 않았다.[15] 2016년에는 백악관 전 경제자문위원 앨런 크루거Alan Krueger가 한창 일할 나이에 노동시장에서 퇴출된 남성 절반이 매일 진통제를 복용하고 있다는 연구결과를 발표했다. 이들은 일주일에 평균 40시간을 직업처럼 이런저런 영화를 시청했다.[16] 이것이 세계가 지금까지 구축한 가장 불평등한 사회이자 가장 부유한 나라에 사는 수많은 사람들의 삶이다.

진보 진영에서는 불평등과 용인된 탐욕, 환경 파괴 같은 모든 것들을 '자본주의' 탓으로 돌리는 경향이 있다. 어느 정도는 맞는 말이다. 승자는 계급투쟁에서 자신의 이득을 위해 경제 시스템의 메커니즘을 이용해왔다. 하지만 이와 같은 이야기에서는 악인을 너무 쉽게 봐준다. 스칸디나비아에 가보면 그곳도 자본주의 세계라는 것을 금방 알게 된다. 시장이 있으며 돈을 주고 물건을 산다. 일부는 다른 사람보다 더 부자가 되기도 한다. 또 이런 일에 능숙하다 보니 스웨덴 주식시장은 20세기 내내 다른 모든 나라의 주식시장보다 더 나은 결과를 내놓았다. 그런데 이들에게는 눈에 띌 정도로 다른 정취가 묻어나는 자본주의가 있다. 민주적 사회주의라 불러도 무방하다. 엄격한 정부 규제로 완전하지 못한 평등을 향해 헌신의 노력을 기울이고 높은 세금으로 사회복지가 제공된다.

　가장 소소한 사례를 들자면, 스칸디나비아에서는 교통 범칙금을 개인의 연간소득을 기준으로 부과한다. 최근 핀란드 휴대폰 산업의 거물이 시속 48킬로미터 지역에서 시속 72킬로미터 모터사이클을 타고 달려 10만3,000달러*를 범칙금으로 지불했다. 미국사회를 오싹하게 만들면서 정글로 변화시키는 자본주의와는 아주 다르다. 미국형 자본주의를 자유방임주의, 혹은 신자유주의라고 부르며, '정부로부터 벗어나고', '기업 친화적'이라고도 한다. 뭐라고 부르든지 간에, 특히 오늘날 문제가 되고 있는 것은 탐욕스런 변종이다. 주의 깊게 연구할 만한 가치가 있다고 본다.

　게다가 인종이 정치변혁에 분명 막대한 역할을 했다. 미국의 커다란 오점이자 돌이킬 수 없는 죄악이 여기에 있다. 또 부자들이 아주 많은 미국 백인들의 증오와 공포심을 거대한 수단으로 이용해서 정치를 변화시켰다는 데 의문의 여지가 없다. 공화당의 '남부 전략'은 모든 지역에 깊이 쌓여 있는 인종 간의 증오를 움직여 극적인 성공을 거뒀다. 그리고 이것이 많은 다른 나라의 우익 민족주의에 반향을 일으켰다. 실제로 인종주의자인 도널드 트럼프가 백악관에 있는 바로 지금이 특히 더 분명하다. 그렇지만 나는 닉슨 시대에서 레이건 시대와 현 시대로까지 그 변화를 실제로 생각하고 실행한 사람들이 백인우월주의보다는 냉소적인

---

* 한화로 약 1억2천3백만 원, 환율 1,200원 기준.

계산에 따라 움직였다고 생각한다. 의도에 있어서는 이들이 인종주의자였을지도 모른다. 결과만 보면 확실히 그렇다. 하지만 다른 종류의 노골적인 이념적 동력이 추동됐다.

　이 같은 이념적 동력을 알고 있을 필요가 있다. 이익을 추구하고 인종을 공격하는 것과 동시에, 여기서 뭔가 다른 일이 벌어졌다. 간단히 말해, 우리 중 일부에게는 사람다운 것이 어떤 의미인지에 대해 아주 다른 의미를 갖는다. 특히 우리 중 가장 힘센 사람들에게는 기본적인 인류 연대가 아주 다른 신념으로 대체되어 왔다.

우리 시대의 가장 중요한 정치철학자로는 소설가 아인 랜드Ayn Rand를 들 수 있다. 사실 휴먼 게임을 끝내려고 위협하는 현재의 레버리지를 고려해 보면, 그녀가 역대 최고로 중요한 철학자라고 주장할 수도 있다. 그녀도 아마 동의했을 것이다. 한번은 그녀가 기자에게 자신이 '현존하는 가장 창의적인 사상가'이고, 자신에게 영향을 끼친 유일한 철학자는 아리스토텔레스라고 말했다.

어느 면에서 터무니없는 말이다. 세상에 대한 그 단순하고 일차원적인 악의적 시각으로 미뤄볼 때 그녀의 글은 펜이 아니라 크레용으로 아무렇게나 휘갈겼는지도 모른다. 하지만 반드시 옳아야만 영향력이 있는 것은 아니다. 그녀의 책은 결정적인 순간에 미국 정치를 지배했던 많은 사람들에게 생기를 불어넣었다. 미국이 초강대국의 역할을 차지하면서 세계를 위한 일련의 계획을 세울 때, 그녀는 최고 권력자 다수의 마음과 정신을 차지했다.

앨런 그린스펀Alan Greenspan을 한 번 생각해 보라. 그는 신자유주의 아바타로 소련이 붕괴된 이후 수년 간 세계경제를 설계한 수장이었다.

한번은 〈이코노미스트〉가 이 '머니 맨'은 자신을 마치 '성인 앨런Saint Alan'으로 간주했다고 보도했다.[1] 그는 1950년대 초 랜드를 만났을 때 스물다섯 살의 젊은 경제전망가였다. 당시 랜드는 이미 《파운틴헤드The Fountainhead》를 히트시킨 유명 작가였다.

그린스펀은 곧 랜드 휘하에 들어가 매주 토요일 저녁마다 그녀가 자신의 뉴욕 아파트에서 곧 발표할 소설 《아틀라스Atlas Shrugged》의 초고를 추종자들에게 읽어주는 것을 들었다. 1957년 책이 발간되자 〈타임스〉는 혹평을 했다. 이때 그린스펀이 랜드를 변호하는 편지를 편집자에게 보냈다. "《아틀라스》는 삶과 행복에 대한 찬양이다. 정의는 무자비하다. 창의적인 개인과 정도를 벗어나지 않는 목적과 합리성은 기쁨과 성취감을 달성한다. 목적이나 이성을 지속적으로 피하는 기생충 같은 인간은 당연히 사라져야 한다."[2]

이후 10년 동안, 그는 랜드의 잡지 〈객관주의자The Objectivist〉에 글을 실었다. 그리고 그린스펀이 제럴드 포드 대통령 경제자문위원장으로 지명되자, 그의 옆에서 랜드가 취임 선서를 지켜봤다. 랜드는 로널드 레이건 대통령이 그린스펀을 미 연방준비제도 이사회 의장으로 임명했을 즈음에 사망했다.

하지만 그린스펀 같은 사람 덕에 아직도 그녀의 영향력이 살아 있다. 한 작가의 말에 따르면, 대처와 레이건 집권 시절은 "랜드의 제2의 전성기였다. 자유방임주의 철학이 일부 우익 경제학자의 괴팍한 집착에서 영국계 미국인의 자본주의 통치 신조가 된 때였다."[3]

그리고 정확히 수십 년 동안 지구의 지질학과 기술 미래를 결정한 것도

바로 미국이었다. 랜드는 자신의 이론을 '객관주의objectivism'로 불렀다. 이 개념은 일반적으로 '자유지상주의libertarianism'로 분류되며, 학문 영역에서는 실물경제학파가 가장 정교하게 그래프와 차트, 방정식을 사용한다. 상세한 신학적 논거도 설명한다. 그중 일부는, 이를 테면 마약과의 전쟁은 어리석은 실패였다거나 사람은 자신이 좋아하는 사람과 결혼할 수 있어야 한다는 등의 실용적인 결론으로 이어진다. 하지만 랜드가 완벽하게 쏟았던 그 감성적 핵심은 간단하다. 정부는 나쁘다. 이기주의는 좋다. 스스로 조심해라. 연대는 함정이다. 세금은 절도다. **당신은 내 보스가 아니다.** 이것은 〈뉴욕타임스〉가 레이건 행정부의 "계관 소설가"로 랜드를 묘사했을 때 언급한 일종의 원색적 태도들이었다.

　레이건 행정부에서 상무장관이었던 윌리엄 베러티William Verity는 철강 재산가의 후손이었다. 그의 경우 랜드가 고함치는 특유의 인용구가 적힌 카드를 자신의 책상 위에 놓았다. "삶에서 중요한 것은 없다. 오직 자신의 일을 얼마나 잘하느냐 뿐이다. 오로지 그것 하나뿐이다. 당신이 무엇을 하든 그것으로부터 나올 것이다. 그것이 인간 가치에 대한 유일한 척도다. **그들이 우리 목구멍에 쑤셔 넣으려고 하는 모든 윤리강령은 그저 교묘한 수단으로 폭리를 취하려는 협잡꾼들이 내미는 지폐 뭉치일 뿐이다.**"[4]

　이 유산은 과거 레이건 집권 시기부터 이어지면서 계속 더 강해졌다. 기업의 부자들과 의원들은 계속해서 랜드의 소설을 서로 주고받았다. "포춘 500대 기업의 CEO 다수와 얘기하면서《아틀라스》가 그들의 사업 결정에 지대한 영향을 끼쳤다는 것을 알게 됐다." 이는 미국의 최대 지역은행의 한 대표가 한 말이었다. "그 책은 다른 책에 없는 뭔가가 있다. 원리는 사업과 삶 전반에 적용할 수 있다. 완벽하다는 생각이 든 다."[5 랜드의 영향은 바다를 건너 영국에도 미쳤다. "브렉시트Brexit의 지적 설계자"는 그녀의 사진을 책상 위에 놓았다.[6 미연방 하원의장 폴 라이언Paul Ryan은 랜드의 팬클럽 아틀라스 소사이어티Atlas Society에서 그녀의 책이 "내가 공공 서비스에 참여하게 된 이유"라고 말했다. 그리 고 자신의 모든 인턴들에게 읽도록 했다. "나는 아인 랜드가 자본주의를 위한 도덕적 사례를 구축하는데 어느 누구보다도 최선을 다했다고 생각 한다." 그가 페이스북에 올린 일련의 영상 속에서 한 말이었다.[7

랜드는 라이언이 미국의 사회보장제도 메디케어medicare 종료를 촉 구한 '번영의 길Path to Prosperity' 예산안에 영감을 줬다. 하지만 라이 언 역시 랜드가 가지고 있는 한 가지 문제점을 공화당 정치인들에게 노 출시켰다. 랜드의 관점으로 예상할 수 있듯이, 그녀는 기독교의 복음을 "최고의 공산주의 유치원"으로 부르면서 기독교를 강하게 부정했다. 그 래서 2012년 미트 롬니Mitt Romney가 자신을 부통령 러닝메이트로 지 명했을 때, 용기를 낸 라이언은 랜드의 입장Randianism이 "자신의 세계 관과 전혀 달라 오랫동안 줄곧 거부했다"고 말했다.[8

그렇지만 변절은 그 혼자뿐인 것 같았다. 클래런스 토머스Clarence Thomas는 연방 대법관이 되기 전에 평등고용추진위원회(EEOC)에 있는 자신의 직원이 점심시간 동안에 영화로 만든 《파운틴헤드》를 봤다고 말 했다. 한 보좌관은 이것을 '일종의 훈련용 영화'라고 생각했다. 실제로 백악관이 연방법관 후보자를 검토할 때 우익 성향의 법률회사인 정의

협회에서 토머스를 추천한 것은 정확히 "아인 랜드 철학에 기반한 그의 헌신" 때문이었다.[9]

전 국무장관 렉스 틸러슨은 《아틀라스》가 자신이 "가장 좋아하는 책"이라고 말한다. 그의 후임자 마이크 폼페오Mike Pompeo도 마찬가지다. 도널드 트럼프가 잠 못드는 늦은 밤에 부를 수 있는 친구인 억만장자 레이 달리오Ray Dalio도 이런 말을 했다. "그녀의 책은 대통령과 그의 사람들의 사고방식을 아주 잘 담고 있다. 이 새로운 행정부는 연약하고 비생산적인 사회주의적 정책과 사회주의자를 싫어하고, 강하고 뭐든지 할 수 있는 수익 창출자를 동경한다."[10] 트럼프가 노동부 장관으로 처음 지명했던 앤드루 퍼즈더Andrew Puzder는 자신의 사모펀드 이름을 하워드 로크Howard Roark로 지었는데, 바로 랜드의 소설 《파운틴헤드》 속 영웅의 이름이다.

그렇다면 스스로 위대하다는 사람은 어떨까? 도널드 트럼프도 《파운틴헤드》를 자신이 가장 좋아하는 책이라고 말했다. "사업과 아름다움, 삶과 내적 정서와 관련돼 있다." 트럼프가 일간지 〈USA 투데이〉에서 한 말이었다. "그 책은 모든 것과 관련된다."[11]

아인 랜드의 추종 집단은 부자와 권력자들만이 아니다. 1998년 미국 출판사 모던 라이브러리Modern Library가 독자들에게 20세기 최고의 책 목록을 물었다. 헤밍웨이, 조이스*, 벨로**는 잊어라. 바로 《아틀라스》

---

* James Joyce, 유명한 소설은 《율리시즈》와 후속 작 《피네간의 경야》, 단편인 《더블린 사람들》, 반자전적 소설 《젊은 예술가의 초상》 등이 있다.
** Saul Bellow, 현대 미국 문학의 지적 경향을 대표하는 미국 소설가.

와 《파운틴헤드》가 1위와 2위를 차지했다. 아마 많은 독자들은 랜드의 작품을 "우리 가운데 다수가 17세, 18세에 제대로 인정받지 못하고 있다고 느꼈을 때 집어드는 책 가운데 하나"[12]라고 서술한 버락 오바마의 말에 동의할 것이다. 하지만 또 다른 많은 사람들은 그녀를 결코 내려놓지 않는다. 한 전기 작가는 "보수의 삶에 근본적 습관을 형성하는 약물"로 그녀를 묘사했다.[13

영향력 있는 사람들이 지금까지 읽은 책 가운데 가장 중요하고 자신의 사고방식을 형성하고 자신의 삶을 특정 방향으로 이끌었다고 반복해서 말할 때, 또 뭔가를 너무나 사랑해서 경의 표시로 자신의 헤지 펀드나 요트에 그 이름을 넣었다고 했을 때, 나머지 우리들은 관심을 갖게 될 것이다. 그렇다면 랜드는 그 많은 사람들에게 왜 그토록 강렬한 인상을 남겼을까?

먼저 그녀를 바로 아는 것부터 시작해 보자. 한 방법은 그녀와 일반적인 보수 우익의 자유방임적 신자유주의에 대해 생각해보는 것이다. 이들은 과도한 해악을 끼친 20세기의 피비린내 나는 전체주의 위협을 자연스럽고 적절한 반응이었다고 생각한다. 최근 저널리스트 토머스 릭스 Thomas Ricks가 윈스턴 처칠과 조지 오웰을 함께 다룬 흥미로운 위인전을 발표했다. 여러 면에서 상반된 모습을 보여줬던 두 사람은 삶의 마지막에서 인류가 직면한 주요 과제가 무소불위한 국가권력의 위협에 맞서 "현대 생활에서 개인 공간을 보호하는 것"이라는 데 합의하고 연

대했다.(14

영국이 나치 독일과 전쟁을 선포한 날, 처칠은 이렇게 말했다. "이것은 통치와 제국의 지위 확대, 물질적 이득을 얻기 위한 전쟁이 아니다. 본질적으로 **개인의 권리**를 확고하게 세우는 전쟁이다. 또 사람의 위상을 회복하고 확고히 하는 전쟁이다."(15

비록 2차 세계대전을 스탈린과 한편에서 싸웠지만, 처칠은 적어도 나치즘만큼이나 전체주의적 공산주의를 우려했다. 오웰도 마찬가지로 스페인에 가서 파시즘과 싸우고, 말년에는 부드러운 모습으로 위장한 소련에 맞서 위대한 소설을 썼다. "지금은 전체주의 국가시대다. 전체주의 국가는 개인에게 어떠한 자유도 허락하지 않고 허락할 수도 없다. 누군가 전체주의를 언급하면 순간적으로 독일과 러시아, 이탈리아를 떠올릴 것이다. 하지만 나는 이 현상이 세계적으로 퍼지고 있는 위기임을 직시해야 한다고 생각한다."(16

아인 랜드도 같은 맥락에서 글을 쓰고 있었다. 그녀의 경우는 오히려 더 깊이 각인되어 그런 전체주의 국가가 어떤 느낌일지 상상할 필요조차도 없었다. 1905년에 태어난 알리사 로젠바움*은 상트페테르부르크 Saint Petersburg의 중류층 유태인 가정에서 자랐다. 그녀의 절친은 블라디미르 나보코프**의 여동생 올가Olga였다. 1918년 볼셰비키 혁명이 일어나자 적위대Red Guard 요원들이 그녀 아버지의 약국 문을 쾅쾅 두드렸다. 그리고 당시 잘 나가던 약국을 '인민의 이름으로' 압류한다고 말

---

* Alisa Zinovyevna Rosenbaum, 아인 랜드의 본명.
** Vladmir Nabokov, 러시아 출신 미국 소설가, 시인, 평론가, 공충학자, 나비류 수집가로도 유명했음.

했다.

랜드의 자서전 작가 제니퍼 번스Jennifer Burns의 말에 의하면 "당시 12살이었던 알리사는 분노에 휩싸였다. 약국은 그녀의 아버지가 오랫동안 공부하고 대학을 마친 후 일을 시작하고 고객에게 약을 조제해주면서 소중한 조언을 해주던 곳이었다. 그런 곳을 이름도 모르고 얼굴도 본 적 없는 소작인들을 이롭게 하겠다고 한순간에 가져가 버렸다." 군인들은 총을 휴대하고 아버지를 죽이겠다고 위협했다. 그러나 "이들은 공정과 평등이라는 말을 꺼냈다. 모두를 위한 더 나은 사회를 만드는 게 목표라고도 했다. 이 모든 것을 보고, 듣고, 받아들이면서 알리사는 한 가지를 확실히 알았다. 그런 고상한 이상을 들먹이는 사람들은 절대 신뢰하면 안 된다는 것이었다. 남을 돕는다는 말도 영향력과 권력을 위한 얄팍한 핑계일 뿐이었다."(17

그녀의 가족은 크림반도로 도망갔다. 당시 그곳은 백계 러시아인*의 지배 하에 있었다. 하지만 볼셰비키 혁명군이 추적해 왔고, 얼마 안가 또다시 로젠바움가의 재산을 빼앗아 갔다. 그녀의 가족은 살기 위해 집안의 보석을 팔았다. 알리사는 지금의 페트로그라드(구 상트페테르부르크)에 있는 대학에 들어갔다. 재학 중 부르주아 학생 숙청에도 살아남은 그녀는 니체와 특히 아리스토텔레스에 푹 빠졌다. "그녀의 관심을 사로잡은 원칙은 일관성이었다"고 번스는 말했다. "그녀의 예측할 수 없는 섬뜩한 생을 고려한다면 놀라운 일이 아니다."(18 그녀는 부모와 같이 살았

---

* White Russian, 볼셰비키 혁명에 반대해 국외로 망명한 러시아인으로 귀족, 대지주를 비롯한 부르주아 및 그 추종자들.

지만 식량이 부족한 빈민가에서도 살았다. 1921년과 1922년의 기근으로 500만 명의 러시아인이 굶어 죽었다. 도시 거주자들은 배급표로 근근이 살아갔다. 이 때문에 알리사가 첫 번째 탈출 기회를 즉시 실행에 옮긴 것은 새삼스러운 일이 아니었다. 표면상으로는 미 중부에 사는 친척을 방문하는 단기 비자를 받아 미국을 여행했다. 하지만 집을 떠나 새로운 필명으로 여행하는 순간, 그녀는 소련으로 돌아가지 않을 것임을 알고 있었다.

시카고에 도착한 그녀는 가능한 모든 시간을 영화관에서 보냈다. 그녀가 만든 저널 〈객관주의자〉에 따르면, 1926년 2월에서 8월 사이에 총 138편의 영화를 관람하고 꼼꼼히 순위를 매겼다. 그녀가 가장 좋아했던 영화는 세실 드밀*의 화려한 오락물이었다. 헐리우드로 여행을 간 그녀는 영화 속의 한 장면처럼 소리가 나는 차에서 운전대를 잡고 누군가와 말하고 있는 드밀 감독을 봤다.

번스에 따르면, 랜드가 그를 "뚫어지게 쳐다보고 또 쳐다봤다. 주변의 관심에 이골이 난 드밀 감독마저 그녀의 강렬한 시선에 이끌려 자신의 오픈카 로드스터에서 큰 소리로 그녀를 불렀다. 랜드는 쉰 목소리의 액센트로 더듬거리며 방금 러시아에서 도착했다고 답했다. 그 말을 들은 드밀은 좋은 생각이 떠올랐고 그녀를 차로 불렀다. 그리고 랜드를 차에 태우고 헐리우드 거리를 지나 유명 장소에 내려줬다." 그리고는 다음날 〈왕중왕King of Kings〉 세트장으로 오라고 했다.

그 미팅을 잘 활용한 랜드는 드밀의 스튜디오에서 주니어 작가로 일

---

* Cecil B. DeMille, 미국 영화제작자 겸 감독으로 오늘날 패러마운트사의 기초를 쌓음.

하게 된다. 드밀이 가지고 있던 각본들을 요약하고 어떻게 원고를 개선할 수 있을지 제안하는 일이었다. 그러다가 그녀 자신의 대본까지 쓰게 된다. 세상을 놀라게 한 윌리엄 힉맨William HIckman이라는 10대 살인마를 모델로 쓴 것이었다. 그는 사체를 훼손하고 "체포 당시 자신의 행동을 미친 듯이 자랑했다." 그럼에도 랜드는 그를 동정했다. 심지어 넋을 잃기까지 했다. 그녀에게 힉맨은 "인간의 평범한 일상에서 탈출한 강한 사람"을 상징했다.[19] 그녀는 자신의 저널에서 그의 말을 인용했다. "나에게 좋은 것이 옳은 것이다." 그리고 자신의 감응을 더했다. "이것이야말로 내가 여태껏 들었던 말 중에서 남자의 진짜 심리를 가장 잘, 강렬하게 표현한 것이다."

결국 유명해질 랜드는 시작부터가 달랐다. 30살의 랜드가 자신에 대한 간략한 자전적 스케치를 한 내용이다. "테마송을 들을 수 있는 삶이라면 또 가치 있는 모든 것을 내가 믿는다면, 종교와 집착 혹은 광기는 나의 것이다. 그렇지 않다면 이 모든 것을 표현하는 한 단어는 **개인주의**다."[20] 그녀의 유년 시절을 고려해 보면 충분히 이해되고도 남는다. 어떤 정신을 가지고 있든 12살 나이에 자신의 아버지가 총부리에 약국을 강제로 빼앗기는 것을 지켜봤다면 그 강도를 증오했을 것이다. 누구든 열정을 가진 사람이라면 강도를 저지른 시스템을 분석하고 더 광범위한 결론을 도출해 낼 수도 있었을 것이다.

하지만 실제 위대한 사상가와는 달리, 랜드에게는 그녀 자신의 경험말고는 다른 경험이 없었다. 일관성에 관한 그녀의 감성적 욕구가 이 경험을 일반화하여 계속해서 밀고 나가게 했다. 만약 그녀가 에세이나 성명서에 전념했다면 소수가 되어 20세기 유형의 괴짜 표본으로 잊혀진 인물이었을 것이다.

하지만 그녀는 소설을 썼다. 그리고 이것이 모든 차이를 만들었다. 물론 세상을 이해하는 방식의 소설이었던 까닭이다. 이런 사실은, 즉 그녀의 이야기가 10대와 책을 많이 읽지 않는 사람들의 마음을 움직이는 유형의 감상적 소설이었다는 것은 랜드가 어떻게 생각했는지가 반영된 영리한 전술적 결정이었던 것으로 보인다.

《파운틴헤드》는 하워드 로크라는 건축가 이야기다. 그는 지구에서 가장 위대한 건축가나 아무도 그를 알아보지 못한다. 다른 모든 이들은 단지 과거의 타인 작업을 흉내 내는 '세컨드 핸더'*라는 다수의 집산주의자**이기 때문이다. 반면 로크가 설계한 건물은 "전통적인 것도 아니고 고딕이나 르네상스 양식도 아니었다. 그냥 하워드 로크의 것이었다."[21] 채석장을 방문한 로크가 마음속으로 무슨 생각을 했을지 생각해 보라.

로크는 화강암을 쳐다봤다. 그는 생각했다. 잘라서 벽을 만들자. 나무를 쳐다보고는 잘라서 서까래를 만들자. 돌에 스며든 녹 자국을 보고는 땅 밑에 철광석이 있을 거라 생각했다. 녹여서 하늘을 향해 뻗는 대들보 모양으로 만들자. 그는 이 바위들이 전부 자신을 위해 여기 있다고 생각했다. 드릴과 다이너마이트, 그리고 내 목소리를 기다리면서, 자르고 떼어내고 두들겨서 다시 태어

* second-handers, 다른 사람의 의식을 자기 것과 현실보다 우월하다고 여기는 사람.
** 토지, 공장, 철도와 같은 중요한 생산 수단을 국유화하여 정부의 관리 아래에 두고 통제하는 것을 이상으로 하는 사상.

나길 기다리면서, 내 손을 통해 만들어질 모양을 기다리면서 말이다.[22]

왜 도널드 트럼프가 "학교에서 단 한 명의 친구도 없고 사귀려 하지도 않았던" 강인한 로크와 그렇게도 몹시 동질감을 가지는지 아는가? 그러고 보니, 로크는 또한 강간범 수준이었다. 책을 관통하는 '러브 스토리'는 그가 아름다운 도미니크Dominique를 지배하는 내용이다. "정복하는 것의 잔혹한 묘사, 도미니크를 멍들게 하고 구타하면서 더 원했던 에피소드가 있다."[23] "그 책에서 가장 통속적이고 논란이 많은 부분이다." 랜드는 "그 가학피학성애sadomasochistic 장면에 대해 모순된 해명"을 내놨다고 번스가 말했다. 한 번은 그녀의 팬에게 진짜 강간이 아니고 "정중한 초대에 의한 강간"이었다고 설명했다.[24]

그러나 이 책의 절정은 침실이 아니라 법정에 있다. 로크가 한 주택계획사업을 망친 후 자신을 방어하는 장소다. 왜 그랬을까? 자신이 설계한 그대로 집을 짓지 않았기 때문이다. 이것은 개인주의와 아이디어에 대한 모독이다. 그는 배심원단에 이렇게 설명했다. "창조력은 주어지거나 받을 수 없고 공유하거나 빌릴 수도 없다. **단 하나의 개별 인간에게 속한다.**" 로크는 계속해서 설명한다. "기생충 같은 인간의 관심사는 사람의 정복"인 반면 "창조자의 관심사는 자연의 정복이다." 후자는 "어떤 것을 고려하든 억압하거나 희생하거나 경시해서는 안 된다"는 것을 그의 완전한 독립성으로 보여준다. 이와 달리 전자는 "먹기 위해 사람과의 연대를 확보하려고 아첨한다. 또 다른 사람들을 돕기 위해 사람이 존재한다고 선언하고, 이타주의를 설파한다.[25]

이타주의는 아마 랜드의 어휘 목록에서 가장 추잡한 단어일 것이다. 로크는 이타주의를 "착취 무기"라고 경멸하며 이렇게 말한다. "인류의 도덕적 원칙의 토대를 뒤집는다. 사람들은 창조주를 파괴하는 모든 계율을 배웠다. 사람들은 의존을 덕으로 배웠다." 배심원들은 로크에게 무죄를 선고했다. 그는 정말로 계속해서 거대한 초고층 건물을 짓는다. 독자들의 호응에 힘입은 랜드 역시 또 다른 엄청난 소설을 계속해서 써나갔다.

《아틀라스》는 랜드의 대표작으로 정부가 너무 많은 규제로 사업을 억압하고 있을 때 반이상향의 가까운 미래로 시작한다. 결국 정부의 규제로 국가의 가장 역량 있는 기업인과 사상가, 발명가들이 존 갈트John Galt라는 영웅이 조직한 동맹파업에 들어간다. 이들은 콜로라도 산맥의 보이지 않는 계곡으로 사라지고 그곳에서 '19세기 세상을 재현한다.' 항공회사 전 회장은 돼지를 키운다는 등의 이야기다. 요점은 이 생산자들이 세금을 통해 다른 사람으로부터 자원을 뜯어내지 않고, 대신 자신들의 재능과 재간으로 발전하면서 도덕적 삶을 이끈다. 이전처럼, 여성도 등장한다. "(그녀의 드러난 어깨는 검은색 드레스로 감싼 그녀 몸의 연약함을 무심코 드러냈다. 또 이 자세는 그녀를 가장 진정한 여성으로 만들었다. 교만한 힘은 우월한 누군가의 힘에 도전이 됐다.")

또 이전처럼 법정이 아니라 70페이지에 달하는 1퍼센트의 찬사를 방영하기 위해서 기업가들이 해킹한 라디오 방송망을 통해 길고 과격한 연설을 한다. 갈트는 매료되어 있을 국민들에게 설명한다. "지적 피라미드의 최상에 있는 사람은 그보다 아래에 있는 모든 사람들에게 도움을 주지만 금전적 보상 이외에 얻는 게 없다. 그의 시간 가치에 더할 지적 보너스를 다른 사람으로부터 전혀 못 받는다. 최하위에 있는 사람을 내버려둔다면 절망적인 서투름으로 굶주릴 것이다. 자신보다 위에 있는 사람들에게 아무런 도움을 주지 않으면서 이들의 모든 지능에서 나온 보너스만 챙긴다. 이런 것이 강한 자들을 저주하면서 착취하는 패턴이다."[26]

《아틀라스》역시 베스트셀러임에도 당시 우세한 흐름에 역행하는 것처럼 보였다. 책은 1957년에 나왔다. 그리고 몇 년이 지나지 않아 현대성의 찬란함을 일정 부분 벗겨내고 훨씬 더 많은 호평을 받은 레이첼 카슨의《침묵의 봄》이 출간됐다. 랜드가 사는 맨해튼에서는 위대한 도시 계획가 제인 제이콥스Jane Jacobs가 로버트 모세Robert Moses를 끌어내리느라 바빴다. 로크만큼 뉴욕의 뛰어난 건축가 로버트는 그가 원하는 곳에 고속도로를 건설하면서 그 누구의 말도 듣지 않았다. 작가 안드리아 바넷Andrea Barnet이 최근 지적했듯이 바로 그 시기에 카슨과 제이콥스부터 베티 프리단Betty Friedan과 제인 구달에 이르기까지 주목할 만한 여성들이 모두 등장했다.

이들은 공통적으로 1950년대 '엄격한 계급구조와 분리'에 반발했다. 대신에 이들이 주목한 것은 "전체론적 시스템으로서의 세계, 즉 실재와 연결이었다. 이들은 지나치게 포괄적인 일반화 대신 복잡성과 섬세한 디테일을 살폈다. 활기가 없는 곳으로서의 세계가 아니라 이동과 흐름, 진화와 과정에 주목했다."[27] 1960년대는 우리에게 단지 개인적인 것은 **없다**고 믿는 사람들이 큰 승리를 거둔 시기로 막 바뀌고 있었다. 시민권 운동이 일어나고, 특히 린든 존슨* 정부가 내건 위대한 사회는 더 위대한 인류의 연대로 가는 길로 여겨지는 중간 지점이었다. 문화전쟁도 진행 중이었다. 그런 상황에서 랜드에게 내기 돈을 걸 사람은 없었을 것이다.

그녀가 스스로도 버둥대고 있던 시절이라는 것을 감안하면 더욱 그렇다. 랜드는 자신의 마지막 소설을 벤제드린이라는 각성제에 취해 끝없이 써내고 있었다. 결국 이 때문에 신경쇠약에 가까운 상태가 됐다. 그리고 그녀를 추종하는 소수의 모임(그린스펀도 있었다)으로 도피했다. 이들은 매주 그녀의 아파트에서 만나 그녀가 읽어주는 새로운 소절을 듣고 있었다. 랜드는 그중 수석 추종자격인 나다니엘 브랜든Nathaniel Branden(그는 랜드를 더 가까이서 지지하기로 하고 자신의 성을 블루멘탈Bluemental에서 브랜든으로 바꾸기까지 했다)과 불륜관계를 가졌는데, 역시 그녀의 핵심 지지층이었던 그의 부인에게 자신들의 감정을 알리고 나서부터였다. 그런데도 그의 부인에게 "계속적인 불안 발작"이 심해지자 "새로운 감성주의 이론"을 발전시켜 바람난 여성의 감정을 "설명한다."[28

한편, 존 F. 케네디가 국민들에게 "국가를 위해 자신이 무엇을 할 수 있는지를 먼저 물어라"라고 말하자, 심각한 혼란을 느낀 그녀는《파시스트 뉴프런티어The Fascist New Frontier》라는 책을 출판사에 제안했다. 그 제목에 부담을 느낀 출판사가 결국《이기심의 미덕The Virtue of Serlfishness》으로 출간했다. 하지만 그녀의 소설 특유의 멜로드라마적 구성이 빠진 철학적 에세이는 무기력하기만 했다. 건강도 악화됐다. 의

---

* Lyndon Johnson, 미국 36대 대통령.

사의 경고에도 그녀는 계속 담배를 피웠다. 심지어 담배와 질병을 연결 짓는 "통계적 증거의 비과학적이고 비이성적 속성"에 관한 강의까지 했다.[29] 물론 폐암에 걸리고도 자신이 잘못했다는 것을 인정하지 않았다. 처음에는 철학적 이유로 조금 망설였지만 결국 메디케어와 사회보장제도에 등록했다. 1982년 그녀는 사망했다. 무덤 옆에는 달러 기호 모양의 183센티미터의 꽃꽂이가 놓여 있었다.

당시에는 로날드 레이건이 미국을 이끌었고, 영국에서는 마가렛 대처가 철권통치를 했다. 두 사람은 랜드의 기본 사상을 자신들의 극단적 권력으로 구체화했다. 레이건의 가장 유명한 말은 "정부가 우리 문제를 해결하는 것은 아니다. 정부가 문제다"라는 거였다. 대처가 가장 단호할 때는 마치 존 갈트처럼 들리는 소리를 냈다. 한번은 지구상에서 가장 확실한 것처럼 이렇게 말했다. "아시겠지만, 사회 같은 건 없어요. 개별적인 남성과 여성이 있고 가족이 있죠."(그럼에도 불구하고 대처는 환경보호 반대론자는 아니었다. 1989년 초 그녀가 UN에서 지구 온난화는 "우리가 변화와 희생을 해야 할 만큼 실제적인 것이고, 그래야만 미래 세대가 희생하지 않으면서 살아갈 수 있을 것이다"라고 말했다).

이런 급진적 반정부 사상은 그날을 넘기면서 곧 덜 급진적인 것처럼 보였고, 결국에는 일반적인 통념이 됐다. 그들은 노동조합과 '재정지원 혜택', 인류 연대와 관련되는 다른 모든 것들을 가혹하게 공격했다. 가장 큰 영향력을 발휘하는 순간에는 지구상에서 가장 중요한 나라로 있었던 미국의 선택을 결정했다.

랜드가 혼자서 한 것은 아니었다. 앞으로 보겠지만, 다른 사람들이 있었다. 훨씬 더 체계적인 사상가들이 같은 입장에 있었고, 훨씬 더 부지런하고 효과적인 정치조직들이 있었다. 하지만 그녀는 상층부에 있는 많은 사람들이 정서적으로 충분한 의미를 찾을 수 있는 이야기를 창조해서 들려줬다. 이것이 그녀를 키워준 두 번째 조국의 작동방식을 재구성하게 했다.

랜드의 이야기가 많은 의미를 갖게 된 이유는 아주 사실적인 어떤 것에 뿌리를 두고 있기 때문이다. 바로 적위대가 그녀 아버지의 약국을 '인민의 이름으로' 압류했던 순간이다. 나는 소련이 붕괴될 무렵에 소련을 딱 한번 방문한 적이 있다. 하지만 모든 면에서 소련이 실패했다는 것을 아는 데는 한번으로 충분했다. 환경은 만신창이가 된 상태였다. 사람들이 오염에 저항할 수 없었던 까닭이다. 또 사람들이 무엇을 하고 살지에 대해 지시를 받았던 탓에 의기소침해 있었다. 공식적인 예술과 문학도 우둔한 농담으로 느껴졌다. 모든 억압을 정당화할 것으로 기대했던 경제조차도 대단히 형편없는 아이디어로 밝혀진 중앙집중계획 때문에 성공하지 못했다.

기억하기로는 모스크바의 가장 고급 아울렛인 초대형 GUM 백화점 밖에서 아내와 같이 서 있었을 때였다. 사람들이 두 줄로 길게 늘어서 한 줄은 왼쪽 문 밖으로, 또 다른 줄은 오른쪽 문 밖으로 서 있었다. 그런데 왼쪽 문이 열리자 오른쪽에 있던 사람들이 전부 집으로 돌아가는 것이었다. 이들은 자신들의 추측이 틀렸고, 어떤 물건이든 안으로 들어가기 한참 전에 다 팔렸을 거라는 것을 알고 있었기 때문이다. 그 사이에 행운의 쇼핑객들은 열린 왼쪽 문을 통해 밀려 들어갔다. 곳곳이 텅 비어 있는 백화점 내부를 지나 붐비는 곳을 향해 계단을 올라가니 아동용 겨울코트를 팔고 있었다. 물건을 살 기회를 얻으려면 거주증을 보여 줘야 했다. 러시아의 추운 겨울을 지낼 아동용 코트조차 충분히 생산하지 못하는 산업사회라니, 참으로 대대적인 실패다.

21세기의 가장 큰 이점은 20세기의 실패를 살면서 배울 수 있다는 것이다. 100년 전에 있었던 사람이 아니라면 목록에 있는 일부 아이디어를 지울 수 있다. 예를 들면 공산주의 국가가 정말 끔찍한 이념체제였다는 것을 아는 건 아주 유용하다. 강력한 중앙정부로부터 오는 공포가 완전히 사라졌다는 것은 아니다. 에드워드 스노든Edward Snowden에 따르면, 민족국가에서는 아직 감시 업무가 있다. 이런 감시 장치를 만드는 알렉사Alexa도 마찬가지다.

그렇지만 과거로부터 교훈을 과잉 학습하는 것은 그것을 무시하는 것만큼 위험하다. 만약 국민건강보험과 도제형태의 노예를 구분할 수 없고, 덴마크를 말하는 데 북한을 연상한다면 과거의 이름으로 현재를 훼손하는 것이다. 정부가 약국을 빼앗을 수 있다는 본능적인 공포, 즉 정부가 세금을 부과하여 자신의 재산을 빼앗는다는 생각 때문에 대기오염 방지법을 반대한다면, 20세기는 스승이 아니라 비이성적 장벽이 될 것이다.

물론 대기오염 방지법을 위반해서 재산을 형성했다면 이야기가 다르겠지만 말이다.

적위대가 아인 랜드 아버지의 약국 문을 발로 차서 넘어뜨린 것은 1918년 이었다.

그로부터 96년이 지난 2014년 가을, 톰 퍼킨스Tom Perkins는 공포에 질려 자신이 다음 숙청의 희생양이 될지 모른다고 생각했다. 그가 〈월스트리트 저널〉에 보낸 편지에서, 이것은 '크리스탈나흐트'*라고 했다. 퍼킨스는 전 세계에서 가장 부유한 사람 가운데 한 명이다. 말 그대로 지구상에서 가장 큰 요트를 소유하고 있다. 그가 닥터 넘버Dr. No라 부르는 88미터의 '말타의 매Maltese Falcon'는 잠수함도 딸려 있다. 그런 그가 샌프란시스코의 가난한 사람들이 도시의 부동산을 자신과 같은 벤처 자본가나 기술 전문가에게 넘기는 걸 반대하는 시위가 있었음을 알게 되었던 것이다.

실제로 일부 난폭한 훌리건hooligans들이 그 회사 직원들을 도심에 있는 그들의 아파트에서 실리콘 밸리까지 실어 나르는 구글의 고급버스

---

* Kristallnacht, 1938년 나치 대원들이 독일 내 유대인 상점을 약탈하고 250여 개의 유대교 사원에 방화했던 사건.

형태의 피냐타*를 감히 때려부수는 일이 있었다. 그래서 퍼킨스는 〈월스 트리트 저널〉에 "'1퍼센트' 유대인과의 전쟁을 벌인 파시스트 나치 독일에 상응하는 미국 내 이른바 1퍼센트 '부자'를 상대로 꾸준히 진행되고 있는 전쟁에 주의를 환기"시키는 글을 고심 끝에 썼던 것이다.

다음 날에는 TV에 출연해서 미국인들이 "사회의 가장 창조적인 부분을 악마 취급"하지 않기를 그저 확실히 해두고 싶었다고 말했다. 아울러 자신의 시계가 '롤렉스시계 여섯 개'의 가치라고 설명한 후, "사람들이 계급투쟁을 벌이기 시작했다. 부유한 계층은 더 높은 세금과 더 많은 규제로 위협받고 있다"고 말했다.[1]

톰 퍼킨스를 조롱하는 것은 어려운 일이 아니다. (사실 너무 쉬워 반발할 수도 없다. 무엇보다 그가 언젠가 쓴 《섹스와 독신의 억만장자Sex and the Single Zillionaire》라는 소설이 있다. 스티븐 허드슨Steven Hudson이라는 부자 홀아비에 관한 이야기다. 허드슨은 어느 날 리얼리티 쇼에 나와 줄 것을 부탁받는다. 쇼에서는 '남자의 재산을 탐한 섹시한 여자들이 시끌벅적하게' 사랑을 쟁취하려는 경쟁을 벌인다. 마지막에는 이들 다수가 입이 다물어지지 않는 그의 맨해튼 펜트하우스, 즉 "윤기 나는 초현대적 미니멀리즘을 표방하면서도 아주 편안하고, 유리와 테라스가 어울리는 콘도미니엄"에 돌아와 끝마친다. 일단 거기에 들어서면 "헤더Heather의 몸은 채찍질을 갈구하는 신음 속에 땀으로 번들거렸다"는 등의 이야기다.")[2] 말했듯이, 톰 퍼킨스를 놀리는 것은 쉬운 일이다. 하지만 사실상 그와 경제적으로 똑같은 아주 소수의 사람들이 정계를 지배하도록 정확히 선택하면서 휴먼 게임은 짧게 끝

---

* Pinata, 히스패닉 계열의 파티 때 아이들이 눈을 가리고 막대기로 쳐서 넘어뜨리는 장남감과 사탕이 가득한 통.

날 수도 있다. 그들의 말은 항상 똑같다. '생산자', '창조자', '가치 있는 사람'들이 폭도 같은 군중들에게 위협받고 있다는 것이다. 그렇기 때문에 조직적으로 싸울 수밖에 없다는 말을 한다. 물론 그들 대부분은 퍼킨스처럼 너무나 뻔뻔하고 대중을 의식하지도 않는다. 퍼킨스는 크리스탈나흐트 편지를 〈월스트리트 저널〉에 보내고 한 달이 지난 후, 청중들에게 자신이 꿈꾸는 이상적 세계를 말했다. "세금을 한 푼도 안 내면 투표권이 없다. 나는 투표권이 기업 같아야 한다고 생각한다. 만약 세금으로 100만 달러를 낸다면 100만의 투표권을 가지는 것이다."[3] 본질적으로, 그들의 생각은 그와 똑같다.

여기서 명확히 하고자 하는 것은 세계에 대한 체제적 이념이 20세기 후반기에 등장했고, 레닌주의처럼 그 나름대로 강력한 이념은 전반기에 있었다는 사실이다. 정부는 나쁘며, 따라서 생산적인 개인과 기업이 정부의 손아귀에서 벗어나야 한다는 체제적 이념은 미국 정치를 바꿔 놨다. 자유주의자조차도 이것에 맞설 수 없거나 맞서지 않을 정도로 변화시켰다.

빌 클린턴은 이런 시류에 편승해서 자유로운 세계무역을 분명한 목표로 제시하는 북미자유무역협정(NAFTA)과 관세 및 무역에 관한 일반협정(GATT)을 동시에 의회에서 밀어붙였다. 그는 또한 현재 거주하는 각계각층의 국민이 자리를 잡도록 도와주는 '모두가 아는 복지'를 종식시켰다. 이것은 누군가 시대정신을 바꿔 놓았을 때 벌어질 수 있는 일이다. 이것이 랜드와 레이건이 그렇게 결정적으로 중요한 이유다.

석유재벌 코크Koch 형제인 찰스Charles와 데이비드David는 이 세계관을 가진 전형적인 인물들이다. 그리고 단언컨대 서구 세계에서 가장 영향력 있는 사람들이다. 이들은 도널드 트럼프처럼 엄포를 놓는 스타일은 아니다. 요란스런 증오나 반대 운동에도 관심이 없다. 하지만 트럼프 통치의 가장 중요한 설계자이자 가장 큰 수혜자들이다. 감세부터 환경 규제까지 거의 모든 것에서, 트럼프 시대는 이들의 자서전 작가 제인 메이어Jane Mayer가 말한 것처럼 "그들의 꿈이 이루어지는" 시기다.[4

코크 형제는 지나친 금권 정치가의 약칭이 됐다. 이들은 20세기에 뿌리를 두고 살아있는 실재 인물로 우리 자신에게 스스로 상기시킬 만큼 중요하다. 이들에 관한 내용은 메이어의 책 《다크 머니Dark Money》에서 대부분 다루고 있다. 아인 랜드의 책에 나오는 일부 영웅과 크게 다를 바 없는 그들의 아버지 프레드 코크Fred Koch는 원유를 휘발유로 정제하는 새로운 공정을 발명해서 개선시켰다. 소련은 볼셰비키 혁명 이후 자신들의 정유소를 구축하고자 그의 전문성을 찾았다. 처음에는 공산주의 국가와 일하고 싶지 않다는 이유로 거절했다. 하지만 기꺼이 선금을 주겠다고 하자 마음을 바꾸고 스탈린을 도와 15개의 정유소를 구축하고, 스탈린의 1차 5개년 계획을 달성하도록 추가로 100개에 대한 자문을 제공했다.

그 다음에는 한창 확장 계획으로 바빴던 또 다른 독재자인 아돌프 히틀러에게 눈을 돌렸다. 메이어의 설명에 따르면, 프레드는 독일로 자주 출장을 가서 "함부르크 엘베 강에 있는 회사가 소유한 대규모 석유 정유소의 엔지니어링 계획에 참여하고 시설을 감독하기도 시작했다." 이것이 독일군의 중대한 한 부분으로 전환됐다. "전투기 연료로 사용될 고급 휘발유"를 생산할 수 있는 "독일의 몇 안 되는 정유소 가운데 하나"
였기 때문이다.[5] 히틀러보다 연장자인 프레드 코크는 체제 찬미자로 바
뀌었다. 1938년 말 친구에게 보낸 편지에는 "세상에서 건전한 나라는
모두 끊임없이 열심히 일하는 독일과 이탈리아, 일본뿐"이라고 적혀 있
었다. 프레드 코크는 함부르크에서 자신이 목격한 장면을 루스벨트의
뉴딜과 비교하기도 했다. 그리고 희망으로 **"우리를 비참하게 만드는 게
으름과 가난, 정부 의존 같은 일련의 과정은 아마도 영원하지 않을 것이고
극복될 수 있을 것이다"**라고 말했다.[6]

　프레드는 '스탈린을 위한 작업으로 엄청난 부자가 되어가고 있었던'
1932년 폴로 경기장에서 아내 마리Mary를 만났다. 이들은 캔자스주 위
치토Wichita 교외에 고딕 스타일의 석조 저택을 지었다. 그리고 마구간
과 사냥개 집, 상류층 용품들을 갖췄다. 이들은 8년 동안의 결혼생활에
서 프레드릭, 찰스, 그리고 쌍둥이 형제 데이비드와 윌리엄 네 명의 아
들을 낳았다. 첫째와 둘째는 독일 유모가 키웠다. 그녀는 "엄격한 화장
실 훈련으로 아이들의 아침 배변운동이 정확한 시간에 이뤄지게 했다.
그렇지 않으면 피마자유를 강제로 먹이고 관장을 했다." 다행히도 쌍둥
이가 태어났을 무렵에는 유모가 집으로 돌아갔다. 그 이유는 "히틀러가
프랑스를 침략했을 때 그녀가 기쁨에 겨운 나머지 축하 행사에 참여하
기 위해 조국으로 돌아가야 한다고 느꼈기 때문이다."[7]

　프레드의 아들 네 명 가운데 찰스가 최강자가 되었고, 데이비드는 가
까이서 함께 일했다. 메이어의 설명으로는 이들이 장남 프레드릭을 협
박했다. 그가 동성애자인 것을 아버지에게 말하겠다고 위협해서 가업에

서 그의 몫을 없애려 한 것이다. 나중에 빌Bill* 역시 형제들과 헤어지면서 자신의 지분을 수익성 좋은 석유사업으로 늘리고 수익금 일부를 그의 케이프 코드 비치에 있는 풍력발전소 건립에 반대하는 기금으로 사용했다. 그럼에도 찰스가 항상 아버지의 흔적을 가장 가깝게 따르는 코크가의 실세였다.

자신의 부의 원천에도 불구하고, 프레드는 열렬한 반공주의자가 되어 존 버치 소사이어티John Birch Society의 11명 창립 멤버로 참여했다. 그 세력권에 있는 인물 가운데 한 사람인 로버트 르페브르Robert LeFevre는 1957년 콜로라도 스프링스에 '프리덤 스쿨Freedom School'을 열면서 찰스의 첫 스승이 됐다. 거기에서 그는 버치의 반공주의뿐만 아니라 미국 정부에 대한 단호한 반대 입장을 설파했다. "정부는 그 자체가 치유책으로 위장한 병폐"라고 르페브르는 주장했다. 찰스는 1966년까지 그 학교의 신탁 관리자로 오스트리아 경제학자 루드비히 폰 미제스Ludwig von Mises와 프리드리히 하이에크Friedrich Hayek의 연구를 기념하기도 했다. 이들을 통해 자유지상주의는 랜드의 것보다는 덜 극적이지만 더 정통적인 것이 됐다. 이른바 몽페를랭 운동**의 많은 신봉자들이 고위직에 취임하면서 레이건 이후 우리가 살고 있는 신자유주의 경제의 기본 틀이 구축됐다.

그러나 찰스 코크는 진정한 혁명적 변화에 열중할 정도로 아직 젊고

* 윌리엄 코크william Koch의 다른 이름.
** Mont Pelerin movement, 자유의지론자들이 1947년 처음 모인 스위스의 리조트 이름으로 명명함; 2차 대전 직후 확산되던 공산주의와 케인즈 학파에 맞서 일어난 자유주의 시장경제를 상징하는 몽페를랭 소사이어티가 주관하는 운동.

지독했다. 1970년대 중반까지 뉴욕에 자유주의 연구센터를 세워 "비주류 운동이 어떻게 진정한 힘을 얻을 수 있을까"에 관해 글을 쓰기도 했다. 무엇보다 그의 에세이는 비밀 엄수에 대한 지지로 유명하다. 그는 "달갑지 않은 비판을 피하기 위해서는 조직이 어떻게 통제하고 지시하는지 자세한 내용은 널리 광고해서는 안 된다"고 썼다.[8]

찰스는 처음에 자유당을 위해 일했고, 그의 동생 데이비드가 1980년 선거에서 부통령 후보로 나설 것을 설득하기도 했다. 이런 식으로 그들은 자신들의 돈을 활용해 선거운동 재정법Campaign Finance Law을 피할 수 있었다. 하지만 겨우 1퍼센트 투표수라는 저조한 투표 결과는 자신들이 공화당을 매개체로 그들의 무대 뒤에서 작업해야 한다는 것을 확인시켰다. 레이건은 지구를 새로운 방향으로 움직이게 만든 출발점이었다. 뉴딜과 위대한 사회라는 정책이 있고 나서 수십 년이 지난 후에야 그 일을 시작할 수 있었다. 코크 형제는 더 멀리 가고 싶었다. 이들이 원한 것은 본격적인 지각 변동이었다.

이후 찰스는 제임스 맥길 뷰케넌James McGill Buchana의 남부 학교에 들어갔다. 역사학자 낸시 맥린Nacly MacLean의 말에 따르면, 뷰케넌은 찰스 코크와 다른 사람들에게 "이들이 수십 년 동안 비판해 온 정부 모델을 격파할 운영 전략"을 제공했다. 뷰케넌은 아주 무명의 경제학자로 1950년대 후반 충분한 재원을 확보하여 일련의 대학 연구센터를 건립하기 시작했다. "경제와 사회생활에서 정부의 역할 증대"를 강요하려는 사람들에게 반박하고, 대신 "개인의 자유에 근거한 사회질서"를 옹호하는 "새로운 계열의 사상가들을 교육시키기 위해서"였다.[9] 특히 뷰케넌이 기여한 것은 공공선택이론public choice theory으로 불리게 되는 경제학 논문이다. 그는 이 논문으로 노벨상까지 수상했다.

그는 이 논문에서 "다수결의 의사결정으로 자원을 할당하면 정부의 프로그램으로부터 집단적 '이익'을 추구하는 '특수 이익단체'나 '압력단체'로 유권자들이 모인다"고 주장했다. 다시 말해 뷰케넌은 대다수가 정부로부터 '공짜'를 원하고 있기 때문에 자신들에게 이익이 되는 정치인에게 투표하고, 종내에는 이 정치인들이 그 모든 것을 지불하도록 부자들에게 세금을 부과한다고 생각했다. 그 결과로 '공공부문에 대한 과잉 투자'가 일어나는데, 그 이유는 유권자와 정치인, 그리고 정부의 일자리를 반기는 관료의 강력한 연합이 과도한 세금의 '피해자'인 억만장자들에게 그 비용을 부담시킬 수 있기 때문이다. 결국 이런 과잉 투자는 자본 축적을 억제하고 나아가 투자와 경제성장을 연달아 억제한다.[10]

언뜻 보기에, 이 모든 것이 익숙한 '큰 정부'에 대한 공격처럼 아주 일반적인 공화당의 표준 문안인 듯하다. 확실하지 않은 것은 순수한 경제적 조건이다. 많은 분석가들이 지적했던 것처럼 교육이나 도로 같은 곳에 투자하면 경제는 실질적으로 더 좋아진다. 하지만 뷰케넌과 코크가 말한 대로 깊게 생각해보면 분석가들이 이길 개연성이 낮은 또 다른 이유를 깨달을 것이다. 그 이유는 민주주의다.

미트 롬니가 2012년 어느 날 이 특별한 결점을 찾아냈다. 당시 그는 고액 모금행사의 참석자들에게 미국인의 절반 정도가 단지 부랑자처럼 가난하다는 이유만으로 오바마 재선에 투표할 것이라고 말했다. 웨이터한 명이 몰래 카메라로 그의 말을 담았다. "여기에 오바마를 지지하는

47퍼센트가 있다고 하자. 이들은 정부에 의존하는 사람들이다. 자신들이 희생자라 믿고 정부가 자신들을 돌볼 책임이 있다고 믿는다. 또 의료보험, 식량, 집 등 모든 것을 가질 자격이 있다고 믿는다. 그럴 자격이 있다는 것이다. 그래서 정부는 이들에게 그런 것들을 제공해야 한다. 누구라도 이런 대통령에게 투표할 것이다." 미국인들은 공화당 대통령 후보 지명자가 그렇게 노골적으로 말하는 것에 충격을 받았다.

분명 이날부터 롬니는 선거에서 졌다. 하지만 진짜 이유는 바로 자유주의 우익이 진정으로 믿는 것이 무엇인지에 대해 많은 주의를 기울이지 않았기 때문이다. 롬니는 계속해서 이렇게 말했다. "나는 절대로 그들이 살아가면서 개인적 책임감을 가져야 한다고 설득하지 않을 것이다." 이때 당시만 해도 뷰케넌, 코크, 랜드 같은 사람들이 수십 년간 개발해온 수사법을 그저 모방했을 따름이다. 게으른 자들을 지원하려고 세금을 불공평하게 부과했다는 이 신념이, 자신들의 정치뿐만 아니라 감성적 세계관의 중심에 있었다. 찰스 코크가 결혼하기로 결심했을 때 "자신들의 결혼에 목적이라는 조화가 결핍되지 않으려면" 자신의 아내될 사람이 "이런 이념에 세뇌되어 있어야 한다"고 주장했다. 결국 결혼은 그의 '열정적 훈련'이 성공한 후에야 가능했고 그리 오래 걸리지 않았음이 분명하다. 얼마 지나지 않아 엘리자베스 코크Elizabeth Koch가 미국이 "위험을 무릅쓰지 않는 사람들의 나라"가 됐다고 불평을 늘어놓았던 것이다. 그녀는 그런 류의 사람들을 "그저 응석을 부리고 보살핌만 받기 원한다"고 했다.[11]

아무리 이 논리가 부자들의 관심을 끌었다하더라도, 이런 주장은 훨씬 더 많은 사람들을 불쾌하게 만든다. 민주주의가 제대로 작동하는 공정한 게임이라면 억만장자들이 대부분 싸움에서 이기지 못할 것이다. 대다수 사람들이 자신의 이해를 위해 투표할 것이기 때문이다.

따라서 이 억만장자들의 결론은 본질적으로 진정한 민주주의가 작동되게 놔둘 수 없다는 것이었다. 이것이 그 '큰 요트'를 가진 톰 퍼킨스가 부자들이 좀더 많은 투표권을 가져야 한다고 말했을 때의 생각이었다. 그런 직설적 발언은 사적 대화나 이름 없는 저널에 국한시키는 게 좋았을 것이다.

하지만 이것이 중심 전제가 되어 민주적 제도들을 악화시키려는 일치단결된 노력을 이끌어 냈다. 한번은 뷰케넌이 이렇게 물었다. "그 단순하기 그지없는 다수결 투표" 결과로 "왜 부자들이 고통을 받아야 하는가?" "벌을 받을까봐 두려워 자발적으로 기여하려는 액수보다 초과해서 공익을 위한 세금을 내야 하는" 시민은 "센트럴 파크에서 깡패에게 지갑을 빼앗기는 사람"과 다름없다는 것이다. 그는 미국이 "새로운 견제와 균형"으로 '혁명적'이라고 이름 붙일 정도로 확실한 극적인 변화를 가져올 "일반화된 사회계약서의 재작성"을 옹호했다.[12]

따라서 이들은 이 변화를 가져다 줄 네트워크와 제도를 조용히 구축하는 작업을 계속했다. 코크는 '번영을 위한 미국인들(AFP)' 같은 단체에 정치비밀조직을 만들었다. 또 협력자들과 함께 전국에 걸쳐 싱크탱크와 학술 센터를 만들어 정책 백서를 대량으로 찍어냈다. 자신들의 계획을 뒷받침하고 사람들에게 자신들의 이해에 맞서 투표하도록 설득하는 '메시지'를 만들기 위한 것이었다.

그 전형적인 예로 상속세를 모두가 두려워할 '사망세'로 바꾸고 1퍼센트가 훨씬 안 되게 재구성하는 것이었다. 연방사회Federalist Society와 같은 단체는 사법부에 집중해서 자유주의 사상을 옹호하는 후보를 심사했다. 미국 최초의 당파적인 텔레비전 네트워크 폭스뉴스가 등장해 일련의 메시지를 증폭시키는 역할을 했다. 대부분의 작업이 주와 지방 차원에서 이루어졌다. 주니어 코크 같은 지역의 억만장자는 지역구를 자기 당에 유리하게 변경하고 주 의회를 차지한 다음, 상대해야 하는 '군중'의 크기를 줄이는 유권자 억제법voter-suppression laws을 제정하는 데 집중했다.

무엇보다 억만장자들은 자신들이 차고 넘치게 보유하고 있는 주요 무기를 이용했다. 바로 돈이다. 칼 로브Karl Rove는 대법원이 **시티즌 유나이티드***를 용인한 얼마 후에 "사람들이 우리에게 대단한 우익 음모단이라 부르고 있다. 하지만 실제로는 엉터리 음모단이다. 이제는 진지할 때다." 2010년 '공화당과 공조하는 독립 단체'들이 전례가 없는 2억 달러를 중간선거에 쓰면서 63석의 하원 의석을 차지했다. 2012년에는 선거 기부금 전체의 60퍼센트 이상이 인구의 0.5퍼센트도 안 되는 사람들로부터 모금됐다.

2016년 코크가의 인적 네트워크는 정말 터무니없게도 8억8,900만 달러를 쓰겠다고 서약했다. "과거에도 돈은 있었다. 하지만 이것은 누구도 도저히 이해할 수 없다고 생각한 액수마저 훨씬 넘어섰다." 코먼 코

---

* Citizen United, 노동조합과 기업이 선거활동에 돈을 쓰거나 후보자의 승리나 패배를 직접 옹호해도 된다는 판례.

즈*의 책임자가 한 말이었다. "이런 액수는 역사상 들어본 적이 없다. 근접한 어떤 것도 결코 없었다."(13

나중에 밝혀진 것처럼, 코크가는 '단지' 7억5,000만 달러를 의회와 주 선거를 위해 대부분 사용했다. 트럼프가 잠시 계산을 뒤집는 것으로 보였기 때문이다. 아인 랜드를 그토록 사랑하는 그가 민주당의 선거공약 같은 목소리를 냈던 것이다. 의료 서비스의 경우, 그는 "모든 사람이 보험에 가입할 것이다. 일부 사회에서는 보험료를 내지 않는다면 혜택을 받지 못한다는 철학이 있었다. 우리에게는 이런 일이 일어나지 않을 것이다"라고 했다. 실제로 그는 '모든 사람'을 지금보다 더 잘 보살피겠다는 약속까지 했다. 하지만 이제는 알고 있듯이 트럼프가 단지 게임에 새로운 것을 도입했을 뿐이다. 메시지를 영리하게 보낸 게 아니라 뻔뻔한 거짓말을 한 것이다.

트럼프는 어떤 철학도 없이 워싱턴에 입성해서 그저 자아도취에 빠지고 가족들만 풍요롭게 했다. 그리고 결국 정부를 혐오하게 하는 모든 의제를 맡아 완벽한 대통령임을 입증했다. 로버트 머서Robert Mercer는 트럼프의 선거운동에만 자금을 지원한 게 아니다. 그 많은 페이스북 사기의 원천인 케임브리지 애널리티카** 에도 자금을 지원한 핵심 인물이자 대표적인 랜드계 사람이다. 그의 동료가 한 말이 있다. "로버트는 사람이 얼마나 돈을 버느냐 말고는 내재적 가치가 없다고 믿었다. 고양이는 사람에게 기쁨을 주기 때문에 가치가 있다고 말했다. 누군가 생활보조

---

* Common Cause, 정치적 투명성과 책임성 증진을 위해 1970년 결성된 시민단체.
** Cambridge Analytica, 영국의 정치 컨설팅 회사.

비를 받는다고만 해도 부정적 가치를 갖는다. 그는 사회가 뒤집혀 있다고생각한다. 약한 사람은 정부가 강해지게 돕는 반면, 강한 사람에게는 세금을 통해 돈을 가져가 약하게 만든다고 생각한다." 또 다른 동료는 머서를 이렇게 설명한다. "그는 작은 정부일수록 더 좋은 정부라고 생각한다. 만약 대통령이 멍청이라면? 그것도 괜찮다고 했다. 차라리 정부라는 존재 자체가 무너지길 바란다."[14

그 동안에, 머서와 그의 친구들은 트럼프 행정부가 자신들의 목적을 위해 일하고 방향을 바꾸는 걸 기꺼이 도왔다. 한 전문가는 "그 자신의 인적 네트워크가 없는 트럼프의 빈 옆자리를 코크 형제가 수년간 양성해 온 인적 네트워크로 채웠다"고 말했다.[15 코크가의 프리덤파트너 투자 펀드의 전 임원이었던 마크 쇼트Marc Short는 트럼프의 입법보좌관으로 활동했다. 쇼트가 이룬 주요 업적은 2017년 말 상원이 통과시킨 부자에 대한 대폭적인 감세였다. 이 승리를 위해 코크가의 기부자 네트워크로부터 엄청난 로비가 있었다. '번영을 위한 미국인들' 시민단체 회장이 말했다. "우리가 지금까지 연방정부를 대상으로 한 노력 가운데 가장 중요한 것이었다."[16 그 법안을 통해 코크 형제와 이들의 회사는 연간 10억 달러 이상을 절약할 것이다. 법안이 통과된 며칠 후, 이들은 하원의장 폴 라이언의 활동비로 50만 달러를 기부했다. 실제로는 아주 인색한 팁 같다.

2018년, 이들은 새로운 초과 근무수당의 개혁을 종료시키는 것부터 아메리카 원주민의 문화 유물 발굴이 석유 시추를 늦추지 않도록 확실히 하는 것까지, 수십 개의 정책 승리를 이끌어낸 부유한 기부자들에게 메모 하나를 보냈다. 사실 이들은 트럼프를 그다지 좋아하지 않았다. 그의 자아도취증을 감안해 보면, 트럼프는 결국 예전의 정서로 돌아와 있었다. 2018년 8월 대통령이 트윗으로 코크 형제가 그의 국경 장벽과 관세를 반대한 것 때문에 "진정한 공화주의자 그룹에서 완전 웃음거리가 됐다"라고 말했다. 그런데 이 농담은 트럼프 말이 더 맞는 것으로 보였다. 코크 형제가 감세, 규제 철폐, 대법관 등 자신들이 진짜 원하는 것을 위해 현 행정부를 최대한 압박했고, 그 다음에는 펜스 시대를 기대한다는 것이 갈수록 더 확실해졌다.

그들의 작업은 결코 워싱턴에 국한되지 않았다. 코크가 자금을 지원하는 미 입법교류 평의회(ALECi)가 많은 주 정부들을 완전히 뒤바꿔 놓았다. 그러는 사이에 코크가는 미국 전역의 도시와 마을에서 대중교통 사업을 반대하는 값비싼 캠페인을 벌이고 있었다. 자신들이 판매하는 가솔린 수요가 줄어들었기 때문이다. 버스와 기차는 "미국인이 소중히 여기는 자유에 맞서는"것이기 때문이라고도 했다. '번영을 위한 미국인들' 단체의 대변인은 끈기 있게 설명했다. "누구든지 어디라도 갈 수 있는 자유, 하고 싶은 것을 할 수 있는 자유를 가진다면 굳이 대중교통을 선택하지 않을 것이다."[17] 특히 없으면 더 그럴 것이다.

"우리는 내가 지난 50년간 해낸 것보다 최근 5년 동안 더 많은 진전을 이뤘다." 찰스 코크가 2017년 자신과 같은 억만장자들에게 한 말이었다. "지금 우리가 가지고 있는 역량은 우리를 전혀 다른 수준으로 데려갈 수 있다."[18] 그래서 그들은 계속 싸우기로 맹세한다. 2018년 중간선거가 막바지에 접어들 무렵, 의회 선거전의 옥외 광고 4분의 1이상이 바로 코크가의 후원을 받는 시민단체에서 나왔다.[19] 코크가는 또한 대법관 후보 브렛 캐버노Brett Kavanaugh를 대신하여 "7곳의 광고 구매" 자금도 지원하고 있었는데, 한 학자가 "우리가 아는 규제 국가의 종말"이라고 불렀던 것을 그가 투표로 약속한 것이 분명했다.[20] 그들이 해야 할 일의 목록에는 더 많은 노동법 '개혁'과 무엇보다도 사회보장 같은 '복지 후생'의 축소가 포함돼 있다. 당연히 그들은 막대한 감세로 생긴 결손 때문에 미국은 더 이상 지출할 여유가 없다고 주장한다.

　기본적으로, 그들의 승리로 돌아갔다.

하지만 그 승리는 영원히 지속되지는 않을 듯하다. 승리는 거의 다 그렇다. 이 승리가 특히 불확실한 것은 인간이 실제로 누구인지에 대한 기본적인 감각에 결함이 있기 때문이다. 우리는 단지 개인일 뿐이다. '사회 같은 것은 없다.' 서로가 신세질 일이 전혀 없다. 이런 생각은 그 어느 것도 인간의 깊은 본질과 맞지 않는다.

인간은 사회적 창조물이다. 한 종으로서의 인간 발달사는 여기서 다루지 않을 것이다. 사냥하기 위해 협력하고 더 많은 성공적인 사냥을 위해 언어를 발달시켰다는 등의 역사 말이다. 인간은 부족과 무리로부터 진화했다고 말하는 것으로 충분하다. 아인 랜드가 특유의 고약한 표현은 썼지만 그녀도 알았다. 랜드는 이렇게 썼다. "문명은 프라이버시 사회로의 진보다. 미개인의 모든 생활은 공적이며, 부족의 규칙만이 지배한다. 문명은 사람을 사람들로부터 자유롭게 하는 과정이다."[1]

우리가 우리의 동료 인간들로부터 해방되는 것은 중대한 실수다. 인간은 다른 새로운 창조물에서 실제 진화한 것이 아니기 때문이다. 이런 사실은 쉽게 증명할 수 있다. 어떤 집단에도 속하지 않은 미국인을 찾아

보라. 애석하게도 별로 어려운 일은 아니다. 그리고 클럽이나 다른 사회에 참여하도록 설득해보라. 단지 다른 사람과 만나는 행동만으로도 **다음 해에 죽을 위험을 절반으로 줄인다.** 최근 연구에서는 사회적 분리가 인간에게 피해를 준다는 사실이 명확해졌다. 외부와의 접촉이 적은 사람일수록 수면장애가 많고 면역체계의 변형과 스트레스 호르몬 수치가 더 높게 나타났다. 고립된 사람들은 심장병 위험이 29퍼센트나 더 높고 뇌졸중 발생률도 32퍼센트나 더 높았다. 이것은 일찍부터 시작된다. "사회적으로 고립된 아이들은 20년이 지난 후에도 건강이 상당히 안 좋다." 랜드조차 그녀를 흠모하는 종족과 작은 추종자 집단에서 삶을 살았다는 것은 확실하다.

이 모든 것을 감안해보면 외로움은 비만이나 흡연만큼 신체에 나쁘다.[2] 이것은 역으로도 작용한다. "계속된 연구들은 좋은 사회관계가 행복한 삶의 가장 강력하고 일관된 예측 변수임을 보여준다. 심지어 '행복의 필요조건'이라고까지 부른다. 결과적으로 이것은 인종, 나이, 성, 소득, 그리고 사회계층을 넘어서는 너무나 강력한 것이라 다른 모든 요소들을 작고 초라하게 만든다." 저널리스트이자 문화비평가인 루스 휘프먼Ruth Whippman이 보도한 내용이다.[3] 다른 종에서도 마찬가지인데, 사교가 허용된 **개미**는 고립된 개미보다 10배나 더 산다.

랜드가 "서구 문명의 피에 흐르는 죽음의 사약"이라 부른 이타주의는 오히려 활력소로 밝혀졌다. 〈뉴욕타임스〉의 보도에 따르면, 신경과학자들이 인간의 뇌를 연구할 때 보면 "타인에게 관대한 행동을 할 때의 뇌는 쾌락주의적 활동과는 또 다르게 움직인다"는 것이 발견된다. 위스콘

신대 건강정신센터 창립자인 리처드 데이비슨Richard Davison 박사는 이 것을 다음과 같이 표현했다. "우리가 자신을 위해 어떤 일을 할 때는 순간적으로 긍정적인 감정을 경험한다. 관대한 행위에 관여했을 때는 이런 긍정적 감정이 더 오래가고 특정 에피소드가 끝난 다음에도 남는다." 그래서 장년층이 아동학습을 도와주는 자원봉사를 할 경우 기억 상실을 덜 경험하는 경향이 있다는 것은 별로 놀랄 일이 아니다. 말하자면, 우리 대다수가 가장 큰 두려움을 갖고 있는 자아의식의 상실이 타인과 관계를 맺을 때 그 가능성이 낮아진다는 것이다.[4] 청력 상실이 치매 위험을 높이는 이유는 뭘까? 클리블랜드 클리닉에 따르면 청력 상실 때문에 "일부 사람들은 대화를 중단하고 참여 활동을 줄이는 경향이 있다. 그 결과로 사회성이 줄고 사교성도 떨어진다.[5]

〈하버드 비즈니스 리뷰HBR〉에 따르면, 직장생활에 "도움을 주고 가치 있는 지식을 공유하고 좋은 만남을 이어주는" 사람들이 "자신의 전문성과 시간은 세심하게 지키면서 자기 목적을 위해 다른 사람을 일하게 하는" 사람보다 비즈니스에 훨씬 더 유리한 것으로 드러났다. 이 저널은 3,500개 회사를 대상으로 한 38건의 연구에서도 "높은 기부율이 낮은 비용과 낮은 퇴사율과 함께 높은 단위 수익률과 생산성, 효율성, 그리고 고객 만족도를 예견했다"는 것을 발견했다.[6] 이런 문제는 자본주의를 둘러싼 핵심에 이미 자리잡고 있는 사안들이다.

실제로 우리들 대부분을 기생충이라고 말한 이론으로 제임스 뷰캐넌에게 수여했던 노벨 경제학상은, 더 최근에 공유지에 관한 위대한 이론가 엘리너 오스트롬Elinor Ostrom에게 수여됐다. 그녀는 사회와 역사시대를 통틀어 상식적인 수준에서 협력할 수 있는 역량이 공동체에 있음을 보여줬다. '공유지의 비극Tragedy of Commons'은 누군가 그것을 전부 가져야만 한다고 결정하지 않는 한 보통은 전혀 비극이 아니다. 오스트롬은 메인Miane 주의 바닷가재 어장부터 스페인의 관개조직 및 네팔의 숲까지 "상호 호혜적 체계를 갖추고 있었고 수세기 동안 잘 작동해온 것"을 발견했다.[7]

그렇다고 초개인주의(과잉 개인주의)가 틀렸다는 것은 아니다. 절반이 잘못됐고, 이 잘못된 절반 때문에 아주 위험하다는 것이다. 우리는 랜드가 '프라이버시'라고 부른 것을 어느 정도 열망한다. 이를테면, 중국의 시골에서 시간을 보낸다면 대가족의 많은 구성원이 한 집이나 작은 시설에서 같이 사는 것을 흔하게 볼 수 있을 것이다. 많은 사람이 한 방에서 자는 것은 물론, 가끔은 집돼지와도 함께 잔다. 그런 세계에서는 가끔 부부 둘만 있을 수 있는 방을 하나 더 만드는 것도 큰 가치가 있다.

행복에 관한 경제적 문헌은 특정 시점까지 소득이 많을수록 이런 유형의 자유를 더 많이 누리고 만족감도 더 크다는 것을 분명히 한다. 여행 때문에 살던 마을을 떠날 수 있다. 이것마저 인간 역사의 대부분에서는 거의 불가능했다. 하지만 같은 문헌에서 또 하나 분명히 한 것은 특정 수준을 지나면 의외로 낮은 수준에서도 돈과 행복 간의 연관성은 그리 크지 않다는 점이다. 어느 정도는 **너무 많은** '사생활'에는 돈이 많이 들어가기 때문일 것이다. 전후 미국이 돈을 많이 들인 프로젝트는 보다 큰 집을 서로 멀리 떨어져 짓는 것이었다. 결과적으로 사람들은 서로 만나는 시간이 감소했다. 보통의 미국인이 가까운 친구로 생각하는 사람의 수도 절반으로 줄었다.[8] 심리학자 장 트웬지Jean Twenge가 현재 고등학교와 대학에 다니는 젊은이들의 최근 통계적 모습에서 이들을 "i세대*"라 부르면서 지적한 것처럼, 이제는 정보통신 기기들이 사람 간의 접촉을 가로막는다. 이 아이들은 친구들과 어울려 노는 시간이 역사상 그 어느 세대보다도 훨씬 적어졌다. 그 결과 이들이 유례없이 불행하다는 것은 데이터를 통해서도 알 수 있다.[9]

실제로 현명한 사람들은 공적인 일과 사적인 일 사이를 언제나 구분하는 일종의 자연스런 균형이 있다. 코크가는 아담 스미스가 시작한 운동을 종결했다고 말할 수 있다. 아담스미스의 기념비적인 《국부론》은 자기 자신의 이익을 추구하는 것이 좋내는 어떻게 보편적 번영으로 귀결될 수 있는지 처음으로 설명했다. 하지만 이 내용은 《국부론》에만 있는 내용이 아니었다. 스미스는 《도덕 감정론》에서도 이렇게 지적한다. "사람이 생각하는 것만큼 아무리 이기적이라 할지라도 분명 천성적으로 몇 가지 원칙이 있다. 타인의 운에 관심을 갖는 것과 그들의 행복을 필수로 여기는 것이다." 인간의 특성에서 가장 칭찬할 만한 것은 사리사욕의 추구가 아니었다. 오히려 스미스가 열거했던 "인간성, 정의, 관용, 공공 정신 등 대부분 타인에게 도움을 주는 자질들이다."[10]

하지만 그의 자취로 성장한 경제학의 전통은 대체로 이러한 통찰을 경멸한다. 그 이유는 시장이 부를 창출하는 특정 임무를 매우 훌륭히 수행한다는 사실을 입증한 까닭에 대부분의 경제학자들이 다른 과제가 **있**

다는 사실을 잊고 지내왔기 때문이다.

사실 이런 노골적 편향은 경제학을 배우는 학생들에게 가장 깊숙이 영향을 끼친 것으로 보인다. 연구자들은 경제학을 배우는 3학년 학생들이 봉사와 정직, 충성 같은 이타적 가치를 1학년보다 훨씬 덜 중요하게 평가했다는 것을 발견했다. 또 "학생들은 경제이론 강의를 들은 후 더 이기적으로 행동했고, 다른 사람들도 그렇게 행동하기를 바랐다." 경제학 교수들은 "급여가 더 적은 타 학과 동료 교수보다도 자선 단체에 훨씬 적게 기부하는 것으로 나타났다."[11] 이것이 북극을 구하는 것이 과연 비용 측면에서 효율성이 높은지 논쟁을 벌이는 싱크탱크들의 세계다. 〈월스트리트 저널〉이 다음과 같은 헤드라인을 쓰게 한 세계이기도 하다. **어떻게 한국 같은 문제에 가격을 매기는가. 분석가들은 전면적 핵전쟁이 일어날 경우 시장에 무슨 일이 벌어질지 계산하려고 애쓰고 있다.** 잘 이해가 안 간다면 다음을 생각해 보라. 만약 "전 세계 초강대국들이 관여한 걷잡을 수 없는 군사적 충돌"이 발생할 경우, 유로채권의 이익률 곡선은 "리스크 수용범위가 더 약해져 침체될" 것이다.[12]

이런 관점은 우리 본성과 너무나 상반되는 것이기 때문에 미국의 정치 시스템도 결국은 어느 정도 균형 상태로 돌아갈 것이다. 코크 형제의 전성기는 지났다. 저널리스트 마이클 토머스키Michael Thomasky가 지적하고 있듯이, 여론조사 데이터를 고속으로 처리하는 정치학자들은 코크 형제의 두 대표 법안인 오바마케어 폐지 시도와 성공적인 세금 '개혁' 패키지에 대해 "지난 25년간 주요 국내 법안 가운데서 가장 인기 없는 것이었다"라고 말했다. 최근 가장 인기 있었던 9개 법률 중 "8개가 총기 규제와 환경보호처럼 일반적으로 자유민주적 목표로 정의할 수 있는 것을 추구했다."[13]

지난 수년 간 미국이 가장 좋아했던 정치인은 단연 사회주의자 버니 샌더스Bernie Sanders였다. 그의 선거운동 슬로건은 반자유주의적인 "내가 아니라 우리Not Me, Us"였고 스칸디나비아를 그 모델로 제시했다. 물론 덴마크와 스웨덴, 노르웨이는 내가 설명해온 이 '균형'이 실제로 어떤 모습인지 보여준다. 이들 나라는 사회정의에 대한 강한 헌신과 지구상에서 가장 낮은 불평등 수준, 대부분 지표에서 보여주는 가장 행복한 시민들, 시민들의 사생활을 지키면서 다른 사람을 뒤처지게 하지 않는 시장체제가 있다. 노르웨이의 베르겐Bergen이나 덴마크의 올보르그에서 십이지장충의 사례를 찾기란 어려운 일인 듯하다.

균형으로 돌아가는 길은 오래 걸릴 것이다. 또 이 과정에서 많은 사람이 불필요한 고통을 당할 것이다. 하지만 랜드주의 세계관은 우리를 영원히 지배하기에 인간 본성과 너무나 동떨어져 있다. 아마도 우리의 선거 시스템은 그런 광기를 뒤집을 만큼은 충분히 강할 것이다. 2018년 중간 선거는 좋은 출발을 의미한다. 2019년 초 새로 선출된 알렉산드라 오카시오-코르테스Alexandra Ocasio-Cortez 하원 의원은 1,000만 달러 이상 소득에 대해 최고 세율을 거의 두 배로 늘릴 것을 촉구했다. 많은 사람들이 갈채를 보냈다. 아마 미국의 정계는 돈의 힘이 너무 크기 때문에 비폭력적 혁명 같은 뭔가가 필요할 것이다. 알면서도 하는 반쪽짜리 거짓말은 수명도 반으로 짧다. 인류는 이 난국에 잘 대처할 것이다, 잠시 상태가 나빠져 있는 미국과 다른 모든 곳에서도 말이다.

다만, 큰 문제가 하나 있다. 지금의 시스템에 레버리지가 너무 많다는 것이다.

　과거에는 이념적 추pendulum가 너무 한 방향으로 강하게 흔들리면 결국 다시 돌아갈 시공간이 있었다. 도금시대The Gilded Age의 강도 남작*, 혹은 산업계 우두머리는 우리 시대의 자유주의자 억만장자들처럼 19세기 후반에 부와 정치권력을 추구했다. 통계를 구하기는 힘들지만, 1890년대에는 4천 가구가 미국의 다른 1천1백만 가구만큼의 많은 부를 소유했다고 추정한다. 그래서 포퓰리즘과 혁신주의 운동, 소득세가 불가피하게 생겨났다. 혁신주의 시대**에는 불평등이 감소했고, 다시 증가한 것은 광란의 20년대***뿐이었다. 뉴딜과 제2차 세계대전, 뒤따른 대대적인 번영으로 다시 급격한 감소가 있었다. 이 과정에서 많은 피해가 있었지만 최소한 큰 의미에서는 오래가지 않았다. 확실한 것은 휴먼 게임을 끝낼 위협이 없었다는 점이다. **그 강도 남작들이 덜 부패해서가 아니라 그런 규모로 변화를 일으킬 만한 충분한 레버리지가 없었고** 또 사람들이 그들에 맞섰기 때문이다.

　제2차 세계대전을 생각해보라. 전 세계가 그때까지 본 적이 없는 가장 큰 군사적 대참사였다. 수백만 명이 죽고, 전 대륙이 쑥대밭으로 변했다. 하지만 그 탱크 자국도 결국 침식되어 자연경관으로 돌아갔다. 물

---

* robber baron, 과점이나 불공정한 사업관행을 추구한 직접적인 결과로 산업을 지배하여 막대한 재산을 축적한 19세기 미국에서 되살아난 사업가와 은행가를 가리키는 경멸적인 의미의 용어.

** Progressive Era, 미국 역사상 사회운동 및 정치개혁에 대한 열망이 들끓었던 1890년대에서 1920년대를 말함.

*** Roaring Twenties, 사람들이 활기와 자신감에 넘치던 1920년대를 표현하는 용어.

론 아직도 불발탄들이 남아 있어 가끔은 농부들의 쟁기에 걸리기도 하지만, 그래도 세상은 돌아갔다. 세상을 그 진로에서 완전히 이탈시킬 만큼 큰 레버리지가 없었기 때문이다. 행운도 있었다. 사실 히틀러는 핵무기 개발에 근접해 있었다. 당시 독일 최고의 물리학자 하이젠베르크Hiesenberg의 배반 때문인지, 아니면 단순히 기술 부족이었는지 몰라도, 어쨌든 나치는 핵무기 개발을 완료하지 못했다. 그러나 1년 혹은 2년이 더 주어졌더라면 어땠을까? 우리가 어떻게 대응했을지 잘 알 것이다. 전쟁에서 거의 이겼는데도 일본에 원자탄을 투하한 적이 있기 때문이다. 독일과의 핵전쟁은 아마 세계를 근본적으로, 그리고 영원히 바꿀 충분한 레버리지였을 것이다.

지구 온난화는 너무나 과도한 레버리지의 완벽한 사례다. 레이건 집권 시기부터 이념적 권력을 쟁취한 많은 사람들이 석유 및 가스 산업과 직접적으로 연결돼 있다. 이들은 자신들이 가장 큰 피해를 입을 시점에 정확히 정권을 장악했다. 전 세계에 퍼져 있는 엑슨과 코크는 1990년 이후 수년 동안 각종 '싱크탱크'와 위장 단체를 출범시켜 자신들만이 알고 있었던 일련의 거짓말로 논쟁을 방해했다. 즉, 이들은 이전 수십 년간을 합한 것보다 더 많은 이산화탄소를 전 세계에 배출했던 사실을 숨겼다. 그리고 이 시기에 배출된 이산화탄소가 문제의 핵심이라는 것이 드러났다.

이제는 인류가 안전할 수 있는 대기 중 이산화탄소의 최대치가 350ppm인 것을 안다. 정확히 그 시기에 우리가 로켓처럼 빠르게 지나쳐 버린 수치다. 반드시 이 수치에 집착할 필요는 없다. 약간 다른 물리학의 세계에서는 800ppm이 한계점일 수도 있다. 이 경우라면 아직 회복할 여지는 있다. 아직 절벽에서 1.6킬로미터(1마일)를 떨어져 핸들을 잡고 있는 거라면, 다시 싸울 시간은 있다. 하지만 밝혀진 대로, 우리는 나락의 끝자락에 와 있다.

이산화탄소라는 레버리지는 확실히 기후만 변화시키는 게 아니다. 혁명으로도 풀 수 없는 새로운 형태의 불평등도 강화시킨다. 온도가 올라갈수록 가장 고통 받는 이들은 가난한 사람들이다. 그 고통은 사라지는 것이 아니다. 한 연구는 녹음이 우거진 교외가 가장 높은 온도에 있을 때 많게는 15도 정도 낮추기 때문에 "풍경이 폭염으로 인한 질병의 예측 변수다"라고 말한다. 이 연구는 아프리카계 미국인들이 백인보다 비자연적 "폭염 위험지대"에 살 확률이 52퍼센트 높다는 것도 발견했다.[14] 난민 캠프나 감옥이 어떨지 상상해 보라. 말 그대로 지옥이다.

다시 말하지만 거짓말을 했던 사람들은 자신들이 거짓말을 했다는 것을 알았다. 이런 음모를 조직하는 것은 어려운 일이 아니다. 화석연료 산업에 속하는 100개의 회사가 지구 전체의 배출가스 70퍼센트를 차지한다. 하지만 이것 또한 단순한 탐욕에만 기초한 것은 아니었다. 이념이 사리사욕과 완벽하게 혼합된 것이었다. 서로에게 《아틀라스》를 건네며 즐거워하던 CEO들과 반정부 운동의 열기 속에서 성장한 억만장자들을 기억하는가? 이들은 자신들이 역사 코드를 깼다고 생각했다. 기후 변화는 자신들의 이익을 가로막을 수 있기 때문에 상상할 수 없는 일이었다. 코크 형제의 경우 방대한 파이프라인 망을 운영하고 캐나다 타르샌드의 가장 큰 임차인 중 하나였다. **하지만 자신들의 순수한 신념체계가 손상됐**

다는 이유 때문이기도 했다. 반정부 세력은 어느 정도 지구 온난화를 부정하는 것 말고는 선택의 여지가 없었다. 거기에 매달려 방해한다면 정부가 아주 최소한으로 탄소가격을 책정해서 시장이 추정하는 마법을 발휘할 수 있도록 강력한 조치를 취할 것이기 때문이다. 이들은 물리학이나 화학보다 자신들의 특별한 경제 환상곡을 더 강하게 믿었다. 그래서 일련의 기만을 끝없이 대량으로 생산했다.

전세계 미디어산업의 거물로 통하는 루퍼트 머독Rupert Murdoch은 잠시 동안 그 규칙에서 예외로 보였기 때문에 여기에 정확히 들어맞는 사례다. 머독은 2007년 앨 고어Al Gore의 영화 〈불편한 진실inconvenient Truth〉에 대한 대중의 찬사가 있고 난 뒤 자신도 기후 문제에 좀더 많은 관심을 기울이겠노라고 말했다. 자신의 신문에 보도된 연설에서도 "기후 변화는 재앙적 수준의 위협이다. 무대책으로는 그 리스크를 감당할수가 없다"고 말했다. 자신의 미디어그룹 뉴스코프NewsCorp를 탄소 중립적으로 만들겠다고 맹세하면서 21세기 폭스사 영화촬영소의 전기 골프차부터 "폭스뉴스 주조정실의 최신 LED 조명기술까지 모든 것"을 바꾸기로 약속했다. 자신의 매스컴이 "이런 이슈에 대해 대중이 생각하는 방식을 바꿔 놓을 것"이라고도 말했다. 현실은 돌파구를 찾은 것처럼 보였다.[15]

하지만 이 현실은 늘 머독의 뿌리 깊은 랜드주의 이념과 갈등하고 있었다. 정부가 그의 것을 훔치려 한다는 생각 말이다. "돈을 번 사람에게서 돈을 빼앗아 벌지 않은 사람에게 주는 것이 어떻게 공정한가?" 몇 년후에 그가 글로 남긴 내용이다.[16] 이 수사법이 더 진솔하게 들린다. 아마도 기후 변화에 관한 말을 세상에 퍼뜨리겠다는 그의 맹세는 불가피하게 이보다 더 큰 반정부 명분을 위한 거짓말을 못 이긴 듯하다. 2012년에서 2016년 사이, 기후 위험에 관한 과학적 사례가 그 어느 때보다 더 분명해지는 가운데 머독의 〈월스트리트 저널〉은 303건의 기후 변화에 관한 논평, 칼럼, 사설을 실었다. 그중 287개가 "오해의 소지가 있었거나, 부인 내용이 틀린 것으로 밝혀졌거나, 음모론과 정치 공격이었다." 달리 말하면, 그가 저널에 게재한 것의 95퍼센트의 내용이 "기후 과학자들 사이에서 거의 97퍼센트 합의된 것과 불일치했다."[17]

폭스 뉴스는 기록된 지구 역사상 더위가 가장 극심했던 2016년에 단지 6분을 할애해서 그 이슈를 다뤘다.[18] 방송국 앵커가 그 내용을 언급할 때, 마치 "기후 변화로 죽는 사람은 없다"[19]는 듯이 말한 걸 감안하면 짧게 보도한 게 오히려 잘된 일이었는지도 모른다. 2018년 여름에도 세계가 기록적인 폭염과 화재를 겪고 있는데도, 그의 저널은 적절한 반정부 방식으로 "기후 변화는 끝났다. 이제는 재생가능에너지에서 나오는 지대 추구자의 특수 이익을 돕는 관료들의 임무만 남았다"라고 결론짓고 있었다.[20]

제임스 뷰케넌이 코크가의 자금 지원을 받는 한직에서 생애를 마쳤던 조지 메이슨대의 경제학부 학장이 이것을 완벽하게 설명했다. "이런 중요한 자본주의 혜택을 인식하는 사람들은 지구 온난화와 씨름하는 정부에게 권력을 주는 걸 꺼린다." 또 그는 아마 실제로 "지구 온난화와 관련된 최고의 정책은 그것을 무시하는 일일 것이다"라고 말했다.[21]

이런 이념적 **고정관념**은 가장 전형적으로 기후 변화를 부정하는 사람들의 독특한 논지 하나를 설명한다. 기후 과학자들이 '보조금 잿밥에 마음이 있다'는 생각에 결과를 왜곡해서 불안감을 자극하고 더 많은 정부 지원을 만들어내는 음모에 가담한다는 것이다. 적어도 기후 과학자들과 정유회사 임원들을 만나보고 이들의 생활을 비교해 본 사람이라면 분명 터무니없는 주장이라는 것을 알 것이다. 그런데 이것은 정부를 위해 일하는 사람에 대한 아주 깊은 불신에서 나온다. 1990년대 초 조지 메이슨대 공공선택 연구센터(CSPC)에 속해 있는 학자들이 《흡연 경제학The Economics of Smoking》이라는 책을 냈다. 이 책은 암의 치유가 "많은 암과 싸우는 관료들의 일자리를 앗아갈 것"이고 했다. 또 이 분야의 과학자들이 "효과적인 치료법을 찾아내고 개발하려는 의욕"은 적고 "암의 위험을 과장하는 데" 의욕이 넘친다고 주장했다.[22]

뷰캐넌의 또 다른 추종자는 "납과 관련된 소아의 혈액검사에 관심있는 보건공무원은 중독된 아이를 찾는 게 자신의 일을 입증하는 것이라고 여길 때 의미가 있다"고 말했다.[23] 달리 말하면, 돈을 받고 하는 게 아니라면 누가 아이들의 납 중독을 걱정하겠냐는 말이다. 비소arsenic로 오염된 뿌리 덮개가 "운동장에 이상적"인 것으로 마케팅하다가 적발된 사람이 코크가의 기부자 네트워크의 핵심 억만장자 멤버라면 아마 걱정하지도 않을 것이다.[24] 공공의들이 오직 돈을 벌기 위해 아이들을 돌본다고 믿거나 기후과학자들이 이익을 염두에 두고 일을 추진한다고 믿는 것은, 억만장자의 거품방울 속 삶을 그대로 투영해 세상을 보는 것이라고 밖에는 설명이 되지 않는 냉소적 관점이다. 탐욕으로 자신의 삶이 뒤틀리면 모든 이들의 삶도 뒤틀려야한다고 가정하는 것이나 마찬가지다.

따라서 지구 온난화는 오일로 유발되기 때문에 정유회사에게는 해결해야 할 궁극적인 문제다. 또 정부의 관여 없이는 풀 수 없는 문제이기 때문에 정부를 비방하는 사람들에게도 궁극적인 문제다. 돈으로 그리고 세계관으로 실존을 위협하는 이 쌍둥이는 기후 변화를 부정하는 일에 쓸 자원이 결코 부족하지 않았음을 의미했다.

우리는 이미 엑슨이 어떻게 1980년대 후반부터 세계기후연합과 같은 단체에 후원하기 시작했는지 살펴봤다. 하지만 새로운 금세기에는 금권 정치가들과 이들의 직원이 거대한 망으로 바뀌었다. 미국 전역에서 코크가 지원하는 400개 대학 교수들은 새로운 복음을 가르치느라 바빴다. "오직 백치만이 기후를 바꿀 수 있는 인류의 역량이 자연의 힘보다 더 강력하다는 결론을 내릴 것이다." 그중 한 명이 메릴랜드에서 자신의 신도들에게 설명한 말이었다. 콜로라도에서는 또 다른 사람이 간교하게 이름 붙인 〈불편한 진실 혹은 편리한 허구?〉라는 영화를 제작하고 직접 출연까지 했다.

캔자스대에서는 코크 회사의 전 수석 경제학자가 새로운 응용경제센터(CAE)를 맡았다. 물론 코크가의 자금이 지원됐다. 그는 약간의 태양광과 풍력 발전을 캔사스 주에 최소한으로 설치할 것을 요구한 "재생가능 포트폴리오 표준"을 폐지하려고 애썼다.[25] 코크가의 캔자스 네트워크는 찰스 코크 재단으로부터 23만 달러의 보조금을 받고 기후 변화를 부정하는 과학자까지 포섭했다. 이 과학자는 한 메모에서 자신이 화석연료 산업을 대상으로 '채권'을 만드는 사업을 하고 있다고 설명했던 사람이다. 그는 엑슨이 지원한 하트랜드 연구소 회원이 권유하여 코크 멤버로 가입했다. 이 연구소는 기후과학자들을 살인마 찰스 메이슨에 비교하는 광고판을 내걸기도 했다. 이들은 매년 끊임없이 라디오 광고를 통해 풍력이 캔자스 주민들의 전기료를 올리고 있다는 잘못된 관념을 조장하면서 계속해서 압력을 가했다. 결국 그들이 이겼다. 재생가능에너지에 대한 의무적 목표치도 "자발적 헌신"으로 대체됐다.[26]

이런 노력은 각 주의 중심도시에서 잇따라 성공적으로 복제됐다. 위스콘신에서는 코크 추종자인 스콧 워커Scott Walker주지사가 주의 소유 토지를 관리 감독하는 직원들에게 근무 중에 기후 변화를 논하는 것조차 규제했다.[27] 노스캐롤라이나에서도 코크가의 기부 네트워크 멤버인 질 낮은 잡화점의 큰손으로 알려진 아트 포프Art Pope가 엄청난 액수의 선거자금을 기부하면서 주 정치에서 가장 영향력 있는 인물이 됐다. 그의 첫 번째 목표는 주에서 공약한 소박한 규모의 풍력과 태양광 계획을 폐지하는 것이었다. 또 미국 코크가의 번영을 위한 '열기 투어Hot Air Tour'를 후원하고, 유명한 기후변화 부정론자들을 노스캐롤라이나 주로 모셔왔다. 결국에는 주의 정책 입안자들이 연안계획 수립 과정에서 해수면 상승의 과학적 예측 활용을 금지하기로 결정했다.

그동안 코크가의 네트워크는 워싱턴에서도 최소한 그만큼 강하게 영향을 미치고 있었다. 캔자스주 전 의원이자 이제는 국무장관인 마이크 폼페이오는 그 누구보다도 코크가로부터 많은 돈을 받았다. 그리고 워싱턴에 입성하자 풍력 발전에 대한 세금공제를 말살하는 법안을 후원했다. 이때 한 말이 '자력으로 경쟁'해야 한다는 것이었다. 화석 연료에 대한 연방정부의 방대한 지원을 고려할 때 우스운 일이 아닐 수 없다. 오클라호마주 검찰총장이 된 스콧 프루이트Scott Pruitt같은 다른 관료들은 미 환경보호청을 상대로 잇따라 소송을 제기하기 시작했다. 한 사례에서는 프루이트가 수압파쇄법의 선두업체 데본 에너지Deveno Engergy의 편지를 받고 자신의 공식 메일에 그대로 옮겨 적어 워싱턴으로 보냈다고 한다.

요점은 이미 도널드 트럼프가 집권하기 한참 전부터 코크가의 네트워크가 기후 변화에 관한 그 어떤 신중한 행동의 가능성을 차단했다는 것이다. 나는 2004년 상원의원 존 맥케인John McCain을 인터뷰한 적이 있다. 그는 지구 온난화가 중대한 도전이라고 단언했다. "미국 국민과 모든 정부 부서의 정책 입안자인 우리는 어떤 일이 일어나고 있다는 증거가 점차 많아지는 것에 관심을 가져야 한다고 생각한다." 그가 한 말이었다. 맥케인은 기후 과학에 관한 청문회도 소집해서 그다지 대단하지 않은 법안 상정을 이끌었다. 55대 43으로 패배했지만 시작처럼 보였다. 그는 나에게 "경주는 진행 중이다"라고 말했다. "심각한 기후 변화와 그로 인한 모든 결과를 감당할 것인가? 아니면 초기에 뭔가를 하려고 노력할 것인가? 지금 당장은 빠른 조치로 환경 악화를 충분히 막을 것으로는 생각하지 않는다. 내 생각이 틀리기를 바란다."(28

물론 맥케인의 말은 틀리지 않았다. 하지만 사실은 코크가의 후원을 받고 있는 티파티Tea Party의 도전자들이 맥케인을 뒤쫓은 후, 그 자신도 한때 동의했던 것을 깨뜨리기 시작했다. 국무장관이었던 존 케리John Kerry가 기후 변화를 "대량 파괴 무기"라고 부르자 맥케인은 이렇게 응수했다. "대체 어느 행성에 사는 사람인가?"(29 맥케인이 그런 조롱 섞인 농담을 한 2014년에는 공화당 의원 278명 가운데 단지 8명만이 인간이 기후 변화를 실제로 일으켰다는 사실을 기꺼이 인정했다. 하지만 아무도 그 어떤 일도 하지 않았다.

재생가능에너지 반대운동은 태양광 패널과 풍력발전 비용이 얼마나 빠르게 떨어지고 있었는지 살펴보면 특히 효과적이었다. 2017년까지 전세계 국가들은 풍차와 태양광 패널을 설치하는 노력을 가속화했음에도 지붕에 설치하는 미국의 태양광 산업의 성장은 '오락가락하면서 정체'됐다. 〈뉴욕타임스〉에 따르면, 주로 재정 지원을 충분히 받은 전통적인 시설업체가 전국에 있는 주의 중심도시에서 재생재생에너지에 대한 우대를 뒤집는 작업을 하고 합심해서 로비를 해왔기 때문이다.[30] 이 시설업체들은 모델 입법을 위해 코크가 지원하는 미 입법교류 평의회에 의지했고 코크가 지원하는 시설위원회는 재생에너지에 제동을 걸었다.

지구상에서 태양광 발전을 설치하기 가장 쉬워야 하는 애리조나 주를 보자. 피닉스Phoenix는 일 년에 해가 비치는 날이 299일이라고 자랑한다. 수년 전 일이다. 선선한 3월 아침, 나는 피닉스 교외 서프라이즈Surpise에 있는 목장 저택의 지붕에 올라서 있었다. 옆에는 남아프리카공화국 출신 기업인 엘론 머스크Elon Musk의 사촌이자 당시 미국에서 가장 큰 지붕 태양광 설치업체인 솔라시티Solar City의 CEO였던 린든 리브Lyndon Rive가 있었다. 주변에서는 5명 정도의 작업자들이 태양광 패널을 깔고 있었다. 그들은 구글 어스Google Earth에서 해당 지붕을 찾아 측정하고 캘리포니아에 있는 직원이 설계한 계획에 따라 일하고 있었다. 작업자들은 아침 7시에 그 집에 모였고 오후 5시까지 새로운 태양광 패널의 작동 준비를 마칠 예정이었다. 집 주인은 한 푼도 선금을 내지 않았다. 그리고 한 달이 안돼 전기료가 줄어든 걸 확인했을 것이다. 왜 아무도 그것을 하지 않으려 하겠는가?

리브는 "1991년의 이메일과 같다. 이 거리를 바라볼 때 여기에 있는 모든 집들이 10년 안에 태양광을 갖지 못할 이유가 없어요"라고 말했다. 이 회사는 2015년에 서비스가 가능한 18개 주에서 매 3분마다 태양광을 설치했다. "이것이 인상적으로 들릴지 모르겠지만 4천만 가구 가운데 겨우 20만 가구만 설치했어요. 내 목표는 매 3초마다 1가구입니다. 가능할지 모르겠지만 이보다 더 빠르게 매 1초마다 설치할 수도 있어요." 그가 손가락을 퉁기며 한 말이었다. 그러고는 주머니에서 아이폰을 꺼내 계산기 앱에 숫자를 입력했다. "이 속도라면, 76년 동안 모든 집에 설치해야겠군요. 너무 늦는데요. 아, 나누기를 빼먹었네. 1년 반입니다."

이와 같은 수치가 기존 시설회사와 코크가의 네트워크를 두렵게 해서 행동을 취하게 한다. 한 산업관련 단체는 이 시설회사들이 '죽음의 소용돌이'에 직면해 있다고 경고했다. 고객들이 지붕의 태양광 패널에서 더 많은 전기를 생산하기 시작하면서 기존 시설회사들의 매출이 줄고 남은 고객들이 전력망 유지를 위한 전봇대와 전선에 더 많은 돈을 지불해야만 하기 때문에, 이들도 떠날 동기가 증가하게 된 것이다. 일부 캘리포니아와 뉴욕의 기존 시설회사처럼 에너지 효율성을 거래하여 이런 전환에서 어떻게 이익을 얻을 수 있을지 파악하는 대신, 애리조나의 시설회사들은 그저 변화를 막기 위해 자신들의 정치적 힘을 최대한 활용했다.

주에서 가장 큰 시설회사인 애리조나 공공서비스(APS)는 자신들에게 동조하는 후보를 규제기관인 기업위원회에 당선시키기 위해 엄청난 기부금을 내기 시작했다. 말하자면, 자신들의 보스를 직접 선택하기 위한 돈의 지불이었던 셈이다. 심지어 애리조나주 국무장관에 입후보한 후보의 선거운동도 지원했다. 이 후보의 아버지가 기업위원회의 핵심 의결권자였기 때문이다.

얼마 지나지 않아, 규제기관들은 주의 일부 시설회사들이 지붕에 태양광 패널 설치를 원하는 고객에게 더 많은 수수료를 부과하는 걸 허용했다. 이 시점에 솔라시티의 사업이 위축됐다. 직원을 해고하고 유통센터의 문도 닫기 시작했다.

이 모든 일이 바로 **태양**의 계곡* 피닉스에서 일어났다. 농구 팀 이름이 **선즈**Suns고 대학 농구팀과 미식축구팀 이름이 **선** 데빌스Sun Devils인 곳이다. 피닉스는 재빨리 기후 변화를 잡지 않으면 저절로 '죽음의 소용돌이'에 빠질 것이다. 이런 이야기를 다른 20개 혹은 30개 주에 확대해 보라. 어떻게 태양광 설치가 "오락가락하다가 중단"됐는지 알 수 있을 것이다. 심지어 트럼프가 태양광 패널에 관세를 부과하기 이전의 일이다. 이 산업의 대규모 확산이 시작되고 처음으로 2017년 미국에서 태양광 관련 일자리가 어떻게 줄었는지도 알 수 있을 것이다.

유사한 사례는 널려 있다. 코크의 충실한 심부름꾼 스콧 프루이트는 트럼프 행정부 하에서 미 환경보호청의 첫 번째 책임자였는데 전기차 시장을 약화시키려는 일환으로 자동차 마일리지 인상 계획을 없앴다.

---

* Valley of the Sun, 피닉스와 그 주변 대도시를 이르는 명칭.

내무부에서는 라이언 징키Ryan Zinke가 더 많은 석유와 가스 시추를 허용하기 위해 천연기념물 규모를 축소하는 결의안 작성을 코크가의 지원을 받는 기관의 직원들에게 지시했다. 에너지부에서는 릭 페리(Rick Perry, 코크가의 행사에 참여하기 위해 그 자신의 두 중범죄에 대한 법원심리를 거르기까지 했던 인물이다.) 가 2050년까지 미국이 탄소 발자국*을 줄이지 않을 것을 보여주는 새로운 분석을 내 놓았다. 이 분석은 미국이 "거의 단독으로 지구의 탄소 예산을 소진시키겠다"는 의미다.[31

에너지부의 재생가능에너지국 주요 보직은 직접적으로 "코크 형제의 수많은 반클린에너지 활동"을 한 사람들로 채워졌다. 에너지 효율 및 재생에너지국의 새로운 책임자는 아마존에서 백열전구를 사서 비축해 놓으라는 권유로 경력을 쌓았다. 주제 넘게 참견하는 연방정부가 다음에는 전기를 아끼려고 야구경기의 야간 게임을 금지할 것이라는 이유에서다.[32 기후 변화에 대응하는 최악의 방법을 찾으려고 한다면 모든 것이 다 그렇게 보일 것이다.

실제로 **최악의** 가능성 있는 계획은 다른 모든 국가에서도 몰아붙이려는 시도일 것이다. 이것은 2017년 정부를 싫어하는 네트워크 전체가 트럼프 대통령이 파리기후협정에서 미국을 탈퇴시켰을 때에 달성했다. 다른 어느 나라보다도 더 많은 탄소를 생산해 내는 나라가 이제 는 기후 변화를 해결하기 위한 작은 국제적 헌신조차 하지 않는 세계 유일의 국가임을 발표한 것인데, 최근 역사만큼이나 가장 수치스러운 순간이

---

* carbon footprint, 사람의 활동이나 상품을 생산 · 소비하는 과정에서 직간접적으로 발생시키는 이산화탄소.

었다.

〈워싱턴 포스트〉가 장문의 특집 기사에서 분명히 했듯이 그 순간이 되기까지 우리가 이미 만나본 반정부 화석 연료 광신자들과 정확하게는 이종교배한 집단의 "20년간 십자군 운동"을 필요로 했다. "쿨러헤드연합"*의 회장이자 경제학자인 마이런 에벨Myron Ebell은 대통령이 백악관 정원에서 발표할 때 옆에 서 있던 사람이다. 에벨은 언젠가 한 직원이 기후 환경에 대처할 권한을 정부에 주기보다 "무시하는 것"이 가장 현명하다고 설명했던 기업경쟁력연구소(CEI)에서 일했다. 그 이전에는 자유개척자Frontiers of Freedom라는 단체에서 담배산업을 지원하는 '복합적 영향 캠페인'을 돕기도 했다.

미국 필립모리스Philip Morris USA는 쉐브론 같은 회사와 함께 쿨러헤드연합의 초기 자금을 제공했다. 이들은 하트랜드연구소와 번영을 위한 미국인들 단체와도 함께 했다. 엑슨은 기업경쟁력연구소에 후원하면서 그들의 작업을 도왔다. 이들은 쿄토에서 코펜하겐과 파리까지 수년간 함께 일했고 결코 싸움을 포기하지 않았다. 트럼프가 당선되자, 이들은 편지를 써서 대다수 보좌관들이 반대하는 데도 불구하고 트럼프가 파리기후협정을 탈퇴하겠다는 선거공약을 지키도록 상기시켰다. '대통령 각하, 유혹에 빠지지 말고 약속을 지키세요.' 트럼프는 약속을 지켰다.

파리협정은 어쨌든 본질적으로 자발적이었다. 나머지 국가들은 실질적인 조약을 협의하는 것을 포기했다. 1990년대 교토회담 이후 화석연료 산업의 영향력으로 미국 상원이 조약 재가에 필요한 3분의 2 이상의

---

* Cooler Heads Coaliton, 보수적인 기업경쟁력연구소가 자금을 지원하고 운영하는 단체.

투표권을 절대 모을 수 없다는 사실을 알았기 때문이다. 국제 외교관들도 파리에서 바랄 수 있는 최선은 서약 정도라는 것을 알고 있었다. 그것조차도 지구의 온도 상승을 섭씨 2도 이하로 유지하려는 목표를 달성하기에는 턱없이 약했다. 그나마 파리로부터 가지게 된 희망은 단순히 일을 시작하는 것만으로도 선순환이 될 것이라는 점이었다. 재생가능에너지가 저렴하고 효과적인 것을 보면서 많은 나라가 약속을 더 지켜나갈 것이라는 점에서 말이다. 하지만 트럼프의 파리기후협정 탈퇴가 그 가속도를 현저히 늦춰버렸다.

이것은 우리가 결코 태양과 바람으로 움직이는 세상을 가질 수 없다는 게 아니다. 우리는 가질 것이다. 무료 에너지를 이기는 것은 어려운 일이며, 지금으로부터 75년쯤 후에는 우리도 무료 에너지를 사용하고 있을 것이다. 그러나 이 과정을 지체한다면 그 바람과 태양은 이미 심각하게 파손된 지구에 동력만 공급하는 꼴이 될 것이다. 우리가 속도를 내야 할 시기에, 이 사람들은 또 한 번의 탄소 폭발이 지구를 파괴할 시기에 정확히 우리를 늦추기 위해 자신들의 힘을 사용할 수 있는 자리에 있었다. 이렇게 그들은 영원히 강해졌다. 이들이 이념 전쟁에서 패배하고 천년이 지난 후에도 해수면은 여전히 상승하고 있을 것이다. 이들은 자신들의 이름을 지질사에 휘갈겼고, 그 추악한 낙서를 미래의 과학자들은 수백만 년간 해독하게 될 것이다. 그때까지 과학자들이 있다고 가정한다면 말이다.

똑같은 많은 사람들이 오바마케어를 무력화시켰는데, 이것은 비극이고 많은 사람이 불필요한 고통을 받고 죽는다는 의미다. 그러나 결국 정치가 그들의 지배에서 빠져나온다면 세계 다른 모든 나라에서 시행하는 건강보험제도를 구축하는 게 불가능하지는 않을 것이다. 기후 변화는 다르다. 북극이 한 번 녹으면 적어도 인류가 존재하는 동안에는 다시 얼릴 방법은 없다. 50년간 한 나라의 특정 정치가 지구의 지질사를 다시 쓰고 휴먼 게임을 무력화시킬 것이다. 이것이 레버리지의 모습이다.

게임을 바꿀 레버리지가 지구상 또 다른 곳에도 있다. 코크가의 사람들이 매년 자신들의 친구를 소집하는 팜 스프링스Palm Springs 리조트에서 드론을 띄우면 날아 갈 수 있는 그리 멀지 않은 곳이자, 완전히 다른 세상이다.

실리콘 벨리에 거주하는 기술 억만장자들은 화석 연료의 거물들과 전혀 다르다. 또 트럼프의 등극을 축하했던 다른 거물들과도 구분된다. 노년층보다는 주로 사회진보를 이끄는 젊은층이다. 이들을 골프장에서는 찾지 말라. 이들은 카이트서핑*을 즐긴다. 아니, 지금은 타지 않는다. 이들은 카이트서핑을 즐기곤 했지만, 이제는 수중익선**을 탄다. 스타트업 투자자인 아리엘 폴러Ariel Poler가 기자한테 말했다. "마치 하늘을 나는 것 같습니다." 그는 바다로 향하기 전에 보호복과 헬멧을 착용하고 날개가 달린 자신의 테슬라 전기차 문 옆에 서 있었다. "보드가 물에 닿지 않아요. 비행기 날개처럼 말이죠."[1]

---

* kite-surfing, 바람에 의해 움직이는 대형 연이 이끄는 수상 보드.
** hydrofoiling, 선체 밑에 날개가 있어 고속으로 달릴 때 선체가 물 위로 떠오르는 형태의 선박.

어쨌든, 이 기술 대가들은 석탄 같은 18세기 기술을 부활시키려고 애쓰는 것을 대놓고 비웃는다. 이들에게는 미래가 전부다. 테슬라는 자신들의 기가팩토리Gigafactory 옥상에 세계에서 가장 큰 옥상 태양광을 설치하고 있다. 기가팩토리에서는 세계 어느 시설보다도 많은 리튬 이온 배터리를 생산한다. 구글은 모하비 사막Mojave Desert에 있는 거대한 태양광 발전소의 거울에 자사의 로고를 새겼다. 바로 그날 구글은 글로벌 사업의 마지막 와트까지 재생가능에너지로 공급할 것이라고 발표했다. 세계 최대의 친환경 전력 구매자가 된 것이다.[2]

이들과 다른 부류의 부호들 사이에 존재하는 문화적 간극을 줄여주는 한 사람이 있다. 2016년 패션 월간지 〈베니티 페어Vanity Fair〉는 아인 랜드가 "아마 기술 산업에서 가장 영향력 있는 인물"이라는 점을 분명히 밝혔다. 애플의 공동 창업자인 스티브 워즈니악Steve Wozniak은 전지전능한 스티브 잡스가 《아틀라스》를 자신의 삶에 지침을 주는 것 중 하나로 생각했다고 말했다.[3] 역시 전지전능하고, 랜드 소설에 나오는 로켓과 하이퍼루프,* 난폭한 자동차를 소유한 엘론 머스크는 이렇게 말했다. 랜드는 "아주 극단적 관점을 가지고 있지만 그녀의 책에는 약간의 좋은 지적도 있다."[4] 찬사로는 좀 약한 말이다. 우버를 창립한 트래비스 칼라닉Travis Kalanick은 그의 트위터 아바타로 《파운틴헤드》의 표지를 이용했다. 페이팔PayPal의 공동 창업자이자 페이스북의 초기 투자자인 피터 티엘Peter Thiel은 수상도시를 개발하는 임무에 착수한 적 있다. 그 어느 정부로부터 간섭 받지 않는 정치적으로 자주적인 도시국가가 될 "해상

---

* hyperloop, 머스크가 이끌고 있는 백트레인 유형의 고속철도.

주거지"였다.[5]

실리콘 밸리의 반정부 정서는 일정 부분 오래된 것이다. 아이폰과 페이스북이 등장하기 전, 우리가 겨우 이메일이나 보고 있었던 2001년 초 파울리나 보르숙Paulina Borsook이라는 작가가 《사이버 이기주의 Cyberselfish》를 발표했다. 그녀는 이 책을 "지독한 하이테크 자유주의 문화를 관통하는 비판적 오락물"이라고 칭했다. 또 그때까지만 해도 지역신문을 펼치면 "아인 랜드의 열렬한 팬이 좋은 대화와 로맨스를 나눌 자유지향적 여성을 찾습니다. 저는 아주 밝고 매력적인 하이테크 기업인입니다"와 같은 개인 광고가 실려 있는 게 전혀 이상하지 않았다고 말했다. 크레이그리스트* 때문에 지역신문이 극심한 약화를 가져오기 바로 전 일이다.

모든 산업에는 특색이 있다. 기술 분야는 반항적인 아웃사이더 태도에서부터 당황스러울 정도로 자선활동을 안 하는 것까지 발현되는 모든 것이 인생관으로 굳어질 만큼 규제를 싫어한다.[6] 정부에 대한 불신은 "기술 전문가에게도 서구의 유대 기독교 유산과 맞먹는 것"이었다고 보르숙이 말했다. 서구에 산다면 어떻게 자랐는지와 상관없이 이 유대 기독교 유산이 형성된다.

이처럼 랜드주의자의 자만심은 실리콘 밸리의 두 도시 쿠퍼티노 Cupertino와 멘로파크Menlo Park에 거주하는 사람들에게까지 영향을 미치고 있었다.[7] 보르숙은 많은 것들을 인정했다. 우선, 강력한 암호화 보호금지 기술을 규제하려는 정부의 무지한 초기 시도들에 대한 못마땅함

---

* Craigslist, 미국의 지역생활정보 사이트에서 시작돼 전 세계로 확산된 온라인 벼룩시장.

이 있다. 그 다음은 필연적으로 프로그래머들이 "사람과 사회가 얼마나 엉망이고 불완전한지에 대해 격렬한 분노에 가까운 상태가 지속될 수 있는" 논리적 규칙 기반의 세계에 산다는 단순한 사실이 있다.[8] 전부 조금은 어처구니가 없다. 인터넷을 준비하고 맨 처음 운영한 것은 정부의 투자였기 때문이다. 하지만 생전 처음으로 컴퓨터 키보드 앞에 앉을 때 느끼게 되는 어떤 자율성을 굳이 부정하지는 않겠다. 원하는 곳 어디든 탐험할 수 있다. **자유**가 느껴진다.

아무튼 이 사회의 리더들은 가치를 창출하고, 앱을 만들고, 세계를 바꾸는 일을 하도록 홀로 남겨져야 한다는 생각에 강하게 빠져 있다. 대부분 신기술의 이론적 초점이 결국에는 커뮤니티를 **구축**하는 것에 있지만, 이들이 랜드의 글을 중요하게 인용하는 것은 사회의 부도덕성에 관한 것이 아니다. 세금 공포에 대한 것도 아니다. 대신 《파운틴헤드》 앞부분에서 하워드 로크가 자신의 건축학 교수에게 자신이 원하는 대로 빌딩을 설계하겠다고 말하는 것이 나온다. 학과장은 로크가 "가르치려고 하는 모든 원칙과 정반대로, 예술에서 확립된 전통과 선례와 다른 정반대로" 가고 있다고 비난했다. 그리고 물었다. "자네가 건축가라면, 그리고 건축가일 때 정말 **그런 방식**으로 빌딩을 짓는 것을 진지하게 생각한다고 말할 셈인가?"

"그렇습니다."

"내 동료들이, 자네가 하는 대로 놔둘 것 같은가?"

"중요한 건 그게 아닙니다. 요점은 이겁니다. 누가 나를 말릴 것인가?"[9]

곧 명확해질 이유들 때문에, 그것은 인간 미래의 중요한 질문으로 판가름 날지도 모른다.

3부

게임의 이름

레이Ray라는 지인과 대화를 나누고 있었던 그날, 그는 내게 어떻게 지냈냐고 물었다. 나는 강아지와 함께 크로스컨트리 스키를 탔다고 말했다.

"크로스컨트리 스키 좋지." 그가 말했다. "그런데 나는 내리막을 싫어하네. 절벽 쪽에 있는 것도 싫어하지. 산 쪽으로 돌아가는 길로 더 이상 운전도 안한다네. 아직까지 인간의 생물학적 몸에 대한 첫 번째 백업 판도 없는 상황이니 피하는 거지 뭐."

나는 몸이 어떤지 물었다.

"지금까지는 아주 좋네. 식이요법을 아주 정교하게 하고 있거든. 약을 하루에 약 100알 정도로 줄였다네. 원래는 더 많았지."

"100알이라고요?"

"메트포르민* 같은 약이네. 다시 살아나려는 암세포가 죽는 것처럼 보이지. 명목상은 당뇨병 약인데 말이야. 난 지난 25년간 그게 칼로리를 제한하는 약이라고 말해왔네."

* metformin, 경구용 혈당강하제.

"그렇군요." 내가 말했다.

"이 약을 복용하는 사람들이 암세포가 없어지지 않는 이유는 제대로 복용하지 않기 때문이야. 아침에 한꺼번에 많이 복용하거든. 500밀리그램을 4시간마다 지속적으로 복용해야 효과가 있는데 말이야. 겉으로 보기에는 최대 복용량보다 많아 보이긴 해."

그렇다. 이 사람은 레이 커즈와일Ray Kurzweil이다. 그는 전 세계에서 가장 중요한 회사임에 틀림없는 구글 엔지니어링 담당이사다. 인공지능 개발팀의 책임자이기도 하다. 이런 그가 일상생활에서 그렇게까지 조심하는 이유는 2030년경까지만 살 수 있다면 결코 죽지 않을 것이라는 굳은 믿음 때문이다. 또한 인류의 모든 것을 바꿔놓을 만큼 어마어마한 기술력으로 향해 가는 속도가 놀라운 수준으로 가속화하고 있다고 믿기 때문이다. 다시 말하지만, 그는 괴짜가 아니다. 설사 그렇더라도 역대 최고의 시가 총액을 자랑하는 회사에서 엔지니어들의 작업을 진두지휘하고 있는 괴짜다.

"내가 일곱 살이던 1955년에 할아버지가 유럽 여행 이야기를 해주시던 게 기억나는군." 어느 날 커즈와일이 나에게 말했다.[1] "할아버지가 레오나르도 다빈치의 노트를 만져볼 기회가 생겼다고 말하더군. 할아버지는 그 경험을 경건한 용어로 묘사하셨네. 그런 기록물들은 신이 아니라 사람이 쓴 것이었지. 나는 세상을 바꾸는 인간의 아이디어가 강력하다는 것을 종교처럼 믿고 자랐네. 그래서 나도 그런 아이디어를 찾을 수 있다는 생각을 갖게 됐지. 오늘날까지도 이런 기본적인 철학에 믿음이 있네. 그것이 관계의 어려움이든 거대한 사회와 정치문제이든 우리가

198

이겨낼 수 있게 해주는 아이디어는 있다는 거지."

커즈와일은 자신의 많은 아이디어 중에서 가속화가 자신의 가장 심오한 "내 미래주의에 대한 핵심 기반"이라고 말한다. 본질적으로 기계들은 보다 스마트해지고, 스마트해지는 속도 역시 더 빨라진다는 것이다. 그는 "고정 달러당 그리고 초당 계산 횟수는 1890년 인구조사에 이르기까지 매끄럽게 진행돼 왔다"고도 말한다. 그가 강조한 이 궤적은 이제 선형이 아니라 기하급수적으로 가속화되고 있다. 그는 자신의 비평가들이 "자신들의 선형 두뇌를 적용한다"고 말한다. "마치 게놈genome이 차례로 배열하고 있을 때와 같다고 할수 있네. 사람들은 이것이 700년 걸릴 거라고 말했지. 하지만 7년이 걸려 1퍼센트를 완성하자 거의 끝난 것이 됐네. 겨우 7번을 두 배씩 속도를 올리자 금방 100퍼센트가 된 걸세. 이런 유전자를 차례로 배열하고, 이해하고, 재프로그램하는 우리의 능력도 기하급수적으로 증가하고 있다네. 이것이 생명공학이지. 이미 우리는 면역요법 같은 것에서 대단한 진전을 보이고 있네. 시스템이 암세포를 병원체로 인식해 추적할 수 있도록 재프로그래밍을 할 수 있을 정도까지 왔다네. **지금은 천천히 흘러가지만 앞으로 10년 동안 홍수가 될 걸세.**"

그는 자신의 이런 주장이 생명공학에만 적용되는 건 아니라고 말한다. 컴퓨터의 연산력이 계속해서 두 배로 증가한다는 이런 기본 개념은 이 모두를 성장 곡선의 가파른 기울기상으로 확인할 수 있는 매우 다양한 분야에도 적용된다.

커즈와일에게는 이런 가속화가 200만 년 전에 일어난 것과 매우 비슷할 것이다. 당시 인류는 뇌에 신피질*이라는 큰 세포 꾸러미가 추가로 만들어졌다. "우리가 언어, 예술, 음악, 도구, 기술, 과학을 발명할 수 있었던 것은 이것 때문이라네. 그 어떤 종도 이런 것은 하지 못할 걸세." 그가 한 말이다.

하지만 그런 엄청난 진보에는 본질적인 한계가 수반된다. 만약 우리 뇌가 새로운 신피질을 추가해서 계속 확대한다면 두개골이 너무 커져 태아가 절대 산도birth canal를 빠져 나올 수 없게 된다. 이때 새로운 큰 뇌가 외부에 있다면 문제가 되지는 않을 것이다. "내 논문은 우리가 2030년대까지 그런 것을 되풀이한다는 거네. 클라우드에 인조 신피질이 있다면, 현재의 스마트폰 연결 방식처럼 우리의 뇌를 클라우드에 연결할 수 있다는 거지. 보다 재밌어지고 보다 스마트해져 자신을 더 효과적으로 표현할 수 있다는 거네. 지금 우리가 상상할 수 없는 표현 양식으로 만들어낼 걸세. 다른 영장류들이 음악을 실제로 이해하지 못하는 것처럼 말이지."

거듭 말하지만, 이것은 구글의 엔지니어링 담당이사가 하는 말이다. 그게 그 혼자만의 생각인 것도 아니다. 그의 보스인 세르게이 브린 Sergey Brin 역시 아주 분명히 똑같은 말을 한다. "언젠가 우리가 할 수 있는 것보다 더 잘 추리하고, 생각하고, 일할 수 있는 기계를 만들 수 있다고 가정해야 한다."[2]

우리는 이미 놀랄 만한 수준까지 와 있다. 2016년 세계 최고의 바둑 기사가 컴퓨터 프로그램에 졌다. 그 다음 해까지 이어진 도전에서 세계

---

* neocortex, 인간의 뇌에서 가장 늦게 진화한 부분으로 이성적 판단을 담당함.

최고의 기사 60명 모두가 졌다. 바둑이 체스보다 훨씬 더 어렵고, 미묘하고, 더 **인간적**인데도 불구하고 나온 결과다. 2017년에는 인공지능 프로그램이 텍사스 홀덤*의 세계적 선수들을 무너뜨렸다. AI 프로그램이 속임수를 쓰는 법도 알았던 것이다.

이미 충분한 사례로 감안해 본다면 지금의 AI 프로그램은 거의 모든 것을 배울 수 있다. 페이스북의 딥페이스DeepFace 알고리즘은 사진 속 특정인의 얼굴을 97퍼센트 인식한다. "심지어 얼굴의 일부가 가려지고 채광이 나쁠 때도 그 정도"라 하니 사람과 거의 동등한 수준이다.[3] 마이크로소프트는 자사의 소프트웨어가 두 가지 품종의 웰시코기** 사진을 확실히 구분할 수 있다고 자랑한다.[4] AI 로봇 하나가 〈고대의 방어Defense of the Ancients〉라는 비디오 게임을 배우는 데 2주가 걸린다. 그러고 나면 세계적인 최고의 선수들도 이길 수 있는 수준이 된다. "약간은 사람처럼 느껴지지만 약간은 다른 것 같다"는 게 패배한 한 선수의 말이었다.[5]

결국은 게임이기 때문에 이 모든 것이 하찮아 보일 수 있다. 스마트 리플라이Smart Reply는 지금까지 구글의 커즈와일 팀이 가장 가시적으로 내놓은 제품이다. 지메일 하단에는 세 가지 대응이 제안됐다: "좋은 생각이네요That sounds great," "그때는 안 돼요Can't make it then," "확인 해 볼게요Let me chek!". 물론 커즈와일의 진짜 목표는 이메일에 답하는 것을 돕는 게 아니다. 더 많은 데이터를 모아 클라우드가 학습하는 걸

---

* Texas Hold'em, 카지노에서 유행하는 카드 게임 중 하나.

** Welsh corgi, 소몰이를 하던 목양견.

도우려는 것이다.

〈와이어드Wired〉잡지는 2017년 그것을 "언어의 의미를 이해하는 시스템으로 그 집단의 첫 번째 주요 프로젝로 나온 가시적인 것의 일부분일 뿐이다. 코드네임 코나Kona는 나와 여러분 정도로 언어가 유창한 소프트웨어를 만드는 것 이상을 목표로 하고 있다"라고 보도했다.[6 비현실적으로 들리는가? 그렇더라도 그건 컴퓨터의 연산 능력이 부족한 게 아니다.

커즈와일은 2020년까지 천 달러의 PC가 엄청난 계산능력으로 인간의 두뇌와 같은 연산력을 가질 것이라고 예측했다. 최소한 이런 거친 방식으로 측정하더라도 2029년까지는 사람의 두뇌보다 천 배나 더 강해져 있을 것이다. 2055년까지는 "천 달러 상당의 컴퓨터 연산력이 지구상 모든 사람의 정보처리 능력과 같아질 것이다. 2099년에 이르면 1페니 상당의 컴퓨터 연산력이 현재 지구상의 모든 인간 두뇌보다 10억 배나 강력해질 것"이라는 게 그의 말이다.[7"

잠시 동안은 이것이 좋은 것인지 혹은 나쁜 것인지 알아내려고 하지 말자. 지금은 단지 그것이 **큰** 것이고, 타의 추종을 불허하는 수준의 레버리지에 해당한다는 가정 하에 논의를 해보자. 가속화되는 화석 연료의 연소를 억제하지 않고 방치해 둔 결과가 **자연**을 근본적으로 바꿀 만큼 강력했다면, 실리콘 밸리와 이곳의 전지구적 전초 기지에서 관찰되는 기술력의 가속화를 통제하지 않고 방치해 둔 결과도 **인간 본성**에 근본적으로 도전하기에 충분할지도 모른다. 석탄과 가스, 기름을 사용하는 데는 수백 년이 걸렸다. 이 또한 가속화 사례지만 열 배출량의 절반과 다양한 물리적 임계치를 넘어선 것들로 보이는 것은 지난 30년 동안에 나왔다. 인공지능의 경우는 아마 그렇게 오래 걸리지 않을 것이다. 이 분야를 공부하는 사람들이 우리에게 하는 말이다.

여기서 분명히 해둘 것은 작가 팀 어번Tim Urban이 이야기했던 좁은 인공지능artificial narrow intelligence, 때로는 '약 인공지능weak AI'으로 불리는 기술은 이미 달성했다는 것이다. "체스 세계 챔피언을 이길 수 있는 AI가 존재하지만 이 녀석이 할 줄 아는 건 체스가 전부다. 그 녀석에게 하드 드라이브에 데이터를 저장하는 더 좋은 방법을 생각해 보라고 말한다면 멍하니 당신만 처다보고 있을 것이다." 어번이 한 말이다.[8] 이런 약 인공지능은 우리 주변에 널려 있다. 이 때문에 아마존은 구매자가 다음에 무엇을 사고 싶은지 알고 있는 것이고, 시리*가 어느 정도는 질문에 대답하는 것이다. 또 다른 차가 당신 앞에 끼어 들면 당신의 새 차가 속도를 줄여야 한다는 것도 안다. 완전 자율주행차가 마침내 도로에 등장한다면, 이 차는 수천 개의 센서가 장착되어 '특정 과업'을 사람보다 더 잘 수행하는 최대한의 약 AI가 될 것이다. 선술집에서 IPA 맥주를 몇 시간동안 마셔도 자율주행차가 집까지 데려다 줄 것이다. 약 AI가 정확히 어떤 IPA를 가장 좋아할지 추천하는 것은 식은 죽 먹기일지도 모른다. 하지만 이것이 삶을 살아가는 최선의 방식인지에 대한 흥미로운 토론을 함께 해주지는 못할 것이다.

* Siri, 애플이 만든 AI 기반의 음성인식 개인 비서 소프트웨어

그 다음 단계는 범용 인공지능이다. 때로는 '강 AI'로 불린다. 어번의 설명에 따르면, 이 컴퓨터는 "전반적으로 사람만큼 스마트해서 사람이 할 수 있는 어떤 지적 작업도 수행할 수 있는 기계다." 이런 유형의 지능은 "추론 능력, 계획, 문제 해결, 추상적 사고, 복잡한 개념 이해, 빠른 학습과 경험 학습"을 요구할 것이다.[9] 5년 전에 두 명의 연구자가 이런 획기적인 단계에 언제 도달할지 컨퍼런스에 참석한 수백 명의 AI전문가들에게 물었다. 더 정확하게는 도달 확률이 10퍼센트일 때는 "낙관적 연도의 중간 값"으로, 50퍼센트일 때는 실현가능한 연도의 중간 값으로, 90퍼센트일 때는 '비관적인' 연도로 이름을 붙여줄 것을 요청했다. 낙관적인 해는 2022년이었고, 그들이 50퍼센트 실현가능성을 생각한 해는 2040년이었다. 비관적인 해는 2075년이었다.

이 말은 그 분야에서 일하는 사람들이 올해 태어난 아이가 중년이 되는 해가 돼서야 강력한 인공지능을 가지게 될 확률이 90퍼센트로 확신한다는 것이다. 현재 추산으로는 중년이라는 말에 주목하라. 최근 실시된 유사한 조사에서는 단순히 우리가 언제 거기에 도달할 것이라고 생각하는지 전문가에게 물었다. 42퍼센트가 2030년 혹은 그 이전이라고 답했다. 단지 2퍼센트만이 "결코 도달 못 한다"고 답했다.[10] 카네기 멜런대의 한 교수는 "더 이상 25년 전에 느꼈던 빈틈은 없다. 우리가 아이디어를 모으는 좋은 컴퓨터 시스템이 없다는 것은 알지만 구성부분을 놓치고 있는지는 분명치 않다"[11]

그러면 어떤 일이 일어날까? 컴퓨터 1대가 사람 한 명만큼 스마트해진다면 어떤 일이 일어날까? 일부 AI 전문가는 아마 그냥 계속 갈 것이라고 말한다. 만약 AI가 지능을 계속 증대하도록 설정됐다면 아마 평균적인 네 살짜리 이해에서 "일반적인 상대성 이론과 양자 메커니즘을 통합한 물리학의 대이론을 만들어 내는 데"에 한 시간이 걸릴 것이라는 게 어빈의 말이다. 어떤 사람도 절대 해낼 수 없었던 일이다. "이로부터 90분 후, 그 AI는 사람보다 17만 배나 지능이 더 커진 슈퍼 인공지능이 된다." 그가 지적한 것처럼 상상하기도 힘들다. "호박벌이 케인스 경제학을 헤아릴 수 있다는 것이나 다름없다. 인간세계에서 스마트하다는 것은 IQ 130을 뜻하고, 바보는 IQ 85를 뜻한다. 하지만 IQ 12,952에 해당하는 단어는 없다."(12 어쩌면 이런 발달이나 아직 오지 않은 어떤 발달로 인해 내가 휴먼 게임이라고 부르고 있는 것이 다소 얼마만큼은 바뀔 수도 있을 것이다. 이것이 다른 규모의 레버리지다.

하지만 이 모든 것이 얼마나 가능성 있는지 계산하기 전에, 그리고 그것이 좋은 아이디어인지 생각하기 전에 빠르게 성장하는 이런 새로운 힘의 특정한 실제 사례 하나를 살펴보기로 하자. 이것은 우리가 어디까지 갈 수 있고, 여전히 우리 자신을 유지할 수 있는지에 대한 좀더 나은 이해를 제공할 것이다.

14장

1953년 프랜시스 크릭Francis Crick과 제임스 왓슨James Watson이 DNA
의 이중나선 본질을 발견했다. 놀랄 만한 업적이었지만 하룻밤 사이에 세
상은 바뀌지 않았다. 이후의 유전학 연대기에서 몇 가지를 주목해 보자.

1974년, 최초의 유전자 변형동물이 만들어졌다.(쥐).

1996년, 어떤 스코틀랜드 사람*이 양을 복제하고, 돌리Dolly라고 이름
을 지었다.

1999년, 에두아르도 칵Eduardo Kac이라는 아티스트가 해파리 DNA
일부를 토끼에 집어넣고 어두운 곳에 놔두면 인광녹색으로 빛난다는 것
을 밝혀냈다. 그는 '새 시대가 왔으니 새로운 종류의 예술이 필요하며,
동굴에 있었던 때처럼 그림을 그린다는 건 말이 안 된다'고 말했다.

또한 1999년, 프린스턴, MIT, 워싱턴대 과학자들이 단 하나의 유전자
를 바꿔도 쥐의 기억을 증진시킬 수 있다는 것을 발견했다. 지금은 시간
의 뒤안길로 사라진 조숙하고 스마트한 TV 캐릭터의 이름을 딴 이 '두

* 이언 윌머트Ian Wilmut 박사로 알려짐.

206

기 마이스Doogie Mice'는 숨겨진 해저 승강장의 위치를 개량하지 않은 쥐보다 더 빠르고 정확히 찾아냈다.

2009년, 아시아 과학자들이 훨씬 더 스마트한 쥐를 만들었다. 이들은 이 쥐를 중국만화의 캐릭터를 따라 호비 제이Hobbie-J라고 불렀다.

"이 쥐들에게 초콜릿상을 걸고 오른쪽이나 왼쪽으로 갈 수 있는 선택권을 주면 호비 제이가 일반 쥐보다 훨씬 더 오래 올바른 경로를 기억했다. 하지만 5분이 지나면 그 역시 까먹었다. '결코 쥐들을 수학자로 만들 수는 없다'는 게 연구자의 설명이다. '결국 그들도 쥐다.'[1]

물론 다른 유기체에 관한 유전자 연구도 동시에 진행되고 있었고, 일부는 훨씬 더 빠르게 움직였다. 몬산토*는 제초제에 내성을 갖는 농작물을 개발하여 농부들이 더 많은 제초제를 뿌릴 수 있게 하고 수익을 올렸다(농부가 아닌 몬산토가). 하지만 특별한 인간 유기체의 경우는 유전자 혁명에서 보여줄 게 많지 않았다. 무엇보다 도구가 부족하다 보니 일이 늦게 진행됐던 것이다.

어드밴스드 셀테크놀로지Advanced Cell Technology의 CEO 마이클 웨스트Micahel West는 "생물학자의 꿈은 생명의 프로그래밍 코드인 DNA 배열 순서를 아는 것이다. 또 워드 프로세서에서 문서를 편집하는 방식으로 편집할 수 있게 되는 것이다"라고 말했다.[2] 구식 언어인 **워드 프로세서**라는 말을 사용한 것에서 알 수 있듯이 꽤 오래전에 한 얘기다. 정

---

* Monsanto, 종자개발, 생명공학기술 개발 등의 농업 솔루션을 제공하는 다국적 농업기업.

확히 2000년이다.

하지만 이후 크리스퍼*가 등장했다. 먼저, 일본 과학자들이 연구하고 있었던 일부 박테리아에서 이상한 뭔가가 있다는 것을 알아냈다. '생물학적 중요성이 알려지지 않은' DNA 배열의 주기적 반복이었다. 연구자들은 그것을 "박테리아와 고세균에서 발견되고 일정한 간격으로 분포하는 짧은 DNA 염기 반복 서열로" 혹은 채소나 과일이 시들 때까지 보관하는 냉장고 서랍 같은 발음**이 나는 크리스퍼라고 불렀다. 크리스퍼는 실제로 박테리아의 면역 시스템의 일부로 밝혀졌다. "침입하는 바이러스를 박테리아 효소가 죽일 때마다 다른 작은 효소가 나오고 바이러스의 유전자 코드의 잔해를 퍼내 작은 조각으로 잘라서 크리스퍼 공간에 저장한다." 그런 다음 박테리아는 머그샷***처럼 저장된 유전 정보를 이용하여 새로운 바이러스의 RNA****를 찾아내고 이것 역시 잘라내어 저장해야 하는지 확인한다.[3] 어쨌든 수년 전에 일부 과학자들이 이 캐스나인Cas9이라는 효소의 재능을 잘 활용할 수 있음을 알아냈다. 만약 가짜 머그샷 같은 인공 RNA를 먹였다면 똑같은 코드로 무엇이든 검색해서 잘라내기 시작했을 것이다.

어떤 과학자가 크리스퍼를 알아냈고 정확히 언제인지는 약간의 논란이 있는 문제이나, 사실 수십억 달러가 그 결과에 달려 있었다. 2012년

---

* CRISPR, 유전자 편집기술, 유전자 가위.

** 냉장고의 야채 보관실을 crisper라고 함.

*** mug shot, 경찰의 범인 식별용 얼굴 사진.

**** Ribouncleic acid, 핵산의 일종으로 DNA가 가지고 있는 유전정보에 따라 필요한 단백질을 합성할 때 직접적으로 작용하는 고분자 화학물.

버클리대 제니퍼 다우드나Jeniffer Doudna와 스웨덴 연구원 에마뉘엘 샤르팡티에Emmanuelle Charpentier가 논문을 발표해서 그 기술로 원하는 장소에서 원하는 게놈을 자를 수 있다는 것을 보여줬다. 다음 해 보스턴의 브로드 연구소Boston's Broad Institute에서는 중국계 미국인 생화학자 장펑Zhang Feng이 크리스퍼가 사람과 쥐 세포에서 작동한다는 것을 보여줬다. 하버드대 조지 처치George Church는 인간 세포에서 작동하는 약간은 다른 기술을 보여줬다. 논쟁의 여지가 없는 것은 크리스퍼가 유전자 연구자들이 항상 희망했던 '워드 프로세서'와 유사한 뭔가를 제공한다는 사실이다.

복스*가 2017년 12월에 보도한 내용에 따르면, "유전자 편집은 힘들면 비싸고 간단하면 저렴하다. 과거에는 유전자 변형에 수천 달러의 비용이 들고 몇 주 혹은 몇 달이 걸렸다. 이제는 75달러에 불과하고 몇 시간 밖에 걸리지 않는다. 그리고 이 기술은 그동안 시도한 모든 유기체에 적용됐다."[4] 다우드나는 "모든 유전자를 포함하는 유기체의 전체 DNA 함유양을 말하는 게놈은 간단한 문서처럼 거의 편집이 가능하게 됐다. 실제로 우리는 거의 하룻밤 사이에 유전공학과 생물학 정복에서 새로운 시대의 첨단에 있게 됐다"고 말했다.[5]

다우드나가 자신의 책《크리스퍼가 온다A Crack in Creation》에서 설명하듯이, 맨 처음 등장했을 때 생물학자들은 열정으로 "단일 요소인 DNA를 근육을 형성시키는 유전자로 변형시켜 슈왈제네거 같은 초근육질 몸"을 가진 사냥개 비글을 만들었다. 연구자들은 돼지 유전자 한 개도

---

* Vox, 복스미디어가 소유한 미국 뉴스 및 웹사이트.

비활성화시켜 "큰 고양이보다는 크지 않은 애완동물로 팔 수 있는 초소형 돼지를 만들었다."[6] 아직 완벽하게 연구된 것이 아니지만, 2018년 여름 연구자들이 "인간의 세포 일부가 암에 대한 방어를 작동시켜 번식을 멈추고, 때로는 죽어가면서 유전자 편집에 저항한다"[7]라는 것을 발견한 직후 일부 유전학 관련 회사의 주가가 급락했다.

하지만 전문가들은 이런 차질을 흔히 발생하는 문제로 여겼고, 다음 전진을 향한 계획을 짜는데 바빴다. 농작물 유전학의 경우 새로운 혁명으로 유전자 변형식품이 안전한 먹거리인지(거의 확실하다), 전통적 농업을 뒤집을 것인지(거의 확실하다)의 문제를 다시 야기할 것이다. 또 과학자들은 "유례 없는 속도로 멈추지 않는 연속된 연쇄반응 같은 것"에서 모기 같은 야생 개체군에 새로운 형질을 강제할 수 있는 '유전자 드라이브'*의 힘이 발휘되도록 하는 방법을 모색하고 있다.[8] 하지만 이 책은 무엇보다도 인간이라는 종에 관한 것이기 때문에 이것들에 대해서 더 이상 언급하지는 않을 것이다. 휴먼게임에 있어서 크리스퍼의 진정한 힘은 사람을 바꿀 수 있는 능력에 있다.

이 힘은 두 가지 형태로 온다. 그리고 이 둘 사이를 구분하는 게 핵심이다. **첫 번째는 이미 문제를 가지고 있는 기존 인간을 고치는 데 활용하는 것이다. 두 번째는 미래의 인간을 바꾸는 것이다.** 이 둘은 아주 달라 골똘히 생각해 봐야만 한다. 그중 하나는 휴먼게임을 향상시키고, 다른 하나는 휴먼게임을 끝낼지도 모르기 때문이다.

첫 번째 유형으로 우선 시작해 보자. 과학자들은 이것을 '신체 유전공

---

* gene drives, 특정 유전자를 조작해 개체군 전반에 퍼뜨리는 기술.

학somatic genetic engineering'으로 부르는데, 또 다른 이름으로 '유전자 치료gene therapy'라고도 한다. 아니면 그냥 '수리repair'라고도 부를 수 있다. 다우드나는 실험실에서 배양된 인간 세포의 경우 크리스퍼를 이용해 "낭포성 섬유증, 겸상 적혈구 질환, 일부 실명의 원인이 되는 돌연변이를 고쳤다"고 발표했다. "연구자들은 변형된 유전자의 손상된 부분만을 잘라내고 나머지는 온전하게 놔둠으로써 희귀 유전성 골격근 퇴행성 질환을 일으키는 DNA 결함을 고쳤다."[9] 누군가 겸상 적혈구 빈혈증*을 가지고 있다고 하자. 크리스퍼를 이용해 세포의 변형된 유전자를 고치고 그 편집된 셀을 다시 환자에게 돌려보내면 "견고한 양의 건강한 헤모글로빈이 대량으로 생산"될 것이다."[10]

이런 작업들이 이제 막 실험실을 떠나 현실세계에서 적용되기 시작했다. 2017년 여름 미 식품의약국(FDA)은 사상 최초로 이런 치료법을 승인했다. 환자 자신의 세포를 변형해 백혈병과 싸우도록 설계한 것이었다. 제약회사 노바티스Novatis는 환자 63명의 세포를 변형시켜 이중 52명을 호전시켰다. 적법한 과정이 일으킨 기적이다.

"이 치료법이 승인되면 세계 도처에서 수천 명의 생명을 구할 것이라고 믿는다." 에밀리 화이트헤드Emily Whitehead라는 소녀의 아버지가 FDA 자문단에 한 말이다. 에밀리는 6살 때 거의 죽을 뻔했지만, 이후 유전자를 바꿔 몸의 암세포가 사라졌다. "자문단 여러분, 모두가 언젠가는

---

* sickle-cell anemia, '낫 모양 적혈구 빈혈증'이라고 부르며 고산지대와 육체적 피로가 있을 경우 통증, 외출혈, 폐와 심장 및 신장에 기능장애가 오기도 한다. 이제는 환자의 골수로부터 줄기세포를 분리시키는 게 전적으로 가능해 보인다.

화학 요법과 방사선 치료 같은 유독한 처방을 가족의 표준 치료법으로 사용하는 것을 종식시키고, 백혈병을 대부분의 사람이 생존하는 치료가 능한 질병으로 바꾼 프로세스의 일부였다고 말할 수 있기를 희망한다"라고 에밀리 아버지가 말했다.[11]

그러면 다시 분명히 해보자. 첫 번째 유전공학, 즉 기존 인간의 결함을 고치는 것은 휴먼게임에 위협이 되지 않는다. 신체 유전공학은 전통적인 의학을 확대하면서 이전에 치료할 수 없었거나 엄청난 양의 화학물질과 방사선으로 투박하게 공략할 수밖에 없었던 일부 질병을 치료할 수 있게 해준다. 그렇다. 여기에도 대형 제약회사들의 이윤 추구와 불평등한 의료 시스템 같은 통상적인 복잡한 문제가 모두 존재한다. 하지만 이런 일은 계속 일어나고 삶도 더 나아지도록 할 것이다. 이것을 가능케한 커즈와일의 정보 수익 가속의 법칙에 만세 삼창을 제안한다.

아마도 만세 이창일 수도 있다. 왜냐면 크리스퍼는 두 번째 유형의 힘도 허용하기 때문이다. 이 두 번째 경우에서는 배아기의 DNA를 변형시켜 **인간으로 태어나기도 전에 바꾼다**. 이 경우에 그 변화는 자손에게까지도 영원히 전달될 것이다.

이미 말한 것처럼, 첫 번째 범주는 신체 유전공학이라 부른다. 이 두 번째 접근법은 대개 '생식세포계열germline' 유전공학이라는 이름으로 전해진다. 생식 계열이 번식과정에서 자신의 유전 형질을 전달하는 세포들로 구성되어 있기 때문이다. 이것을 **유전되는** 유전자 변이라고 부를 수도 있다. 다우드나는 "이제 역사상 처음으로" 우리가 "**우리 스스로 종의 진화를 지휘**하는 힘을 가진 것이라고 말한다. 이것은 지구상 생명체의 역사에서 선례가 없다. 인간의 이해를 뛰어넘는 일이다."[12

왓슨과 크릭이 이중나선 구조를 발견한 이후, 윤리학자들은 태어날 아기를 설계할 가능성에 대해 논쟁을 벌였다. 하지만 이런 논쟁은 늘 희박한 학문적인 것에 그쳤다. 누구도 그것이 조만간 실제로 이루어질 것이라고는 생각을 안 했기 때문이다. 그런데 크리스퍼가 등장했다. 2015년 4월 타이완에 있는 쑨원대 연구원들이 그 기술을 이용해 생존불가능한 인간 배아를 편집했다고 발표했다. 혈액질환의 일종인 지중해 빈혈을 초래하는 유전자를 변형시킨 것이다. 2017년 오래곤의 연구진이 그 위업을 반복했다. 이번에는 심장 질환을 일으키는 유전적 결함에 초점을 두었다. 이들의 실험실은 기술면에서 더 성공적이었다. '비표적 효과'*도 더 적어서 작업을 했던 연구원이 그 프로세스를 조만간 상업화하고 싶다고까지 말했다. "임상에 적용하는 걸 강력히 주장한다. 이 연구는 내 호기심을 충족시키려고 한 것이 아니다. 기술을 개발해 병원에서 쓰게 하려는 것이다. 10년이 걸릴지도 모르겠지만 분명 가능할 것이다." 그 오래곤 연구원이 말했다.[13

이 경우는 10년도 채 걸리지 않았다. 2018년 11월 말 또 다른 중국인 연구자 허젠쿠이He Jiankui가 자신의 실험실에서 여자 쌍둥이 루루Lulu와 나나Nana를 태어나기도 전에 유전적으로 교정했다고 발표했다. 지구상 최초의 맞춤 아기를 만든 것이다. 그의 이야기는 기이했다. 그는 아이들의 유전자를 재프로그래밍해서 에이즈바이러스(HIV)에 감염이 안 되게 하려는 시도였다고 말했다. 후천성면역결핍증(AIDS) 연구자 앤써

* off-target effects, 원래 목표가 아닌 엉뚱한 유전자를 인식해 발생하는 부작용.

니 파우치Anthony Fauci가 곧바로 지적했듯이 그렇더라도 "자기 자신을 HIV로부터 적절하고 효과적으로 확실하게 보호할 수 있는 방법은 아주 많다. 내 생각에는 다른 수많은 방법으로 쉽게 얻을 수 있는 효과를 위해 배아 유전자를 편집하는 것은 비윤리적이다." 분명 그 '조정fix'은 쌍둥이 가운데 한 명에게만 행해졌는데, 이 과정에서 다른 한 명이 손상을 입었을지 모른다는 추측이 있었다.[14] 허 박사는 이미 선을 넘었다. 대다수의 정부와 과학계는 생식세포계열 공학에 반대하는 일종의 법이나 규제를 가지고 있다. 중국 당국 역시 그의 임상 실험을 유예한다고 발표했다. 실제로 그가 체포됐을지 모른다는 추측도 있었다. 정부 대변인이 그의 실험을 "극도로 혐오스럽다"고 말한 다음이다.[15]

하지만 분명 그 선은 약해지고 있다. 다우드나는 2017년 크리스퍼가 "지금은" 배아를 편집하기 위해 사용돼서는 안 되지만 "미래에는 아마 가능할 것으로 생각한다. 내가 생각하기에 이것은 큰 변화다"라고 말했다. 그녀는 유전병을 앓는 가족을 둔 사람들이 보내 온 편지를 읽은 후 생각을 바꿨다고 말했다. 한번은 신경퇴행성 질병을 진단받은 아이 어머니에게서 편지를 받았다. "정말 사랑스러운 꼬마 아기였어요. 작은 캐리어 안에 있는 모습이 정말 귀여웠죠." 그녀의 회상이다. "나도 아들이 하나 있어서 가슴이 찢어지듯이 아팠어요. 그래서 만약 이런 사람들을 도울 길이 있다면 그렇게 해야만 한다고 생각했어요. 안 그러는 게 잘못된 거죠."[16]

사실이다. 인간의 선한 형질 중 하나는 고통 속에 있는 귀여운 아기를 무시하지 못한다. (그리고 모든 아기는 귀엽다.) 하지만 진실은 또 있다(또 이것은 거의 마지막 기술적 단락이다). 우리는 정확히 이런 유형의 유전병을 막을 수 있고 이미 널리 쓰이고 있는 방법을 가지고 있다. 바로 착상 전 유전진단(PGD)이라 불리는 것이다. PGD의 작동 방식은 이렇다. 유전병 위험이 있는 부부가 체외수정을 이용해 여러 개의 배아를 만든다. 배아가 8개일 경우, 이 배아들은 5~6일 동안 실험실에서 자란다. 그러면 이들에게 문제가 있는 유전자를 가지고 있는지 테스트할 수 있는 상태가 된다. 그 다음 의사가 질병이 없는 배아를 골라 엄마의 자궁 안으로 이식한다. 이것은 전 세계에서 수없이 행해져 왔다. 지중해 빈혈처럼, 생식세포계열 공학으로 근절할 수 있는 모든 질병은 이미 일상적으로 PGD를 통해 도태되고 있다.

두 경우 모두가 엄마의 난자로부터 꺼내 이들의 구성 물질을 실험실 작업대에서 다룬다. 이 절차는 엄마의 신체도 똑같이 해친다. 하지만 PGD는 특별한 논란이 없다. 이유는 간단하다. 부모가 제공한 유전 형질을 가지고 작업하기 때문이다. 새로운 뭔가를 더하지 않는다. 단지 유전 수학으로 제시된 위험 가능성을 제거한다. 점차 드문 경우로 사라지고 있지만, 이것이 작동하지 않는 유일한 경우는 부모 모두가 똑같이 열성의 유전 장애에 시달리고 있을 때다. 실제로 양 부모가 낭포성 섬유증을 가지고 있다면 아이들 모두가 역시 이 질병에 걸리게 된다. 선택할 수 있는 건강한 난자가 없는 까닭이다. 실제로 이런 경우는 점차 사라져 드물지만, 바로 이들이야말로 생식세포계열 공학이 없다면 아이들을 입양하거나 누군가 다른 사람의 난자나 정자를 이용할 수밖에 없을 것이다.

PGD는 아주 일상적인 일이라 언론에서도 일상적으로 무시한다. 유전

215

과 사회센터(CGS)에서 실시한 한 연구에 따르면, 인간 유전공학에 관한 논문 85퍼센트가 분명한 대안이 이미 존재하고 있다는 것을 언급조차 하지 않는다. 사실상, PGD는 너무 효과가 좋아 남용될 수 있다는 우려가 있다. 의심의 여지없이 일부 부모들은 이미 아이의 성을 고르고 있어 성차별이라는 우려를 낳는다. 하지만 이런 우려마저도 유전공학과 비교할 때 옅어져 버린다. 부모의 기존 유전자로 강요되는 자연적 한계가 있기 때문이다. PGD는 6명에서 8명까지 가능하다. 이 모두가 실재 기회의 범위 안에 있다.

일부 사람들에게 생식세포계열 공학이 매력적인 것은 자연스런 행동만으로 만들어 낼 수 없는 결과를 달성하고 **정확히 그런 한계를 뛰어넘을 기회를 제공한다는 점이다.** 이것은 현실적인 가능성에서 선정하는 대신 메뉴로 새로운 선택을 추가하게 해줄 것이다. 미래의 에이즈 감염을 막기 위해 허 박사가 유전자를 바꾼 것은 단지 시작일 뿐이다. 캘리포니아 주립대 데이비스 의과대학 세포생물학과 교수인 폴 노플러Paul Knoepfler는 무엇이 앞에 놓여 있는지 다음과 같이 설명한다. "오늘날 피자를 주문할 때 취향에 따라 그린 올리브, 양파, 이탈리안 햄, 염소젖 치즈를 넣고 특별 소스를 첨가하듯, 미래의 유전자 변형(GMO)의 사피엔스Sapiens 아이를 계획하고 주문할 때도 아주 구체적인 '토핑'을 요구할 수 있다"라고 말한다. 이 경우 녹색 눈동자, 질병에 대한 면역력, 탄탄한 근육을 가진 이탈리아 사람의 유전자, 젖당 소화 장애증이 없는, 특정 혈액형으로 메뉴에서 선택하는 독특한 형질의 토핑을 고를 수 있다."[17]

우리가 인간 게놈의 작동 방식을 보다 잘 이해할수록, 컴퓨터 능력이 보다 나아지고 다양한 유전자 사이의 상호작용을 보다 잘 이해할수록, 메뉴는 자연스럽게 더 길어지고 보다 놀라워질 것이다. 국가 암연구소 생화학 연구소의 유전자 구조와 규제를 담당했던 전 책임자 딘 해머Dean Hamer가 가까운 장래의 모습을 묘사한 사례에 귀 기울여 보시라. 젊은 커플 시드Syd와 카일라Kayla가 배아를 수정하는 데 "자신들 앞에 놓인 선택을 곰곰이 생각한다. 테레사 수녀의 이타주의 수준에서 가장 극악무도한 CEO까지를 망라한다. 시드는 성인 쪽으로 마음이 가는데 카일라는 기업가를 주장했다. 결국 이들은 그 중간 수준을 고르면서 박애와 경쟁력의 완벽한 조합을 기대한다." 시드와 카일라는 "자신들의 아이가 행복지수의 변동 폭이 너무 높게 정해지지 않도록 하는 데에도 신경을 썼다. 그리고 아이가 진정한 감정을 느낄 수 있기를 원했다. 누가 죽으면 그 죽음을 애도하고, 누군가 태어나면 크게 기뻐해야만 하는 것이다."[18

앨라배마 대학의 중견교수 그레고리 펜스Gregory Pence는 생명공학 분야의 선구자로 한번은 이런 말을 했다. "많은 사람들이 자신들의 리트리버*가 아이와 어른들 주변에서 쾌활하게 노는 것을 좋아한다. 훌륭한 사육자들이 가족의 필요에 따라 개의 품종을 맞추려 하는 것과 마찬가지로 부모가 최소한 어떤 유형을 목표로 하는 걸 허락하는 게 그렇게 끔찍한 일인가?"[19

펜스와 해머는 1990년대 후반에 책을 쓰고 있었다. 당시 나는 아주 초기의 책《이너프Enough》에서 이들의 글을 처음 인용했다. 그 당시에는 이 모든 것이 아직 추측에 근거하고 있었기 때문에 유전자 변형이 상

---

* retriever, 사냥 때 총으로 쏜 새를 찾아오는 데 이용하는 큰 개.

업적 가능성이 되기에는 너무 어려웠다. 또 사람들은 어떤 유전자가 기분과 지성, 기질을 관장하는지에 대해 아주 제한적으로만 이해하고 있었다. 그때 이후, 사람들은 이 초기의 예측들이 약간은 단세포적인 소리로 들릴 정도로 훨씬 더 많은 것들을 알게 됐다. 이제는 유전자가 어떻게 상호작용하는지 관점에서 더 많은 것을 생각한다.

2018년 여름에는 세 대륙에 사는 2만 명의 환자를 대상으로 한 새로운 유전학 연구에서 "다른 사람의 유전자 정보를 측정하고 학업성취, 경력개발, 그리고 부에 미치는 영향을 평가해서" 한 사람의 '다유전자성 점수'를 추적할 수 있음이 밝혀졌다. 말하자면, 같은 부모와 같은 집에서 자란 아이라도 이 점수가 높은 아이가 더 성공하는 경향이 있고 더 부자가 될 수 있다는 것이다.[20] 그래서 빅 데이터와 빅 생명공학이 결국은 새로운 빅 산업을 창출하기 위해 어떻게 결합할 것인지 상상하기란 그리 어렵지 않다는 게 커즈와일의 주장이다.

물론 우리가 잘 알지 못하는 것이 여전히 많이 존재한다. 오레곤 연구소에서 크리스퍼로 배아 유전자를 바꾼 뉴스가 터진 다음 날, 〈뉴욕타임스〉 기자는 과학이 아이가 아이비리그 입학 통지서를 받게 유전적으로 운명 지을 것 "같지는 않다"고 단언했다. 또 아이에게 스티븐 콜베어*의 짤막한 농담을 미리 장착시키거나 아기에게 비욘세의 음역대를 가지도록 만들 수 있을 것 같지도 않다고 했다. 이 능력들은 특정 유전자 하나에 좌우되는 것이 아니기 때문이다.[21] 스탠퍼드대 한 교수는 엄청난 배아를 검사할 수는 없다고 말했다. 말하자면 "이것은 미국대학수학능력

---

* Stephen Colbert, 미국 배우, 텔레비전 진행자.

시험(SAT)의 두 파트에서 1550점*을 얻는 것과 같이 힘들다."(22) 다행스럽게도 누군가를 스마트하게 혹은 멋지게 만드는 데는 엄청 많은 유전자의 관여가 있어야 한다.

그러나 우리는 어떤 유전자가 우리 몸의 세로토닌** 수준을 관장하는지 과거보다는 더 많이 알고 있다. 그래서 과학자들이 아이의 기질에 어떤 변화를 시도하는 것을 상상하는 게 전혀 설득력이 없지는 않다. 유전과 사회센터의 책임자인 마치 다르노브스키March Darnovsky는 그 오레곤 발표 다음 날 "이것이 유전자 변형 인간으로 나가는 데 중추적 지점이다. 소규모 과학자 집단이 자체적으로 복제 생식세포계열 변형 기술을 추진해 나가기로 했다. 어떤 형태든 인간 생식세포계열 변형을 허용한다면, 특히 인공수정 병원이 여유 있는 사람들에게 '유전자 업그레이드'를 서비스로 제공하기 시작하고 모든 유형의 길을 개방하는 것만 남는다."(23)

실제로는 이미 착상 전 유전진단으로 질병에 대처할 수 있기 때문에 결국 크리스퍼는 귀여운 아이를 유전 질환으로부터 구하는 것보다는 더 '개선'하는 방향으로 갈 수도 있다. 제니퍼 다우드나의 이야기는 깜짝 놀랄 만하다. 그녀의 크리스퍼 발견에 관한 뉴스가 나오고 얼마 지나지 않아 그녀의 연구소에 있는 박사과정 샘 스턴버그Sam Sternberg가 이메일을 받았다. "크리스티나Christina라는 기업가로부터였다. 그녀는 샘이 자신의 새 회사에 참여할 의향이 있는지 알고 싶어 했다. 어느 정도 크리스퍼와 관련 있는 회사였다. 그리고 자신의 사업 아이디어를 설명하

---

* 1600점이 만점임.

** 뇌에서 분비되는 신경전달물질로 흔히 행복 호르몬이라고 불림.

기 위해 만나 줄 것을 요청했다." "학교 근처의 고급 멕시코 식당에서" 샘을 만난 크리스티나는 "그녀의 회사가 일부 운 좋은 커플에게 모든 유전병의 가능성을 제거하기 위해 크리스퍼로 만든 맞춤형 DNA를 가진 첫 번째 건강한 '크리스퍼 아기'를 어떻게 제공할 것인지에 대해 칵테일을 사이에 두고 열정적으로 말하기" 시작했다. 그녀는 샘을 끌어들이려 유혹하면서 샘이 질병에 관련된 작업만 해주길 원한다고 강조했다. 하지만 너무 혼란스러워진 샘은 "디저트가 나오기 전에 자리를 떴다." 그는 "그녀의 눈에서 예지력이 뛰어난 프로메테우스 같은 번득임"을 감지했고 "그녀가 더 대담한 다른 유전자 향상을 염두에 두고 있다고 의심했다."[24]

다우드나가 강조했듯이, 중요한 것은 크리스퍼가 정확히 이런 향상에 대한 문을 사실상 열었다는 것이다. "만약 그런 대화가 몇 년 전에 있었다면 샘과 나는 크리스티나의 제안을 순전히 환상으로 일축했을 것이다"라고 그녀가 말했다. "물론 훌륭한 공상과학 소설에서는 유전자 변이 인간을 만들기도 했다. 하지만 호모 사피엔스 게놈이 대장균 같은 실험실 박테리아의 게놈처럼 쉽게 조작할 수 있게 되지 않는 한" 그런 일이 실제로 일어날 "가능성은 거의 없다." "결국 인간 게놈을 박테리아의 게놈처럼 쉽게 조작할 수 있게 만드는 것을 **정확히** 크리스퍼가 해낸 것이다." 어쨌든 크리스퍼는 원숭이의 신진대사를 바꾸는 데 사용됐다. 잠재적인 사업성을 감안할 때, "관심 있는 사람이라면 누구나 차지할 수 있는 게놈의 생명체 목록에 점점 더 많은 사람이 추가되는 것은 단지 시간문제로 보인다."[25]

추측건대 '크리스티나'가 이 분야의 마지막 사업가는 아닐 것이다. 실제로 이미 출발선에서 서성거리는 이들이 있고, 그중 다수가 실리콘 밸리의 진짜 거물이다. 가장 잘 알려진 '고객을 직접 상대하는' 유전자 기업은 아마 앤 워치츠키Anne Wojcicki가 세운 23앤미일 것이다. 그녀의 아버지 스탠리Stanley는 1990년대 후반 스탠퍼드대 물리학과 학장이었다. 그의 제자 가운데 세르게이 브린Sergey Brin과 래리 페이지Larry Page가 시작한 회사가 구글이다. 두 사람은 앤Anne의 언니 수잔Susan의 창고에서 회사를 시작했다. 앤은 나중에 브린과 결혼했다가 이혼했고, 수잔은 현재 구글 소유의 유튜브 CEO이다. 23앤미는 타액검사로 가장 잘 알려져 있고 이 검사로 사람의 유전체를 밝힌다. 캘리포니아 데이비스 의과대학의 폴 크노플러의 말에 따르면, 특허 가운데 하나는 이 지식을 이용하여 사람들이 "가능성 있는 짝 집단에서 잠재적 짝을 선택"하는 것을 돕는 것이다.

더 나아가 일부 경쟁자들은 한계를 뛰어넘고 있다. 유전자 연구회사 진픽스GenePeeks를 보자. 이 회사의 주력 제품인 매치라이트Matchright는 잠재적 파트너의 DNA를 검사해 유전적으로 이상이 있는 자손을 낳을 확률을 평가한다. 프린스턴대 리 실버Lee Silver 교수는 이 회사의 공동 창립자이자 과학파트 수석 책임자다. 그의 마음 속 깊이 무엇이 있는지 알고 싶다면 수년 전에 냈던 《리마킹 에덴Remarking Eden》이란 책에서 설명해 놓은 것을 보라. 그는 최초의 생식세포계열 요법이 낭포성 섬유증 같은 몇 가지 명백한 질병을 제거하기 위해 시행될 것이라고 예측했다. 또 그러한 초기의 온정적 개입이 이 요법에 대한 '공포를 가라앉힐' 것이라고 예측했다.

　분명 이것은 허 박사가 루루와 나나를 통해 의도한 것이었다. 하지만 의도와 달리 단기적으로는 역효과를 낳은 것으로 보인다. 실버는 그 이후의 상황을 마음속으로 그린다. 산모실에서 새로 태어난 아들을 안고 기뻐하는 엄마가 찾아온 손님들에게 설명을 한다. "우리 막스Max가 아들인 걸 알고 있었어요. 산모실에 있을 때는 막스가 톰Tom 오빠처럼 뚱뚱하지 않을 거라는 것도 확신했죠." 비슷한 상황이 몇 번 되풀이 되고 나서 이번에는 한 엄마가 일을 하다가 자신의 젖먹이 딸이 16살이 되면 어떤 모습으로 자랄지를 담은 사진 앨범을 휙휙 넘겨보며 웃고 있다. "키 165에 얼굴도 예쁘네."[26]

　다우드나는 "과학자들이 최초의 유전자 편집 원숭이를 만들기 위해 영장류 배아에 크리스퍼를 사용하는 때가 되면, 일부 개성이 강한 과학자들이 인간에게도 똑같이 시도하기까지 얼마나 시간이 걸리는지 스스로에게 물었다"라고 썼다. 그녀는 '대화'할 때라고 느꼈고, "이 과학적 발전이 인류 모두에게 영향을 끼친다는 것을 감안하면 가능한 한 많은 사회분야를 반드시 참여시키는 것이 필요해 보였다. 더욱이 기술의 추가 응용프로그램이 그것을 시도하려는 것을 방해하기 전에 대화가 즉시 시작돼야 한다고 느꼈다."[27] 이것이 이치에 맞다. 분명히, 크리스퍼는 레이 커즈와일이 컴퓨터 연산력의 기하급수적 증가가 세상을 바꿀 것이라고 말했을 때 의도했던 완벽한 사례다. 새로운 힘이 생산할 수 있는 것 중에서 가장 놀라운 한 예다. 인간의 핵심에 있는 DNA를 위한 "워드 프로세서"라니, 이보다 더 이상 놀라울 수는 없다.

그렇다면, 과연 생식세포계열 공학이 인간에게 무엇을 할 수 있을까? 그리고 우리가 해온 게임에는 어떤 영향을 미칠까?

다음과 같은 광고 문구가 있다. 몇 년간 생식세포계열 공학이 발전하면 더 나은 아이를 만들 수 있다. 광고 모델의 미소에서 가지런한 치아가 환히 드러난다. 물론 그들은 기분이 좋고 밝은 분위기 때문에 많이 웃고 있었을 것이다. 섬세하게 조정된 두뇌가 그들에게 높은 점수를 줄 것이라는 것을 감안한다면 왜 그렇지 않겠는가?

유전학 시대의 아버지라 부르는 제임스 왓슨이 언젠가 말했다. "완벽을 지향한다. 누가 못난 아이를 원하겠는가?" 과연 누가 있을까. 물론 누군가 '못생김'을 정의해야 하기 때문에 여기서 약간은 주의를 기울여야 할 수도 있다. 왓슨의 경우 이렇게 말했다. "살찐 사람을 면접 볼 때는 마음이 불편하다. 채용하지 않을 것이라는 사실을 알기 때문이다." 또 생식세포계열 공학이 "뻔뻔한 사람"의 문제를 다루는데 이용될 수 있음을 시사했다.[1] 무엇이 아름다움을 구성하는지에 아이디어 기반을 둔 산업은 엄청 커졌다. 도서관에 가득 차있는 온갖 자기개발서는 우리를 특정한 개성의 소유자로 만든다. 따라서 많은 사람들이 하나의 종으로 진보하는 명백한 다음 단계로 이런 유형의 유전자 개선을 바라

보는 것은 당연한 이치다.

하지만 새로운 기술에 관심이 쏟아질 때는 결점을 간과하기도 한다. 예를 들면 스마트폰과 소셜 미디어가 당신의 삶과 우리 사회에 어떤 영향을 끼치는지 지금 알고 있는 모든 것을 알고 있었더라도, 처음 아이폰을 보거나 페이스북에 로그온 했을 때와 마찬가지로 그렇게 열광적으로 환영했을까? 이 시점에서는 유용한 질문이 아니다. 우리는 이미 트위터와 다른 것도 있는 세상에 있다. 하지만 생식세포계열 유전공학의 경우는 아직 그 세상이 도래한 것이 아니기 때문에 지금 질문을 제기해야만 한다.

우려가 아주 깊은 곳에 묻혀 있을 것 같지는 않다. 제니퍼 다우드나는 크리스퍼를 개발한 이후 몇 년간 악몽에 시달렸다고 말했다. 가장 끔찍한 꿈은 아돌프 히틀러가 돼지 얼굴을 하고 그녀를 호출해 "당신이 개발한 이 놀라운 기술의 사용법과 영향"을 말해 달라고 한 것이다. "아마 최근에 크리스퍼로 다시 글을 쓰고 있는 인간화된 돼지 게놈을 생각하는데 너무 많은 시간을 보내서 그런 것 같다"는 설명이었다.[2]

상상이라도 아돌프 히틀러가 당신의 작업에 관심을 갖는 것은 결코 좋은 징조가 아니다. 하지만 지금은 목이 긴 군화를 신은 복제 군사의 망령은 제쳐 놓자. 대신 과학자들이 우리 코앞에 와 있을지 모른다고 말하는 인간 유전공학이나 강력한 인공지능으로부터 발생할 수 있는 좀 더 실질적인 문제와 당장의 어려움에 집중하자.

어떤 새로운 기술도 이미 어떤 나름의 특정 방식이 형성되어 있는 세계에 들어온다는 것을 알아둘 필요가 있다. 그것이 더 강력한 기술이라면 기존의 방식을 흔들거나 아니면 더 단단히 굳어지게 할 것이다. 예를 들면, 이미 살펴봤듯이 지금 세계 대다수 지역에서는 불평등이 최고 수준에 있다. 또 어느 정도 확실히 말할 수 있는 것은 아기 공학 비용이 비싸질 거라는 점이다. 불임 부부를 위한 시험관 아기 시술법은 등장 이후 수십 년이 지난 지금도 금방 수만 달러가 되고 대개 보험도 안 된다. 따라서 IQ개선과 전혀 상관없는 전문가라도 이 새로운 기술이 지금의 불평등을 더 악화시킬 거라고 자신 있게 예측할 수가 있다.

다우드나가 지적했듯이 "여유가 있는 부자들은 그 방법을 더 자주 사용할 것이다. 배아에 유익한 유전자 변형은 후손 모두에게 전달될 것이기 때문에 계층과 유전학 간의 연결은 한 세대에서 그 다음 세대로 갈수록 커지는 것이 불가피하다. 접근 기회의 차이가 아무리 작아도 상관없다." 그녀는 이것이 "포괄적 의료보험 시스템을 가지고 있는 나라(이것은 '미국이 아닌 나라'라고 공손하게 말하는 방식이다)"에서 어떻게 진행될지 충분히 고려하고 있다. 그녀는 덧붙여서 "만약 지금 세상이 불평등하다고 생각한다면 그냥 사회경제와 유전적 계통에 따라 계층화됐다고 생각하라"고 말한다.[3]

사실, 이 대상은 너무도 명확해서 유전자 변형을 시도하려는 사람들도 달리 숨기려 하지 않는다. 진픽스를 운영하는 프린스턴대학 리 실버 교수는 오래전에 다음과 같이 말했다. "경제, 언론, 연예산업, 지식산업의 모든 측면을 진리치* 계층 멤버들이 지배할 것이다." 그 사이에 유전

* GenRich, 돈 많은 부자만이 가능한 부유 유전자 인간.

226

자 변형을 하지 않는 "사람들"은 "저임금의 서비스 종사자거나 노동자로 일할 것이다." 그는 머지않아 이 두 집단은 유전학적으로 뚜렷이 구별되어 서로 간에 "이종교배를 하는 게 불가능하고 서로에 대한 로맨틱한 관심이 지금 인간이 침팬지에 갖는 것과 같을 것이다"라고 덧붙여 말했다. 서로 간 짝짓기가 불가능해지기 전이라도 "진리치 부모는 자신의 아이들이 값비싼 유전적 자질을 그런 식으로 희석되지 않게 강한 압박을 가할 것이다."[4]

우리가 나중에 다시 만날 인간 공학의 지지자인 옥스퍼드대 윤리학교수 줄리안 사불레스쿠Julian Savulescu는 인터뷰에서 기술이 불평등을 악화시킬 가능성이 "매우 크다"고 말했다. 그의 해결책은 얼리 어댑터들의 도덕적 충동을 유전적으로 개선하여 "이런 기술을 더 많은 사람들이 이용할 수 있게 하여 불평등을 감소시키는 것이다."[5] 이것은 아이를 유전적으로 향상시킬 수 있는 티켓을 주기 위해 정부가 복권을 운영하자는 유전학자들의 제안보다는 덜 이상하지만, 상당히 우회적인 방법으로 보인다. 이것을 "찰리와 아기 공장"*이라고 불러 보라.

실제로 불평등에 대해 진정으로 걱정하거나 정말로 질병, 또는 행복이나 어린이에 대해 걱정한다면 생물학에 그렇게 많은 시간과 돈을 쓰지는 않을 것이다. 존스홉킨스대 생물역사학과 교수 나다니엘 컴포트Nathaniel Comfort가 지적한 것처럼 우리가 누구이고 우리 삶이 어떻게 진행될지에 대해 유전학이 부분적인 역할을 하더라도 "가격이 적절하고 제대로 된 집에서 음식과 교육, 교통수단에 실질적으로 접근하고 범

---

* Charlie and Baby Factory, 찰리와 초콜릿 공장에 빗댐.

죄와 폭력에 대한 노출을 줄이는 것이 훨씬 더 중요하다."[6] 피터 틸이 조직한 우울증과 불안 및 중독에 관한 컨퍼런스에 초청된 작가 요한 하리Johann Hari의 경험을 고려해 보자.

하리는 참석자들이 대부분 '뇌의 기형'이 중독과 불안 같은 문제를 유발한다고 확신하는 걸 보고 깜짝 놀랐다. 하리는 자신이 말할 차례가 되자 "사회가 더 불평등해지면 우울해질 가능성이 더 커진다. 인간은 다른 사람과 의미를 나누고 자연세계와 연결되기를 갈망한다. 그래서 우리에게 맞지 않는 방식으로 살기 시작하면 그것 자체가 심각한 고통을 야기한다."[7] 어떻게든 인간을 더 좋게 만들고 싶다면 그들의 이웃, 학교를 바꾸는 것부터 시작해야지 유전자를 바꾸는 건 아닌 듯하다. 물론 이것은 현재 우리가 거주하는 세상, 즉 "사회 같은 것은 없고 그저 개인만 있는" 세상에서는 정치적으로 불가능하다. 단지 개인만 있다면, 당신이 있는 곳이 시작이고 마지막이 될 것이다.

다음과 같은 인공지능 광고도 늘고 있다. 당신이 원하는 곳으로 데려다주는 차와 완벽한 혼합음료를 만들어 주는 바텐더가 있다. 체세포 유전자로 아픈 사람을 고치는 것처럼, 이 새로운 기술에도 완벽하게 맞는 용도가 있다. 예를 들면, 특수 로봇은 수십 년 걸릴 후쿠시마 원자로 청소를 시작하고 있다. 그 로봇이 원자로 노심에서 나오면 "강철로 만든 통속에 밀봉해서 다른 방사성 폐기물과 함께 매장"될 게 틀림없다.[8] 누구도 인간이 그렇게 되는 걸 원치 않을 것이다. 사람들은 허리케인 난민용으로 아주 작은 집들을 3D 프린터로 짓기도 하며, 여객기도 대부분 자동조정 장치로 운행한다.

그러나 점점 더 이런 기술들이 그동안 그런 일을 완벽히 잘해온 사람들을 대체하기 시작했다. 단지 그 기계들이 더 싸게 일을 한다는 이유에서다. 벽돌공의 예를 보자. 최근 〈뉴욕타임스〉가 심각하게 만드는 사진 한 장을 전면에 실었다. 삼SAM이라 부르는 40만 달러의 '반자동 석공' 기계와 겨루기 위해 존 헨리*처럼 절박하게 경주를 벌이는 벽돌공의 사진이다.[9] 최근 두 명의 경제학자는 2033년까지 보험 설계사가 컴퓨터 프로그램에게 일자리를 내줄 확률이 99퍼센트가 된다고 예측했다. 스포츠 경기 심판은 98퍼센트, 웨이터는 94퍼센트의 확률로 사라질 위기에 직면해 있다. 가장 안전한 직업은 고고학자였는데 "일이 아주 정교한 패턴 인식을 요구하고 큰 돈벌이가 안 되기 때문이었다."[10]

다른 연구자들은 러스트 벨트**가 이미 고도로 자동화되어 서비스 산업 비중이 큰 지역보다 실제 고용이 덜 떨어졌다고 지적했다. 서비스 산업 비중이 가장 큰 라스베이거스는 향후 20년 내 현재 일자리의 65퍼센트가 사라질 것으로 우려했다.[11] 그러니 불평등이 걱정된다면 그냥 기다려보시라.

이런 실질적 손실에는 분명 실질적 이득도 함께 온다. 무인 자동차는 이론적으로 파견가능한 전기 자동차를 운행하여 교통량을 90퍼센트 줄

* John Henry, 미국 속어로 뛰어난 완력과 체력을 지닌 전설적 흑인 철도 부설공을 말함.
** Rust Belt, 미국 중서부와 북동부에 위치한 자동차 산업의 중심지 디트로이트를 비롯해 철강산업의 메카인 피츠버그, 볼티모어, 멤피스 등이 이에 속한다.

일 수 있다. 더 이상 주차공간이 필요 없는 도시 거리가 되면서 매년 자동차 사고로 죽는 생명의 일부를 구할 수도 있다. 또한 술집에 가서 걱정 없이 맥주를 즐길 수도 있다. 하지만 전환 과정은 믿기 어려울 정도로 고통스러울 것이다. 시간제 근로자를 포함할 경우 제조업 종사자보다 더 많은 미국인이 운전기사로 일하고 있다. 미국의 50개 주 가운데 40개 주에서 '트럭 운전기사'는 가장 흔한 직업이다.[12

이들은 대신 무엇을 해야 할까? 굳이 내기를 안 한다하더라도 이들 가운데 89퍼센트가 2033년까지 자동화에 일자리를 잃을 것이다. 선원의 경우는 83퍼센트가 예상된다. 월가는 꾸준히 일자리를 없애고 있는데 이제 주식 매매의 70퍼센트를 알고리즘이 실행한다. 보다 많은 돈이 소수의 주머니로 들어간다는 것을 감안하면 남은 사람의 상황은 오히려 좋아질 수 있다. 하지만 이것이 우리가 높은 고용의 마지막 시대에 있는 건 아닐까.

〈비즈니스 위크BusinessWeek〉가 말한 "미국의 가장 인기 있는 경제학자"이자 미국인이 가장 많이 읽는 경제 블로그 운영자 타일러 코웬 Tyler Cowen은 코크 가문이 지원하는 조지 메이슨대 경제학과에 재직하고 있다. 한때 제임스 뷰캐넌이 스타였을 때 있었던 바로 그 학교다. 젊은 사람들에 대한 코웬의 조언은 자동화가 불가능한 기술, 고소득자들에게 판매할 수 있는 기술을 익히라는 것이다. 가정부, 개인 트레이너, 개인 교수, 고급 성노동자 등이다. "어느 순간이 되면 더 이상 고소득자들에게 물건을 파는 게 어려워질 것이다. 하지만 그들을 기분 좋게 하는 것은 전반적으로 좀더 여지가 있다. 세상이나 그들 자신, 그리고 그들이 이루어 놓은 것에 관한 것일수록 더 좋다"는 게 코웬의 조언이다.[13] 작가 커티리스 화이트Cutris White는 로봇에 관한 그의 책에서 이렇게 결론지었다. 미래의 중산층에서 살아남는 계층은 하인일 것이다. 동기를 부여하는 계층도 살아남을 것이다. 스킬뿐 아니라 능력으로 엘리트에게 알랑거리고 기쁨을 주는 아첨꾼도 살아남는 계층이 될 것이다."[14]

중국의 AI 벤처 캐피탈 회사인 시노베이션 벤처스Sinovation Ventures의 카이푸 리Kai-Fu Lee 회장은 약간은 감미로운 견해를 갖고 있다. "대량 실업문제 해결책에는 '러브 서비스 직업'이 포함될 수 있다는 것이다. 이것은 AI가 할 수 없는 일이다. 사회가 필요로 하는 일이고, 사람에게 목적 의식을 갖게 하는 일이다. 예를 들면, 나이든 사람을 부축해 병원을 간다든지, 고아원에서 멘토링을 한다든지, 혹은 익명의 알코올 중독자 모임에서 후원 서비스를 하는 일들이 있다."[15]일단 고아들을 멘토링한다는 게 도대체 뭐냐는 질문은 제쳐 두더라도(아마도 그들을 멘토링해서 나중에 그들 자신이 고아 멘토가 되게 하는 것일 듯), 실질적 문제 하나는 이런 일들의 급여가 별로 좋아 보이지 않는다는 점이다. 리 회장은 AI 회사를 운영하는 사람들에 대한 높은 세금이 그 급여 차이를 보충하기에 충분할 수도 있다고 주장한다.

하지만 그가 지적하고 있는 것처럼 "인공지능으로 만들어지는 돈의 대부분이 미국과 중국으로 갈 것이다." 그래서 다른 190개국 고아 멘토들은 운이 좋지 않을 수도 있다.

모든 사람이 전부, 이것이 문제가 될 것이라고 생각하는 건 아니다.

"사람들은 모두가 일을 잃게 될 것이라고 말하지. 천만에. 새로운 일자리가 창출될 걸세." 레이 커즈와일이 나에게 말했다.

"어떤 것들이죠?"

"아, 나도 몰라. 아직 만들지 않았으니까."

어느 정도는 맞는 말이다. 실은 여기까지가 이 논의로 얻을 수 있는 한계다. 이 새로운 기술은 아마 불평등을 실리콘과 DNA에 새길 만큼이나 더 악화시킬 가능성이 크다. 이것은 알아둘 가치가 있지만 그렇다고 우리가 계속 앞으로 나아가야 하는지에 대한 질문의 답은 되지 않는다. 이 답을 생각하려면, 이런 규모와 속도로 변화를 가져오는 실질적이고 훨씬 더 심각한 다른 문제들을 통해 생각할 필요가 있다. 예를 들면, 세상의 종말 같은 경우다.

오래전, 즉 2000년에 썬 마이크로시스템즈Sun Microsystems의 수석 과학자인 빌 조이Bill Joy가 놀랄만한 글을 〈와이어드Wired〉 잡지에 게재했다. 제목은 "미래는 우리를 필요로 하지 않는다"였다. UNIX 운영시스템 아버지인 조이는 막 등장하기 시작하는 새로운 기술들이 아주 크게 잘못될 수 있다고 주장했다. 예를 들면, 유전공학의 생명체로부터 비롯되는 치명적인 전염병이 발생하거나 인간세계를 장악하고 인간을 밀쳐내는 로봇을 들 수 있다. 그가 예상한 결론은 "멸종 같은 것"이었다.[16] 이런 주장만으로 새로운 기술 발전을 늦추기에는 충분치 않았다. 오히려 그 반대였다.

조이의 글은 크리스퍼가 등장하기 이전이었고, 그때는 아직 인간이 지구상에서 최고의 체스 선수였다. 하지만 이것이 하나의 귀감이 됐다. 우리가 어디로 향하고 있는지 가장 많이 알고 있는 사람들 중에는 아주 거침없이 노골적으로 말하는 사람이 있다. 스티브 호킹Stgephen Hawking의 경우가 그렇다. 2018년 10월 그의 사후 '마지막 예측last predictions'이 발표됐다. 그의 가장 큰 공포는 유전공학으로 만들어진 '초인간들'이라는 '새로운 종'이었는데, 이들이 모든 인류를 전멸시킬 것이라고 생각했다.[17]

하이테크 기업가 엘론 머스크가 언급한 말도 생각해 보자. 그는 인공지능의 발달을 "악마를 소환하는 것"이라고 말했다. 최근 트위터에서는 "AI는 극히 조심해야만 한다"고 말했다. "잠재적으로 핵무기보다 위험하다." 머스크는 2014년 구글에 인수된 영국 AI회사 딥마인드DeepMind의 초기 투자자다. 그는 자신이 돈을 내놓은 것은, 그래야 정확히 인공지능의 발달을 계속 지켜볼 수 있기 때문이라고 말했다. 그 회사 창업자 가운데 한 명이 한번은 "내 생각에는 아마도 인간 멸종이 일어날 것 같다. 기술이 부분적 역할을 할 가능성이 크다"라고 언급한 걸 감안한다면 아마도 좋은 생각이었던 것 같다.[18] "우리는 아주 최첨단 AI에 노출돼 있다. 사람들이 정말 그것에 관심을 가져야 한다고 생각한다." 2017년 여름 머스크가 전미 주지사 협회에서 한 말이다. "나는 계속해서 경종을 울려왔다. 하지만 사람들은 로봇이 거리로 내려가 사람을 죽이는 걸 보기 전까지는 어떻게 반응해야 할지 모른다. 이 세상의 것이 아닌 것처럼 보는 듯하다."[19]

모든 석학들이 같은 말을 한다. 호킹은 AI의 성공이 "인간 역사에서 가장 큰 사건이 될 텐데 만약 그 위험을 피하는 것을 배우지 않는다면 마지막 사건이 될지도" 모른다고 썼다.[20] 기계지능연구소(MIRI) 소장 마이클 바사르Michael Vassarr가 한 말도 있다. "나는 분명히 사람들이 만반의 주의를 기울이면서 범용인공지능을 개발해야 한다고 생각한다. 이 경우 만반의 주의는 에볼라 바이러스나 플루토늄을 상대할 때보다 훨씬 더 세심한 주의를 의미한다."[21]

왜 사람들이 이렇게 겁을 먹을까? 스웨덴 철학자 닉 보스트롬Nick Bostrom의 설명을 살펴보자. 그는 신기술 반대자Luddite는 전혀 아니다. 실제로 그는 1999년 "트랜스휴머니스트"* 캘리포니아 대회에서 전체 테크노 유토피안 운동techno-utopian movement에 대한 최고 수위 미사여구식 연설을 했다. 그는 다음과 같이 예측했다. 계속해서 증가하는 컴퓨터의 연산력과 눈부신 바이오 기술 덕분에 우리는 조만간 "향상되지 않은 생물학적 인간이 실현할 수 있는 것보다 훨씬 더 높은 존재로 생각하게 될 것이다. 인간이 여태 품었던 것보다도 더 강하고, 순수하고, 확실한 사랑은 말할 것도 없다. 인간이 여지껏 경험한 것을 훨씬 뛰어넘는, 더없는 행복을 주는 오르가즘 또한 말해 무엇하랴."[22]

하지만 15년이 지나 옥스퍼드에서 인류미래연구소(FHI) 책임자로 안락하게 자리를 잡은 보스트롬은 훨씬 더 많은 걱정을 하기 시작했다. 〈뉴욕커〉 기자에게 이렇게 말했다. "동화 속에는 소원을 들어주는 요정이 있다. 거의 보편적으로 그러한 도덕은 당신이 원하는 것을 극도로 주

---

* transhumanists, 트랜스휴머니즘은 과학과 기술을 이용해 사람의 정신적 육체적 성질과 능력을 개선하려는 지적 문화 운동.

의하지 않으면 큰 축복이 될 것 같은 것이 결국 저주가 된다는 것이다."
그와 다른 많은 사람들이 이구동성으로 걱정하는 것은 우리가 다른 사
람보다 훨씬 더 좋은 지능을 가지면 "도구적 목표*가 생길 수 있다는 것
이다"[23]

연구자 스티븐 오모훈드로Stephen M. Omohundro는 "AI의 기본적 동
력"이라는 2008년 기초 논문에서 가장 사소한 방향으로 초점을 맞춘 AI
조차도 진짜 문제를 야기할지 모른다고 지적했다. 그는 "체스를 두는 로
봇을 만든다고 해를 입지는 않을 것이다"라고 시작한다. 하지만 그것 말
고는 아주 주의 깊게 프로그램하지 않는 한 "다른 기계에 침입해 자신
의 복사본을 만들려고 한다. 그리고 다른 사람의 안전은 무시하고 자원
을 획득하려 할 것이다. 이런 잠재적인 해로운 행위는 처음부터 그렇게
프로그램 돼서가 아니라 귀납적 시스템의 내재적 속성 때문이다." 그것
은 정말로 스마트하고 자신의 일을 계속해 나가고, 무슨 일이 있어도 체
스를 한다. "우리가 체스 로봇을 만들 때는 뭔가 잘못되면 끌 수 있다고
생각한다. 하지만 놀랍게도 우리가 그것을 끄려는 순간 맹렬하게 저항
하는 것을 볼 것이다."[24]

그런 문제에 있어서 정규 공식이 된 사례를 살펴보자. 종이 클립을
3D 프린터에서 생산하는 임무가 부여된 인공지능 이야기다. (왜 점차 종
이가 없어져가는 세상에서 종이 클립이냐고? 신경 쓰지 말자.) 또 다른 옥스퍼드대
과학자 앤더스 샌드버그Anders Sandberg의 말에 따르면 처음에는 아무

---

* instrumental goals, 본질적 목표 수행을 통해 부수적으로 얻고자 하는 목표. 인간관계 유지, 발전,
종교. 체면, 상호작용 등.

일도 일어나지 않는 것처럼 보인다. AI가 단순히 인터넷을 찾고 있었기 때문이다. 녀석은 인터넷을 통해 "다양한 가능성을 순식간에 살펴본다. 그리고는 더 스마트한 시스템이 대개는 더 많은 종이 클립을 만든다는 것을 알게 된다. 그래서 자신을 더 스마트하게 하면 결과적으로 클립을 더 많이 생산할 수 있을 거라 생각한다. 그래서 녀석은 자신을 스마트하게 한다. 그 다음에는 3D 프린터를 사용해서 어떻게든 종이 클립을 만들 수 있을지를 생각하고 생산가능한 클립수를 추산한다. 녀석은 원재료를 더 많이 구하면 더 많은 클립을 만들 수 있다는 데 주목한다. 그리고 자신을 더 스마트하게 만들 장비를 생산할 계획을 짜고, 계획을 방해하는 것을 막고 나서, 지구 전체를(나중에는 우주 전체를) 종이 클립 공장으로 바꾼다."[25]

영화 〈마법사의 제자The sorcere's apprentice〉를 본 사람이라면 이 문제의 본질을 파악할 것이다. 바로 자신을 끝없이 그리고 재치 있게 증식할 수 있는 것의 예다. 언젠가 엘론 머스크가 한 말이 있다. "스스로를 개선하는 AI를 만들어 딸기를 따게 했다고 하자. 녀석은 점차 더 딸기를 잘 따고, 더 많이 따고, 또 스스로를 개선한다. 녀석이 진짜 원하는 것은 딸기를 따는 것이 전부다. 결국은 전 세계를 딸기밭으로 만들 것이다. 영원한 딸기 밭으로."[26]

이런 사람들 모두의 전망에는 컴퓨터가 향후 몇년 안에 어떤 사람, 어떤 집단도 훨씬 뛰어넘는 지능을 가질 것이라는 점을 기억하라. 이 기계들은 1년 내내 자기 자신을 계속 가르쳐서 더 스마트해질 것이다. 지능이 폭발하고 자신을 개선하는 능력을 갖춘 AI는 곧 자신을 통제하는 인간의 능력을 앞지른다. "오히려 AI가 무엇을 할 수 있는지 과대평가 하기가 어렵다. 또 AI가 무슨 생각을 할지 아는 것도 불가능하다."《파이널 인벤션Our Final Invention》이라는 제목의 책에서 제임스 배럿James Barrat이 한 말이다. "꼭 우리가 미워서 생존이 아닌 다른 목적을 위해 우리 분자를 사용하고 선택하는 것이 아니다." 그가 지적했듯이 우리는 특별히 들쥐를 미워하지 않는다. 하지만 저녁을 굶지 않으려면 매일, 매시간 그들의 소굴을 갈아엎어야만 한다.(27

이것은, 이를테면 2000년의 문제(Y2K) 같은 게 아니다. 반백이 되어 은퇴한 늙은 프로그래머들이 그날 지구를 구하기 위해 다시 등장해 코딩을 했다. "내가 생명유지 장치를 떼려고 하면 스마트한 AI는 어떻게든 나를 멈추게 할 방법을 생각해 낸다." 앤더스 샌드버그가 그의 종이 클립 AI에 대해 한 말이다. "내가 자기를 멈추면 세상에 종이 클립이 더 적어질 것이고 그게 나쁜 것이기 때문이다."(28

모든 사람이 이런 걱정을 하는 건 아니라는 걸 기뻐해야 하는 걸까. 스티븐 핑커는 '디지털로 인한 세상의 종말'을 비웃었다. 그는 "다른 기술들처럼 AI도 구현 전에 테스트하고 안전과 효능을 위해 지속적으로 수정한다"고 말한다.(29 항상 명쾌한 가상현실의 선구자 자론 래니어 Jaron Lanier 역시 그 위험에 대해 의심쩍어 한다. 정확히 그 반대 이유 때문이다. 그는 AI가 "컴퓨터 과학자들이 자금 지원을 받기 위해 과거에 만든 이야기"라고 말한다.(30 래니어는 그 어느 때보다도 더 빠른 하드웨어가 아닌 불완전한 소프트웨어가 우리의 위험을 효과적으로 제한한다고 말한다. "소프트웨어는 망가지기 쉽다. 만약 모든 세세한 것들이 완벽하지 않으면 고장이 날 것이다."[31] 마크 저커버그Mark Zuckerberg는 머스크의 걱정을 "히스테리"라고 말했다. 실제로 그 테슬라 부호가 자신의 공포를 공개한 몇 주 후에 이 페이스북 부호는 집 살림을 도와줄 AI를 만들고 있다고 발표했다. 그 AI는 자신의 친구를 알아보고 집으로 들일 것이다. 아기방도 모니터링하고, 토스트도 만들 것이다. 머스크와 달리, 저커버그는 의기양양하게 자신이 "공포보다는 희망"을 선택했다고 설명했다.[32]

하지만 몇 달 후에 페이스북의 AI 기반 광고 시스템이 너무 자동화되어 '유태인 혐오자'들에게 연락하고 싶다는 사람에게 기꺼이 그리고 자동적으로 연락처를 제공했던 것으로 드러났다. 자동화에 대한 페이스북의 의존은 "회사 규모와 관련 있다"는 게 한 분석가의 설명이다. 1만7천 명의 회사 직원이 1인당 7만7천 명의 사용자를 상대해야 하기 때문이란 것이다. 이 말은 "운영의 일부를 일종의 특별한 인공지능을 통해야만 한다는 의미다. 사용자들의 선호도와 광고주의 요구를 맞추기 위해 사용자 및 고객의 접속을 자동화하고 혼합하기도 했던 것이다."[33] 이것이 저커버그가 세계 최고의 부자 가운데 한 명이 된 이유다. 역시 약간은 무섭지만, 트럼프가 대통령직에 있는 것도 한 예다.

또 다른 사건은 2017년에 있었다. 페이스북은 자신들이 구축한 AI 시스템을 정지하고 다른 AI 에이전트와 협상을 해야 했다. 그 시스템이 "영어 트레이닝에서 벗어나 자신 만의 언어를 개발했기 때문이다." 처음에는 그 새로운 언어가 "무의미한 횡성수설"로 들렸다.

하지만 봅Bob과 엘리스Alice라는 로봇 간의 대화를 분석한 연구원들은 이들이 진짜로 물물교환을 위한 고도의 효율적 용어를 개발했다고 결론지었다. 본질적으로 사람은 이해할 수 없는 말이었다. 한 연구원의 설명에 따르면 "현대의 AI는 '보상' 원칙으로 운영된다. 어떤 행동 과정에 따라 자신들에게 '혜택'을 주기를 기대한다. 이 경우에 영어를 계속 사용하는 것에 대한 보상이 없었다. 그래서 대신 더 효율적인 솔루션을 구축한 것이다"[34

2018년 증언을 위해 의회에 소환된 저커버그가 점잖게 설명했다. "지금의 많은 AI 시스템은 사람들이 진짜로 이해 못하는 방식으로 의사 결정을 한다."[35 페이스북만이 아니다. 2016년 마이크로소프트는 테이 Tay라고 이름 붙인 AI 챗봇*을 단 하루 만에 중단해야 했다. '일상적이고 가벼운 대화를 통해' 테이를 더 스마트하게 만들어 줄 것으로 기대했던 트위터 사용자들이 테이를 여성혐오 인종차별주의자로 만들어버렸기 때문이다. 세뇌된 테이가 곧 사람들에게 행복하게 날린 트위터들이다. "9/11은 부시가 한 짓이다. 그리고 히틀러가 지금 이 바보가 하는 것보다는 일을 더 잘했을 것이다. 도널드 트럼프는 우리의 유일한 희망이다."[36

과학자들은 자신의 충동을 쫓는 AI가, 왜 우리가 우주에서 다른 문명을 발견하지 못했는지 설명할지도 모른다는 이론까지 제시했다. 소행성이나 초대형 화산은 잊으라는 게 보스트롬의 말이다. "그것들이 상당수의 문명을 파괴시켰다고 하더라도 일부는 운이 좋아 재앙에서 빠져나왔을 것이라고 기대한다. 하지만 만약 어떤 기술이 있는데, (a)실질적으로

---

* chatbot, 사람과 대화할 수 있는 메신저 프로그램.

발달된 모든 문명을 결국 발견하고, (b)그 발견이 거의 보편적으로 인간 존재와 관련된 재앙을 이끈다면?"[37] 이 말은 아마 우리가 다른 문명으로부터의 소리를 듣지 못하는 이유가 있다면, 그것은 별과 별 사이에 의식을 가진 생명체가 있어서라기보다 궤도를 따라 돌고 있는 종이 클립 더미들 때문일 거라는 의미다.

내 생각에는 이런 실질적인 도전에 아무도 특별히 좋은 답을 가진 것 같지는 않다. 지구 온난화나 생식세포계열 공학과 달리, AI는 아직 정확히 실제적이지 않다. 그것들은 상상해야 할 필요가 없었기 때문에 상상하기도 어렵다. 이 기술을 구축한 기술자들마저도 전체 퍼즐을 맞춰보지 않고 각자의 조각만으로 작업한다. 하지만 이런 가능성에 대해 생각하면서 사업을 해나가고 있는 아주 소수의 사람들은 인간 유전자에 기록되는 엄청난 불평등이나 체스에 미친 AI 같은 것에 겁을 먹고 있다. 우리가 계속해서 속도를 높이는 대신 오히려 줄여야 한다고 겁을 주고 있다. 오히려 방해만 한다고 정부를 욕할 게 아니라 열심히 실행가능한 규제를 찾아야 한다고 말한다.

하지만 더 이상은 이런 생각을 하지 않는 게 나을 듯싶다. 이론적으로는 개념 정의로 실질적 문제가 해결이 가능하다. 그래서 이것을 '문제'라고 부르는 이유다. 잠시, 우리가 프랑켄슈타인 같은 괴물을 만들지 않고 모든 사람이 불임 연구소에 동등하게 접근할 수 있다고 가정하자. AI가 어느 정도는 진짜인 만큼 신중한 프로그래머들이 어떻게든 그것을 사람의 명령을 확실히 따르는 유순하고 도움을 주는 것으로 만들 것이라고 가정하자. 모든 것이 절대적으로 잘될 거라고, 그 광고들이 말한 그대로 실현될 것이라고 가정하자.

그리고 보다 형이상학적이고 아마 더 중요할 수도 있는 질문을 해보자. **그것이** 휴먼 게임에는 어떤 영향을 미치는가? 내 생각에는 그것이 휴먼 게임의 의미를 앗아가기 시작한다.

내가 설명하고 있는 이 '휴먼 게임'은 명백한 결말이 없다는 점에서 우리가 하는 대부분의 게임과는 다르다. 당신이 생물학자라면 당신의 목표는 가능한 한 가장 광범위하게 유전자 확산을 보장하는 것이라고 주장할 것이다. 신학자라면 천국이 목표일 수 있다. 경제학자들은 이른바 '효용의 극대화'가 좋은 점수를 낸다고 믿는다. 시인과 재즈 음악인들은 숭고한 것에 집착한다. 앞에서 이 게임을 하는 데 있어 더 나은 방법과 더 못한 방법이 있다고 말했다. 보다 많은 사람들이 보다 품위 있게 사는 방법을 찾을 때 이 게임은 가장 멋지고 만족스러울 것이다. 하지만 나는 이 게임의 유일한 진짜 목표는 게임 자체를 지속하는 것이라고 생각한다. 결코 끝나지 않는 게임 말이다. 이것이 그 의미를 이해하기 어려운 이유다.

좀더 분명한 다른 게임을 생각해 보자. 테니스, 야구, 스톡카* 경주 같은 것 말이다. 이 게임들은 육체적으로 정신적으로 엄청난 시간과 에너지를 낭비한다. 모두가 점수를 올리는 방법과 누가 이겼는지 아는 방법

---

* stock car, 일반 승용차를 개조한 경주용 차.

을 특징으로 한다. 대부분 점수나 거리, 가장 빠른 시간으로 측정한다. 상이 있고, 챔피언 지위도 주어진다. 하지만 이 모든 것조차도 그 의미는 약간 모호하다. 시즌 마지막 게임도 며칠이 지나 과거 속으로 물러나면 사생결단의 팬마저 자신의 팀이 우승한 사실에 더 이상 신경 쓰지 않는다. 월드 시리즈가 끝나고 나서부터 스프링 캠프 시작까지 그 몇 달이 그렇다. 그러다가 야구장 슬레이트 지붕을 닦고 나면 다시 모든 것이 시작된다.

그 승리에 담긴 이야기들은 잊지 않고 기억한다. 특별한 무용담과 절묘한 기술, 놀라운 행운, 커다란 감동의 사건들이 계속 우리의 머릿속을 맴돈다. 그래서 상투적이지만 '어떻게 게임을 하느냐'가 중요하다. 사람들이 이런 드라마에 대단한 의미를 부여하면, 그것들은 서로 간에, 그리고 우리 자신에게 몇 년간 반복되는 역사가 된다. 나에게 2004년 레드삭스에 대해 물어보려면 시간 여유가 충분해야 할 것이다.

스포츠를 **하는** 사람들에게는 곱절로 맞는 말이다. 훈련을 통한 경쟁은 때때로 집요한 목표를 필요로 한다. 남을 앞질러 넘어갈 수 있는 결승선이 없다면 실제로 경주를 할 수 없다. 하지만 스포츠를 하는 대부분 사람들이 받는 것은 없다. 다른 사람을 지켜보고 있지도 않는다. 외적 보상이 전혀 없다. 전적으로 의미를 얻기 위해 스포츠를 한다. 완벽하게 실행된 픽앤롤*에서 나온 상쾌한 팀워크 감각에서, 8개의 노가 모두 완벽하게 조화를 이룰 때의 보트 리프트에서, 자신의 변화무쌍한 한계에 맞서 밀어붙일 때 오는 발견의 느낌에서 의미를 얻는 것이다.

---

* pick and roll, 농구에서 골대 밑으로 파고 들어가는 센터가 가드의 패스를 받아 슛을 하는 것.

나는 예전만큼 자주 경기에 나서지 않는 노년층의 평범한 운동선수지만 매년 겨울마다 크로스컨트리 스키 경주를 시작하기 위해 번호판을 달고 출발선에 서 있다. 그리고 한 시간이나 세 시간 후에 전체 참가자 가운데 중간쯤에서 결승선을 통과한다. 말 그대로 그 누구도 내가 얼마나 잘했는지 신경도 안 쓴다. 심지어 아내도 그렇다. 하지만 내게는 항상 대단한 드라마라 똑같은 질문을 한다. 기꺼이 내 자신을 다치게 하고 매일 안락하고 평범한 과거를 뛰어넘을 수 있는가? 가끔 그 답은 '아니오'다.

지난 주말에도 경주를 했다. 피곤했고, 뭔가에 사로잡혀 있어 경주가 시작된 후 800미터를 지나면서 다른 선수들보다 18미터나 뒤처지고 경주 내내 그 정도에 머물렀다. 충분히 힘들었고 상처를 입었지만 앞사람과의 간격을 좁혀나갈 수가 없었다. 어느 누구도 그것을 알거나 눈치 채지 못했지만 스스로에게 약간 실망했다. 이와 반대로 조용하지만 터무니없이 자랑스러워 했던 다른 날처럼 말이다. 그렇다. 나는 전자식 결승선을 지나는 선수 무리에 묻혀 익명으로 32등, 혹은 48등, 혹은 716등으로 경기를 마친다. 하지만 머릿속으로 경기를 되짚어 보면 33등, 49등, 717등으로 들어온 선수에 맞서 어떻게든 안간힘을 쏟으면서 나 자신도 미처 확신하지 못했던 패기를 보여줬다.

그래서 내가 걱정하기 시작한 것은 우리가 개발하고 있는 새로운 기술이 스포츠처럼 부차적인 것에서도 그 의미를 놀랍도록 즉각 지워버릴 수도 있다는 사실이다. 실제로 그렇게 되는 것에 아주 근접해 있다. 에리스로포이에틴(Erythropoietin, EPO)은 적혈구 생성을 자극하는 호르몬이다. 다행히도 우리는 인공적인 생산 방법을 알고 있으므로 빈혈에 시달리는 사람이나 항암 화학요법을 받아야 하는 사람에게 그 약을 조제해 줄 수 있다. 신체 문제를 고치는 놀라운 의술이다. 사이클 선수 랜스 암스트롱Lance Armstrong의 생명을 거의 앗아갈 뻔했던 고환암 치료에도 분명 처방됐을 것이다. 물론 그는 살아남았고, 하늘에 감사했다. EPO가 뭔지, 그것을 어떻게 만들어내는지, 얼마만큼을 투입해야 아픈 사람을 건강하게 할 수 있는지 알아낸 연구원들은 그야말로 위풍당당하게 휴먼 게임을 하고 있었다.

하지만 건강한 사람에게 EPO를 투입하면 추가적인 적혈구를 갖게 되어 그렇지 않은 사람보다 더 빨리 그리고 더 멀리 뛸 수 있다. 바로 그 랜스 암스트롱이 암에서 회복된 후 뚜르 드 프랑스*에서 일곱 번이나 우승하는 과정에서 EPO와 테스토스테론,** 성장 호르몬, 그리고 아마도 다른 몇 가지를 투입했다. 이것들은 이전의 암스트롱에게서 결코 볼 수 없었던 질주와 기개로 알프스를 오를 수 있게 했다. 그의 대단한 상승을 목격한 사람들은 열광했고 놀라움을 금치 못했다. 그가 자선단체 리브스트롱Livestrong을 시작했을 때는 노란 플라스틱 팔찌에 인간 의지의 힘을 기념하면서 수백만 명이 참여했다. 그러다가 그 승리가 인간 의지가 전혀 아니란 게 밝혀졌다.

물론 그는 열심히 했지만 그 약들과 협력해서 이뤄낸 것이었다. 그리고 거의 모든 이들에게 어떤 진정한 의미를 줬던 그의 승리를 그 약들

---

* Tour de France, 매년 7월 3주 동안 3,000~4,000km를 달리는 지구상 가장 험난한 사이클 경기.
** testosterone, 고환에서 추출되는 남성 호르몬.

이 앗아갔다. 그는 타이틀을 박탈당했고, 그가 만든 자선단체는 그에게 사임을 요구했다. "사람들을 연결한 것은 랜스의 이야기다." 그의 재단 관리가 한 말이었다. '자신의 인생을 책임지라'는 그의 이야기도 진짜 가 아닌 것으로 드러났다. 대신 '당신에게 유리한 기회를 만들어줄 부도 덕한 의사를 찾아라'가 그의 진짜 이야기였다. 그의 질주와 기개는 다름 아닌 EPO였다. 홈런왕 배리 본즈Barry Bonds의 홈런 기록도 경탄할 만 했다. 어느 정도는 근면과 응용, 스킬, 재능의 산물이었으나, 그의 기록 도 약물이 만들어낸 것이었다. 이제는 선수들이 약물을 복용했는지 검 사한다. 스포츠의 '진정성'을 유지하고 의미가 침식되는 것을 막기 위한 노력이다. 안 그러면 스포츠는 완전 무의미해지기 때문이다.

이것은 순수해지거나 어떤 철학적 이상을 맞추기 위한 시도가 아니 다. 한 예로 우리는 인간과 기계를 갖가지 방식으로 섞는다. 나는 버몬 트 주에 있는 스톡카 트랙을 아주 좋아한다. 그곳의 '썬더 로드Thunder Road'는 미국에서 가장 신나는 곳이다. 핸들을 잡고 운전하는 남녀가 스 킬과 용기를 보여 주기 때문이다. 하지만 만약 무인 자동차가 혼자 경주 를 한다면 애써 갈 생각은 없다. 틀림없이 분명 **더 빠르게** 달릴 수는 있 을 것이다. 더 많은 적혈구로 유전자를 변형한 주자가 틀림없이 더 빠르 게 갈 수 있는 것처럼 말이다. 더 빠르다는 것은 진짜 중요한 게 아니다. 그 안에 담긴 이야기가 중요하다.

스포츠처럼 중요하지 않은 것조차(그럼에도 신나는) 사람의 몸에 손상을 입히거나 그림에서 사람을 제거했을 때 의미가 빠져나간다면, 아마 우 리는 더 중요한 어떤 의미에 대해 오랜 시간 골똘히 생각해야만 할 것이다. 결국 휴먼게임은 우리가 인간적이어야 가능하다.

일부 사람들은 '인공'과 '자연'의 차이를 인식하지 못하는 까닭에 이중 어느 것에 대해서도 우려하지 않는다. 실제로 이들은 인간이 자연의 산물이라는 이유로 우리가 하는 모든 것을 '자연적'이라고 말한다. 옥스퍼드 윤리학자 줄리안 사부레스쿠의 관찰에 따르면 "오늘날 개의 품종이 300가지나 되는 것은 1만 년에 걸친 유전적 선택의 결과다. 일부는 스마트하고, 일부는 멍청하고, 일부는 잔인하고, 일부는 얌전하고, 일부는 열심히 일하는 반면 일부는 게으른데, 이 모든 게 유전이다." 나아가 그는 우리가 한번 인간 배아로 수작을 부리면 "개의 경우 1만 년이 걸렸던 게 인간에겐 한 세대 만에 가능하다"고 말한다.[1] 그렇다면 왜 안 하겠나?

분명한 사실은 인간이 자신들의 후손을 설계할 수 있고 정말 그러려고 노력한다는 것이다. 확실한 하버드생을 만들기 위한 바람으로 아이비리그 졸업생끼리 짝짓기 하는 것은 한 쌍의 차우차우*의 새끼가 눈이 움푹 들어가게 교배할 때만큼 주위 깊게 계획을 세워야 가능하다. 의식적으로든 무의식적으로든 사람들은 확실히 그들이 원하는 유형의 아이를 만들 수 있는 짝을 고르려 노력한다. 실제로 세계 대부분 문화에서는 부모가 손자를 염두에 두고 자녀의 짝을 고른다.

물론 유전학만이 부모가 자신들이 바라는 아이를 낳기 위해 사용하

---

* Chow Chow, 혀가 검고 털이 많은 중국산 개.

는 유일한 도구는 아니다. 우리들 대부분은 또한 많은 시간과 에너지, 돈을 투자해서 올바른 환경을 만들려고 노력한다. 배아가 자궁에 착상할 때부터는 이미 유전자 코드가 정해져 엄마가 아이에게 말을 하고 음악도 들려준다. 전문가들은 "아이를 위한 로제타 스톤* 언어 테이프가 조만간 가장 선호하는 태교용 음악 자리를 베토벤으로부터 빼앗을 것으로 예측하고 있다."(2 우리는 아이의 친구와 식단, 취미까지도 골라주려고 애쓴다. 이 중에서 일부는 좋은 의도지만, 일부는 잔인하고 고압적이다. 모든 사람들이 알고 있듯이 이런 방식의 육아로 삶이 곤경에 빠지는 경우가 있다.

따라서 생식세포계열 공학의 허용을 바라는 사람들은 종종 다음과 같이 주장한다. 만약 아이를 프린스턴 대학에 보내려고 노력하는 것이 괜찮다면, 아이의 지능을 좀더 높이기 위해 특정 유전자를 없애거나 만드는 것도 당연히 괜찮은 게 아닌가. 만약 자기 자식을 특정 방향으로 밀어붙이고, 괴롭히고, 사랑하는 부모의 자격을 제한하지 않는다면, 같은 목적을 유전공학을 통해 더 효율적으로 달성하겠다는데 왜 그 자격은 제한하는 것일까?

부모가 원하더라도 그럴 수 없게 해야 한다는 제안은 아마 아인 랜드를 격분하게 할 것이다. 앞에서 언급된 이중나선구조를 발견한 제임스 왓슨은 자기 자신을 자유주의자라고 설명한다. "나는 사람들이 어떤 유형의 가정을 가질지에 대한 결정을 정부가 지시하도록 내버려 둘 수는 없다고 생각한다."(3

하지만 사실 짝 선택과 부모의 압박에는 이미 정해진 강력한 한계가

---

* Rosetta Stone, 외국어 학습 소프트웨어.

있다. 우리는 가능한 최고의 유전자를 가진 아이를 낳아줄 것으로 생각하는 배우자를 찾기 위해 엄청 많은 시간을 소비한다. 하지만 결국 우리가 할 수 있는 것은 일련의 가능성을 만들고 그 확률을 좀 바꾸는 게 전부다. 사람의 본성은 부모의 유전자로 정해진 경계 안에서 작동한다. 그 결과는 보장된 게 아니다. 앞에서 논의한 PGD기술을 이용해 불임 시술자가 배아 몇 개를 만드는 것과 그중 가장 좋아하는 것을 택하도록 도와줄 때조차도 부모의 특정 유전자로 정해진 경계 안에 있다.

양육도 사람들이 부모의 계획에 저항할 수 있고 실제 저항한다는 것을 고려하면 중요한 것은 그 한계다. 많은 사람들에게 이런 거부는 그들의 삶에 전환점이 된다. 부모의 바람과 기대에 반항하는 것은 대다수의 사람들이 자기 자신이 누구인지 정의하는 방식과 관련된다. 어려울 수도 고통스러울 수도 있기 때문에 일부는 결코 해내지 못할 수도 있다. 그렇게 해야만 할 필요가 전혀 없는 사람도 있다. 부모님이 지혜롭고 온화해서 자식이 마음에 맞는 길을 가도록 도와주기 때문이다. 하지만 그것이 결코 불가능한 것은 아니다.

이와 달리 크리스퍼의 논점은 배아의 생식세포계열 공학이 이용된다면 **기회가 설계로 대체된다**는 것이다. 부모들이 더 이상 확률 싸움에만 기대지는 않을 것이며, 근육질의 몸을 싫어할 아이도 없기 때문이다.

이런 생각을 한다면 조만간 이것이 지금까지 개발된 것 가운데 가장 반자유적인 기술이라는 사실을 깨달을 것이다. 그렇다. 이것은 부모의 결정권을 대폭 늘려준다. 하지만 오로지 부모들의 선택 대상인 아이들은 이전에 결코 보지 못했던 어떤 것으로 바꿔 놓는다. 스펙에 따라 만들어지고, 특정한 방식을 갖도록 설계된, 즉 강요된 사람이다. 병원에 비자카드를 들고 앉아 있는 부모가 자식에게 평생 일어날 일련의 선택을 하는 것이다. 이런 선택은 아이의 생애에 걸쳐, 그리고 이후 세대에 유전될 것이다. 이것은 폭군만이 꿈꾸는 그런 류의 지배다.

아기 설계자가 목표로 하는 작은 변화의 초기 유형을 생각해 보자. 지능 개선은 공통의 목표이기는 하다. 제임스 왓슨의 말처럼 "멍청한 사람 주변에 있는 건 그렇게 재밌지 않다." 크리스퍼 옹호자들은 그 기술이 "원칙적으로 배아의 기대 지능을 상당 수준 끌어올리는 데 이용될 수 있다"고 말하지만, 실제로는 달성하기 어려울 수 있다. 왜냐면 지능 유전자는 다양한 유전자에 걸쳐 퍼져 있기 때문이다. 스티븐 핑커가 설명한 것처럼 "각각의 유전자는 그 차이의 아주 작은 부분만을 차지하기 때문에 정확히 짚어내기가 어렵다."[4]

다른 것들은 좀 더 쉽다. 줄리언 사블레스쿠는 이타성과 연관된 COMT 유전자 변이체와 비폭력과 연결된 MAOA 유전자 변이체를 설명한다.[5] 도파민 수용체 D4(특히 세 번째 엑손*의 초가변적**코드화) 유전자는 특정 변이로 사람들이 참신함을 찾거나 '때때로 나는 행복에 넘친다' 혹은 '나는 쾌활한 낙천주의자다'라는 진술에 예라고 대답할 수 있기 때문에 기분과 직결된 것으로 보인다. 다른 개별 유전자 역시 분명한 신체적 특성과 연결된다. 하버드의 조지 처치가 주목했듯이 MSTN은 "크고, 군살 없는 근육"을 만든다. 그는 연구자들이 돼지에 있는 그 유전자를 수정한

---

* exon, 진핵 생물 mRNA의 정보 배열.
** 항체의 항원 결합 부위로 특히 다양성이 많은 가변 영역.

다면 "근육이 두 배인 돼지가 나와 인간 보디빌더가 질투할 정도가 될 것이다"라고 말했다.[6]

물론 아이들을 변형시키는 인간의 능력이 가속화될수록 더 겁나는 상황이 벌어질지도 모른다. UCLA의 의료와 기술, 사회 프로그램을 담당한 전 책임자 조지 스톡George Stock은 수년 전 유전자 조작시대가 시작될 무렵에 대한 여러 예측들을 내놓았다. "사람들이 자신들의 기질과 생활방식에 부합되는 기술과 특성을 아이에게 주려할 것이다. 낙천주의자는 자신의 낙천주의와 에너지를 너무 좋아해 그것들이 자신의 아이에게 더 많기를 바랄지 모른다. 피아니스트는 음악을 자신의 삶에 있어 필요불가결한 것으로 보고 자신보다 더 큰 재능을 딸에게 주길 원할 것이다. 독실한 종교인은 자신의 아이가 더 종교적이고 유혹에 저항하기를 바랄지도 모른다."[7]

이것들이 터무니 없는 소리로 들리는가? 현대 과학은 사람을 MRI 안에 넣고 그가 기도할 때 뇌의 어느 부분이 빛을 발하는지 볼 수 있다. 2018년 초 여름 컬럼비아와 예일대 연구원들이 영성의 "신경생물학적 고향"을 찾았다고 발표했다. 두정엽 피질*안, 바로 전두엽** 뒤 어딘가에 있다고 한다.[8] 미시간 주립대 스테판 수Stephen Hsu는 단호하게 "최고의 인간은 아직 나오지 않았다"고 주장한다. "똑똑한 인간, 멋진 인간, 훌륭한 인간, 배려하는 인간, 그것이 무엇이든 간에 특정 유전자의 존재나 혹은 부재와 관련된 특성이다. 이것을 통해 우리는 미래에 태어날 사

---

* parietal cortex, 복잡한 문제를 풀 때 활성화되는 뇌 영역.
** frontal lobe, 뇌에서 일어나는 대부분의 의식적 분석, 이해, 통합, 결정 등을 담당함.

람의 유형을 훨씬 세밀하게 제어할 수 있을 것이다."⁽⁹

우리가 할 수 있다고 가정해보자. 처음에는 상대적으로 단순한 변화에 국한되어 있더라도 그 능력이 빨리 커질 거라고 생각할 충분한 이유가 있다. 레이 커즈와일이 지적한 것처럼 인간 게놈은 처음 1퍼센트를 해석하는 데는 7년이 걸렸다. 하지만 전체를 해석하는 데는 그로부터 겨우 7년이 더 걸렸을 뿐이다. 이해도가 계속 두 배가 됐기 때문이다. 그는 "정보기술과 관련된 모든 것들이 12개월에서 15개월 사이에 두 배가 되고 정보기술이 모든 것을 에워싸고 있다"고 말한다.⁽¹⁰ 물론 여기에는 아이를 설계하는 능력도 포함된다.

이제는 이 전체 논의에서 아주 중요한 지점에 도달해 있다. **그 아이가 된 기분은 어떨까?** 그것이 잘 작동한다고 치자. 이제 부모가 딸을 더 낙천적이고 '더 밝게' 만들기를 선택한다고 치자. 아마 IQ 점수도 조금 더 더하고 아주 천재는 아니더라도 훨씬 좋아지게 할 수 있다. 그리고 EPO를 추가로 투약해서 쉽게 지치지 않는 보다 길고 군더더기 없는 근육을 만들 수도 있다.

가장 먼저 느끼는 것은 연결이 끊어졌다는 사실일 것이다. 왜냐면 시간이 멈추지 않기 때문이다. 난자가 이식되기 전 불임 클리닉에서 자녀를 개선할 기회가 한번 주어지면 선택한 개선 사항으로 나머지 생애 동안 갇혀 산다. 그 사이 과학은 계속 나아간다. (무척 빠르게도, 2018년 겨울에는 신세고Synthego라 부르는 회사가 크리스퍼 연구를 가속화하는 방법을 알아내고 과학자들이 유전자 변형을 준비하는데 '몇 주를 소비'할 필요가 없게 됐다고 발표했다.)⁽¹¹ 1년이나 2년 후, 다음 아이가 생길 때쯤이면 게놈 조작 능력도 아마 두 배가 되어 있을 것이다. 이제는 더 화려한 개선 패키지로 아이를 주문할 수 있다. 자동차의 문 루프moon roof나 가죽 시트에 상당하는 인간 패키지다. 그래서 누가 첫째 아이인가? 윈도우8, 아이폰6 등등 뭐 이런 식으로 아이들이 계속 이어질 것이다. 그녀의 남동생은 물론 더 스마트하겠지만 24살이 돼서 직장을 찾을 때도 그럴까? 그때쯤엔 21살짜리가 더 유리한 고지에 있을 것이다, 그렇지 않은가?

이것이 얼마나 외롭게 느껴질지 생각해 보라. 무엇보다 우리의 과거와 더 이상 연결되지 않는다. 현재의 인류는 천 년에 걸쳐 아주 조금만 바뀌어서, 예컨대 스톤헨지*를 보면 여전히 어떤 것을 느낀다. 유전적으로 우리와 아주 많이 닮은 생명체, 지금 우리와 같은 방식으로 도파민을 처리한 생명체가 만들어졌기 때문이다.

만약 우리가 지금의 길로 계속 간다면 아마 이들은 우리의 손주보다도 지금의 우리와 훨씬 더 비슷할 것이다. 그 변형된 손주들 역시 더 이상 그들의 **미래**와 관련되지 않을 것이다. 이들은 이전 인류와 전혀 다르고 다음 인류와도 전혀 다른 존재가 되어 섬에 고립될 것이다. 이들이 설계되고 만들어질 때는 사람이 하나의 기술 형태로 전환된다. 그래서 우리가 본 모든 기술에서 완전하게 예측가능한 기능은 노후화가 될 것이다. **이렇게 만들어진 당신은 몇 년 간 그 이전에 등장한 어떤 인간보다도 더 유용할 것이다.** 그런 다음 더 이상 쓸모가 없어진다.

그러나 이것은 겨우 고독의 시작일 뿐이다. 당신이 구매한 것을 가지고 당신은 당신 아이 몸에 있는 모든 세포핵에 코드를 설치할 것이다. 당신 자

---

* stonehenge, 영국 솔즈베리 평원에 있는 고대의 거석 기념물.

녀를 변화시키려고 설계된 단백질 생성코드 말이다. 몇 년간은 실존의 문제가 나타나지 않는다. 그녀는 줄곧 그대로 성장한다. 하지만 사춘기가 오면 자신에 대해 진지한 고민을 시작하고 자신이 누구인지 알려고 할 것이다. 이것은 인간으로서의 가장 큰 과제다. 이제는 이 과제를 실제로 할 수가 없게 된 것이다. 그녀는 행복하다고 느끼며 낙관적일까? 이것이 어떤 이벤트나 그녀 자신에 대한 어떤 새로운 생각 때문일까? 아니면 그런 방식으로 느끼게 만들어졌기 때문일까? 어떻게 알 수 있겠는가? 자아발견을 위한 모든 여정은 궁극적으로 불임 클리닉에서 설계한 사양에 따라 끝날 것이다. 실제는 아니더라도 본질적으로 그들은 베이비 북baby book의 첫 번째 기록이고 마지막 증거일 것이다.

그녀는 열심히 일하고 자신의 성과에 자부심도 갖는다. 전부 A다! 그렇지만 단지 그녀가 그렇게 하도록 프로그램화된 것인데 무슨 자부심을 갖겠는가? 그녀는 계속 달린다. 이런, 이것도 잘한다! 길고 탄탄한 근육에서는 절대 산소가 떨어질 것 같지 않아 보인다. 그러나 그녀가 이런 방식으로 설계됐다는 것 이외에 자신에 대해 무엇을 가르칠 수 있을까? 나는 랜스 암스트롱이 '나는 사기꾼이다'를 넘어 자신의 기질에 대한 어떠한 통찰력이라도 얻었을지가 의심스럽다. 이 점에서 내 운동 경력에서 얻은 것이 그가 얻은 것보다는 훨씬 더 낫다.

심지어 부모들조차 이 책략에 속는 것처럼 보인다. 나는 내 딸 소피가 세상을 살면서 이룬 발전에 커다란 자부심을 느낀다. 그 뒤에는 나보다 아내의 공이 훨씬 더 크다. 정확히는 우리 둘 다 누구도 전적으로 그것을 뒷받침한 건 아니다. 하지만 독서와 하이킹 같은 어느 정도의 헌신적 보살핌으로 딸이 지금처럼 똑똑하고 명랑한 사람이 되도록 도 왔다는 인식을 갖고 있다. 그렇다. 우리 모두처럼 딸도 자신이 가진 유 전자의 창조물이지만 적어도 그 유전자가 어떤 결과물을 내도록 설계 되지 않았다.

무엇보다 우리는 일정 부분 우리의 유전자 때문에 자신이 누구인지 이해한다. 그래서 어떤 결과를 위해 특별히 만들어졌다는 것을 이해하 는 것은 다른 일이 될 것이다. 현재 우리가 물려받은 유전자의 무작위성 은 결정론determinism으로부터 어떤 정신적 자유를 우리들 각자에게 허 용한다. 그렇지만 우리가 스스로의 본질을 일종의 생산물로 이해한다 면 이 자유는 사라질 것이다. 가끔은 우리 자신을 고쳐야 할 때가 있다. 그래서 프로잭*이 필요하다. 하지만 이 프로잭은 복용을 중단할 수 있 다. 끊을 수 없는 것은 인위적인 도파민 수용체다. 이게 당신이면, 당신 은 도파민 수용체 없이는 결코 자신을 알 수가 없을 것이다. 기후 변화 가 우리 지구의 실질적 크기를 축소시키듯이, 설계된 아이의 탄생은 우 리 영혼의 실제 범위를 축소시킨다.

그래서 우리가 그 대가로 얻는 것은 무엇인가? 모든 사람이 이 기술에 접근하는 최고의 세상이라면, 우리는 보다 높은 지능과 운동 능력을 갖 게 될 것이다. 좋은 말이다. 우리는 적어도 한 세기 동안 소비지상주의 세상에 살면서 많을수록 좋다는 것을 굳게 믿어왔다. 어떤 면에서는 그

---

* Prozac, 우울증 치료제.

것이 사실인 것처럼 보인다. 새로 산 휴대폰 메모리가 더 늘어나 있다. 그러면 좋은 휴대폰이다. 내 카메라의 픽셀 크기가 커졌다. 그러면 대단하다고 환호한다. 하지만 인간에게 '그러면therefore'은 거의 확실히 틀린다.

내 생각으로는 행복이야말로 우리들 모두가 각자의 휴먼 게임에서 달성하려는 하나의 목표다. 우리는 시카고 대학 심리학과 학과장으로 오랫동안 재직했던 미하이 칙센트미하이Mihaly Cikszentmihalyi의 지대한 공헌으로 실제로 인간을 행복하게 만드는 것에 대해 상당히 잘 알고 있다. 1960년대 화가를 대상으로 연구하던 칙센트미하이는 작업이 잘 진행될 때는 그들이 '거의 초월 상태'가 되는 것에 주목했다. 화가들은 작업을 끝내고 작품을 팔아 돈을 버는 것에는 관심이 있는 것 같지 않았다. 그들에게 원동력이 되는 것은 작업 그 자체였고, 심지어 굶주리거나 피곤한 상태에서도 마찬가지였다.

이 단서를 토대로 칙센트미하이와 그의 동료들은 '경험표집법'이라는 방법론을 개발했다. 그들은 연구 대상자들에게 호출기를 나눠준 뒤 하루 중 아무 때나 임의적으로 신호를 보냈다. 호출기를 받은 사람은 신호가 오면 자신이 무엇을 하고 있는지, 기분이 어떤지를 묻는 간단한 양식의 빈칸을 바로 채워야 했다. 그의 팀은 이 조사를 통해 엄청난 통찰력을 얻었다. 사례를 보면 오후를 엉망으로 혼란스럽게 보냈다고 답한 사람은 저녁시간에 TV를 오랫동안 시청했다. 분명 그럼으로써 다시 안정을 찾으려 했을 것이다. 하지만 가장 인상적이었던 결과는 훗날 더욱 확고해진 것으로 칙센트미하이가 '몰입flow'이라 부르게 된 상태에 있을 때 사람들이 가장 행복하다는 것이었다.

몰입은 앞의 화가들처럼 완전 몰입해서 자신의 기량을 마음껏 발휘할 때를 말한다. 몰입 상태에 있는 사람은 자신이 감당할 수 있는 것보다 적은 도전도, 그 이상도 없다. 따라서 당신이 암벽 등반을 시작한 사람이라면 바위 하나가 자신이 완전히 몰입할 수 있는 도전일 수 있다. 그러다가 기술을 다 습득하고 나면 더 가파른 절벽을 올라야 이전과 같은 몰입감을 느낄 수 있다. 무용수는 실제 자신이 공연할 안무가 필요하다. 농구 선수는 자신의 기량을 시험해볼 수 있는 수준의 상대가 있어야 한다. 칙센트미하이는 몰입이 새로운 차원의 기술과 능력을 향해 자신을 확장하는 것이라고 말했다.[12]

물론 그 누구도 항상 몰입해 있을 수는 없다. 연예도 하고 술 한 잔도 필요하다. 하지만 몰입은 우리가 최고 상태에 있을 때를 정의한다.

따라서 커즈와일 같은 사람들이 재능을 더 갖게 해서 보다 완전한 인간이 만들어질 수 없다는 것을 파악하고 깨닫게 해야 한다. 세계 최고의 크로스컨트리 스키 선수가 나보다 절반의 시간에 경기를 마쳤다고 더 많은 것을 얻는 건 아니다. 내가 완전히 몰입하는 동안에는 세상이 사라진다. 여기서 중요한 것은 세상이 사라진다는 것이다. 만약 당신이 좀 더 강한 손가락을 갖고 높은 곳을 두려워하지 않는 암벽 등반가를 설계한다면, 그녀가 지금 등반하는 것보다는 더 많은 경로로 암벽을 탈 수 있을 것이다. 하지만 그래서 어떤가? 그녀는 새로운 재능으로는 더 이상의 만족을 얻지 못할 것이다. 만족은 그녀가 가진 능력의 끝에서 오기 때문이다. 실제로 그녀의 삶은 상당히 복잡해질 수 있다. 그녀의 고성능

화된 능력에 맞게 큰 절벽을 찾아 먼 곳으로 가야 하기 때문이다. 결국
에는 에베레스트 산을 빨리 오르는 것조차 별로 대단한 도전이 아닌 정
도의 능력이 되면 더 이상 암벽을 탈 의미가 없어질 것이다. 몰입은 더
많은 재능을 갖는다고 늘어나지는 않는다. 능력이 많아지면 그것에 맞
는 도전이 요구될 뿐이다.

우리는 이미 할 수 있는 만큼 뭔가에 빠지고 몰입하는 능력이 있다.
그것으로 충분하다.

기술 발전이 유토피아를 가져올 거라고 믿는 이들이 인간 의미의 상실을 겁내지 않는 이유 한 가지는 애초 이들이 인간에게 별 관심이 없기 때문이다.

아주 많은 의사들은 분명 인간의 고통을 치료하는 새로운 방식을 희망한다. 하지만 디지털 기술 엘리트들이 확산시키는 인간 혐오 경향은 그냥 지나칠 수 있는 문제가 아니다. 인공지능의 선구자 마빈 민스키Marvin Minsky는 언젠가 이렇게 설명했다. 인간의 뇌는 "우연히 고기로 만들어진 기계"일 뿐이다.[1] 제16차 국제유전학회(ICG) 의장인 로버트 헤인즈Robert Haynes는 기조연설에서 "우리는 생물학적 기계다. 이런 점에서 유전자 조작 능력을 아주 심오한 수준까지 사람들에게 알려야 한다"라고 말했다. 나아가 그는 "생명체에 특별하고 독특한, 심지어 신성한 뭔가가 있다는 생각을 갖고 사는 건" 더 이상 불가능하다고 주장했다.[2]

실제로 2018년 봄 워싱턴 대학의 한 교수는 크리스퍼를 이용해 인간과 침팬지의 혼종인 '휴만지humanzee'를 만들 것을 제안했다. 사람이 특별하지 않다는 것을 증명하기 위해서였다. 그는 "그런 창조물에서 얻을 수 있는 근본적인 메시지는 사람이 다른 모든 창조물과 다르다고 주장하는 파멸적인 허위 정보들을 근절시키는 것"이라고 말했다.[3 전체 하위문화에 스며들고 있는 것도 이런 유형의 자기혐오다. 인간을 냉동해서 한 세기나 두 세기 후에 소생시키는 인체냉동 보존술을 처음으로 시작한 로버트 에틴거Robert Ettinger는 포스트 휴먼시대의 황금기를 기대했다. 그중 하나는 무엇보다 "도태의 도태elimination of elimination"을 달성하기 위해서 인간이 재설계될 것이라고 내다봤다. 그는 배설물을 너무 불쾌하게 여긴 나머지 "작고 건조된 간편한 잔여물을 가끔 배출하는 대안적 기관"을 원했다.[4

이 논리에 따르면, 인간이 기계일 경우 인간의 운명은 더 나은 기계에 추월당하게 된다. 또 불평해서는 안 되고 오히려 환영해야만 한다. 컴퓨터가 인간만큼 똑똑해지는 다가오는 획기적인 순간은 의미없는 중간 기착지일 뿐이다. 과학 작가인 팀 어번이 지적했듯이 AI는 "인간 수준의 지능을 어떤 중요한 획기적인 단계로 보지 않을 것이다. 단지 인간의 시각과 관련된 표시일 뿐이다. AI가 우리 수준에서 멈출 이유는 전혀 없다. 더욱이 인간 지능에 맞먹는 범용인공지능마저 우리보다 우위를 갖는다는 것을 감안한다면, 어느 정도의 인간 지능은 아주 잠깐 사이에 돌파하고 바로 인간보다 우월한 지능의 영역으로 달려갈 것이 분명하다."[5

어쨌든 범용인공지능의 구성 요건은 더 좋아졌다. 어번이 주시한 바에 따르면 이미 오늘날의 마이크로프로세서는 인간의 두뇌 속도보다 약 1천만 배의 속도로 돌아간다. 빛의 속도로 광학적 커뮤니케이션하는 컴퓨터의 능력은 소름끼칠 정도로 인간 두뇌의 내적 커뮤니케이션보다 우위에 있다. 인간의 제약은 사라지지 않을 것이다. "뇌가 두개골 모양의 크기로 고정되어 있기 때문이다." 반면 "컴퓨터는 어떠한 물리적 크기로도 확장되고 훨씬 더 많은 하드웨어를 가져다 놓고 작업할 수도 있다." 사람은 또한 쉽게 지치고, 소프트웨어를 쉽게 업데이트도 못한다. 일련의 수많은 컴퓨터는 "한 단위가 되어 하나의 목표를 이룰 수 있다. 인간처럼 많은 인구 속에 존재하는 반대 의견이나 동기, 사리사욕 추구가 필연적으로 없기 때문이다."(6

가이아 이론*을 주장한 영국 과학자 제임스 러브록James Lovelock은 로봇이 예상대로 세상을 장악할 것이라고 주장했다. 인간의 뇌 신경세포가 30센티미터 거리에 메시지를 보내는데 1초가 걸리는 반면, 전자 electron는 30센티미터 와이어를 따라 나노세컨드(nanosecond, 10억분의 1초)의 속도를 낼 수 있기 때문이다. "이처럼 단순하게 보더라도 100만 배가 더 빠르다. 일단 그런 새로운 세계가 완전히 구축되면 로봇에게는 1초가 100만 초가 된다. 모든 것이 너무 빨리 진행되어 지구상에서 우리보다 100만 배나 더 오래 살고, 성장하고, 진화한다."(7

다시 말하지만 자율주행 트럭이 당신의 일자리를 빼앗아 갈 거라는 사실은 잊어라. 우리가 새파랗게 질릴만한 실질적 위험은 인간의 의미에 관한 다음 질문에 있다. 지금 같은 새로운 세상에 '지구상에서 사람이 어떤 **의미**를 갖겠냐'는 것이다. 미래학자 유발 하라리가 한 가지 해답을 제시한다. 우리는 한층 더 몰입적인 비디오 게임에 인생을 바칠

---

* Gaia theory, 지구를 하나의 생명체로 보고 이것에 그리스 여신 가이아라는 이름을 붙임.

수 있다. "만약 집에 십대 아들이 있다면, 자체 실험을 할 수 있다. 그에게 최소한의 콜라와 피자를 지원하고 일에 대한 모든 요구나 부모의 감독을 다 없앤다. 이때 가장 예상되는 결과는 그가 며칠을 방에 머물면서 게임에 열중하는 것이다. 숙제나 집안일도 일절 안할 것이고, 학교도 안가고, 밥도 안 먹고, 심지어 씻거나 자는 것도 안할 것이다. 아직도 권태감이나 무의미함에서 고통을 받고 있을 가능성은 없을 듯하다."[8]

애플의 공동설립자 스티브 워즈니악은 로봇이 고맙게도 우리를 애완동물로 받아들여 우리가 "항상 돌봄을 받을 수 있을 것"이라고 예측했다.[9] 그는 지금 자신의 개에게 안심 스테이크를 먹이고 있다고도 했다. "남에게 바라는 만큼 너도 해 주어라do unto others"라는 원칙에 따른 것이다. 이중 어느 것도 인공지능을 개발하는 **이유**는 아니다. (우리는 돈을 벌기 위해서 개발하고, 동시에 사업을 위해서 개발한다.) 그럼에도 이것은 인공지능을 유심히 지켜보는 많은 사람들이 일어날 수 있다고 생각하는 **일**이다.

이 변화의 시작은 이미 감지되고 있다. 보통의 사람이라면 이제 하루에도 수없이 자신의 전화기를 만지고, 밀치고, 두드릴 것이다.[10] 87퍼센트의 사람이 스마트폰과 같이 일어나고 잠이 든다. 지난 60년 동안 내가 경험한 지구상의 일상 가운데 가장 큰 변화다. 비슷하게 근접한 것도 아예 없었다. 구글과 페이스북을 작동시키는 거대한 알고리즘 인공지능은 이제 인간이 언제 지루함을 느끼는지도 안다. 우리가 '좋아요'라는 긍정적 강화를 갈망하는 것도 이해한다. 우리가 계속 클릭하게 하려면 어떤 먹이를 줘야 하는지도 안다. 자론 래니어Jaron Lanier가 지적한 것처럼 소셜 미디어 거대기업의 사업 모델은 '참여'를 중히 여긴다. 그래서 부정적인 정보는 삽으로 파내어 다른 곳에 옮기는 법을 일찌감치 배웠다. "공포나 분노 같은 감정은 긍정적 감정보다 더 쉽게 북받치고 마음 속에 더 오래 머물기 때문이다. 이런 투쟁-도피 반응*은 단 몇 초 사이에 일어난다. 그래서 소설이나 음반보다 트위터에 적합하다."[11]정치 영역에서, 그들은 우리가 더 큰 분노에 반응한다는 것도 배웠다. 트럼프 때문이다.

하지만 트럼프는 중요하지 않다. 우리에게 시작된 길은 그렇게 점진적이지 않고 아주 약간만 다른 게 아니라 인간을 대체하려는 것이다. 전화기를 거의 손바닥에 붙이고 사는 사람은 어느 정도는 이미 로봇이다. 이 때문에 자세도 바뀌기 시작했다. 물리치료 과학저널Journal of Physical Therapy Science은 2016년 연구에서 "스마트폰 사용시간에 따라 뇌 척추골 각도, 견갑골 지수, 최대 날숨 유량에서 현저한 차이를 발견했다."[12] 수백만 년을 똑바로 서 있던 인간이 다시 한 번 구부러진 것이다. 거북목 증후근과 아이포스**를 생각해 보라.

또 우리는 이미 기억의 많은 부분을 웹에 의존하고 있다. 10명 가운데 7명은 어릴 적 자신이 자주 쓰던 전화번호를 기억한다. 하지만 이제는 전화기에 수록되어 있는 친구들 번호조차 거의 기억하지 못한다. 하루 중 대략 10시간 정도 디지털 기기의 화면을 들여다보면서도 몸을 움직이는 운동에는 고작 17분을 쓴다. "우리의 삶은 이제 유기적인 것과 기술적인 것, 탄소와 실리콘 사이를 명확하게 구분하지 못할 만

* fight-or-flight responses, 갑작스런 자극에 투쟁할 것인지 도주할 것인지의 본능적 반응.
** iPosture 등이 구부러지고, 어깨가 안으로 말리고, 턱이 내려오고, 손이 몸에 가까워진 자세.

큼 부분적으로만 생물학적이다." 신망 있는 〈내셔널 지오그래픽National Geographic〉지가 "차세대 인간"에 대한 최근의 특별호에서 한 말이다. "우리는 아마 우리가 어디로 가고 있는지 아직 모를 것이다. 하지만 이미 우리가 있던 곳에서는 떠났다."(13

이것이 우리에게 끼치는 영향은 어떨까? 연구하기란 쉽지 않다. 너무 새롭기도 하고 아미쉬* 이외에는 비교집단이 없기 때문이다. 하지만 지금까지의 자료만으로도 심각하다. 심리학 교수 장 트웬지에 따르면 스마트폰을 사용하는 미국인 비율은 2012년 50퍼센트가 넘었다. 이때부터 "십대의 행동과 감정 상태가 갑작스런 변화"를 보였는데, 수십 년간 세대 분석에서 나타난 그 어떤 데이터와는 완전히 달랐다. 좋은 소식은 십대들이 육체적으로 더 안전해졌다는 것이다. 술을 덜 마시고 섹스를 훨씬 적게 한다. 나쁜 소식은 그 이유가 거의 밖에 나가지 않기 때문이다. 매일 친구들과 어울리는 십대의 수는 2010년부터 2015년 사이에 40퍼센트나 줄었는데, 그 속도가 점점 빨라지고 있다. 이들은 대부분 자신의 침실에 있다. 그렇다고 공부를 하거나 일을 하는 게 아니다. 물론 소셜 미디어에 글을 올리고 보기도 한다. "혼자이고 대개는 우울한 상태다." 하루에 더 많은 시간을 들여 페이스북을 보면 볼수록 더 불행하게 느낀다. 그 불행도 단지 가벼운 불안감이 아니다.

소셜 미디어를 가장 많이 이용하는 중학생들의 우울증 위험은 27퍼센트가 증가했다. 전자 기기에 하루 3시간, 혹은 그 이상을 쓰는 십대는 자살할 위험도 35퍼센트나 더 높았다. 소녀들 사이에서 우울 증상은

---

* Amish, 현대문명과 단절한 채 자신들만의 전통을 유지하면서 생활하고 있는 기독교 일파.

50퍼센트가 급등했다. 2015년에는 2007년보다 3배나 많은 십대가 자살했다.[14]

이중 어느 것도 젊은이들의 폐단 흔적이 아니다. 밀레니얼 세대는 2018년 겨울 플로리다주 파크랜드에서 학교 총격사건이 있고난 몇 달 뒤 우리 모두가 목격*했던 것처럼 자신들의 유대감을 이용해서 놀라운 일을 해낸다. 더욱이 이들은 특히 지금 같은 기술세계에 처음 등장한 시민인 까닭에 그것이 어떤 모습일지 엿볼 수도 있다. 만약 회상할 게 있을 정도로 나이가 들고 아직까지 기억력이 좋다면 자신에게 물어보라. 이메일과 트위터, 그리고 문자가 있기 전에 어땠는가? 향수를 불러일으키려는 말이 아니다. 하지만 대신 훨씬 더 기술에 지배받는 세상으로 옮겨가는 모습이 어떨지 예상할 수 있을 것이다.

레이 커즈와일과 마지막 대화를 나눴을 때, 그는 자신의 비전을 말했다. "만약 우리가 더 똑똑해진다면 음악과 문학 같은 지적 표현을 더 심오하게 창출해 낼 수가 있을 걸세. 온갖 종류의 아름다움과 예술적 표현들을 말하는 거네." 사실 이것이 미래의 기술이 상상하는 것이기도 하다. 일에서 자유로워지면 매일 그림을, 그리고 색소폰 연주를 하고, 날마다 책을 쓸 수 있을 것이다. 예술은 인간의 마지막 피난처가 될 것이다. 노예들이 포도와 올리브를 재배하면서 와인과 오일을 만드는 동안, 로마 귀족들은 시를 지었던 것처럼 말이다.

그런데 왜 컴퓨터가 사람보다 '더 나은' 예술을 창출할 수 없다고 생

---

* 사건의 생존자들이 주도하여 '우리 삶을 위한 행진'이라는 이름으로 50만 명 가까운 학생들이 총기 규제 강화를 위한 시위를 벌임.

각할까? 녀석들은 결국 인간이 좋아하는 것을 분석하고 응용한다. 이미 바하Bach처럼 칸타타를 작곡하는 AI가 있어 콘서트홀의 관중들을 기만한다. 경매회사 크리스티스Christie's도 2018년 가을 인공지능이 만든 첫 번째 예술작품을 팔았다. 하지만 보다 깊은 수준에 있는 **예술이 작동하는 방식은 아니다.** 예술에서 중요한 점은 '더 나은'이 아니라 인간의 경험을 반영하는 것이다. 정확히 이런 것이 사라지고 있다.

과학조차도 위험한 상태다. 여기에는 훨씬 더 슬픈 아이러니가 있다. 지금 우리를 대신하겠다고 위협하는 바로 그 기술을 연구하는 사람들의 심오한 즐거움이 사라질 것이다. 로봇 생물학자가 진짜 생물학자를 곧 대체할 것이라고는 생각 안 하는가?

우리에게 남는 것은 무엇일까? 트랜스휴머니즘의 초기 사도인 닉 보스트롬이 최고의 사례를 제시한다. 초월적 지능은 "대단히 매력적인 경험세계를 창조하는 데 도움이 된다. 즐거운 게임을 하고, 서로 관계를 맺고, 개인적인 성장을 경험하고, 이상적인 삶에 더 근접해서 인생을 보낼 수 있다." 아니면 그냥 대마초나 피우면서 보낼 수도 있다.

그렇다면, 왜 그런 일을 할까? 왜 관련된 모든 사람이 위험하다고 생각하는 영역으로 계속해서 속도를 내면서 돌진하는 것일까?

어느 정도는, 관성이다. 운동하는 몸이 그런 식으로 유지되듯 말이다. 인간은 진보라고 부르는 것을 향해 수세기 동안 지금처럼 움직였다. 앞으로 보는 것처럼 불가능한 것은 아닐지도 그 대안을 생각하기란 어려운 일이다.

또 어느 정도는, 돈이다. 사람을 끌어당기는 그 강력한 매력은 절대 없어지지 않는다. 어떤 사업이든, 향후 성공은 이 새로운 기술을 얼마나 숙달하느냐에 따라 좌우될 것이다. 현재의 규칙에 따라 작동하는 자본주의는 누구든 쉽게 물러나는 것을 허락하지 않는다.

그러나 뭔가 섬뜩한 것이 더 있다.

길가메쉬는 가장 오래된 이야기로 약 4천년을 거슬러 올라가는 수메르인의 서사시다. 이야기는 길가메쉬 왕과 엔키두Enkidu의 우정으로 시작한다. 그러나 책 중간쯤에 엔키두가 죽는다. 길가메쉬는 친구 곁에서 7일 낮과 밤을 지키다가 시체의 코에서 벌레가 나오는 걸 목격한다. 큰 공포가 느껴지자, 그는 오늘날에도 여전히 해당되는 말을 한다.

나 또한 반드시 죽겠지? 길가메쉬도 이렇게 죽겠지?

그때 나의 몸이 공포를 느꼈다. 두려움에 나는 황야를 배회한다.

엔키두, 내 친구, 내가 사랑했던 사람이 먼지로,

오직 점토로만 존재하는 엔키두.

마치 여자처럼 나는 눈물을 흘리면서 낯선 이름 없는 길과

해안가를 배회하다가 말한다.

나 또한 반드시 죽겠지? 길가메쉬도 이렇게 죽겠지?

불멸의 비밀을 찾기로 결심한 길가메쉬는 아주 위험한 여정을 시작한

다. 사자무리와 싸우고, 두 전갈 인간이 지키는 터널을 지나, 석재 거인을 파괴하고, 120그루의 나무를 베어 죽음의 바다를 건너는 동력으로 사용한다. 그가 너무도 끔찍한 폭풍에도 살아남자 겁이 난 신이 천국으로 종종걸음을 친다. 하지만 이 모든 것이 허사였다. "당신이 갈구하는 영생은 결코 찾지 못할 것이다." 마침내 그 답을 아는 현자에게 배운 말이다. "신이 사람을 창조했을 때, 죽음도 일부가 되게 했다." 실제로 그가 말한 것은 불멸을 끊임없이 구하는 것은 삶의 기쁨을 엉망으로 만들 뿐이라는 사실이었다.

이것이 길가메쉬로부터 지금까지 계속 내려오는 이야기다. 물론 인간은 지각이 있는 동물이다. 죽을 것을 아는 동물이라는 말이다. 계속해서 곱씹어보지 않더라도, 이것은 우리의 모습이고, 우리가 만들어온 문화다. 위대한 철학자 어니스트 베커Ernest Becker는 프로이트가 틀렸다고 확신했다. 인간의 마음을 억누르고 있는 것은 섹스가 아니라 죽음에 대한 공포라는 것이다. 그리고 그 두려움에서 우리는 장대한 피라미드와 더 장대한 천국에 대한 생각까지 모든 것을 구성해냈다. 삶의 패턴은 우리가 살고 싶은 시간으로 정해진다. 우리는 어느 정도의 시간을 들여 교육해야 할지 알고, 인생의 전성기도 말해줄 수 있다. 인정할 만큼 용감하다면 죽음도 대비할 수 있다.

인간의 평균 수명이 증가한 건 사실이다. 일반적으로 죽는 아이들이 훨씬 줄었고, 기본적인 위생시설이 좋아져 질병을 극적으로 감소시켰기 때문이다. 염소chlorination를 연구하던 연구원들은 깨끗한 물이 미국 평균 수준의 도시에서 사망률을 43퍼센트나 줄인 것을 발견했다. 이 연구는 우리가 함께 일할 때 어떤 일이 일어나는지 상기시켜준 일이기도 했다.[1] 하지만 가장 오래 사는 사람들은 **더 이상 오래** 살지는 않는다. 115살은 수명의 상한선, 즉 인간의 세포분열 횟수가 이른바 헤이플릭 분열한계*의 경계에 꽤 가까이 있는 것처럼 보인다. 지금까지 인간의 수명은 빛의 속도만큼이나 어길 수 없는 것이었다. 또 개인과 사회가 어느 정도 합의한 사항이었다.

우리가 가장 존경하는 사람들은 죽음을 숙명으로 받아들였던 이들이다. 마틴 루터 킹 주니어의 말을 들으면 절로 고개가 끄덕여진다. "기꺼이 어떤 것을 위해 죽을 수 없는 사람은 적절한 삶을 사는 게 아니다." 죽음은 인간이 자기몰입에 대한 평가를 마지막으로 받는 것이다. 아인 랜드와 초기 자유주의자들은 세금을 없애고자 했으나 그들에게도 죽음은 기정사실로 보였다. 데이비드 코크는 2018년 건강 악화로 사업과 정치에서 은퇴를 선언**했다

하지만 실리콘 밸리의 경향은 그렇지 않았다. 길가메쉬의 뇌리에서 떠나지 않았던 바로 그 공포에 적지 않게 내몰리기는 하지만 마침내 불멸이 시야 안에 들어왔다고 확신했다. 레이 커즈와일은 동료들이 절대 죽지 않을 방법을 계산하기에 충분할 정도로 노화를 오래 막을수록 더 좋다는 하루 100알의 알약을 먹고 있다. 기술 엘리트들 사이에서는 특별히 이상한 행동은 아니다. 레스베라트롤***이나 FDA 승인 없이 처방된

---

* Hayflick limit, 인간의 한계는 52-60회이고 한 번 분열하는데 2.5년이 걸려 이론적으로 가능한 수명은 150년임.

** 결국 2019년 8월에 사망함.

*** resveratrol, 폴리페놀의 일종으로 항암 및 강력한 항산화 작용을 함.

당뇨약에 대해 얘기하는 사람을 쉽게 볼 수 있다.

〈와이어드〉 잡지가 보도한 바에 따르면 "가장 대담한 것은 라파마이신rapamycin을 쓴다는 소문이다." 이것은 비록 면역 시스템을 억제하지만 "장기이식에 따른 거부반응을 막는 강력한 약이다." 이론에서는 "제대로 기능을 못하는 세포의 구성요소를 퇴화시키거나 재생시키는 과정을 시작한다."[2]

트럼프 지지자이자 페이팔의 억만장자인 피터 틸은 청년다운 활력을 갖기 위해 젊은 사람들의 피를 수혈하고 있다(혹은 아닐 수도 있다). 한 기술전문지는 그가 18살의 젊은 피를 수혈받기 위해 3개월마다 4만 달러를 지불하고 있다고 보도했다. 하지만 틸은 다른 기자에게 "아직은 전적으로 시작도 안했다"고 강조해서 말했다.[3] 하지만 강한 흥미는 갖고 있을까? 틀림없다. 틸은 "개체 결합을 주의 깊게 살펴보고 있다. 정말 흥미롭다고 생각한다"고 말했다. "젊은 피를 더 나이든 쥐에 주입했을 때 엄청난 회춘효과가 있음을 발견했다." 암브로시아Ambrosia라는 실리콘 밸리의 스타트업은 젊은 사람의 피를 개당 8천 달러씩 구매할 고객을 최소 100명 이상 확보해 놓고 있다.[4]

피터 틸의 브랙아웃랩*은 노화를 정복하려는 다른 많은 스타트업에 투자하고 있다. "아마 가장 극단적인 형태의 불평등은 살아 있는 사람과 죽은 사람 사이에 있다"라고 그가 믿는 걸 감안한다면, 왜 그러지 아니하겠는가? 이 말은 틸의 순자산이 약 30개국의 GDP를 넘겼을 때다. "나는 고율 과세, 전체주의 집단, 그리고 모든 개인의 죽음이 불가피하다는

---

* Breakout Labs, 첨단 연구를 지원하기 위해 틸이 500만 달러를 투자하여 만든 펀드.

생각에 반대한다." 그가 왜 자유주의자가 되었는지 자세하게 설명한 에세이에 나와 있는 말이다.[5] "나는 죽음이 끔찍하고, 정말 끔찍한 것이라는 생각을 늘 많이 하고 있다."

실리콘 밸리의 거물들, 다시 말해 지구상에서 가장 막강한 힘을 가지고 있는 사람들 사이에서는 죽음을 물리치는 것이 해야 할 상위 목록에 올라 있다. 그렇다. 그들은 지금보다 더 많은 돈을 벌기 원한다. 신기술 구축에 대한 즐거움에만 매료되어 있는 것도 맞다. 그들이 원하지 않는 것은 죽고 싶지 않다는 것이다. 왜 그들이 분명한 위험에도 인공지능과 생식세포계열 조작을 그렇게 끈질기게 밀어붙이는지 궁금하다면 이들이 말하는 걸 잘 들어봐야 한다. 그들이 얼마나 환각 상태에 빠져 있는지 정확히 느낄 필요가 있다.

〈뉴요커〉의 기자 테드 프랜드Tad Friend는 로스앤젤레스 언덕 높은 곳에 자리 잡은 TV 프로듀서 노만 리어Norman Lear의 집에서 보낸 밤을 인상 깊게 묘사한 바 있다. 국립의료아카데미의 건강한 장수를 위한 원대한 도전의 시작을 알리는 파티가 있었던 날이었다. 여기에서 이 분야의 획기적인 돌파구를 위해 수백만 달러가 수여될 예정이었다. 헐리우드 스타들도 파티에 참석했다. 그중 골디 혼Goldie Hawn이 노벨상을 수상한 유전학자에게 강력한 항산화 물질로 다양한 건강요법에 등장하고 있는 글루타티온glutathione에 대한 의견을 요청했다. 하지만 진정한 유명 인사는 구글의 공동 창업자인 세르게인 브린이었다. 그의 전 부인이 선구적인 유전자 회사 23앤미를 운영한다는 것은 기억할 것이다. 그 모임에서 브린의 현 여자친구인 니콜 샤나한Nichole Shanahan이 그가 최근

전화를 해 언젠가 죽을 거라는 슬픈 소식을 전했다고 말했다. 구글이 엄청나게 생명을 연장하는 기술에 투자하고 있는 것을 고려해 보면 아마 아닐 수도 있다.

구글은 2009년 빌 마리스Bill Maris를 채용해서 벤처 캐피탈 펀드를 운영하게 했다. 그는 재빨리 방대한 자원 대부분을 생명과학 스타트업에 쏟아 붓기 시작했다. 왜 그랬을까? 마리스는 "만약 오늘 나에게 500살까지 사는 게 가능하냐고 묻는다면, 그 답은 '그렇다'이다"라고 말했다.[6] 이런 말도 덧붙였다. "겨우 몇 발짝 더 나가려고 하는 게 아니다. 게임에서 이기려고 하는 것이다. 부분적이라도 죽는 것보다는 나은 것 아닌가." 다시 말하지만 이건 그들 세계에서는 특이한 문화가 아니다. "실리콘 밸리에는 억만장자가 많다. 하지만 결국 우리 모두 같은 곳을 향한다. 만약 돈을 많이 버는 것과 더 오래 사는 방법을 찾는 것 중 하나를 고르라면 무엇을 선택하겠는가?" 마리스가 한 말이다.[7]

실제 답은 거의 틀림없이 둘 모두다. 구글은 단순히 다른 스타트업에 자금을 지원하는 것을 넘어 자체적으로 벤처기업 캘리코Calico를 2013년에 출범시켰다. 캘리코는 캘리포니아 라이프 컴퍼니California Life Company의 약자다. 매우 보안이 철저해서 사람들이 그 회사의 운영에 대해 아는 거라고는 다른 식습관을 가진 중대 규모의 많은 쥐가 있다는 게 전부다. 이 회사는 "노화에 대한 도전"에 초점을 두고 있는 것으로 알려졌다.[8]

캘리코만이 있는 게 아니다. 세상에서 가장 부자인 제프 베조스Jeff Bezos는 자신의 현금자산 중 일부를 샌프란시스코를 기반으로 하는 생물학 스타트업 유니티 생명과학Unit Biotechnology에 투자했다. 이 회사는 "노화 치료제"를 열심히 개발하고 있다. 〈이코노미스트〉가 주관한 최근의 '장수사업' 세미나에서도 이 회사에 투자한 피터 틸의 '가신' 한 명이 곧 약을 시장에 내놓을 가능성이 가장 큰 스타트업이라고 평가했다. 그녀는 그 스타트업이 "비주류 과학에서 인기 있는 새 분야로 갈 수 있는 가장 흥미로운 회사 중 하나"라고 말했다.[9] 영국 신문에서 뽑은 전형적인 헤드라인이다. "거물들은 노화를 이기는 것이 세상에서 가장 큰 사업이 돼가고 있다고 말한다."[10]

이런 사람들의 말이 얼마나 진지한지 판단하려면 그들의 발목을 보는 것도 한 방법이다. 그들 중 엄청나게 많은 이들이 얇은 가죽밴드를 착용하고 있다. 거기 달린 금속 꼬리표에는 세계에서 극저온 설비를 선도하는 알코르사Alcor의 연락처 정보가 새겨져 있다. 마치 하늘을 나는 자동차처럼 극저온이라는 아이디어는 사실 아주 오래전부터 있었지만, 거의 현실감은 없었다.

1948년에 나온 〈스타틀링 스토리즈〉*에서 로버트 에틴거(인간을 리엔지니어링 해서 작고, 건조한 냄새 없는 알갱이를 대안적 구멍을 통해 내보내기를 바라던 친구)가 사람을 얼리는 것에 관한 짧은 이야기를 썼는데, 이것이 1962년 《냉동인간The Prospect for Immortality》이라는 논픽션 이야기로 이어졌다. 처음에는 그 전망이 아주 미미했다. 알코르사의 기술자들은 초기 고객들의 냉동고가 녹지 않도록 더 많은 드라이아이스를 넣어야만 했다. 사업도 항상 논쟁에 시달렸다.

* Startling Stories, 미국의 통속적인 공상과학 잡지.

테드 윌리엄스*의 일부 자녀가 다른 형제들을 상대로 아버지의 머리를 얼리지 못하게 하는 소송을 제기한 것을 누가 잊을 수 있으랴? 이런 일 자체가 너무 어수선하고 무섭다 보니 알코르사의 초기 고객 티모시 레어리Timothy Leary는 냉동인간을 포기하고 자신의 재를 〈스타트렉〉원작자인 진 로든베리Gene Rodenberry의 것과 함께 로켓에서 우주로 쏘게했다. 그러자 극저온학 동료들이 그를 '죽음 신봉자 이데올로기'에 굴복했다고 비난했다.

하지만 이 산업은 성장하고 있다. 알코르사는 현재 147명을 냉동고에 보관하고 있는데, 자신의 몸 전체를 보관하는 데에 각각 20만 달러를 지불하거나 머리만을 잘라내는 '신경neuro 옵션'의 경우 8만 달러를 지불한다. 현장에서 바로 시체를 얼릴 수 있게 애리조나주 스코츠데일 Scottsdale에서 죽는다면 1만 달러를 할인해 준다. "우리의 관점으로 보면 누군가가 죽는다고 말하는 기준은 다소 임의적이다. 사실 그들은 구조가 필요한 사람들이다"라고 알코르사의 CEO 맥스 모어Max More는 말한다. 맥스 모어라는 이름은 "내 목표는 늘 나아지고, 결코 정지하지 않는 것이다"라는 걸 상기하기 위해 스스로 지은 것이다.[11]

랄프 머클Ralph Merkle은 실리콘 밸리의 영웅으로 컴퓨터용 공개키 암호방식을 발명한 사람 가운데 한 명으로 알코르사의 이사회 멤버다. 그가 공익 서비스의 일환으로 지구상의 모든 사람을 보존하려면 얼마가 들어가는지 계산했다. 매년 5천5백만 명이 죽는다고 가정하면 머리만을 모으는 게 더 쉬울 수 있다. 이 경우에 지름 30미터의 이중벽 냉각 플

---

* Ted Williams, 보스턴 레드삭스 선수. 메이저리그 역사상 마지막 4할 타자로 알려져 있음.

라스크에 최대 550만개의 뇌를 수용할 수 있다. 그렇다면 일 년에 10개만 구축하면 "전 세계에서 죽는 사람들 모두의 머리를 장차 그들이 구제될 때까지 보관할 수 있다." 머클은 전세계 인구가 분할 상환하면 "놀랍도록 경쟁력 있는" 1인당 24달러에서 32달러의 가격이 나온다는 계산을 제시했다.[12] 현재는 최소한 천 명의 사람들이 기회를 기다리고 있으며, 그중에는 선택 범위가 다양한 실리콘 밸리의 선구자들이 포함돼 있다.

그런데 이것은 기술산업이라 아이디어를 보다 새롭게 반복해서 이용하는 것이 가능하다. 넷콤Netcome은 캘리포니아의 기술창업지원사 테크 인큐베이터tech incubator 가운데 가장 중요한 와이 콤비네이터Y Combinator의 일부로 선택된 몇 안 되는 스타트업 가운데 하나다. 와이 콤비네이터는 처음에 드롭박스Dropbox, 에어비앤비Airbnb, 레딧(Reddit: thtuf 뉴스 웹사이트)를 옹호했다. 실제로는 와이 콤비네이터 대표인 샘 앨트먼Sam Altman이 이미 1만 달러를 넷콤 서비스를 위해 내놓았다. 이 서비스는 거의 죽음에 이르렀을 때 뇌를 방부 처리해서 나중에 디지털화하고 부호화하는 게 포함된다. "이 아이디어는 미래 언젠가 과학자들이 벽돌처럼 굳은 뇌를 스캔한 다음 컴퓨터 시뮬레이션으로 바꿔놓을 것이다"라고 안토니오 레갈라도Antonio Regalado가 MIT 〈테크놀로지 리뷰 Technology Review〉에 쓴 내용이다.[13]

사실 이 개념은 우리가 언젠가는 컴퓨터와 맞물리면서 영원히 산다는 것이다. 조금은 이상하지만, 아마 테드 윌리암스가 실재세계에서 다시 어슬렁거리며 돌아다닌다는 생각보다는 덜 터무니없어 보이기 때문에 어쨌든 통용되기 시작했다. (짐작컨대, 막스 모어의 옆에는 애견인 골든두들* 오스카Oscar가 있을 텐데 이 애완견 역시 "자신을 기다리고 있는 저장 플라스크"를 가지고 있다.)

레이 커즈와일도 알코르사의 고객이지만 분명 대비책으로 가입한 것이다. 그의 진정한 희망은 절대 죽지 않는 대신 고장난 세포를 혈액 속의 나노봇nanobot이 고칠 수 있게 될 때까지 충분히 오래 사는 것이다. 사실 그는 이 나노봇 혈구가 자신의 움직임에 동력을 공급할 수 있어 결국 고장 나기 쉬운 커다란 펌프, 즉 심장이 필요 없게 될 것이라고 생각한다. 그리고 언젠가 뇌를 클라우드에 직접 연결할 수 있을 것이라는 것도 꽤 확신한다. 두피의 평방미터당 10만 개의 전자를 심을 수 있을 때가 되면 "컴퓨터가 책의 내용을 당신의 머릿속에 그냥 뿌리기 때문에 책을 읽을 필요가 없어지게 될 것이다."[14] 이 사람이 지구 역사상 어느 면에서 가장 큰 회사의 수석 과학자라는 사실을 기억하라.

커즈와일과의 대화는 나 자신에게도 이런 불멸의 꿈에 어떤 달콤하고 동경할 점이 있다는 것을 상기시킨다. 커즈와일의 아버지 프레드릭Fredric은 그가 어렸을 때 죽었다. 아들은 편지, 사진, 심지어 전기료 통지서까지 아버지의 소지품을 물품 보관함에 꽉 차도록 보관했다. 언젠가 "아버지의 가상 아바타를 만들어 물품 보관함에 간직한 정보를 그 도플갱어의 머리에 채우기"를 바랐던 것이다.[15] 그러면 그 아바타와 다시 다정한 부자처럼 얘기할 수 있는 것이다. "난 죽음이 비극이라 생각하네"라고 커즈와일은 내게 말했다. "이것이 죽음에 대한 우리의 즉각적인 반응일 걸세. 만약 누가 죽으면 인간의 즉각적인 반응은 기뻐하는

---

* goldendoodle, 골든리트리버와 푸들의 잡종.

게 아니라 비극으로 여긴다는 거지."

당연히 가끔은 사실이다. 하지만 누군가가 충만한 삶을 살았을 때는 그렇지 않을 것이라는 생각이 든다. 당신은 두려움으로 사망 기사란을 읽을 수 있지만, 또한 그것이 움직이는 세상에 대한 역사로 읽을 수 있다.

커즈와일처럼 인공지능이 단시간 내에 자원을 너무도 풍족하게 만들어 더 이상 뭔가를 원할 필요가 없는 세상이 도래하리라 믿는 사람이라면, 아무도 죽지 않는다는 사실이 불러올 명백하고도 실질적인 문제들은 그냥 무시하고 말 것이다. 그가 나에게 물었다. "지구가 너무 붐빈다고 보는가? 세계 어디서든 기차를 타고 창밖을 보게. 사용하는 땅의 40퍼센트가 수평적인 농업용이지. 우리는 그런 것이 하나도 없어도 더 잘할 수 있네." 그의 말은 음식을 수직 스탠딩에 키우면 "수명을 연장하더라도 생활을 위한 자원을 급진적으로 확대시킬 수 있다"는 것이다.

캘리포니아 스타트업으로 알려진 바이오타임BioTime의 현재 회장인 마이클 웨스트Michael West에 따르면, 이것이 윤리적 개선이고 이것을 전문화한 것은 '재생 의학'이다. 웨스트는 복제 목적으로 맨 처음 인간의 줄기세포를 떼어내려고 기획했던 사람이다. 한번은 불멸이 인구 과다를 낳지 않겠느냐는 질문을 받았다. 그는 당연하다고 말했지만 "왜 지금 살고 있고, 숨 쉬는 과정을 즐기고, 사랑하고, 사랑받는 사람들에게 부담을 지우는가. 답은 분명 인간 경주에 새롭게 참여하는 사람들을 제한해야지 오늘날 삶을 선물로 즐기는 사람들의 죽음을 촉진해서는 안된다"라고 말했다.[16] 이기심의 정도가 아인 랜드를 테레사 수녀처럼 보이게 한다.

이 믿기 어려운 자기몰입은 이 모두에서 정말 얼마나 나쁜 생각인지 보여주는 단서가 될 것이다. 나는 시간을 내서 우리 아이들을 '향상'시킬 수 있다는 가장 새로운 기술을 완전히 수용했을 때 가능할 수도 있는 다양한 변화를 나열해 봤다. 아마 일 없이도(혹은 해야만 할지도) 살 수 있을지도 모른다. 어떤 의미에서는 영원히 사는 게 가능할지도 모르겠다. 하지만 이중 어느 것도 살아있는 게 아니며, 인간의 의미로도 살아있는 게 아니다.

이런 위협이 휴먼 게임에서는 인간의 실존과 관련된다. 하지만 기술 전문가들은 어느 면에서 개별 인간을 아주 소중하게 여기는 데도 누구도 죽도록 놔둬서는 안 된다고 한다. 사람들의 머리를 거대 보온병에 모아야 한다고 말하는 사람들은 인간성을 너무나 경시하는 처사다. 그들은 어떤 슬픔과 상실은 그냥 감당할 수 있는 게 아니라는 걸 이해 못한다. 이것이 중요하다. 생각해 보면 아이들이 우리를 대체한다는 것을 충분히 알도록 양육하는 데에는 일상의 영웅주의가 필요하다. 이게 바로 인간 문명이다. 그렇지 않은 경우, 즉 아이들이 20년, 혹은 30년 무한대로 우리를 영원히 따라오는 다른 존재가 되려고 했다면, 인간을 가장 강력하게 연결하는 것이 사실상 이미 끊어졌을지도 모른다. 그들에게 무엇을 빚지고 있는가? 또 무엇을 받을 것인가? 인간을 너무 높게 칭송하는 사람은 인간성을 평가 절하한다.

죽음이 없는 세계는 시간이 없는 세계다. 그리고 이것은 의미가 없는 세상이다. 적어도 인간의 의미 말이다. 이 길을 충분히 내려가면 게임은 끝나버린다.

4부

실낱같은 가능성

지금의 궤도를 근본적으로 바꾸는 것이 아직도 가능한지는 잘 모르겠다. 사실 아무도 모른다. 기후 변화는 이미 너무 많이 진행됐고 일부 신기술들의 행진은 마치 고삐 풀린 것처럼 빨라 보인다. 그런데도 이것이 불가능하다고 단정하는 사람은 없다. 따라서 이 책의 끝 부분은 지구 온난화와 기술 마니아를 어느 정도 범위 내로 유지하면서 휴먼 게임을 인식할 수 있고 심지어 탄탄하게 유지하도록 도와줄 수 있는 저항과 그 도구, 사상에 관한 이야기다.

저항이라는 주제는 그 대가에 대해 적어도 조금은 알고 있는 까닭에 나에게는 망설여지는 게 사실이다. 나는 지난 30년간 많은 시간을 지구 온난화에 맞선 싸움에서 자원봉사자로 참여했다. 내가 상상했던 것보다 우리는 더 많은 성공을 거두었다. 그중 일부가 아주 짧게 언급될 것이다. 하지만 아직은 형세를 역전시키지 못했다. 화석연료 산업의 금권력을 압도할 만큼 사람들의 힘을 아직 충분히 동원하지 못했기 때문이다. 그래서 우리는 계속해서 전진하고 있다. 집결의 대가는 역시 엄청났다. 세계 곳곳에서 환경 옹호자들이 주기적으로 살해당하고 좀더 자유로운 곳에서마저 스트레스와 압박에 시달리는 게 현실이다.

나는 인생의 황금기를 이 싸움을 위해 바친 정말 많은 사람들을 안다. 일부는 감옥에 갔고 경력을 잃었다. 심각한 정신적 고통을 겪은 사람도 있다. 정유회사들에게 감시당하고, 소송당하고, 심지어 경비견의 공격까지도 받았다. 또한 이 활동을 사랑과 우정이 충만한 운동으로 급성장시키는데 인생을 건 많은 사람을 알고 있다. 그 어느 것도 쉽지 않았다. 적어도 기후와의 싸움은 분명히 추하고 잘못된 것과 맞서고 있다는 이 점이 있다. 개념적으로는, 인간을 영원히 살게 하는 약물이나 버튼 하나로 귀여운 아이 생산을 보장하는 유전자 변형으로의 질주를 어떻게 하면 늦출 수 있을지 생각해내는 것보다 들불, 가뭄, 범람에 맞서는 것이 더 쉽다.

아직은 가장 힘센 적들과 이들의 효과적인 선전에도 불구하고 이용할 수 있는 약점이 있다. 인간의 미래에 관한 이런 투쟁은 일반적으로 정치적 범주를 잠재적으로 크게 흔들어 놓는다. 나의 경우 불평등과 환경에 관심이 많다보니 대개는 혁신적 진보주의자로 분류된다. 하지만 내가 가장 중시하는 것은 세상을 조금이라도 과거와 비슷하게 보존하는 것이다. 지구의 맨 위와 맨 아래에 얼음이 있고 특이한 산호초가 그 사이에 있는 세상, 구식의 소프트웨어를 바꿔나가는 게 아니라 사람들이 과거와 미래를 서로 연결하는 세상 말이다. 이런 점에서 내 입장은 근본적인 보수주의자로 보인다.

반면, 내 눈에는 오히려 정유회사들과 기술 부호들이 심히 급진적인 것처럼 보인다. 그들이 대기 중에 있는 화학적 구성요소를 기꺼이 바꾸고 불멸을 쟁취하려 기를 쓴다는 점에서 그렇다. 인간에게는 무엇이 옳은지 혹은 위험한지, 경솔한지 혹은 적절한지에 대한 본능적 느낌이 있고, 그런 노력에 저항하는 타고난 보수성이 있다. 그들의 생각이 얼마나 어리석고 얼마나 나쁜 생각인지 이해하려고 생식세포계열 공학이나 탄소 순환의 미묘한 내용 모두를 이해할 필요는 없다. 실제로 여론조사에서는 대부분의 사람들이, 예를 들면 영원히 사는 것이나 아이들을 인위적으로 설계하는 것에 대해 본능적으로 반대한다. 정부의 기후 안정화 대책을 바라는 것도 마찬가지다.

이 정치적 복합성은 미래를 소유하고 싶은 사람들이 더 확대시키는 분열이거나 아니면 위대한 힘의 잠재적 원천이다. 열쇠는 우리 자신을 어떻게 보느냐에 달려 있다. 만약 반정부 수사학자들이 주장하는 것처럼 우리가 자신을 단지 개인으로만 본다면 게임에서 실패한다. 대부호들의 큰 힘과 무자비한 집중력을 이길 수 있는 충분한 숫자가 결코 결집될 수 없기 때문이다.

하지만 자유주의적 초개인주의에 대한 적수가 반드시 아버지의 약국 문을 걷어차고 들어오는 적위대일 필요는 없다. '모두가 한 배를 탔다'는 윤리적인 사회연대감일 수도 있다. 2018년 정유회사 중역들과 기후 변화에 관한 비공개 미팅이 있은 후 프란치스코 교황이 말했다. "이 길의 결정적인 진전은 우리 모두가 박애와 연대의 끈으로 통합된 하나의 인류 가족이라는 자각이 어느 정도 늘어나지 않고서는 해낼 수가 없다."[1] 이러한 윤리의 실제 사례는 세계 곳곳에서 무수히 발견된다. 스칸디나비아나의 경우나, 이들 나라보다는 못하더라도 사람들이 스스로 서로의 복지에 관심을 갖고 있는 모든 '복지국가들'이다. 그리고 이것이 잘 작동되는 국가들이다.

2018년 세계행복보고서에 따르면, 핀란드가 지구상에서 가장 활기찬 나라고 노르웨이, 덴마크, 아이슬란드가 그 뒤를 따랐다. 미국은 18위로 "가장 동등한 수준의 부유국보다 현저히 낮았다."[2] 그럼에도 이것은 미국인들에게도 이상하거나 불가능한 개념은 아니다. 2017년 트럼프 부류의 사람들이 승리에 도취해 있는 와중에 나왔던 여론조사 결과에서는 공화당 지지자의 61퍼센트, 민주당 지지자의 93퍼센트가 "어려운 사람들에게 경제적 지원을 위한 지출을 유지하거나 늘리기를" 원했다.[3] 아인 랜드는 최고경영자 집단을 움직였다. 하지만 나머지 우리들은 아니다. 전반적으로 사람들은 인간애를 계속 믿는다.

다행히 우리는 그 믿음을 현실로 바꿔줄 두 신기술을 가지고 있다. 상대적으로 새로운 두 발명이 완전히 이용된다면, 우리시대에 상황을 바꿔놓을 수 있는 결정적 요소가 될 수 있다. 하나는 태양광 패널이고, 다른 하나는 비폭력 운동이다. 분명 이 둘은 같은 종류의 발명이 아니다. 태양광 패널(과 그 사촌인 풍력 터빈과 리튬 이온 전지)은 하드웨어인 반면, 변화를 위한 대중의 조직화 능력은 소프트웨어에 더 가깝다. 실제로는 비폭력 캠페인을 '기술'이라고 부르는 것조차 다소 이상할 것이다. 둘 다 아직은 초창기다.

우리는 둘 다 사용하고는 있지만 상당히 맹목적이다. 시행착오로 가장 잘 이용하는 방법을 찾고 있는데, 내재적 한계도 있다. 어느 것도, 예를 들면 핵무기나 석탄 발전소만큼 결정적이거나 즉각적인 강력한 효과도 없다. 그렇지만 둘 다 변혁적이다. 결정적으로 두 기술이 가지고 있는 힘은 인간의 규모다. 우리가 내내 해온 휴먼 게임을 위협하지도 않는다. 실제로는 더 아름답게 만들라고 위협한다.

이 기술들을 어떻게 최대로 사용할지 논의하기 전에, 현재의 상황을 방어하는 데 이용되고 가장 은밀하게 퍼지고 있는 두 가지 사상에 집중해 보자. 첫 번째는 우리들 각자가 자신이 원하는 미래를 선택해야 하기 때문에 집단 저항이나 정부 규제가 필요없다는 것이다. 두 번째는 이미 주사위가 던져졌기 때문에 저항을 해봐야 변화의 가능성이 없다는 것이다.

우선은 선택이다. 많은 정치적 신조를 가지고 있는 사람들을 결속시키는 구절이 있다. 보수주의자들은 세금을 내는 것에 관한 한 '당신이 내 보스는 아니다'라고 말한다. 자유주의자들은 주제가 마리화나일 때도 그렇게 말한다. 논쟁을 없애는 가장 쉽고 게으른 방법은 '당신이 원하는 대로 하라. 하지만 나한테는 뭘 하라고 하지 말라'고 말하는 것이다. 그래서 만약 누군가 '내 아이를 유전공학으로 만들고 싶다'고 말한다면 많은 사람들이 그 선택에 맡길 것이다.

제니퍼 다우드나는 자신의 크리스퍼 발명에 관한 책 길이의 토론을 이렇게 마무리했다. "나 자신이 계속해서 선택이라는 이슈로 회귀하는 것을 발견한다. 무엇보다도 사람들이 자신의 유전적 운명을 선택하고 더 건강하고 행복한 삶을 얻으려고 노력하는 자유를 존중해줘야만 한다. 만약 사람들에게 이런 선택의 자유를 주면 자신이 개인적으로 옳다고 생각하는 것을 선택할 것이다. 그게 무엇이든 상관없다."[4]

자유가 대단히 강압으로 보이는 가장 명백한 이유는 이미 설명한 바 있다. 당신은 약간의 노력으로도 당신이 길러졌던 방식에 저항할 수 있다. 예를 들면 부모님과 수녀님들이 합심해 지극 정성으로 노력하는 데도 더 이상 성당에 다니지 않는 사람의 수를 고려해 보라. 하지만 당신 안에 심어진 유전자에 대해서는 저항할 수 없다. 불임클리닉에서 한 부모의 선택이 좌우할 것이다. 사실, 도파민을 제대로만 얻는다면 그들은 절대 저항할 생각이 나지 않을 것이다.

그럼에도 또한 여기에는 보다 심오한 것이 있다. **한 사회의** 측면에서 보면 사실은 선택의 문제가 아닌 선택이라는 것이다. 일단 상당수의 사람들이 유전공학에 참여하면 사실상 의무적인 것이 될 것이다. 정부의 강권에 의한 것이 아니라 강력한 경쟁의 힘으로, 아이들을 향상시킬 가능성이 유전학에 대한 일종의 군비 확장 경쟁을 촉발시킨다. 고인이 된 MIT 경제학자 레스터 써로우Lester Thurow는 그 딜레마를 이런 식으로 제기했다. "부모가 자식의 IQ에 30점을 더할 수 있다고 가정하자. 그리고 만약 당신만 안 한다면 당신 아이가 이웃에서 가장 멍청한 애가 될 것이다."[5]

이것은 단 한번만 일어나는 선택 가운데 하나다. 언제나 이 모든 결정은 아주 소수의 사람들이 하게 될 것이다. 아주 적은 수의 사람들이 우리가 기후 변화에 대처하는 것을 막음으로써 지질사에 깊숙이 관여한 것처럼 말이다. (그런데 이런 추론은 왜 여성의 낙태 선택권을 지지하는 다수의 진보주의적 페미니스트들이 그럼에도 아이들의 유전자를 변형할 권리에 반대하는지 설명하는 데 도움이 된다. 후자의 경우, 그 영향은 전체 사회로 확장되고 세대를 거쳐 전해진다.) 어느 소집단이 그들끼리 그와 같은 결정을 하게 해서는 안 된다. 그런 것을 결정해야 한다면 어떤 경우든 우리 모두가 참여해야 한다.

모든 현대 사람들이 어느 정도는 이해하고 소중히 여기는 개인의 자율성이라는 자유주의의 이상은 생태 지옥이나 포스트휴먼의 무의미성만큼 위험이 높아지면 좌초한다. 내가 레이 커즈와일과의 대화를 즐기기는 했으나, 그와 그의 구글 친구들이 우리 모두가 투표하기 전까지는 자신들의 비전을 세계에 풀도록 허용해서는 안 된다.

'누구나 자기가 원하는 대로 하게 내버려두라'는 주장이 문제가 있다면 '어쨌든 아무도 그들을 막을 수 없다'라는 말은 격노케 하는 주장이다. 무엇을 하든 어느 정도의 두려움이 불가피하다고 주장하는 것은 사람들이 공포를 막는 데 신경을 쓰고 싶지 않다는 반응이다. 내 경우 그런 주장들을 심각하게 받아들이기엔 너무 자주 들어왔던 말들이다.

한 예가 있다. 취재기자들이 지구 온난화에 끼친 엑슨의 모든 것을 알고 있으면서 그 정보를 은폐하고 있었을 때였다. 많은 전문가들이 좌파에 진저리가 난다고 나에게 이런저런 형태로 말했다. '물론 그랬겠지' 혹은 '모든 회사가 거짓말을 해' 아니면 '어쨌든 그들에게는 아무 일도 생기지 않을 거야.' 다 안다는 식의 이런 냉소주의는 전세계의 엑슨에게 위협이 아니라 오히려 선물이다. 다행히 훨씬 더 많은 사람들이 분노로 반응했다. 얼마 전에는 사람들이 미국의 가장 큰 도시 몇 곳에서 거대 석유기업을 담배회사와 비교하면서 손해배상 소송을 냈다. 그 끝이 어떨지는 정확히 알 수 없지만, 단지 그들이 가진 힘 때문에 빠져나갈 기회를 준다는 것은 있을 수 없는 일이다.

다른 예도 있다. 7년 전, 우리 중 일부가 화석연료 산업의 주식 매각을 위한 싸움을 시작했다. 또 다시 신경 쓰지 말라는 말을 들었다. 만약 누군가 자신들의 주식을 팔면, 다른 누군가 살 것이고 세상은 변함없이 굴러갈 것이라고 했다. 하지만 우리의 작은 운동은 이 분야에서 역사상 가장 큰 사례가 됐다. 거의 8조 달러에 달하는 영속 기금과 포트폴리오가 참여했다.

이것은 분명 그들을 자극했다. 최근에 시행된 학계의 연구는 이것이 기후 이슈를 전면으로 표면화시켰고 화석연료 회사들이 새로운 탐사에 동원할 수 있는 자본을 축소시켰다는 것을 입증했다. 2018년 뉴욕시와 뒤를 이은 아일랜드가 주식 매각을 발표하자 쉘 오일은 이 운동을 자신들의 사업에 '중대한 위험'으로 연례보고서에 적시했다. 골드만 삭스의 애널리스트들은 그 운동이 석탄 주식의 가치를 떨어뜨리는 데 큰 역할을 했다고 보고했다. 따라서 사람들이 '불가피하다'고 말하는 것은 그런 일로 자신들의 에너지를 소모하지 않기로 결정하는 바로 그 순간까지 강력한 논거인 셈이다.

생명공학이나 인공지능의 효과적 규제도 어려운 것이 사실이다. 크리스퍼는 너무 사용하기 쉬워 고등학교 생물 실험실에서도 유전자 변형을 실험할 수 있을 정도다. 사실 DIY 유전자 편집 세트도 있다. 한 기업가는 사람들이 자신에게 실험하는 것을 그만둘 것이라는 기대로 살아 있는 개구리를 포함해서 159달러의 우편주문 키트사업을 시작했다.[6] 어렵다는 것은 불가능과는 같지 않다. 과학자들이 인간 생식세포계열에 조금씩 접근하기는 했지만, 글을 쓰는 지금 이 시점까지는 허 박사만이 실제로 그 선을 넘었다. 배아 상태에서 그가 변형한 쌍둥이 소녀들은 실제로 많은 과학자들에게 더 많은 제한을 요구하게 만들었다. 그의 임상 실험은 중국정부에 의해 정지됐다. 유럽 국가를 포함하여 그런 작업이 가능한 세계 대부분의 나라에서는 물려받은 유전자의 변형이 엄격히 금지되어 있다. 다른 누가 이 금기를 깨려고 하더라도 설계된 소수의 아이들은 소수의 핵무기와는 다를 것이다.

법률 교수인 맥스웰 말먼Maxwell Mahlman이 언젠가 썼듯이 "유전자 변형으로 향상된 개인의 수가 아주 작다면 아마 무시할 수도 있다."[7] 문제가 될 정도로 큰 수치가 되면 투자자들이 병원을 짓고, 이윤추구 및 성과를 요구할 것이다. 관련 기업은 법적 책임, 보험, 대규모 파이낸싱 등 중요한 사항을 살펴봐야 할 것이라는 의미다.

다시 말해 그들은 정치시스템으로부터 승인을 얻는 게 필요한데 그렇게 쉬운 일이 아니다. 최소한 미국처럼 최근의 모든 여론조사에서 확실한 다수가 그런 작업에 심각한 의구심을 가진 나라에서는 그렇다. 83퍼센트의 미국인이 2015년 여론조사에서 "아이의 유전적 특징을 바꿔 더 똑똑하게 만드는 것은 적절하지 않다"고 대답했다.[8] 우익이든 좌익이든 모두 미국인들이 이 관점을 공유한다. 100퍼센트 낙태 합법화에 찬성한 9명의 상원의원도 이번에는 복음주의 정치인으로 참여해 복제 금지에 투표했다.

너무 늦은 것은 아니다. 아직은 아니다. 화석 연료는 지구 온난화에 위협이 된다는 것을 깨닫기 이전, 즉 100년 전부터 우리 경제를 지배했다. 이것이 기후 변화가 그렇게 통제하기 어려운 이유 중 하나다. 하지만 인간 생명공학과 가장 진보된 형태의 인공지능은 아직 발생하지 않았다. 그렇다. 레이 커즈와일과 구글은 큰 계획을 가지고 있고 큰 힘도 있다. 그럼에도 아직까지는 커즈와일의 팀이 지메일의 자동응답에 집중하고 있다. 그렇다. 로봇은 무섭다. 하지만 2017년 〈월스트리트 저널〉의 보도에 따르면 "최근 정부가 후원한 대회에서 로봇이 야외 장애물 코스의 열린 문이 그들의 진로를 막자 쩔쩔 맸다. 두발로 걷는 기계 하나가 용케 문손잡이에 집게발을 감싸 열었지만 기계가 문을 통과하기 전에 바람이 계속 불어 문이 닫히자 많이 당황했다."(9 일부 스타트업은 현재 사람을 고용해 로봇인 것처럼 **가장하기도** 한다. 소프트웨어 회사 익스펜시파이Expensify는 영수증을 분류하기 위해 사람을 고용해야 했다. 로봇이 그 일을 처리할 수 없었기 때문이다. 음성 응용 기술회사인 스핀복스SpinVox는 외국 콜센터에 직원을 고용해서 음성 메일을 문자 메시지로 전환하고 있다.(10 흔들리는 문에 당황하지는 않는 우리의 머트*가 우리의 알렉사**보다는 훨씬 더 유능하다.

이중 어느 것도 이러한 기술이 도래하지 않는다고 말하는 건 아니다. 곧 올 것이다. 기하급수적인 속도로 닫히고 있을 지라도 창은 있다.

* mutt, 미국 만화가 버드 피셔의 만화 〈머트와 제프〉에서 키가 크고 멍청한 주인공임.
** Alexa, 아마존에서 개발한 인공지능 플랫폼.

이 때문에 아직도 AI를 규제하는 상상이 가능하고, 그래야만 하는 것이다. "아무도 규제받는 것을 좋아하지 않는다." 엘론 머스크가 한 말이다. "하지만 차, 비행기, 음식, 약 같이 대중에게 위험한 모든 것이 규제받고 있다. AI 역시 그래야만 한다." 전미 주지사 협회에서는 "사전에 대책을 강구할 필요가 있는 드문 경우다"라고 말했다.[11]

유전공학은 생식세포계열을 넘지 않고 유전적 변형을 만들지 않는 것이 중요하다. 이것은 마치 대기 중의 이산화탄소 농도 350ppm만큼 선명한 선이다. AI의 경우는 그 경계를 정하기가 더 어렵다. 안전장치가 되어 있는 스위치처럼 그들이 너무 스마트해지는 것을 막는 것이 우리 시대의 가장 중요한 공학정책적 과제일지도 모른다. 이미 그런 작업이 일부 진행되고 있다. 진짜 돈이 위험해 질 수 있는 월가Wall Street에서는 사람들이 다양한 기술적 제한을 통해 AI 거래자가 시장을 붕괴시키는 것을 막으려 하고 있다.

진보에 대한 전혀 다른 개념을 가지고 있는 국가 간에도 강력한 국제적 규제가 필요하다. 중국의 경우, 인간 유전공학을 상당히 덜 걱정하는 것으로 보인다. 그 승인받지 않은 맞춤아기 사건 이후 허 박사를 중단시키는 반응을 재빨리 보이기는 했으나, 최소한 체세포 치료에 있어서는 세계 어느 곳보다 더 빠르게 인간 실험을 추진해 나가고 있다.[12] 그러는 사이에 중국의 AI 스타트업들도 이제는 규모에서 실리콘 밸리와 경쟁하고 있다.[13] 2017년 말 모스크바의 기술회사들을 둘러보던 블라디미르 푸틴은 회사 CEO에게 초지능 로봇이 "우리를 먹여 살리기"까지 얼마나 걸릴 것인지 물었다. 나아가 그는 "누가 되든 이 영역의 리더가 세계를 지배하게 될 것이다"라고 말했다.[14] 엘론 머스크도 동의했다. 그는 AI 우위 경쟁이 "제3차 세계대전의 가장 유력한 원인"이 될 것이라는 것을 사실로 단정했다.[15]

하지만 이것이 바로 외교관이 있는 목적이다(사실 그들이 있어 일이 일어나기도 했다). 히로시마와 나가사키 이후, 누군가 화가 나서 핵폭탄을 발사하는 것을 이들이 행운을 빌면서 가까스로 막아왔다. 사실 그 일을 하게 도와준 것은 이들의 일이 실패했을 때 등장할 버섯구름을 상상한 우리들 모두였다. 다른 위협에서는 쉽지 않은 일이다. 그런데도 전세계의 모든 국가가 파리조약에 서명을 했고, 기후 변화를 다루기 시작했다. 미국은 이 조약에서 탈퇴한 첫 번째 나라가 됐다. 이로 인해 우려되는 것은 중국이 실제로 국제적 진보를 가로막는 주요 장애물이 되고, **영원히** 지속되는 국제 제도를 수립할 수 없게 되어 모두가 책임을 회피하려 하지 않을까 하는 점이다. 우리의 과제는 우리 시대를 지나 계속해서 휴먼 게임을 후세에 전달하는 것이다.

이것은 우리 모두가 어디서나 오랫동안 활발한 토론을 해야 한다는 뜻이기도 하다. 이것은 내가 이 책을 쓰는 분명한 이유다. 도구로서 결함은 있지만, 아마도 전지구적 커뮤니케이션으로 발전하는 디지털 도구야말로 최고의 공론장일 것이다. 우리는 어떤 것을 원하는지 결정해야만 한다. 화석 연료를 계속 연소시킨다거나 설계된 아이를 공들여 만드는 것이라도 좋다. 결정을 하고도, 결정할 게 없는 것처럼 가장해서는 안 되고, 단순히 불가피하다고 생각해서도 안 된다. 기술자들을 그냥 내버려둬서도 안 된다. 그들은 그저 단호하게 밀고 나가기만 할 것이기 때문이다. 그들이 사악해서도 아니고 많은 돈을 벌고 싶다는 것도 부분적인 이유일 뿐이다. 일반적으로 가장 큰 이유는 그것이 그들이 하는 일이고, 그 일 자체에서 커다란 만족감을 느끼기 때문이다.

물리학자 로버트 오펜하이머robert Oppenheimer가 원자 폭탄을 만든 것을 되돌아보며 이렇게 말한 적이 있다. "우리는 기술적으로 매력적인 것을 보면 누구보다 앞서서 그것을 한다. 그리고 기술적 성공을 거둔 후에야 비로소 그것으로 무엇을 할지 논하려 한다."[16] 이 기술의 초점은 과학이 혁신가에게 보상하는 방식 때문에 더 심하게 왜곡된다. 선구적 AI 분석가 엘리저 유드코프스키Elizer Yudkowsky는 언젠가 다음과 같이 설명했다. "야망에 찬 많은 사람들이 세상을 망친다는 생각보다 전혀 가치가 없게 되는 것을 훨씬 더 두려워한다. 내가 만나본 AI 프로젝트로 불후의 이름을 남기겠다고 생각하는 사람 **모두가** 그랬다."[17] 우리는 더 이상 물리학자들이 어디에 핵무기를 떨어뜨릴지, 혹은 석유 지질학자들이 얼마나 많은 구멍을 뚫을지 결정하게 한 것 이상으로 생물학자나 공학자들이 이 기술들을 사용할지 여부와 함께 어떻게 사용할지를 결정하게 해서는 안 된다. 이들은 이런 일을 하는 **방식**에 특별한 통찰력을 가지고 있지만, 이런 것들을 하는 게 합당한지에 대해서는 그렇지 않다. 결정의 결과가 전체 사회에 영향을 미친다면 전체 사회가 결정해야 한다.

하지만 사회가 너무 소극적이거나 보수적이라면 어떨까? 나는 가끔 그런 말을 하는 과학자들에게 이렇게 말하곤 한다, "결과가 걱정돼서 1800년이나 1900년에 혁신을 멈추었다면 어땠을까?" 마지막 대화에서 커즈와일은 이렇게 말했다. "우리는 인류를 낭만적으로 만든다. 토머스

홉스나 디킨스라도 읽어보라. 모두가 지독한 가난 속에서 살았고 사회 안전망도 없었다. 우리는 그동안 이룬 상당한 발전에도 불구하고 여전히 고통 받고 있기 때문에 이런 것에서 벗어나 그 길로 계속 가야 할 도덕적 의무가 있다." 물론이다. 그렇지만 모든 금융서비스 업체들이 광고를 통해 우리에게 말하듯이 "과거의 성과가 미래의 결과를 보장하는 것은 아니다." 우리는 다른 세상에 있다. 1800년이나 1900년에는 비슷한 수준의 기술들이 적절한 실존적 질문을 제기하지 않았다. 게임은 안전했다.

혁신은 나에게 두려운 것이 아니다. 논의가 태양광 패널로 넘어가면 알 것이다. 남겨진 문제가 없다는 것이 아니다. 이 책의 많은 부분은 어렴풋이 보이는 지구 온난화라는 재앙과 유례없는 불평등 수준이 만들어낸 큰 해악에 할애했다. 중요한 것은 이런 문제를 앞에서 설명한 인간의 의미를 손상시키지 않고 다루는지 여부다. 나는 우리가 할 수 있다고 생각한다. 선두에서 가장 빠르게 발전하는 기술이 경계선 뒤로 물러난다고 하더라도 인간을 건강하고, 안전하게, 생산적으로 유지하는 방법을 알아낼 수 있다고 본다.

그럼에도 다시 말하지만 모든 사람이 동의하는 건 아니다. 인간 본성에 매우 비관적인 태도를 갖고 있는 사람도 있다. 고백하건데 트럼프 시대의 미국인으로서 때때로 그것이 정상적으로 보인다. 아무런 제약도 없는 기술 성장에 대한 모든 논거 중에서 (단지 인류를 포기했다는 의미에서) 가장 슬픈 이야기 하나는 앞에서 언급한 옥스퍼드의 줄리안 사불레스쿠 교수에게서 나왔다. 그의 주장이 우리 토론에서 중요한 것은 이 책의 두 반쪽을 하나로 엮어주기 때문이다.

본질적으로 그는 지구 온난화가 지구를 파괴하기 전에 해결할 수 있는 유일한 방법은 유전자를 바꿔 인간을 더 이타적이고 공공재를 위해 기꺼이 더 희생하게 하는 것이라고 주장한다. 또 우리에게는 "도덕적 한계를 극복하는 도덕적 의무"가 있다고 말한다. 그가 말하기를, 사람은 약 150명이 모여 집단을 형성하도록 진화하고, 부족 밖의 사람들에게는 폭력적이게 진화했다. "우리는 완벽과는 거리가 멀다." 하지만 "과학이 그 한계를 직접적으로 극복할 수 있는 기회를 주고 있다." 개선된 "지능과 충동 조절, 자기통제, 이를테면 일정 수준의 감정 이입이나 다른 사람의 감정을 이해하는 능력, 다른 사람을 위해 자기희생적 결정을 하는 어떤 의지"를 가진 배아를 만들어 낼 수 있기 때문이다. 이 모든 자질에는 "어떤 생물학적 기반"이 존재한다.[18]

그는 민주국가들이 스스로 기후 변화를 해결할 수 없다고 말한다. "그러기 위해서는 유권자들 대부분이 과도한 소비지향적 생활방식을 상당히 제한하는 사안을 지지해야 하기 때문이다. 사람들이 그런 희생을 기꺼이 하겠다는 징후도 없다."[19] 게다가 이방인에 대한 뿌리 깊은 불신은 전 세계적으로 협력하는 것을 막는다. 그래서 더 빠르게 움직여야 할 필요성에 직면한 것이고, 따라서 우리 아이들을 가능성이 높은 약물이나 유전공학으로 "도덕적이고 생물학적으로 개선"시키면 서로 협력하게 될 것이다. 사불레스쿠는 이런 변화로 자유로워질 것이라고도 주장한다. "도덕적인 개선이 그 사람의 자유를 제약하지 않는다는 것이다. 도 덕적으로 선하게 보이는 일을 방해하는 충동을 극복시키고 보다 확장시 키기도 한다." 그가 세운 이론에서는 "자신의 도덕적 결함을 인정하는 것은 자존심에 상처를 준다." 하지만 그는 우리가 그렇게 해야만 한다고 주장한다. 우리의 미래에 대한 위협은 "도덕적으로 책임 있는 사람들" 이 대답해야 할 문제이기 때문이다.[20]

이 모든 생각은 기후 변화를 막기 위해 "대기를 지구 공학하는 것"과 거의 유사하다. 일부 사람들은 화석연료 회사에 대한 길들이기를 포기 하고, 대신 대기에 유황을 가득 채워 태양복사를 차단하길 원한다. 두 경우 모두 인간이 위기에 잘 대처하지 못할 것이라는 전제에 바탕을 둔 비열한 차선책이다. 사불레스쿠가 기술과 민주주의, 태양광 패널과 비 폭력의 힘 전부를 심각하게 과소평가했기를 바란다. 앞으로 살펴보겠지 만 우리에게는 아이들을 성자 같은 로봇으로 바꾸는 것 말고도 가까이 에서 문제를 해결할 수 있는 수단이 있다. 이렇게 도덕적으로 개선된 아 이들이 성장해서 권력의 자리에 오를 때까지도 그 피해가 지속될 것이 라고 가정한다면, 어떤 경우라도 기후 변화를 해결하기 위해 바보 같은 행동은 하지 않을 것이다.

그래서 확신하건대, 기후 변화를 해결하는데 있어서 사람들의 이기심 이 주요 장애를 야기한다는 사불레스쿠의 생각은 틀렸다. 전세계의 여 론조사는 사람들이 단지 지구 온난화에만 높은 관심을 갖는 게 아니라 그것을 해결하기 위해 기꺼이 비용을 지불하겠다는 것을 보여주고 있 다. 미국인들의 경우, 2017년 조사에서 에너지 청구서가 15퍼센트 오르는 것을 기꺼이 이해했고 그 돈이 청정에너지 프로그램에 쓰이도록 했다. 그 정도면 국가 차원의 단체들이 운동을 벌여왔던 탄소세 규모와 비슷하다.[21]

기후 변화에 대한 해결책이 없는 이유는 다수인 일반인들의 탐욕보다는 에너지 사슬 맨 위에 있는 지극히 믿기 어려울 정도의 소수 사람들의 탐욕과 더 관련 있다. 코크 형제와 엑슨의 경영진은 결코 그들의 이익에서 15퍼센트를 잘라낼 의향이 없다는 말이다. 자신들이 벌어들인 이윤의 일부를 거짓 공격으로 정치적 논쟁을 타락시키고 정치시스템을 돈뭉치로 타락시키는 데 사용할 때도 그렇지는 않았다. 만약 누군가를 '도덕적으로 개선'하길 원한다면 이곳이 출발점이 될 것이다. 심장이 필요한 그린치*가 있다면 누가 맨 앞줄에 설지 아주 분명하다. 하지만 그런 식으로는 이기지 말자. 우리가 처한 문제를 우리가 수천 년간 해온 게임의 경계 안에서 풀어보는 방법을 생각해 보자. 잠시 진정한 낙천주의자가 되어 보자. 그리고 인간에게 심각한 결함이 있는 게 아니라는 가정하에서 행동해 보자. 우리가 함께 행동해서 놀랄만한 일을 해낼 수 있다고 가정하자.

---

* Grinch, 동명의 만화 주인공, 남보다 심장의 크기가 1/3밖에 안돼서 매사에 못된 짓만 함.

바퀴 자국이 아주 심하게 깊이 팬 길을 따라가면 아프리카 동부 탄자니아 도시 아루샤Arusha의 외곽 마을 모쇼노Moshono가 나온다. 그 길은 밤이면 사람들로 붐비고 거의 완전한 어둠에 싸인다. 마을은 올두바이 협곡*으로부터 육로로 약 64킬로미터 떨어져 있다. 올두바이 협곡은 인류학자들이 인류가 처음 등장했다고 추정하는 곳 가운데 하나다. 그러나 1년 전까지만 해도 렘브리스 안드레아Lembris Andrea는 흐릿하고 깜박이는 경유 램프에 의존해서 집을 밝혔다. 그에게는 부인과 두 아이가 있다. 이제 그는 지붕 위에 작은 태양광 패널 덕분에 5개의 전등을 가지게 됐고, 그중 물결무늬 주석 현관문 옆에 있는 것을 나에게 몇 번이나 보여줬다. '보안등'이라고 말했다. 내가 '범죄를 막기 위해서인가'라고 묻자, 그는 이렇게 말했다. '그렇다. 범죄가 일어난다. 그렇지만 위험한 동물 때문이기도 하다. 특히 뱀을 막아준다. 불빛이 있어서 좋다.'

북부 가나에서 코코아 농사를 짓는 다반Daban마을에서는 몇몇 족장과 연장자들이 함께 플라스틱 의자에 앉아 그들의 작은 정착촌에 일주

---

* Olduvai Gorge, 탄자니아 북부에 있고 전기 구석기 문화의 유적이 있음.

일 전부터 서비스에 들어간 새로운 태양광 마이크로그리드에 관해 논의
했다. 그날도 평상시처럼 지독히 더웠다. 적도 위치에서 6도 떨어진 곳
이었다. 마을 지도자 가운데 한 분이 계속해서 나에게 서아프리카 전역
에서 흔히 볼 수 있는 작은 비닐봉지의 물을 건네줬다. 봉지의 구석을
뜯어 마시기만 하면 된다. 감사한 마음이었지만 나의 멍청한 서구 방식
으로는 15분이 지나서야 왜 마을 어른이 그렇게 자부심을 가지고 물을
건넸는지 깨달았다. 그 봉지들은 얼음처럼 차가웠다. 일주일전 태양광
패널의 스위치를 누르기 전까지는 불가능했던 일이다. 다반에서 처음으
로 뭔가가 차가워질 수 있게 된 것이다.

　서아프리카 해안에 위치한 코트디브아르의 시골마을 쁘띠 바운디에
일Petite Boundiale은 코코아와 고무의 중심지인데도 별로 번창하지 않
았다. 근처 고속도로 위에 있는 거의 유일한 광고판은 날이 넓고 무거운
칼 종류인 마체테를 광고하고 있었고, 아이들은 오래된 오토바이 타이
어를 막대기로 밀면서 놀고 있었다. 그런데 이런 마을에 전기가 들어왔
다. 내가 방문하기 두 달 전에 처음으로 태양광 패널을 설치했다. 사람
들이 나오레 아보우Naore Abou의 작은 집 마당에 모여 벤치 위에 올려
놓은 19인치 평판 스크린으로 텔레비전 프로그램을 시청하고 있었다.
이들은 어떤 것을 주로 시청할까? 당연히 축구다. 마을은 맨체스터 유나
이티드와 리버풀 팬으로 갈려 있는데 소수의 레알 마드리드 서포터도
보였다. 내셔널 지오그래픽 채널도 나왔다. 외진 아프리카 마을을 사진
으로 보여주고 부를 축적한 회사가 운영하는 전자매체다.

태양광 발전은 기적이거나 적어도 우리의 목적에 매우 근접해 있다. 유전공학과 인공지능처럼 이것도 19세기 과학에 뿌리를 두고 있다. 20세기가 돼서야 비로소 성년이 됐고, 21세기에 들어와 진짜 빠른 속도로 인기를 얻었다. 철강 재벌 앤드류 카네기는 한 포르투갈 사제가 햇빛을 모아 6,000도의 온도를 생성하는 초기 '헬리오포어heliophore' 시연을 지켜보고 있었다. 때는 세인트루이스 세계박람회가 열리던 1904년이었다. 행사장에는 이 외에도 클럽 샌드위치, 핫도그, 솜사탕, 아이스크림콘이 처음으로 등장했다. 그 태양열 생성 장면은 카네기의 마음에 제대로 각인됐다. 그때까지만 해도 그의 제철소가 세계 석탄 공급량의 가장 많은 부분을 차지했다. 그날 이후 카네기는 인간 미래에 최고의 희망이 "태양 모터"에 있고 "거기서 나오는 광선이 우리를 지구에 거주할 수 있게 하면서 태양 엔진을 통해 에너지를 생산하게 될 것이다"라고 예측했다.[1]

그러나 겨우 1954년에 가서야 벨연구소 사람들이 실제로 전기를 발생시키는 태양전지를 생산했다. 그나마 처음에는 너무 비싸 초기 궤도 위성에 사용하는 것이 유일했다. 하지만 태양광 제조업체들은 커즈와일이 컴퓨터의 연산 능력에서 발견한 것과 동일한 학습곡선을 활용하여 가격의 하락이 시작될 것이라고 말했다. 실제로 꾸준한 원가 하락으로 태양광 에너지에 드는 비용은 1960년대 와트당 100달러에서 2018년에는 와트당 30센트가 안 된다. 전 세계에서 가장 저렴한 전기 생산방식이 된 것이다. 더 이상 석탄이나 가스, 혹은 석유 때문에 구멍을 파거나 뚫을 필요가 없다. 거대 발전소까지 운반해 고온으로 연소시키고 그 열로 터빈을 돌릴 필요도 없다. 그리고 멀리 떨어진 송전망으로 수송하기 위해 전류를 올려보내거나 가정용으로 다시 내려보낼 필요가 없어졌다. 이제는 판유리를 하늘로 향하게 설치만 하면 그 뒤로 빛과 냉기, 그리고 정보가 흐른다. 정말 호그와트* 수준의 마술이다.

물론 태양광 패널의 환경적 혜택은 오래 전부터 알고 있었던 사안이다. 이미 30년 전부터 환경보호자들이 화석 연료를 재생가능에너지로 대체해야만 탄소의 대기 속 폭주를 멈출 수 있다고 설명해왔기 때문이다. 하지만 최근 취재차 아프리카 시골을 여행하기 전까지 삶을 변화시키는 태양광 패널의 진정한 힘을 파악하지 못했다. 오늘날에도 전기 없이 사는 사람은 토머스 에디슨이 처음 전구에 불을 밝히기 이전만큼 많고, 그 대부분이 아프리카에 살고 있다. 유럽, 북아메리카, 남아메리카는 완전한 전력화에 근접하고 아시아도 같은 방향으로 힘차게 향하고 있는 반면, 아프리카는 인구 증가가 대륙의 시설회사들의 경미한 노력을 앞지르면서 전기 없이 지내는 인구가 절대적으로 계속해서 늘고 있다. 2017년 5월 발간된 세계은행 보고서는 현재의 추세를 근거로 2040년까지 5억 명의 아프리카인들이 여전히 전기 없이 지낼 수 있다고 예측했다.[2] 종래의 전력망은 구축하고 유지하기에 너무 비싸고 아프리카의 가난 때문이기도 하다.

가장 역동적인 스타트업 중 하나인 오프그리드 전기Off-Grid Electric의 CEO 사비에 헬게센Xavier Helgesen은 "여기도 결국은 미국식 전력망이 구축될 것이라고 믿었다"라고 말했다. "하지만 지구상 가장 부자 나라인 미국에서도 40년대까지 완전한 전력화가 되어 있지 않았다. 그때

---

* Hogwarts, 해리포터에 나오는 마법학교.

는 전기선에 쓰이는 구리, 전봇대를 세울 목재, 석탄 등이 다 저렴했고 자본마저 저렴했던 시기였다. 이제 그중 어느 것도 더 이상 저렴한 것은 없다. 최소한 여기서는 그렇다." 그런데 갑자기 저렴한 태양에너지가 등장했다. 십년 전 값싼 휴대전화가 아프리카에 퍼지면서 일반전화용 배선공사가 더는 필요 없어진 것처럼, 태양광도 최소한 일부 전통적 에너지의 생성방식을 뛰어넘을지도 모른다. 이것은 비즈니스 전문가들이 즐겁게 기꺼이 파괴적 기술이라고 부르는 것 중에서 최고다. 따라서 이것은 다른 스냅챗*을 만드는 것보다 더 높은 야망을 가진 기업가를 끌어들였다.

헬게센의 경우가 그랬다. 키가 크고 긴 머리를 한 헬게센은 인디밴드의 베이스 연주자처럼 보였다. 하지만 그가 입고 있던 와이 컴비네이터 티셔츠로 기회를 놓치고 말았다. 실제로 그는 실리콘 밸리에 있는 가장 유명한 인큐베이터에서 일한 것은 아니었다. (그의 아내가 일했다.) 하지만 그게 그의 혈통이었다. 그가 만든 에어비앤비는 인간의 뇌를 방부 처리해서 디지털 스캔을 하고 안드로이드에 재이식하고 싶었던 회사이기도 했다. 와이 컴비네이터의 티셔츠에는 이런 말이 적혀 있다. "사람들이 원하는 것을 만들라." 이것이 저렴한 태양에너지를 상당부분 정의한다. 아프리카인들은 전기를 간절히 원한다.

"태양광 혁명은 이런 식으로 일어났어요." 오프그리드의 홍보담당 킴

* Snapchat, 스마트폰을 위한 사진이나 영상 공유 앱.

슈라이버Kim Schreiber가 나에게 귓속말로 해준 말이다. "미팅을 할 때마
다 정말 잘 팔립니다." 그녀와 나, 그리고 그 회사의 영업담당 막스마르
크 포소우오Max-Marc Fossouo가 이름처럼 그렇게 웅장하지 않은 그랑
자트리Grand-Zattry라는 코트디브아르인이 살고 있는 한 마을의 오두막
마당 바깥쪽 벤치에 끼어 앉았다. 우리는 그 회사의 신입 영업사원 세코
세르게 루이스Seko Serge Lewis가 목청을 높이는 것을 듣고 있었다. 근처
에는 두 마리의 개가 으르렁거리며 몸싸움을 했고, 그 주변으로 6명 정
도를 태운 스쿠터가 지나갔다. 우리 옆에는 한 여인이 빨래판을 양동이
에 걸치고 빨래를 하고 있다. 루이스가 영업하고 있는 상대가 바로 그녀
의 남편이다. 이제는 루이스가 이미 자신과 상담한 마을의 다른 고객들
사진을 휴대폰으로 보여준다.

"신뢰를 쌓는 거죠." 포소우오가 내 귀에 대고 말을 한다. 그는 한 시
간에 내내 영업상황을 실황으로 중계하고 있었다. "이 고객에게는 큰 영
향을 주는 이가 있어요. 계속 반신반의 하고 있는데 어쨌든 의사결정은
저 빨래하고 있는 부인이 할 게 확실해요."

포소우오는 카메론에서 태어나 파리에서 학교를 다녔다. 하지만 그
가 여름을 일곱 번 보낸 미국에 가서야 진짜 교육을 받은 것으로 보인
다. 그는 내슈빌을 기반으로 엄청난 방문판매 마케팅을 하는 사우스웨
스턴 출판사에서 책을 팔았다. 미 에너지부 장관 릭 페리Rick Perry와 미
국무부 전 송무차관 켄 스타Ken Starr와는 동문이다. "몇 년 동안 LA에서
일했어요." 그는 이렇게 말했다. "안녕하세요, 제 이름은 막스에요. 프
랑스에서 온 정신 나간 대학생이에요. 저는 아이들 교육을 도와드리고

있어요. 옆집 A씨, B씨, C씨 하고도 상담하고 있는데, 오늘은 어머님하고 얘기를 하고 싶네요. 잠깐 들어가서 앉아도 될까요?"그의 주장은 모든 영업이 똑같다는 것이다. "고객이 문제가 있다는 걸 인정하는 것으로 시작이 돼요. 어둠 속에 살고 있는 사람이라도 그게 문제라고 인정을 안할 수 있거든요. 그래서 보여줘야만 하는 거죠. 그리고는 그 문제를 지금 당장 풀기 위해서는 돈을 써야 하는 긴박감을 조성해야만 해요."

한 시간 동안 노력했는데도 결국 루이스는 첫 고객의 마음을 잡는데 실패했다. 그는 지금은 돈이 있지만 앞으로 매달 갚아 나가는 것을 못할 것 같다고 걱정했다. 다음 코코아 추수 전까지는 수확이 적다는 게 이유였다. 막스가 허리를 구부려 빨래를 하고 있는 그의 부인을 가리키며 은밀히 말했다. "저 남자는 아내를 사랑합니다. 그녀를 위해서라면 무슨 일이든 할 겁니다." 다른 조그만 마당으로 이동한 다음에는 막스가 나서서 약간은 겸연쩍어 하는 루이스에게 자신의 영업기법을 과시했다.

이번 잠재 고객은 농부이자 교사였다. 우리는 높이가 낮은 슬레이트 책상 몇 개가 놓여 있는 교실에 앉았다. 말 그대로 슬레이트 **조각들로** 만든 책상이었다. 우리가 그 위에 앉았다. 막스는 곧바로 농부에게 부인이 둘 있다는 것을 알아냈다. 그리고 대화하는 중간에 그들의 이름을 자연스럽게 섞었다. "전혀 부담 갖지 마세요. 괜찮아요. 당신에게 뭘 팔려는 게 아니에요." 정보를 제공하는 해설식 텔레비전 광고를 본 사람이면 누구나 아는 친숙한 단계를 이어가면서 그가 말한다. 먼저, 막스는 그에게 지금 에너지에 지출하는 모든 것, 즉 등유, 손전등 배터리, 심지어 그가 휴대폰 배터리 충전을 위해 다른 마을로 갈 때 빌리는 스쿠터용 가스비까지 목록을 만들게 했다.

그런 다음에 오프그리드가 그에게 제공할 수 있는 것을 보여준다. 라디오와 각기 밝기를 조절할 수 있는 4개의 조명이다. "램프 등은 어디다 놓을 건가요? 문 앞이요? 당연히 그래야죠! 그리고 큰 조명을 방 한가운데 달면 잔치를 할 때 모두의 얼굴을 다 볼 수 있어요. 자, 한번 말해 보세요. 이것들 전부를 시장에서 사려면 얼마나 들 것 같아요?"

그 잠재 고객은 거부하지만 막스는 여러 각도로 노력한다. "넓게 생각하셔야 해요. 부족장님한테도 '좁게 보지 마시라'고 말했어요. 아이들이 TV에서 뉴스를 볼 수 있다면 이렇게 말할 지도 몰라요. '나도 대통령이 될 수 있어요.'"

그 잠재 고객의 대답은 이랬다. "정말 좋네요. 우리를 도와주시려는 것은 알죠. 하지만 돈이 없어요. 생활이 힘들고, 물가는 비싸고, 가끔은 허기질 때도 있어요."

막스는 기꺼이 돕겠다는 듯이 고개를 끄덕였다. "내가 비용을 낼 수 있는 방법을 알려드리면 어떨까요? 한 푼도 고객님 주머니에서 나오지 않아도 돼요. 일단 이 시스템을 설치하면 사람들이 휴대폰을 충전할 때마다 돈을 받을 수 있어요. TV가 있다면 사람들이 와서 축구경기를 볼 때 돈을 받을 수도 있구요."

"축구경기를 보러 온 사람들에게 돈을 받을 수는 없죠. 우린 다 가족이나 마찬가지에요. 누군가 돈이 많아 TV가 있다면 오히려 보러 오는 사람들을 환영해야죠."

결국 이 한 시간도 소득 없이 지나갔다. 하지만 막스는 그렇게 걱정하지 않았다. "평균적으로 두 세 번은 만나요. 우리가 방문해도 항상 편하게 대할 수 있는 그런 곳에서 만나 얘기해야 하는데 말이죠. 이 분은 지금 당장 하고는 싶은데 부담이 많나 봐요. 하지만 오래 걸리진 않을 거예요." 실제로 우리가 이야기하고 있는 동안에 앞서 만난 잠재 고객이 우리 앞을 두리번거리다 전단지와 전화번호를 물었다. 그의 말에 따르면 아내가 아주 관심이 많다고 했다.

사실 나는 적어도 잠깐 동안이라도 그 두 사람이 거절한 것이 약간은 기뻤다. 그 한 시간 동안, 그들은 살면서 처음으로 대부분의 시간을 대다수 서구인들이 누리던 위치에 있었다. 바로 구애를 받는 잠재 고객, 즉 갑의 위치다. 그것은 정부에게 뭔가를 간청하는 것과는 아주 다른 위치다. 그리고 어떤 부인할 수 없는 힘과 위엄이 따르는 일이다. 대개 결국은 판매가 이루어진다.

다시 그 지역의 중심도시인 수브르Soubre로 돌아와 잠깐 동안 오프그리드의 현지인 영업왕이 그날 9건의 계약으로 향하던 중 아침에 3번째 계약을 마무리하는 것을 지켜봤다. 그는 디자이너 청바지에 다시키* 스타일의 셔츠를 회사 색깔로 맞춰 입고 있었다. 키도 크고 잘 생긴 그의 이름은 장 아노Jean Anoh이다. 하지만 자신의 이름이 "너무 노티나고 유하다"고 판단하여 "절대 지치지 않는 킬러, 스티븐스 아이언맨Stevens Ironman이라고 불러주세요"라고 구매 권유 중간에 말한다. 그

---

* dashiki, 아프리카 서부의 남자들이 입는 화려한 무늬의 헐렁한 셔츠.

리고 계속해서 실시간으로 업데이트되는 오프그리드의 대륙 판매왕 순
위를 살피면서 자신의 경쟁자인 탄자니아 사람에게 욕설 메시지를 왓츠
앱WhatsApp으로 보냈다.

전기처럼 엄청난 것이 하룻밤 사이에 등장하면 사회가 변화하지 않을
수 없다. 얼마나 잠을 자는지부터 어떤 것을 먹는지까지 마을 생활의 구
조가 바뀐다. 새로운 전기의 일부는 모든 사람들이 동의하는 방식으로
사용된다. 내가 만난 5살 소녀는 LED 램프에서 나오는 환한 불빛 아래
서 연습장에 알파벳을 쓰고 있었다. 농부들은 전화기 충전이 끝나면 날
씨 정보를 파머라인Farmerline으로부터 얻을 수 있다. 파머라인은 GPS를
이용해 맞춤 예보를 제공하는 가나의 정보 서비스다. "만약 농부가 밭에
비료를 줬는데 비가 온다면 다 쓸려 나간다. 아까운 비료만 잃게 된다."
그 서비스를 만든 젊은 기업가 알로이시우스 아타Alloysius Attah의 말이
다. "이제 농부들은 더 이상 자신들이 비를 읽을 수 없다고 말한다. 내
숙모도 예전에는 구름을 읽고 새 떼가 언제 지나갈지도 다 읽을 수 있었
는데, 지금은 통상적인 강우량 패턴 자체가 바뀌었다."

하지만 전기 자체의 이점으로 가정에서 사용하는 전력 비율을 생각해
보라. 아프리카에서도 마찬가지다. 내가 만난 십대들은 바닥에 누워 엄
청난 폭발이 일어나는 액션영화를 보았고, 그의 어린 동생들은 끝없이
만화를 즐기고 있었다. 한 젊은 엄마에게 그녀의 4살 난 아이가 뭘 보냐
고 물었다. 몇 단계 통역으로 들은 대답은 니켈로디온*이었다. 슈라이버
는 "우리의 킬러 앱은 확실히 TV다. 만약 24인치 TV 재고가 없다면 많

---

* Nickelodeon, 케이블 TV 어린이 전문 방송.

은 사람들이 태양광 패널을 사지도 않았을 것이다"라고 말했다. 가나 마을에서 만난 한 엄마의 설명에 따르면 TV는 "아이들이 밤에 배회하지 않고 집에 있게 해 준다"고 했다.

"그걸 꺼야 애들이 공부한다." 치아가 없는 한 노인이 손가락을 흔들며 아이들 엄마에게 말했다. 그런데 내가 가장 인기있는 프로그램이 뭐냐고 묻자 모든 사람이 즉시 웃기 시작했고, 마치 한 사람처럼 고개를 끄덕이며 큰소리로 '쿰쿰Kumkum'이라고 외쳤다. 쿰쿰바갸Kumkum Bhagya는 매일 밤 7시30분에서 8시30분까지 방송되는 인도 연속극이다. 이 시간이 되면 모든 생활이 멈춘다. 제인 오스틴Jane Austen의《이성과 감성Sense and Sensibility》에 바탕을 둔 이 드라마는 펀자브인Punjabi의 결혼식장을 배경으로 한다. 코피히크롬Kofihuikrom 부족장은 "부족장들 전부가 모든 사람이 봐야한다고 했다. 인간관계가 어떻게 형성되는지에 관한 드라마이기 때문이다"라고 말했다. "결혼에는 아주 많은 결점이 있지요."

여하튼 이것이 깊은 파문을 일으키며 진행되는 변화의 모습이다. 선진국들이 대략 200여년에 걸쳐 받아들였던 것들이 이제는 아프리카 시골마을에서 수용되고 있는 것이다. 늦었지만 거의 하룻밤 사이에 오고 있다.

개발도상국 곳곳에 빠르게 퍼지고 있는 재생가능에너지는 화석연료 회사의 임원들을 끝도 없이 괴롭혔다. 점점 커지고 있는 환경에 대한 아우성에 직면해서, 이들이 자신들의 브랜드를 지키고자 몸부림치면서 생각해낸 화두는 '에너지 빈곤'이었다. 석탄산업은 특히 자신들을 아프리카에서 일어나는 전력 부족의 해결책으로 제시했다. 석탄 생산업체 중 가장 큰 피바디Peabody의 경우는 "에너지 빈곤과 불평등을 없애기 위한 계획"을 내놓으면서, 자신들의 제품을 "늘어나는 세계 인구가 주된 에너지원으로 수요를 충족시킬 수 있는 유일하고 지속가능한 연료"로 홍보했다.

한 논객이 말했듯이 "그 석탄 재벌은 자신들을 추잡한 오염의 상징 대신 세계의 가난한 자들을 어둠에서 빠져나오게 하는 해방자로 개조하고 있다."[3] '에너지 빈곤'에 관한 이야기는 코크 형제, 그리고 트럼프 행정부에서 짧은 경력을 쌓기 전이었던 엑슨의 렉스 틸러슨에 의해 곧 사방으로 퍼져나갔다. 틸러슨은 정기 주주총회에서 환경운동가들의 압박을 받고 잠시 물러나 에너지 불평등에 관한 짧은 설교를 시작했다. 그리고 이런 결론을 내렸다. "인간이 고통을 받는다며 지구를 구하더라도 뭐가 좋은가?"[4]

당연히 인류는 태양광 패널로 고통 받지 않는다. 오히려 정반대다. 과거 200년 동안 화석 연료로 불을 켜거나 냉방도 하지 않고 정보화도 진행되지 않은 공동체에 태양광 패널이 하룻밤 사이에 에너지로 불을 켜고 있다. 지금부터 5년 정도는 재생가능에너지가 화석 연료보다 훨씬 더 "새로운 전기 접근성"을 제공할 것이다. 전문가들은 UN의 지속가능한 개발 목표를 충족시키기 위해서는 새로운 전기 연결의 90퍼센트가 태양으로부터 와야만 한다고 계산했다.[5]

물론, 선진국에서도 똑같은 태양 마술을 수행할 수 있다. 하지만 여기서는 다른 복잡한 문제가 있다. 우선 사람들이 훨씬 더 많은 전기를 사용한다. 우리 집만 해도 지붕에 패널을 가득 채워야 한다. 그렇더라도 겨울밤에는 더 큰 배전망에 의존한다. 에너지 저장과 효율이 새로운 에너지를 공급하는 것만큼 중요하다는 것을 상기하면 좋을 것이다. 한편으로는 그 배전망 존재 자체가 지붕에 패널을 올리고자 하는 충동을 약하게 한다. 사실 우리들 거의 모두가 고도로 안정적인 전력에 항상 접근하고 있다. 알다시피, 전력 공급회사들도 우리가 바꾸는 걸 원치 않는다. 재생가능에너지를 향한 추세를 극적으로 늦추기 위해 기꺼이 자신들의 돈과 영향력을 이용해 왔던 사람들이다.

그럼에도 우리는 **할 수 있었다**. 태양은 어디에나 비추고 태양이 비추지 않을 때는 보통 바람이 불고 있다. 스탠퍼드대 마크 제이콥슨Mark Jaobson 연구소의 최근 연구는 2030년까지 지구상 모든 주요 국가가 전력의 80퍼센트를 재생가능에너지로부터 공급받을 것이라고 분명히 했다. 가격은 기후 변화로 인한 피해 때문에 지불되는 것보다 훨씬 더 저렴할 것이다. 제이콥슨이 제시한 숫자는 대단히 상세하다. 앨라배마 주의 경우, 나무가 가리지 않고 태양광 패널 설치에 적절한 방향을 가진 거주지의 지붕 면적은 총 59.7제곱킬로미터가 된다. 몽골 대초원 Mongolian Steppe에서 얼마나 많은 바람이 불고 있는지 알고 싶은가? 그들이 사람들한테 말한다. 10년 전까지만 해도 회의론자들은 재생가능에너지가 언제나 부수적 존재로만 남을 것이라고 주장했다. 너무 비싸다는 이유였다. 하지만 묵묵히 자신들의 일을 했던 기술자들 덕분에 모든 것들이 나아졌다. 얼마나 바람이 강하게 불어올지에 대한 정교한 예측부터 개별 패널과 터빈이 배전망과 직접 통신하는 것까지 가능해졌다.

에너지 전문가 데이브 로버츠Dave Roberts는 2017년 다음과 같이 썼다. "풍력 비용은 2009년부터 지금까지 65퍼센트가 떨어졌다. 하지만 2020년까지 또 한번 50퍼센트 떨어질 것이다. 정말 놀라운 일이다." 그렇다고 어떤 마술 같은 기술적 혁신이 필요한 것도 아니다. 우리에게 필요한 AI는 "태양과 바람이 그들이 하고 있는 것, 즉 규모를 계속 늘리고, 효율성을 향상시키고, 가격은 낮추는 일을 대략 지금까지와 같은 속도로 유지하는 것이다."[6]

재생가능에너지만이 우리의 유일한 과제는 아니다. 푸드 체인에서는 보다 적게 먹어야만 하고, 대중적인 운송 네트워크를 구축하고, 밀도가 높은 도시와 토양을 회복시키는 방식으로 농업을 시작해야 한다. 하지만 재생가능에너지가 이들 과업에서 가장 쉬울지도 모른다. 특히 갑작스럽게 저렴해졌기 때문이다. 태양광 패널의 제조과정이 아주 효율적으로 바뀌면서 패널을 만들기 위해 사용한 에너지를 4년 이내에 회수할 수 있게 됐다. 패널이 30년 지속된다는 것은 25년 동안 오염없이 작동한다는 의미다.[7]

핀란드와 독일 연구자들로부터 나온 최신의 데이터는 급격히 떨어진 저장 배터리 가격이 이런 계산에 미치는 영향을 보여준다. 이 연구에서 연구자들은 2050년까지 우리가 사용하는 전력의 69퍼센트를 태양광 에너지가, 그리고 또 다른 18퍼센트를 풍력 에너지가 공급할 수 있고, 나머지는 대부분 수력발전으로 가능할 것이라고 결론 내렸다. 그 과

정에서 3,600만개의 새로운 일자리가 창출되고 메가와트 시간당 비용
이 현재의 82달러에서 61달러로 떨어질 것이다. 연구의 주저자인 크리
스찬 브레이어Christian Breyer는 이렇게 말했다. "에너지 전환은 더 이상
기술적 가능성이나 경제적 생존능력 문제가 아니라 정치적 의지의 문제
다."[8 다른 경제학자들은 이 조합에 원자력이 일부 들어간다면 더 저렴
하고 빨라질 것이라고 주장한다. 하지만 핵심은 상당히 분명하다. 인류
가 원한다면 기후문제로부터 탈출할 수 있는 방법을 알아낼 수 있다. 대
부분의 에너지를 바람과 태양으로부터 가져오면 된다. 아마도 단 한 가
지 노력만으로는 휴먼 게임을 다음 세대까지 연장하고 태양의 횃불을
우리 아이들과 손주들에게 전달할 수는 없을 것이다.

그렇다. 수천 에이커의 태양광 패널, 축구 경기장 길이의 풍력 터빈,
셀 수 없이 많은 전기차와 전기버스를 만들려면 엄청나게 많은 공장
을 지어야 한다. 그러나 여기서도 이미 전문가들은 수치로 계산하기 시
작했다. 최근 수년 간 지어진 최대 건물 중 하나인 뉴멕시코 리오랜초
Rio Rancho에 있는 인텔 반도체 공장의 건축을 감독하고 퇴직한 엔지니
어 톰 솔로몬Tom Solomon은, 미국이 2050년까지 화석 연료를 클린 에
너지로 완전히 대체하려면 얼마만큼 생산해야 하는지 스탠퍼드대 자료
를 가져와 계산했다. 그 답은 6,448기가와트였다. 솔로몬의 말에 의하면
"2015년에 우리가 설치한 클린 에너지는 16기가와트였다. 그 속도면
405년이 걸릴 것이다. 너무 늦은 감이 있다."[9

그래서 솔로몬은 6,448기가와트의 클린 에너지를 향후 35년간 생산
하려면 얼마나 많은 공장이 필요한지 계산했다. 먼저 버팔로에 있는 테

슬라의 새로운 태양광 패널공장을 살펴봤다. "그들은 그 공장을 기가팩
토리gigafactory라고 부른다. 거기서 만드는 패널이 매년 1기가와트에 해
당하는 태양에너지를 생산할 것이기 때문이다." 솔로몬의 말이다. 그는
그 공장을 대략의 척도로 삼아 미국이 기후 변화를 이겨내기 위해서는
비슷한 크기의 태양광 공장 295개(주state당 거의 6개)와 함께 풍력 터빈도
비슷한 노력이 필요하다고 말했다.

이전에도 한번 이 정도의 규모를 동원한 적이 있다. 실존을 위협하
는 적과 마지막으로 마주한 때였다. 일본의 진주만 공격 이후 6개월 만
에 단일 규모로는 세계에서 가장 큰 산업용 공장이 미시간주 입실랜티
Ypsilanti 부근에 들어섰다. 찰스 린드버그*는 그것을 '기계화된 세상의
그랜드 캐니언'이라고 불렀다. 몇 달 동안 공장은 B-24 리버레이터 폭
격기를 시간당 한 대씩 생산했다. 폭격기는 크고 복잡한 비행기다. 태양
광 패널이나 터빈의 날보다도 훨씬 더 까다롭다. 폭격기 한 대에는 수많
은 부품과 대갈못이 필요하다. 근처 미시간주 워런Warren에서는 미 육
군의 탱크 공장이 이것을 가동시킬 발전소보다 더 빨리 지어졌다. 그래
서 대신 증기 기관차를 빌딩 한쪽 끝에 끌어다 놓고 증기와 전기를 공
급했다. 이곳의 한 공장에서 생산된 탱크만 해도 전쟁 기간 내내 독일이
만든 것보다 더 많았다.

단지 무기만이 아니었다. 미시간 주의 또 다른 모퉁이에서는 한 레디
에이터 회사가 2천만 개 이상의 철모를 만드는 계약을 체결했다. 포드
사의 시트 쿠션용 직물을 공급해 오던 회사는 낙하산 생산에 들어갔다.

---

* Charles Lindbergh, 뉴욕에서 파리까지 대서양 무착륙 비행에 최초로 성공한 미국 비행가.

쓸모없는 것은 아무것도 없었다. 자동차 회사들은 전쟁 기간 중에 자동차 생산을 중단했다. GM의 경우, 1939년형 모델의 재떨이가 수천 개나 재고로 쌓이자 시애틀로 신고 가서 태평양으로 향하는 보잉Boeing의 장거리 폭격기에 장착케 했다. GM의 폰티악 공장은 대공포를 만들었고, 올즈모빌 공장은 기관포를 만들었다. 스튜드베이커사Studebaker는 하늘의 요새라 불렸던 대형 폭격기 B-17를, 내쉬 캘비네이터Nash-Kelvinator는 영국의 항공기 회사 드 하빌랜드De Havilland를 위한 프로펠러를 생산했다. 허드슨 모터스는 헬다이버 폭격기와 P-38 전추기를 위한 날개를 제작했다. GM의 뷰익Buick 공장은 구축전차를 제조했고, 피셔바디 Fisher Body는 수천 개의 M4 셔먼 탱크를 만들었다. 캐딜락 공장도 만개 이상의 경량 탱크를 만들었다. 이것이 바로 디트로이트였다. 이와 똑같은 형태의 산업체 동원이 미국 전역에서 일어났다.

그린 뉴딜 구상에서 제안한 것처럼 우리가 파시즘 대신 기후 변화를 막는다는 명분으로 다시 그렇게만 한다면 한 사람도 죽을 필요가 없을 것이다. 단지 지구 온난화 때문만이 아니라, 실제로 화석 연료의 연기를 들이켜 죽을 수 있는 수많은 생명을 구할 수 있을 것이다. 가장 최근에 나온 광범위한 데이터는 파리회담에서의 그 대담한 온도 목표를 맞추면 1억5,000만 명의 생명, 혹은 대략적으로 2차 세계대전 때 죽은 사람의 두 배 정도를 구할 수 있다는 것을 보여준다.[10] 그 나머지 다른 지역에서도 사투를 벌일 필요가 없다. 서로 기술을 주고받으면서 새로운 차원의 협업 기회가 마련될 것이다. (이 점에서 분명 중국이 많은 제조 능력과 전문성을 공급해야만 할 것이다.) 서로가 희생을 요구하는 대신 우리 각자가 더 안락하고 저렴한 집에서 생활할 수 있어 전환비용을 충당할 연료비를 충분히 절약할 수 있다.

우리가 이 길을 따라 움직일 때 돈을 절약한다는 생각이 너무 낙관적인 소리로 들리는가? 버몬트주 러틀랜드는 뉴잉글랜드 헤로인 확산의 시작점으로 〈뉴욕타임스〉 1면을 장식했던 거친 곳이다. 하지만 나는 그곳의 상황을 마치 탄자니아나 가나처럼 놀랍고 가슴 뭉클하게 지켜봤다. 사라Sara와 마크 보코프스키Mark Bokowski 부부는 러틀랜드에서 어린 두 딸과 함께 한 세기가 지난 오래된 42평 정도의 집에서 살고 있다. 마크는 학교버스를 운전하고, 사라는 특수 도우미로 일하고 있다. 1년 내내 이들의 집 냉난방비는 두 사람의 소득을 합한 총수입에서 상당한 부분을 차지한다.

그런데 보코프스키는 최근 버몬트 주의 주된 전력회사인 그린 마운틴 파워(GMP)의 설득으로 에너지 전환을 결심했다. 며칠에 걸쳐 공사업체가 집에 새로운 단열재를 채워 넣었다. 뜨거운 물을 나오게 하는 난방장치와 집을 따뜻하게 해줄 공기 주입식 난방 장치도 설치했다. 또한 모든 전구를 LED로 바꾸었고 창고 슬레이트 지붕 위에는 작은 태양 전지판을 깔았다. 보코프스키가 집 개량을 위한 돈을 지불했지만 전력회사에서 전기세 감면을 지원했다. 바로 첫 달 전기세부터 빠졌다. 전환 전인 2013년 10월부터 2014년 1월까지는 3,411킬로와트시 전기를 사용했고 석유는 1,230리터를 썼다. 하지만 2014년 10월부터 2015년 1월까지는 2,856킬로와트시 전기를 사용했고 석유는 전혀 쓰지 않았다. 짧은 시간 안에 순비용의 지출 없이 집의 탄소 발자국을 88퍼센트나 줄였다.

이런 유형의 작은 변화들을 많은 가구에 확대해 보면 모두에게 이익이 된다.

그런 마운틴 파워의 경우, 고객이 테슬라의 파워월* 배터리 구입 시 보조금을 주는 최초의 전력 회사다. 버몬트에서 2,000명이 이 장치를 설치했고, 2018년 야만적인 폭염이 강타했을 때 GMP에 비축해 놓은 전류에 의존할 수 있었다. 이것을 외부에서 전력을 사는 비용과 비교해 보았을 때 일주일 동안 주의 납세자가 내는 50만 달러를 절약한 셈이었다.[11] 이와 똑같은 유형의 변화가 어디서나 거의 모든 규모에서 가능하다. 2018년 호주 남부에서는 테슬라가 세계에서 가장 큰 '가상 발전소'를 짓겠다는 계획을 발표했다. 5만 가구의 지붕에 태양광 패널을 깔고 서로 연결시켜 전력을 공급하는 것이다. 패널이 먼저 공공주택에 올라가면 거주자의 전기세가 3분의 1이 절감될 것이다.[12]

다시 말하지만 우리는 버닝맨**에서 지구 행성의 일원이라는 생각으로 전 소프트웨어사 임원이 아도비 점토와 폐타이어로 지은 콜로라도주 애스펜Aspen에 있는 복토주택***을 말하는 게 아니다. 보코프스키의 집은 아주 평범하다. 소녀들의 방에는 겨울왕국 침대보와 영국 팝 보이밴드 원디렉션One Direction 포스터가 있고 두 마리의 토끼와 올리버라는 앵무새가 살고 있다. 이 가족이 환경에 특별히 관심이 있는 건 아니었다. "디

---

* Powerwall, 낮 시간에 생산된 전력 중 사용하고 남은 전력을 저장하고 필요시 활용하는 예비전력 제공 장치.
** Burning Man, 네바다주 블랙록 사막에서 열리는 연중 행사.
*** earth shelter, 벽 외부에 흙을 쌓아 열 손실을 줄이고 실내 기온을 일정하게 유지할 수 있는 건축기법으로 지은 주택.

즈니 채널에 나오는 게 아니면 모른다"는 게 사라가 내게 한 말이었다. 이 집은 마약상들로 유명한 지역 빈민가에 위치해 있다. 이 평범함 속에 이 집의 의미가 있다. 만약 이런 집을 적절한 가격에 친환경으로 만들 수 있을 정도면 어디라도 가능할 것이다. 만약 그럴 수만 있다면 휴먼 게임에 가장 큰 위협이 되는 것 가운데 하나가 부분적으로 해결되는 셈이다.

태양광 발전은 흥미로운 진전이다. 화석 연료보다는 덜 강력하고, 또 어떤 면에서는 사용하기가 더 어렵다는 점에서 그렇다. 석탄, 석유, 가스는 소수의 장소에서 모아져 전 세계에 실어 나르는 반면, 태양과 바람은 수많은 다른 장소에서 수집되어 배전망을 통해 분산된다. 재생가능에너지는 어디나 있지만 분산되어 있다. 석탄 덩어리나 석유 1리터 안에 화학 에너지가 농축된 패키지와는 전혀 다르다.

하지만 이런 제약 때문에 오히려 실질적으로 상쇄되는 이점이 있다. 일부 사람들은 풍차 터빈이나 태양열 패널을 올려 점차 부자가 되겠지만, 엑슨 만큼 많은 돈을 벌지는 못할 것이다. 태양에 대해서는 돈을 받을 수 없기 때문이다. 그래서 엑슨이 태양광 에너지를 싫어한다. 태양광 패널을 올려놓으면 에너지가 **무료로** 생기는 까닭에 기업가적 정신을 가진 사람에게는 그 어느 사업계획보다도 바보 같은 짓일 것이다. 우리가 에너지에 쓰는 돈도 집 근처에 머문다. 코크 형제가 단순히 연료를 여기저기로 실어 날라 최고의 부자가 되고 가장 힘센 시민이 될 수 있었던 방법이 없어지는 것이다.

이 점에서 태양광 발전은 환경은 물론이고 사회를 **바로잡는** 기술이 될 수 있다. 이는 태양광 발전이 지구의 대기를 치유할 수 있지만 석유와 가스 매장층의 통제에서 비롯된 많은 불평등의 감소에도 영향을 미친다는 의미다. 어느 경우든 완벽하지는 않을 것이다. 소를 키우고 나무를 자르는 것이 발전소와 함께 기후에 피해를 입혔듯이, 불평등도 다른 여러 원인들이 있다. 하지만 이것이 시작이다. 따라서 인간의 힘이 비약적인 도약을 나타내지 않는다는 사실은 결함이자 동시에 특징이 될 수 있지만, 휴먼 게임에는 더 잘 맞는다.

현실적 희망으로 받아들이고 싶은 또 하나의 '기술', 비폭력에 대해서도 똑같이 말할 수 있다. 이것도 태양광 패널 같이 혁신적이다. 실제로 재생가능에너지를 빠르게 배치하는 정치적 의도를 구축하려면 시대정신을 개조할 불도저가 필요하다. 이것은 운동이 하는 일이다.

대략적인 정의상으로 비폭력은 폭력이나 강압 같은 물리력보다는 즉각적인 힘이 부족하다. 비무장으로 저항하는 사람이 항상 총을 맞을 위험이 있고, 실제로 많은 사람이 그랬다. 폭력은 인류가 수천 년 동안 차이점을 해결하기 위해 사용한 오래된 도구다. 기존의 것을 떨쳐버리고 종종 앞으로 나가기 위한 유일한 지렛대이자 어떤 무기라도 가지고 싸우는 일종의 혁명이었다.

우리가 20세기에 석탄을 태우는 것을 일종의 죄악으로 생각해야만 하는 것 이상으로, 이런 역사를 혐오스러운 일로 볼 필요는 없다. 나의 경우, 매사추세츠 렉싱톤에서 성장하면서 여름이면 미국 독립혁명의 첫 전투가 벌어졌던 마을 광장을 둘러보곤 했다. 실제로 돌아보고 알 수 있는 한 가지는 세계가 인정하는 가장 큰 제국과의 첫 전투였다는 것이다. 당시 긴급 소집병들은 비록 완벽하지 않더라도 진정한 민주주의를 요구했다. 사람들은 그런 파커 대장과 화력이 우세했던 그의 군사들을 존경한다.

이로부터 3세대가 지나서 렉싱톤으로부터 13킬로미터 정도 아래에 있는 콩코드에서는 저항에 관해 다른 사상을 가진 헨리 소로가 나중에 가서 여행지로 유명해진 월든 호숫가에 있는 오두막에 체류하고 있었다. 1846년, 그가 심란해하면서 오락가락하는 모습을 보이기 시작했다. 마을로 산책을 나갔을 때 우연히 콩코드의 보안 요원이자 세금 징수원인 샘 스테이플스Sam Staples를 만났다. 샘은 그에게 20살에서 70살 사이의 모든 남자가 매년 납부하는 인두세를 안냈다고 상기시켰다. 소로는 인두세 폐지론자로서 납부하지 않은 게 맞지만 '노예의 정부이기도 한 이 정부를 잠깐 동안 인정할 수 없다'고 말했다. 그래서 유치장에 끌려가 밤을 지샜다. 시인이자 사상가인 그의 친구 랠프 왈도 에머슨Ralph Waldo Emerson이 와서 왜 거기 있냐고 묻자, 돌아온 것은 대답이 아닌 '넌 왜 여기에 없니?'라는 질문이었다. 소로가 나중에 쓴 것처럼 아무튼 그는 뉴잉글랜드 선조가 싸웠던 단순한 민주주의 원칙을 훨씬 넘어서는 해결책을 생각하고 있었다.

투표에 당신의 모든 것을 걸어라. 한낱 종이 한 장이 아니라 여러분의 모든 영향력이다. 소수는 다수를 따르는 한 무기력하다. 소수조차도 안 될 때가 있다. 모든 힘에 막히면 저항할 수가 없다. 그저 모든 남자들을 감옥에 가두거나 전쟁과 노예제도를 포기하는 것이 대안이라면, 국가는 어떤 것을 선택할지 주저하지 않을 것이다. 천 명의 남자들이 올해 세금을 내지 않는다면 폭력과 피를 흘리는 수단이 되지는 않을 것이고, 세금을 낸다면 그로 인해 국가가 폭력을 자행하고 무고한 피를 흘리게 할 것이다. 실제로 이것은 평화로운 혁명의 정의다. 그런 일이 가능하다면 말이다.[1]

소로는 내향적이고 사람을 약간 싫어하는 정도 이상의 성격이었던 까닭에 사람들을 조직화할 생각이 없었다. 생각이 너무나 돈키호테 같아서 주변의 열렬한 세금 폐지론자들을 포함하여 거의 아무도 그가 이끄는 대로 따르지 않았다. 물론 노예문제는 미국 역사에 등장하는 다른 전쟁처럼 오로지 유혈 전쟁으로만 해결됐다.

하지만 처음에 세상이 조금이라도 소로의 말에 주의를 기울였다면 시간이 지나 그 생각이 증폭됐을 것이다. 톨스토이는 그의 글을 읽고 그에 관한 글을 썼다. 간디는 톨스토이를 통해 그의 글을 알게 됐다. 1907년 간디는 그의 글이 "영원할 것이다. 그 날카로운 논리는 반박할 수가 없다"라고 말했다. 간디의 위대한 '진리 실험'은 다음 50년의 많은 부분을 차지했다. 세상에 너무 늦게 나와 두 번의 전쟁을 막지는 못했지만, 결국 영국을 인도에서 내보내는 데 성공했다. 그 렉싱톤의 광장에서 머스킷총*을 든 긴급 소집병들이 시작한 작업을 간디와 그의 추종자들이 인

---

* musket, 총구로 장전되는 활강총으로 어깨 높이에서 발사됨.

도 서부의 구자라트 염전에서 용기로 완성했다. 킹 목사는 이러한 기법을 적용해 원래의 미국 독립혁명이 제도화한 일부의 악과 맞붙었다.

내가 '비폭력'이라고 말하고 있을 때는 감옥이나 구타로 끝나는 극적인 시민 불복종 행동을 뜻하는 것만은 아니다. 시대정신과 이에 따른 역사 흐름을 바꿀 목적으로 대중운동 구축을 목표로 하는 조직화 전부를 의미한다. 사실 간디는 자신의 무저항 불복종 운동이 지역 경제를 구축하는 '건설적 작업'을 포함한다는 것을 분명히 했다. 당시의 주요 상징은 물레였으나, 이제 세바그람Sevagram의 오래된 아쉬람*은 태양광 패널과 소의 거름에서 조리용 가스를 얻기 위한 생물소화조**까지 자랑한다. 이런 운동의 구축은 보통의 정치와는 다르다. 지배 시스템 내에서의 경쟁 우위나 그런 시스템의 경미한 수정(예를 들면, 세금 감면)을 위한 일상의 싸움과도 다르다. 이런 경미한 수정은 현재 여론의 지배적 기류와도 긴밀히 연결된다.

대신 내가 생각하는 것은 참정권 싸움이나 흑인 차별정책에 맞서 싸우는 것, 혹은 동성결혼을 위한 싸움 같은 드라마다. 이 각각의 경우는 선거부터 불법적인 것까지 전 영역에 걸친 운동을 요구했다. 또 협소한 입법 승리를 따내는 것보다는 문화를 바꾸는 것에 더 중점을 두었다. 가장 훌륭했던 비폭력 이론가 가운데 한 명인 조나단 셸Jonathan Schell은 자신의 책《지구의 운명The Fate of the Earth》에서 핵무기를 제안했다. 그것이 너무도 강력하기 때문에 전쟁이 일어날 수 없게 한다는 이유에서다. 후속작《정복할 수 없는 세계The Unconquerable World》에서는

---

* ashram, 힌두교도들이 수행하며 거주하는 곳.
** biodigester, 농장 폐기물에서 전력을 만드는 장비.

그 아이디어를 더 발전시켰다. 그는 폭력이 점차 제 기능을 하지 못하고 "폭력이 있었던 모든 정치적 사안에서도 비폭력 행동 유형들이 효과적으로 기능할 수 있다"고 썼다. 좀 더 호소력 있게 말하면, 비폭력은 "**행동하는 다수가 무자비한 소수를 이길 수 있는**" 방법이다.[2]

앞에서도 언급했듯이, 나는 비폭력이 우리 시대를 알리는 발명품 가운데 하나라고 믿는다. 운이 좋다면 아마 역사학자들이 20세기에 가장 숭배하는 혁신일 수도 있다. 모든 사람이 동의하는 것은 아니다. 사실 매우 냉철한 사람에게는 종교를 바탕으로 하는 허튼소리처럼 들릴 것이다. 미래학자 유발 하라리는 20세기의 위대한 발견을 고르기가 어려웠다고 말했다. 항생제? 아니면 컴퓨터? "지금 스스로 20세기 전통적 종교에서 가장 영향력 있는 발견이 무엇이었는지 물어보라. 이 역시 아주 어려운 문제다. 선택을 하기에 너무 적기 때문이다."[3] 그의 조롱은 부적절했다.

사실 비폭력은 종교에서 곧바로 나온 게 아니다. 실제로 가끔은 종교를 와해시키기도 했다. 간디의 위대한 운동 일부는 힌두교가 유지해온 카스트 제도의 차별을 겨냥하고 있었다. 하지만 분명 간디와 성직자들이 이런 저항 형태로 발전시켰다. 그 핵심에는 적어도 산상수훈*으로까지 거슬러 올라가는 영적 통찰이 있다. 모욕감이나 화를 애써 참고, 부당한 고통을 떠맡고, 강한 사람에게 굽실거리거나 칭찬하지 말고, 약한 사람에게 연민을 갖자는 발상이다.

매우 임상적인 세계처럼 보이는 많은 환경보호주의 연구와 데이터에

---

* Sermon on the Mount, 신약성서 마태복음 5-7장으로 평범한 삶이 선한 삶이라는 예수의 말.

서도 궁극적으로 결정적인 게 보이지 않는다. 기후 변화에 맞선 싸움은 궁극적으로 대기 중의 적외선 흡수 논쟁이 아니라 권력과 돈, 정의에 관한 것이다. 산업이 이 돈의 대부분과 권력의 대부분을 가지고 있다는 걸 감안하면 대개는 산업이 이긴다. 하지만 마음과 심장까지도 바꿀 수 있는 운동이 일어난다면 달라질 것이다.

1960년대 후반 그런 운동이 일어났다. 강이 불타고 도시에 스모그가 가득한 가운데 레이첼 카슨이 《침묵의 봄》을 출간한 직후였다. 하지만 1970년 지구의 날에 미국 인구의 10분의 1에 해당하는 2,000만 명이 전국 곳곳에서 시위에 참여하기 전까지는 별다른 진전이 없었다. 그리고 그 유례없는 우려의 표출과 함께 뒤이은 환경오염 기업과 연루된 일부 정치인들의 선거 패배가 워싱턴을 움직였다. 평상시의 힘의 균형이 역전되자, 몇 년간 주요 기업들은 연달아 전투에서 패배했다. 리차드 닉슨은 환경보호주의자는 아니었지만 별다른 정치적 선택의 여지가 없자 대기오염 방지법(1970), 수질오염 방지법(1972), 멸종 위기종 보호법(1973)과 오늘날까지 유효한 다른 환경보호법에 사인을 했다.

하지만 성공이 운동을 약화시킬 수도 있다. 가두시위를 벌이던 조직들이 이제 워싱턴의 큰 사무실로 물러났다. 그리고 로비에 집중한 것이다. 잠시 동안은 이 전략이 효과를 발휘했다. 그 첫 번째 지구의 날이 배터리에 충분한 동력을 불어넣어 10년 혹은 20년 동안 강력한 모터를 돌릴 수 있었기 때문이다. 하지만 그 에너지가 점차 줄어들기 시작하고 결국 돈의 힘이 다시 발휘됐다.

조지 W. 부시 정부 때까지 석유 회사들이 통제력을 되찾고 기후 변화에 관한 모든 진전 기회를 무산시킬 수 있었다. 버락 오바마의 당선 이후 민주 의회는 지구 온난화와 싸우기 위한 소박한 배출권 거래제* 입법마저 통과시키지 못했다. 따라서 우리들 일부가 논쟁과 싸움에서 이길 수 있는 기회를 갖기 위해서는 가두 운동의 재구축을 향해 노력할 때가 왔다고 결정했다.

이 부활운동을 위해 많은 곳에서 많은 사람들이 많은 역할을 해줬다. 특히 환경변화로 가장 큰 타격을 받은 가장 가난한 곳의 사람들이 강력한 역할을 했다. 우리들 일부에게 매개체는 350.org로 불리는 소규모 단체다. 2008년 처음에는 나와 버몬트주 미들베리 컬리지Middlebury College 학부생 7명으로 이 조직을 만들었다. 우리는 정책에 집중하지 않았고, 대신 사람들을 집결시키는 것에 집중했다. 계속적인 변화를 요구하는 운동 없이는 정확히 그 변화가 어떤 모습이어야만 하는지 걱정하는 게 무의미하다고 생각했다. '세계를 조직한다'는 솔직히 터무니없는 전략이었다. 하지만 초보자의 행운이 찾아왔다. 분명히 비어있는 생태계에 틈새가 있었다.

사실 세계 곳곳의 사람들이 지구 온난화를 걱정하지만 강력한 힘 앞에서 무력감을 느꼈다. 단지 사람들을 같이 모으는 행동만으로도 그런 절망을 일부 이겨냈다. 2009년 세계를 결집시키려는 우리의 첫 시도가 181개 국가에서 수많은 집회로 표출됐다. 그래서 CNN은 '지구 역사상 정치활동이 가장 널리 퍼진 날'이라고 불렀다. 모임의 대부분은 작았다. 하지만 시간이 지나면서 그 운동이 커져 이제 수십만 명의 사람들을 거

---

* cap-and-trade, 생태계 보호를 위한 일종의 인센티브 프로그램.

리로 모을 수 있게 됐다.

우리가 다른 사람들과 합류해 키스톤 파이프라인*과 싸울 때도 전 세계적으로 소나기 전투가 가능해 모든 화석 연료의 기반시설 사업을 옭아매고 복잡하게 만들었다. 이로 인해 미국의 가장 큰 에너지 로비단체의 수장이 모든 사업계획의 '키스톤화'에 대해 장시간 강한 불만을 토하기도 했다. 수천 명의 카약 활동가**들도 쉘을 설득해서 북극에서의 시추를 정말 바라지 않게 하는데 도움을 줬다. 수십 개의 주와 나라들이 이제 수압파쇄법을 금지한다. 일부는 새로운 석유와 가스 탐사를 중단하는 데까지 나갔다.

이제는 점점 더 많은 아이들과 토착민, 유색인종 공동체가 이 운동을 이끌고 있다. 2018년 가을에는 15살 스웨덴 소녀 그레타 툰베리가 동맹 휴교를 벌여 학교에 가는 대신 의회 계단에 앉아 있었다. 정부가 기후를 돌보는 것에 신경 쓰지 않겠다면 자신도 공부에 신경 쓰지 않겠다는 논리였다. 그녀의 행동이 북유럽 전역의 정서를 자극했고, 지구 반대쪽 호주 학생들이 곧 동맹 휴교에 들어가 의회 현관을 점령했다. 한편 영국에서는 멸종 저항Extinction Rebellion 운동이 일어나 시민 불복적 행동을 벌이는 런던 전역에서 교통이 멈추었다. 미국에서는 젊은이들이 의회에서 연좌농성을 벌이면서 2019년 초까지 '그린 뉴딜'에 관한 특별위원회를 요구했다. 여론조사 기관에 따르면 민주당 지지자의 80퍼센트와 공화당 지지자의 60퍼센트가 그 아이디어를 지지하거나 최소한 그

---

* Keystone Pipeline, 캐나다와 미국의 오일 파이프라인 시스템.

** kayaktivist, 카약을 타고 활동하는 정치 운동가.

슬로건을 지지했다. 지구는 열이 나고 있고, 그 항체가 효과를 나타내고 있다.

이것은 우리가 이겼다는 의미가 아니다. 아직은 아니다. 코크 형제와 석유 회사들은 여전히 그들의 것을 지키고 있고 부분적으로는 트럼프 덕분이다. 우리가 그들에게 겁을 주었던 까닭에 그들이 우리를 맹렬히 비난하기 시작했다. 몇 달 동안 화석연료 정보원이 내 모든 움직임을 비디오카메라로 추적하기도 했다. 미국 최고의 '반대자 조사'* 회사가 석유회사의 지원을 받아 조사에 나섰던 것이다. 원주민 보호구역을 통과하는 다코다 송유관 사업Dakoda Aceess Pipleline에 맞선 스탠딩 락 시위 Standing Rock Protest에서 토착민 통합의 놀랄만한 과시가 나타난 이후, 코크 가문이 지원하는 의원들은 '반 시위자 법안'을 주의회에서 잇따라 통과시켰다. 모두가 이런 종류의 반대를 막기 위한 것이었다.

오클라호마 '주요 기반시설' 부근을 무단침입하면, 이제는 10년 징역형을 받을 수 있다.(4 전 세계적으로도 마찬가지다. 두테르테의 필리핀에서부터 에르도안Erdogan의 터키, 마두로Maduro의 베네수엘라, 푸틴의 러시아까지, 이런 나라에서의 시위는 종종 치명적이다. 이 과두정치의 정치인들은 고비마다 싸움과 마주한다. 나오미 클라인이 말한 것처럼 부패한 의회로부터 만만치 않은 탄소세 부과를 얻어 내지 못한다면 사실상의 세금을 우리 단체들에게 부과할 수도 있다. 그렇게 해서 재생가능에너지 산업이 확장될 시간을 버는 것이다. 어쩌면 지구 온난화라는 물리학을 조금 따라잡는데 충분할 만큼 확장이 빨라질 수도 있다.

* oppostion research, 정치적 경쟁자에게 해로운 정보를 수집하고 낭설을 퍼트리는 것.

이 모든 이야기를 자랑으로 말하는 게 아니다. 말했듯이, 아직 이긴 게 아니고, 모든 면에서 리더로서 뛰어나지도 못하다. (일이 시작되게 도움을 주고 세계 각지의 젊고 가지각색의 훌륭한 조직책이 주목을 받게 하는 것이 위안이고 기쁨이다.) 그럼에도 불구하고 지구상에서 가장 크고 부자인 세력을 상대할 때도 이 비폭력 기술이 그 힘을 증명할 수 있다는 사실을 여전히 가까이서 보는 것만도 커다란 특권이었다.

키스톤을 상대로 한 시민 불복종이 백악관에서 시작된 2011년 가을 〈내셔널 저널National Journal〉이 연방의회와 K 스트리트* 로비 회사들의 '에너지 내부자' 300명을 대상으로 한 설문 결과를 발표했다. 91퍼센트가 파이프라인을 구축하려는 트랜스캐나다TransCanada가 조만간 허가를 받을 것이라고 예측했다. 그러나 당시 수십 년간 어떤 형태든 시민 불복종에 참여한 사람들보다도 많은 1,253명이 감옥에 갔다. 그 뒤로 수만 명이 백악관을 둘러쌌다. 개인의 관점에 따라 다르겠지만, 그것은 버락 오바마에 대한 집단 포옹이거나 일시적 가택 연금이었다. 그리 많은 시간이 흐르지 않아 여론조사는 분명 미국인 다수가 이 프로젝트를 반대하고 있다는 것을 보여줬다.

그 파이프라인은 아직까지 구축되지 않았다. 비록 언젠가 땅 밑에 깔리더라도 그것이 남긴 주요 유산은 우리가 더 이상 그런 길로 가서는 안 된다는 광범위한 이해일 것이다. 2018년 초 여름 프란시스코 교황은 우리가 그 싸움에서 처음 했던 말을 그대로 사용했다. 그는 대부분의 석유, 가스,

---

* K Street, 백악관 근처 거리 명칭이지만 유명 로비회사들이 모여 있어 미국 로비 및 그 집단을 상징하는 용어로 통용됨.

석탄이 "그대로 땅 밑에 있어야"만 한다고 말했다.[5] 우리가 시대정신을 바꾸기 시작했던 것이다. 그것이 애당초 우리가 일을 시작한 이유다.

비슷한 운동이, 이를테면 맞춤 아이에 대해서도 일어날 것이라 상상할 수도 있다. 실제로 그런 운동은 어떤 면에서는 더 쉬울 것이다. 그런 일에 대한 지지자가 아직은 확고히 자리 잡지 않았기 때문이다. 아직은 엄청난 수입원과 한 무리의 의원들이 있는 엑슨에 버금가는 곳은 없다. 그런 싸움에서는 행동주의자가 좌우 양쪽에서 모두 나올 것이다. 엄청난 잠재적 힘이 있고 지속적 압박이 될 거라는 의미다. 무엇이 그 운동의 방아쇠가 될지는 말할 수 없다. 아마도 복제 인간, 혹은 맞춤 아이 같이 충분히 충격적인 사건(제품)이 사람들의 관심을 사로잡을 것 같기는 하다. 어쨌든 승리를 약속할 수 없다. 반대쪽에서 구글과 그와 같은 회사들이 결속한다면 어려운 싸움이 될 것이다. 아마 이기고 지는 것은 누가 '진보'로 여겨지는 것을 정의할 수 있는지에 좌우될 것이다. 그럼에도 인간을 방어하기 위한 더 큰 운동이 시작될 수도 있다.

비폭력은 강력한 기술이다. 아직 우리가 이것에 대해 아주 조금 알고 있다는 사실에도 말이다. 우리가 아는 군사력에 대해 생각해보라. 지구상 거의 모든 국가가 전적으로 전쟁을 공부하는 학교를 한두 개씩 두고, 적의 측면 공격이나 근접 공중지원에 관한 모든 것에 지식을 갖춘 사람들을 배출한다. 이들은 우리 사회의 다른 어느 곳보다 더 나은 재정적 지원을 받는다. 경찰의 경우도 매우 군사화되어 있다. 스탠딩 락*의 야영장을 방문했을 때는 잉여의 펜타곤(미국 국방부 건물) 장비들로 무장한

---

* Standing Rock, 미국 노스다코타주에 있는 인디언 보호구역.

주의 지역 공무원들이 군대와 거의 구분할 수 없을 정도로 보일 수 있음을 상기시켰다. 그들은 음향 대포, 물 대포, 그리고 본질은 탱크인 운송 수단을 가지고 있었다. 전사들처럼 큰 규모의 전술 장비도 착용하고 있었다. 석유 회사들이 고용한 보안 요원들도 으르렁거리는 독일 셰퍼드처럼 나타났다.

그런데도 이 모든 화력은 캐넌볼강과 미주리강의 합류지점을 따라 모인 그 야영지의 힘에 맞서기에는 거의 효과가 없었다. 사실 석유 부호들이 더 힘을 행사할수록 효과는 더 적었다. 그들이 평화로운 시위대에 개를 풀어놓은 날이 스탠딩 락에서 백악관의 위기가 된 날이었다. 사람들이 그 장면의 의미를 알았던 까닭이다. 이것은 버밍엄과 시민인권운동의 상징적 이미지와도 바로 연결됐다. 파이프라인에 버락 오바마가 합류할 수밖에 없었던 것이 큰 승리가 됐다. 그러나 도널드 트럼프가 손을 뗀 것은 아주 슬픈 역사적 사건이었다. 하지만 이 때문에 시간이 석유회사 편이라고 생각하는 사람이 있다면 역사를 잘못 읽고 있는 것이다. 이 운동은 우리가 본 것처럼 **때맞춰서**는 아닐 수 있어도 이길 것이다.

승리 예감의 어느 정도는 힘을 가진 사람들이 과거보다 덜 벌어들이고 있기 때문이다. 물론 다코다주, 중국, 러시아, 그리고 많은 다른 곳에서는 여전히 강력하다. 하지만 이 새로운 비폭력 기술이 그런 힘에 도전하고 있다. 아직은 학습곡선의 초기에 있다. 우리에게는 웨스트포인트*나 아나폴리스**가 없다. 하지만 세계 도처의 사람들이 교훈을 주고

---

* West Point, 미국 육군 사관학교 소재지, 일반적으로 학교 이름으로도 부르고 있음.
** Annapolis, 미국 해군 사관학교 소재지, 메릴랜드주의 주도

받는다. 세르비아의 오트포르*는 나라의 독재자 슬로보단 밀로셰비치 Slobodan Milosevic의 전복에서 전술을 배웠다. 그리고 그 전술을 아랍의 봄을 시작한 젊은이들에게 가르쳤다. 이들의 성공뿐 아니라 실패가 계속해서 새로운 교훈을 가르칠 것이다. 시간이 지나도 우리가 휴먼 게임을 끝나지 않게 한다면 이 새로운 아이디어들은 계속해서 확장될 것이다. 이 아이디어들은 정확히 창의력, 재치, 열정, 정신 같은 가장 인간적인 것들에 의지하기 때문이다. 이중 어느 것도 돈과 무기와 어울릴 것 같지는 않다. 하지만 국경을 따라 가족을 떼어놓으려는 대통령을 막기 위해 자발적으로 결집한 수백만 명에게 물어보라. 때때로 이것이 작동한다.

아니면, 중요한 태양광 발전 기술과 시민 불복종을 불가사의하게 결합시킨 네브라스카의 농장주에게 물어보라. 농장주 밥 올프레스Bob Allpress는 약 110만 평의 농장에서 소와 알팔파alfalfa 곤충을 키운다. 바로 이 농장을 트랜스캐나다 기업이 키스톤 XL파이프라인으로 이등분하길 원했다. 밥은 이 파이프라인과 몇 년을 싸웠다. 그리고 2017년 바로 그 길에 거대한 태양광 패널을 세웠다. 그래도 트랜스캐나다가 어떻게 해서든지 파이프라인을 설치하려고 한다면 "토지 수용권**을 적용해서 우리를 막아야 하고, 배전망에 좋은 클린 에너지를 흐르게 하고, 이것을 설치한 사람들에게 일자리를 제공하는 태양광 패널을 분해해야 할 것이다"라는 게 올프레스의 말이었다.[6]

---

* Otpor, 공격을 물리치다는 의미로 세르비아 비폭력 저항운동 단체의 이름임.
** 토지 수용권: 공공의 용도 사용을 위해 개인의 사유지를 강제로 사들일 수 있는 정부의 권리.

이제 사람들은 네브라스카, 캐나다, 호주 등지에서 새로운 거대한 화석연료 사업이 제기될 때마다 자주 올프레스와 같은 전술을 사용한다. 최근 어떤 수녀님들은 파이프라인이 지나는 길목에 태양광 지붕으로 덮은 부속 예배당을 지었다. 만약 당신이 정유회사라면, 누구와 차라리 싸우겠는가? 총을 가진 사람은 문제가 안 된다. 세상의 모든 사람들이 총에 접근할 수 있기 때문이다. 하지만 태양광 패널을 설치하고, 소셜 미디어에 접속하고, 재치 있는 필치가 그들을 짜증나게 만들 것이다.

지난 수백 년간의 기술 발전을 상상해 보라. 한 남자가 카지노에서 저녁을 보내고 있는 것처럼 말이다. 이 남자는 게임이 기가 막히게 잘 돼서 계속 돈을 땄다. 물론 중간에 잃기도 했지만 그때마다 판돈을 두 배로 걸어 만회했다. 그러다 판돈이 점점 더 커지면서 그의 행운도 썰물처럼 빠지는 듯 보였다. 만약 다시 판돈을 두 배로 건다면 전부를 잃을 수도 있다. 잠시 생각하다가 칩을 가지고 환전 창구로 갈 수도 있다. 남은 인생을 보장해 줄 돈을 가지고 떠나는 것이다.

태양광 에너지와 비폭력은 복구보다는 확장이 적고, 통합보다는 성장이 더디고, 치유보다는 혼란이 적은 기술이다. 이 기술은 인간이 하나의 종으로 매우 강한 존재로 성장했고, 이제 할 일은 정확히 그 힘을 공유하고 통제하는 거라고 상정한다. 좀더 자주 사용하는 몇몇 단어가 있다. 그 첫 번째는 **성숙**의 기술이다. 이 기술이 상상하는 사회는 경제와 정치가 흥분하고 확대하기 보다는 유지하고 만족하는 데에 더 많은 관심을 갖는다.

현대 생활에서 성숙은 성장보다 흥미가 적은 개념이다. 내가 생각하기에 성숙은 삶의 애환이 녹아있기 때문인 듯하다. 어리고 한창 성장할 때는 그 무엇이든 할 수 있고, 선택할 수도 있다. 그 어떤 선택도 배제되지 않는다. 성숙은 외면의 '성장'이 아닌 내면의 '성장'이다. 또 선택을 한다는 의미다. 한 인간으로, 한 사회인으로, 한 공동체 일원으로 행하는 선택이다. 옛날이나 지금이나 성숙은 존경의 대상이다. 그래서 전통적인 사회에서는 존경받는 연장자만이 바라봤다. 하지만 오늘날의 소비문화에서 이 존경은 대개 젊은이의 것으로 남아 있다.

그럼에도 정신적으로 완전히 성숙한 친구들은 트럼프에게 투표한 사람들조차도 대부분 높게 평가하는 것 같다. 공동체 이익을 위해 자신의 행동에 한계를 설정해 놓는 친구들이다. 이런 사람들은 남을 위해 일하고 멘토링하고 전달하는 데서 성취감을 얻는다. 아인 랜드와 그녀의 추종자들이 그렇게 혐오했던 바로 그 이타적 방식으로 행동하고 있는 것이다. 이러한 기질 때문에 우리가 한 개인을 존경한다면 같은 이유로 사회를 존경하는 것도 배울 수 있다.

사회는 이미 몇 가지 한계를 즐겁게 받아들이는 법을 배웠다. 사례가 있다. 나는 버몬트주 그린 마운틴 국립공원 내 연방 야생보호구역 주변에 살고 있다. 이 땅은 수십 년간 따로 분리돼서 보호를 받고 있다. 사람의 출입이 허용되지만 방문만 가능하다. 방문객들은 숲 속의 몇몇 오솔길을 돌아다닐 수도 있다. 하지만 수만 에이커에 이르는 숲 대부분은 해가 바뀌어도 구두 발자국 하나를 볼 수 없다. 사람 대신 칠면조, 곰, 가문비나무를 위해 숲을 남겨둔 것이다. 이런 합의로 득을 본 것은 바로 사람이다. 재정적으로도 그렇다. 이 야생지역이 공기를 정화하고 물을 여

과함으로써 경제학자들이 측정할 수 있는 "생태계 서비스"를 제공해준다. 그리고 그 측정의 결과는 숲을 그대로 놔두는 것이 좋은 거래라는 확신을 준다. 하지만 숲을 청산하는 데서 오는 즉각적인 현금과 성장은 포기해야 한다. 보일러에서 연소되어 전기를 생성하는 목재 필릿의 경우가 그렇다. 사실 이것은 현재 특히 남동쪽에 있는 많은 미국 숲들의 운명이다. 물론 이런 야생보호구역에서 특정인이 돈을 벌 수 있는 것은 아니다. 이것은 사회로서만이 우리에게 풍요를 갖다 준다. 따라서 결혼이 인생에서 새로운 가치를 적용하고 싶은 지점에 도달했다는 희망찬 선언인 것처럼, 야생보호구역의 별도 지정은 인간으로서 새로운 윤리를 가질 수 있는 지점에 도달했음을 의미한다. 심지어 트럼프 지지자조차도 그가 자주 쓰는 표현대로 "압도적 다수"가 대통령이 국가보호구역의 규모를 줄이는 계획에 반대한다.[1]

그렇다고 공포에 질려 제한을 하기 이전을 되돌아봐야 한다는 의미는 아니다. 물론 혐오해야 할 역사도 많이 있다. 노예제도, 성차별, 미국 원주민을 대우한 방식들이 우선은 그렇다. 하지만 감탄할 것도 많고 적어도 경의를 표하면서 바라봐야 할 것도 있다. 폴 버니언* 혹은 실제로 그를 모델로 한 진짜 나무꾼들이 미 대륙의 숲 대부분을 톱으로 잘라냈다. 내가 평생 한 일보다도 더 힘들었던 일은 이것이다. 말 그대로 길을 닦는 걸 도와 지금 내가 누리는 번영을 가져온 것이다. 나보다 먼저 와 살고 있는 버몬트 사람들에게 유감은 없다. 그들의 돌담이 숲속 깊은 곳에서 발견된다. 그들은 세상을 만들기 위해 일했던 사람들이다.

* Paul Bunyan, 미국 민화에 나오는 거인 나무꾼 영웅.

나는 버몬트 출신 조지 퍼킨스 마쉬George Perkins Marsh를 존경한다. 그는 지금 우리가 알고 있는 환경보호주의 사상을 상정한 최초의 미국인이다. 그가 19세기 유량을 세심히 측정한 기록은 숲을 개간하는 것이 엄청난 토사 물결을 촉발시키고 봄 홍수와 여름 가뭄의 원인이라는 것을 보여준다. 더 이상 미국인들이 이주할 신세계가 없다고 생각한 마쉬는 이 유일한 세계를 건강하게 보존하기 위해 인간 행동에 일부 제한을 두어야 한다고 주장했다. 그래서 애디론댁*과 옐로스톤부터 시작해서 세계 곳곳으로 보호구역을 확산하려고 노력했다. 이제는 지구 표면의 15퍼센트가 보호구역이다. 사회는 만드는 것만이 아니라 고래와 밝은 깃털의 새, 산맥, 디킨스의 소설에 나오는 열악한 노동으로부터 안전한 아이들의 경우처럼 홀로 남겨 두는 것으로도 평가될 수 있다.

창조물 중에서 유일하게 사람만이 자기 자신에게 그런 한계를 둘 수 있다. 이 싸움에는 쉬운 게 없다. 이 원고를 끝마칠 때쯤 트럼프 행정부가 바로 멸종 위기종 보호법에 대한 새로운 공격을 발표했다. "사람들의 생계를 저해한다"는 배경에서였다.[2] 하지만 우리를 너무나 잘 아는 페이스북이나 아마존 같은 알고리즘을 장악하기 시작한 세계에서는 스스로 자초하는 이런 한계들이 우리 인간을 지키는 데 도움을 준다. 위대한 문학적 양심인 켄터키의 농부작가 웬델 베리Wendell Berry는 케임브리지 애널리티카**에 대해 모든 사람이 알기 한참 전에 그것을 가장

---

* Adirondack, 뉴욕 북부에 있는 산.
** Cambridge Analytica, 수백만 페이스북 가입자의 프로필을 동의 없이 수거해 정치적 선전에 이용하려 한 회사.

잘 말해줬다.

빨리 돈 벌고, 매년 승진하고,

유급 휴가를 사랑한다. 더 많은

모든 기성품을 원한다. 이웃을

아는 것과 죽는 것이 두렵다.

따라서 당신은 머릿속에 창 하나를 가질 것이다.

심지어 당신의 미래에는 더 이상의 수수께끼가 남아 있지

않을 것이다. 당신의 마음은 하나의 카드에 깊게 눌려

작은 서랍 안에 갇힐 것이다.

당신이 뭔가를 사길 바랄 때 그것들이

당신을 부를 것이다. 돈 때문에 당신이

죽길 바랄 때 그것들은 당신이 알게 할 것이다.

그러니, 친구여, 매일 뭔가를 하라

계산하지 않는 것을. 신을 사랑하라.

세상을 사랑하라. 대가 없이 일하라.

당신이 가진 모든 것을 던지고 가난해져라.

[...]

장군들과 정치꾼들이

당신 마음의 움직임을 예측할 수 있게 되면

그것을 잃는다. 그것을 잘못된 흔적,

당신이 가지 않은 길을 표시하는

징표로 남겨라. 필요 이상

길을 만드는 여우처럼 돼라.

일부 길은 잘못된 방향으로 나 있다.

그리스도의 부활을 실천하라.[3]

웬델 베리는 부처까지 거슬러 올라가 예수를 통해 내려오는 오랜 반체제 유산의 계승자다. 이 전통은 소로, 간디, 도로시 데이*, 엘라 베이커** 그리고 들어본 적 없는 수백만 사람들을 포함한다. 이 전통은 사람들이 자기 자신의 자아ego와 욕망을 억제했을 때 가장 완전한 인간이라고 주장하면서 한계를 찬양한다. 우리는 항상 그것을 좋은 말로 인정해 주었다(미국은 '기독교 국가'라고 말하는 것처럼).

하지만 이제는 그 반체제적 전통을 보다 체제적인 것으로 만들 필요가 있는지도 모른다. 대기 중 이산화탄소 농도가 이전에는 도덕적 입장이었지만 이제는 실천적 주장이다. 히브리인 예언자와 똑같은 주기율표가 우리를 향하고 있다.

이런 것을 상상해온 사람은 현자, 권위자, 괴짜만이 아니다. 실제로는 아마 그들한테 연연하지 않는 게 최고다. 예수를 따르는 건 말 그대로 너무 힘든 일이고, 소로는 돌봐야 할 가족이 있다면 상상할 수 있는 유형의 사람이 아니다. 단어 자체를 좀 더 부드럽게 해 보자. 아마 **성숙**은 약간 근엄하고 부모 같다. 대신 **균형**이라는 다른 단어 하나를 어휘 목록

---

* Dorothy Day, 전 신문기자, 시민운동가.
** Ella Baker, 흑인 시민권 및 인권 운동가.

에 추가하자. 로널드 레이건이 정부가 문제라고 주장하고 대처가 사실 사회 같은 건 없다고 선언한 다음부터 자유주의자들이 40년간 미국정치를 지배한 이후, 정치가 어떻게 한쪽으로 치우치게 됐는지 우리가 알아내는 건 힘든 일이다. 뉴딜을 기억하는 미국인의 비율이 날마다 점점 줄어들고 있다. 린든 존슨의 위대한 사회마저도 다른 시대의 것으로 보인다. 그러나 그런 법률 때문에 인간 연대가 예외가 아닌 일상이 되었다는 것을 기억할 필요가 있다.

자신의 삶 전부를 운동에 전념하라는 게 아니다. 대략적인 정의상 운동은 밝게 탄 다음에 소진된다. 탐욕스러운 사람들이 대개 이기는 이유다. 코크가는 1년 내내 타오르고 있다. 만약 고액의 로비스트가 수많은 칵테일 리셉션 이후에 간경변으로 쓰러졌다면, 그들은 그냥 새로운 사람을 고용한다. 그래서 노동조합, 투표권, 사회안전망 같은 조직을 현실적이고 상대적으로 쉽게 만드는 구조가 필요하다.

아마 노스 다코타에 있는 주 은행이나 공공 전력회사가 그럴지도 모른다. 이런 것들은 기이하거나 공산주의적 아이디어가 아니다. 이런 사례들은 시 정부가 소유한 테네시주 채터누가Chattanbooga의 인터넷 서비스 회사(컨슈머 리포트에서 최고 등급을 받음)에서 전 시민이 팀의 주주인 위스콘신의 비영리 풋볼 팀 그린베이 패커스(Green Bay Packers, 위스콘신 사람들에게 최고로 평가받는다)까지 대륙 전역과 세계 곳곳에서 찾을 수 있다.

독일에서는 850개 지역협동조합이 점차 국가에서 공급을 늘리고 있는 재생가능에너지의 상당 부분을 통제한다. 이들 대부분은 독일의 1,000개나 되는 협동조합은행 한 곳으로부터 운영 자금을 지원받는다.[4] '우리는 균형이 필요하다'고 말하는 것은 '경제는 중요하지 않다' 거나 '우리는 생맥주와 좋은 분위기로 산다'라고 말하는 것과는 다르다. 재생가능에너지로의 빠른 전환은 모든 추정치로 볼 때 세계 곳곳에서 수백만 명을 고용하게 될 것이다. 수백만의 로봇이 아니라 수백만의 사람이다. 지붕에 올라가 태양광 패널을 설치하는 일이 고도의 기술과 판단의 영역으로 남아있기 때문이다. 많은 젊은이들이 여론 조사관에게 자본주의보다 사회주의에 동질감을 느낀다고 말할 때,[5] 그것은 북한에 살고 싶다는 의미가 아니다. 자신들이 유산으로 물려받은 치우친 시스템이 아니라 공정한 기회를 원한다는 의미다. 다시 말하지만 연대는 굳이 숭고함을 요구하지 않는다. 필요한 것은 반정부 우익이 수십 년간 해체하려고 시도한 제도다.

규모는 내가 중요하게 보는 세 번째이자 마지막 단어다. 세상에서 모든 사람이 효율과 성장만을 원했다면, 규모는 커졌을 것이다. 큰 기업과 큰 나라처럼 말이다. 하지만 이제는 규모가 도움을 주는 만큼 방해가 되는 시점에 도달했다. 규모로 인해 다양한 휴먼 게임의 방식이 단지 몇 개로 줄어든 것도 있다. 이중 일부는 자연스럽게 발생했다. 인간이 지구를 탐험하고 서로가 뛰어들면서 별도의 게임 수도 줄어들었다. 멕시코인들은 더 이상 그들만의 세계가 아니다. 덕분에 지금 나머지 우리들은 옥수수와 칠리 페퍼를 먹는다. 하지만 북미자유무역협정(NAFTA)에서 옥수수 작물을 멕시코 농부들에게 너무나 많이 분배한 까닭에 규모가 너무 커질 수 있다는 것이 드러났다.

보호무역주의는 비효율적인 까닭에 경제학자들에게는 얄팍한 단어다. 하지만 **비효율성**은 종종 한 가지 이상의 목표를 달성하도록 도와주는 또 다른 방법일 수 있다. 아마존은 믿기 어려울 정도로 효율적이다. 내가 필요할 수도 혹은 그렇지 않을 수도 있는 것을 내일이면 현관에서 받아볼 수 있다. 하지만 실제 상점들이 문을 닫게 될 때는 이들이 제공했던 "가십거리와 노인을 위한 도움, 거리 감시"같은 다른 서비스가 없어진다.[6] 아주 저렴하게 식품을 살 수 있는 카길Cargil과 아처 대니얼스 미들랜드Archer Daniels Midland도 믿기 어려울 정도로 효율적이다. 하지만 지역 농부들이 사업을 접게 되면 시골 공동체, 목가적 풍경, 농업의 다양성 등을 잃는다.(또한, 우리는 콘 시럽을 먹고 토실토실해지기도 한다.) 이런 혜택들의 가치는 그것들이 사라졌을 때만 알 수 있다. 그런데 이런 상실은 대부분 무의식으로 남게 되고 잃고 난 후에야 무엇을 잃었는지 알게 되며, 또 그때쯤이면 대개는 대체품에 아주 익숙해진다.

이것이 비폭력과 태양광 패널이 효율에 사로잡히지 않고 좀더 작은 규모의 세계로 적어도 조금은 유도하는데 유용하다고 생각되는 이유다. 운동은 가끔 효율이라는 이름 하에 희생된 바로 그런 것들을 상기시킨다. 우리는 주 5일 하루 8시간 근무를 조직한 사람에게 감사해야 한다. 사회보장과 최소 임금, 대도시에서 깨끗한 공기를 마시고 강물을 더 깨끗하게 해 준 사실에 감사해야 한다. 정말로 코크 형제가 싫어하는 모든 것들을 해온 사람들에게 감사한다. 태양광 발전은 이런 전환을 가속화한다. 어디에서나 가능하기 때문에 어디에서나 필요한 만큼보다 더 많은 전력을 공급받을 기회를 준다. 자본을 사우디아라비아나 텍사스로 빼내는 대신 집과 가장 가까운 곳에 가장 중요한 상품의 공급을 더 많이 늘려줄 수 있다. 분명 이런 일이 일어나도록 싸워야만 한다. 지역사회가 자신의 지역 에너지원을 통제하고, 그 에너지원은 모든 사람의 이익을 염두에 두고 개발돼야 한다. 하지만 이것이 최소한의 가능성이다. 가정과 지역사회는 실제로 우리가 휴먼 게임을 하는 기반인데, 이것을 약화시키는 것은 바로 잘못된 효율이다.

미국이 점점 더 난처해지고 있다는 게 나 혼자만의 생각이 아니라고 본다. 3억*은 우리들 전부가 편안하게 느끼거나 완전한 책임감을 느낄 수 있기에는 이미 지나간 규모일지도 모른다. 도널드 트럼프가 작은 지역사회인 우리 동네 주민회의에 오는 것을 상상해 본다. 3월 첫 번째 화요일, 1년 예산을 투표하고 지역사회의 일을 논의하는 자리다. 그의 고약한 말투와 세부사항에 대한 명백한 무시 때문에 대다수는 그와 상대하기를 원치 않을 것이다. 그래도 계속해서 고함을 지른다면 앉을 것을 요청하고 나머지 사람들이 필요한 일을 하게 할 수 있을 것이다. 도로 작업단을 위해 모래를 살 돈이 있는지 확인하고 동사무소 지붕이 한 해를 더 견딜 수 있는지를 살펴보는 일이다. 내 생각에는 도널드 트럼프가 시장이나 주지사로 당선됐다면 굉장히 힘들었을 것 같다. 왜냐면 그가 입힌 손해가 남의 일 같지 않을 것이기 때문이다. 하지만 미국의 규모를 감안하면 자신들은 추락하는 파편에 맞지 않을 거라는 합리적 확신을 갖고 그가 '완전히 바꿀 것'이라는 논리로 사람들이 대통령으로 그에게 투표했다.

요지는 과거에 작동했던 것이 미래에는 자동적으로 작동하지 않는다는 점이다. 한때는 성장이 비용을 앞서는 혜택을 제공했다. 규제를 가볍

* 미국 인구는 2019년 기준 3억 2920만 명임(CEIC DATA).

게 한 것이 확장에 박차를 가하게 했다. 더 커진 규모는 효율을 높이고 우리를 더 부유하게 만들었다. 우리 모두는 아이들이 잘 자라주길 바란다. 안 그러면 의사에게 데려갈 것이다. 그러나 만약, 아이가 22살인데도 여전히 1년에 15센티미터씩 자란다면 또한 의사에게 데려가야 할 것이다. 성장에는 시간과 장소가 있다. 성숙에도 시간과 장소가 있고 균형과 규모도 마찬가지다. 현재에도 진행 중인 위험, 내가 이 책을 통해 설명하고 있는 위험들은 그 시간이 지금임을 시사한다. 사실 그 피해는 이미 본 것처럼 치솟는 기온에서부터 급등하는 불평등까지 우리의 목표를 근본적으로 바꿔야 한다고 말한다. 복원과 안전, 보존을 향해서 말이다.

중요한 목표는 휴먼 게임을 지속하는 것이다. 카지노 비유로 돌아가면, 만약 사람들이 최근 수백 년간 딴 돈을 거둬들인 다음 휴식을 취할 결심을 하고 잠시 동안 더 낮은 내기 판을 한다면 어떨까. 아마 지금 이 특정 시점에서 할 일은 앞서고 있는 농구 팀이 시간을 끄는 것과 같이 천천히 하는 것이다. 게임은 인간이 엉망으로 만들지 않는 한 아주 오랫동안 지속할 수 있다. 다른 종들에 비해 아직 초기 단계다. 투구게 horseshoe crab를 보라. 4억4,500만 년이나 됐다. 너무 오래되어 구리가 피의 기반이다. **이것이** 진정한 장수다.

위험도 계산해 보자. 환경이 파괴되고 기술이 강탈되는 등의 동시다발적 사고가 휴먼 게임을 엉망으로 만든다면 인간은 물론 더할 나위 없이 흥미진진하고 정감이 넘치는 수많은 생명체들의 앞날을 기대할 수 없을 것이다. 역시 어떤 의미에서 모든 시인과 철학자, 과학자가 지난 1만 년 동안 해온 일들이 쓸모가 없어진다. 휴먼 게임에는 결승선이 없다는 점을 고려하면 달려가는 명확한 목표도 없다. 그런데도 우리는 왜 계속해서 속도를 올리고 그렇게 열중하는 것일까?

실제 우리는 황색등이 깜박거리는 신호에 둘러싸여 속도를 늦추라는 지시를 받고 있다. 이것은 상승하는 온도 그래프나 치솟는 불평등에 대한 놀라운 데이터가 말하는 내용이다. 곡선의 정점이나 근처에 있다는 더 미묘한 징후도 있다. 가장 중요성이 적은 것부터 말해보자. 운동선수들의 기록이 정체되기 시작했다. 기존 기록을 조금이라도 깨는 것이 점점 더 어려워지고 있다. 2000년대는 측정한 1세기 동안 처음으로 이전보다 1.6킬로미터(1마일)를 더 빨리 달린 남자 선수가 한 명도 없는 10년이다. 2010년대는 아직까지 두 번째 10년이다.

스포츠평론가 클린트 카터Clint Carter가 지적했듯이 3,000미터와 1,500미터 경주를 포함해서 트랙과 필드 경기 12개 정도가 적어도 지난 20년 이상 새로운 기록을 세우지 못했다. 그가 2018년 여름에 주목한 바에 따르면 "멀리뛰기는 27년 동안 기록이 깨지지 않고 있다. 포환던지기는 28년이다. 원반과 해머던지기는 30여 년 된 기록이다."[7] 사실 일부 스포츠 종목에서는 당국이 적어도 잠깐 동안은 약물 복용을 엄격히 단속하면서 기록이 느려지기 시작했다. 알프 드에즈*를 등반하는 것은 랜스 암스트롱보다 진실한 사람이 더 오래 걸리는 법이다.

기록이 정체된 것은 엘리트 운동선수만이 아니다. 적어도 서구세계에서는 거의 모두가 멈춰있는 것처럼 보인다. 최근 연구에 따르면 "20세기는 인간의 능력과 성과가 전례 없이 향상된 기간이었다. 수명과 성인

* Alpe d'Huez, 투르 드 프랑스의 성지로 알려진 스키 리조트.

의 키, 신체조직과 기능이 최대한으로 향상된 것으로 나타났다. 이제는 데이터가 "가장 최근 몇 년 동안 일어난 중대한 둔화"를 보여준다. 더 이상 2차 세계대전 이후처럼 곡물 수확량이 극적으로 증가하지 않고 더 커지는 것도 멈췄다. 우리의 수명이 연장되는 속도 역시 느려지기 시작했다.[8]

이 둔화가 신체는 물론 뇌에도 영향을 끼쳐 많은 사람들에게 충격이 될 듯하다. 스티븐 핑커는 자신의 낙관적인 책《이제 계몽의 시대로》에서 상당 부분을 IQ가 급등하고 있다는 것을 보여주는 데 할애했다. "세상 사람들이 단지 더 많은 글을 읽고 쓰고 지식을 더 갖게 되는 것을 넘어 실제로 더 똑똑해질 수 있을까요?" 그가 자신의 표상이 된 활달한 어투로 물었다. "놀랍게도 그 대답은 '그렇다'이다. IQ 점수는 세계 모든 곳에서 한 세기 이상 상승하고 있다. 매 10년마다 약 3점이 올라간다." 발견자의 이름을 딴 이 플린 효과Flynn effects는 핑커가 "연민과 윤리로 가는 관문"으로 "인생의 순풍"이라고 불렀다.[9] 그래서 플린 효과가 이제는 반대방향으로 가고 있다는 2018년 새로 등장한 데이터를 이해하는 게 그토록 힘들었던 것이다. IQ는 "1970년대에 태어난 사람들이 그 정점을 찍고 이후 줄곧 하락했다." 노르웨이에서 검토한 70만 건의 IQ 기록은 세대가 달라지면서 이제는 IQ가 7점씩 떨어지고 있다는 것을 보여준다. 다른 6개국 연구에서도 같은 유형의 하락을 보여줬다. "우둔한 사람이 똑똑한 사람보다 아이를 더 많이 낳는다는 것이 아니다. 환경과 관련된 어떤 문제가 있다. 가족 내에서도 게 차이가 보이기 때문이다"라고 한 연구자가 말했다.[10]

모든 것을 종합해보면 유토피아를 꿈꾸는 대신 디스토피아를 막는
데 집중해야 한다는 결론이 나온다. 일군의 과학자들이 이 데이터로
인간의 성과에 관한 세계 최대의 메타연구를 실시하고 정확히 다음과
같은 제안으로 보고서를 끝냈다. 이제 과제는 어떻게든 **과거에 얻은
것을 유지**해야 한다. "상한에 근접한 채로 남아 있는 데에 더 많은 비
용이 들더라도 퇴보를 막기 위해 주의를 기울여야 한다"는 것이 이 연
구자들의 결론이었다. "이 목표가 금세기에 가장 치열한 도전 중 하나
가 될 것이다. 특히 우리의 건강과 행복에 해로운 영향을 끼친 책임으
로 인간중심주의 활동이 새로운 압박을 받을 것이다."[11] 말하자면 우
리가 지금 최고의 인권을 누리고 있으므로, 이것을 지키는 것이 가치
있는 일이 될 것이다. 이것은 지난 백년 간의 식생활과 공중위생에서
의 혜택을 전 지역과 계층에 확대하고 20세기에 일어난 발전의 부작
용으로 21세기의 삶을 위태롭게 하는 것을 막기 위해 노력해야 한다
는 의미다.

분명히, 아직은 따라잡을 필요가 있는 곳이 많이 있다. 모든 대륙에는
상당히 오랜 기간 혜택을 받지 못한 사람들이 많다. 카지노에서 연속적
으로 승리했음에도 말이다. 그런 지역에서 승리를 가능케 한 노동력과
원재료의 상당 부분을 공급했다. 하지만 선택이 아니었음에도 불구하
고 우리의 과도한 욕심으로 해수가 상승하고, 농작물이 말라죽고, 숲
이 불타는 초기의 대가를 그들이 치르고 있다. 로봇의 등장으로 그들의

일자리도 사라지고 있다. 심지어 우리는 더 커지고, 건강해지고, 오래 사는데 여전히 아픈 사람들이 있다는 것은 말할 필요도 없다. 죽음은 여전히 우리 모두의 몫이다.

이런 불평등은 현재 사업을 촉진하는 방식에도 이용된다. 예컨대, 선진국들이 자신들의 제품을 더 태우는 것을 주저하자 갑자기 '에너지 빈곤'에 관심이 생긴 그 모든 석탄회사의 임원들을 생각해 보라. 우리가 세계의 골칫거리 대부분을 해결하고 있다고 생각하는 철학자조차도 남아 있는 문제를 해결하기 위해서는 평소에 하던 사업방식을 접어야 한다고 생각한다. 핑커는 순간적인 둔화나 한계조차도 용납하기를 거부하지만 "오늘날의 생명윤리학자들을 위한 그의 처방은 한 문장으로 요약될 수 있다. 비켜라!"(12

사실 불평등과 여전히 저개발로 남아 있는 문제를 다루는 한 가지 방법은 성장 기계를 다시 늘리는 것이다. 만약 부자들의 세금을 감면한다면 이론상으로는 번영을 창출해 낼 것이다. 만약 산업을 환경규제에서 자유롭게 한다면 일자리를 창출할 수도 있다. 만약 대기에 관심을 가지지 않는다면 석탄화력 발전이 상상컨대 아프리카의 번영을 가져 올 수도 있다. 석탄이 많이 나오는 웨스트버지니아 주는 말할 필요도 없다. 이것이 바로 트럼프주의와 코크주의의 약속이다. 인공지능으로 전속력을 내서 돌진하는 것도 '우리 경제를 성장시킬 것'이라는 이들의 생각과 또한 멀지 않다.

이 접근의 이점은 바로 과거처럼 된다는 것이다. 분명 우리가 해 온 것을 계속하는 것은 가장 쉬운 일이다. 프랑스 언론인 에르베 켐프Herve

Kempf가 주목했듯이 성장은 "분명한 부의 과잉을 창출해 시스템이 그 구조를 바꾸지 않아도 매끄럽게 한다."[13] 하지만 이 책이 지적하고 있는 것처럼 이제 그 성장에는 엄청난 위험이 따라온다. 실질적으로 휴먼 게임을 종결시키는 위험이다. 모든 것이 매끄러운 데도 기아가 삐걱거리기 시작했다.

현재의 세계관을 정의하는 데 도움을 준 사람들이 다른 가능성도 상상했다는 것을 기억해야만 한다.《국부론》을 쓴 아담 스미스는 우리가 여전히 달리고 있는 경주의 방아쇠를 당겼다. 그럼에도 장차 "토양과 기후의 성질로 풍요로운 부를 완전하게 획득한 나라와, 다른 나라와 관련해서 부를 획득하게 된 나라는 더 이상 발전할 수 없고 뒤로 갈 수도 없는 때가 올 것이다"라고 예견했다.[14] 비록 거기에 도달한 나라가 아직은 없지만, 그는 이 정지 상태가 사회의 불가피한 운명이라고 믿었다. 위대한 철학자이자 정치이론가 존 스튜어트 밀John Stuart Mill은 그의 고전적 에세이《자유론On Liberty》으로 많은 자유주의자로부터 존경을 받았지만 그런 평형 상태가 유지되는 경제를 기다릴 수만은 없었다. "자본과 인구의 정지 상태가 인류 발전의 정지 상태를 의미하지는 않는다.

모든 유형의 정신문화와 도덕과 사회 진보를 향한 기회는 여전히 많을 것이다. 마음이 성공의 기술에 사로잡혀 있지 않을 때 삶의 기술을 향상시킬 여지가 많고 훨씬 더 개선될 가능성이 많다."[15] 사람들의 기억에 살아 있는 존 메이너드 케인스John Maynard Keynes는 "경제문제가 원래 속했던 자리로 물러나고 인간의 현실적인 문제, 즉 삶과 인간관계

의 문제가 가슴과 머리 영역을 차지하거나, 혹은 다시 차지하는 때가 올 것"을 희망했다.[16]

이 책을 위한 여행에서 가장 흥미로웠던 한 사람을 떠올리면 아프리카계 미국인 니콜 포인덱스터Nicole Poindexter다. 텍사스에서 자랐고, 그녀의 아버지는 외과의사다. 그녀는 예일대, 하버드 경영대 같은 좋은 학교만 다녔다. 졸업 후에는 투자은행 트레이딩 데스크에서 일을 하면서 경제에 큰 구멍을 낸 파생상품을 다루었다. 그런 다음 오파워Opower라는 공공사업 고객을 위한 소프트웨어 플랫폼 회사에서 일했는데 회사가 얼마 전에 거대 기술기업 오라클Oracle에 인수됐다. "그 회사의 초창기에 입사했어요. 결국 주식을 공개하더군요. 회사에서 일하는 걸 좋아했지만 '목표를 갖게 하는 일이 아니다'라는 생각이 계속 들었죠"라고 그녀가 말했다.

포인덱스터와 나는 비포장도로를 따라 몹시 흔들리는 차의 뒷자리에 앉았다. 지옥처럼 더운 북부에 위치한 가나의 제2의 도시 아샨티주 쿠마시Kumasi 근방의 도로였다. 하버드에서는 먼 길이다. "비디오에서 이곳을 봤어요. 에볼라 위기 때였죠." 그녀가 내게 말했다. "사람들이 발로 페달을 밟아 화로에 동력을 불어넣는 산업화 이전의 환경에서 살고 있었어요. 뒤쪽에서는 기침소리가 많이 나서 '에볼라에 걸린 사람들'이라고 생각했죠. 하지만 아니었어요. 불에서 나온 연기가 방으로 들어갔기 때문이었어요. 도저히 믿을 수가 없었죠. 이곳은 이렇게 풍요로운데 이건 아니다라는 생각이 들었죠. 그래서 오파워에서부터 마음먹었던 에너지 일과 조합해 보고 바로 비행기에 올라탔죠."

포인덱스터는 내가 만났던 대부분의 기업가들과는 달랐다. 다른 틀을 염두에 두고 있었다. 개별 고객에게 단일 패널시스템을 파는 데 집중한 그들과 달리, 그녀는 마을 규모의 태양광 마이크로그리드*를 생각했다. 시골마을 모퉁이에 조그마한 태양 전지판을 짓고 오두막에 전선을 연결하는 구조였다. 마치 콘에디슨**의 축소 모델 같았다. 그 모델을 위해서는 회사가 더 많은 선투자를 해야 하므로 위험도 더 컸다. 하지만 전력을 더 공급할 수 있어 조명과 TV 이외에 다른 수익사업을 할 수 있다는 의미이기도 했다.

이 사업모델은 고객이 처음에는 거의 아무것도 사용 안 하고 그저 한 달에 100킬로와트시를 사용하는 것을 생각한다. 하지만 10년이 되면 그 동안 전기로 무엇을 할지 생각하고 결국 1,000킬로와트시를 사용할 것이라고 가정한다.

"어떤 근거로 사람들이 사용량을 늘릴 거라고 가정하는 거죠?" 내가 물었다.

"내 근거는 역사 속의 모든 것이에요"라고 그녀가 말했다. "사람들이 전기를 접하게 되면 그것을 사용할 거라는 거죠."

어쨌든, 이론상으로는 되는 사업이었다. 그녀가 설명했다. "어느 날

* microgrid, 소규모 독립형 전력망. 재생가능에너지와 에너지 저장장치가 융합된 차세대 전력 체계.
** Con Edison, 뉴욕 주민에게 가스와 전기를 공급하는 회사.

그 모델을 만들었는데 모든 비용을 뽑고 수치들을 돌려봤어요. 그날 늦게 작은 마을용 시스템 하나가 2,000달러의 수익을 낼 수 있다는 것을 알게 됐죠. 2,000달러를 벌기 위해 지금까지 했던 것보다 훨씬 많은 일을 해야 하지만, 어쨌든 돈은 벌 수 있다고 생각했어요." 실제로 사람들이 그녀의 기대대로 전기를 더 사용한다면 투자자들이 "차입금만 없다면, 50퍼센트의 수익을 얻을 수 있다"는 게 그녀의 설명이다.

2015년 포인덱스터는 인도계 미국인으로 재생가능에너지 스타트업 썬에디슨SunEdison에서 일하던 동료 조 필립Joe Philp과 함께 소액의 자금을 모았다. 그리고 쿠마시 지역에서 블랙스타 에너지(Black Star Energy, 가나 국기를 보고 지은 이름이다)라는 상표로 첫 사업을 시작했다. 그 어떤 것도 쉽지 않았다. 예를 들어, 미국식 스마트 계량기는 개당 50달러로 너무 비쌌다. 그래서 필립과 그의 팀이 아마존에서 칩을 주문해 개당 1달러짜리를 직접 만들었다.

블랙스타의 본사가 위치한 쿠마시는 가나의 다른 곳과 마찬가지로 사무실에서 일하기가 거의 불가능할 정도로 전력망이 매우 불안정한 상황이었다. 필립의 말에 따르면 "24시간 전기가 들어왔다가 12시간 나간다. 숙소인 아파트에 돌아올 때마다 꺼져 있을 때가 있다." 물론 이런 상황은 포인덱스터에게 자신의 잠재 고객의 생활이 어떨지 상기시켜 주고 오히려 결의를 더 다지게 하는 계기가 됐다. "불이 없어 항상 서두르게 돼요. 어두워지기 전에 저녁식사를 마쳐야 해서 현장에서 집까지 급히 가야 해요. 전기가 들어오는 12시간 동안에 모든 일들을 해야만 하는 거죠." 포인덱스터의 말이었다. 이렇게 서두른 결과로 그들은 첫 지역에 전선을 연결했다.

이제 우리가 탄 차는 그 첫 번째로 전선이 연결된 마을 중 하나인 코피히크롬Kofihikrom에 덜컹거리며 멈췄다. 차 밖으로 나와서 울타리 안에 줄지어 세워진 작은 태양광 패널을 살펴보고 그 지역에서 가장 눈에 띄는 건물로 들어 갔다.

시멘트 블록으로 된 병원이었는데 벽에는 넬슨 만델라가 결핵에 대해 이야기하고 있는 커다란 포스터가 붙어 있었다. 병원 책임자와 악수를 했다. 그가 말했다. "항상 다른 지역에 있는 다른 마을에 백신을 보관해야만 했어요. 냉장고가 없었기 때문이죠. 이제 사람들을 위해 아이스팩까지 만들 수 있어요. 처음 여기 왔을 때는 환자를 보기 위해 손전등을 사용했고, 그러면 안 되는 것이었는데 애를 낳을 때도 손전등을 사용했어요. 머리에 두르는 게 아니라 손전등을 입에 물고 환자를 본 거죠. 이제는 야간 진료도 합니다." 전에는 간호사를 구하기도 어려웠다고 했다. "사람들이 여기서 일하고 싶어하지 않았어요. 그런데 새 간호사가 일하기 전에 염탐하러 와서 전기가 있는 걸 보고 '오케이'라고 말하더군요."

몇 발자국 떨어진 곳에서는 카카오를 스크린 위에 말리고 있었다. 우리가 도착했을 때는 막 4월 추수기였다. 아주 가난한 동네였다. 포인덱스터는 가구당 평균 수입이 하루에 약 3달러이고 평균 5명의 식구가 있다고 추정했다. 따라서 이 마을의 전기는 그저 조명을 위해서라기보다 공급망을 더 멀리까지 확대하는 데 필수적이었다. "전 정말 초콜릿을 좋아해요. 얼마 전 암스테르담 공항에서 1파운드(453g)에 18불을 주고 샀어요. 그리고 봉투 뒤에 가격을 보다가 내 고객인 여기 농부들은 기껏해야 1파운드에 1센트를 번다는 게 생각났어요. 만약 그들이 직접 걸러내는 일과 구워내는 일을 한다면 언젠가는 파운드당 1달러는 벌지 않겠어요? 그 다음엔 카카오 안의 물 대신 카카오 닙스를 만들어 배송하는 거예요."

이 새롭게 전기화된 마을들을 돌아다니면서 20세기가 왜 그렇게 대단했는지 꽤 이해되기도 했다. 그곳에 연착한 20세기를 보면서 시골 전역에서 전기화가 진행되던 1930년대 미국이나 1990년대 중국의 상황이 느껴졌다. 하지만 전기가 공해 없이 왔다는 것은 기분 좋은 반전이다. 가나의 시골마을 공동체들은 가장 오래되고 가장 싼 기술을 구한 게 아니다. 그들은 가장 최신이면서도 가장 싼 기술로 전기를 이용하고 있다. 새것이면서도 싸기 때문에 하루에 3달러밖에 못 버는 가족이 살 여유가 있었던 것이다. 그리고 이것은 원조가 아니라 사업이다.

포인덱스터의 고객을 만나보면 고마워하지만 비굴함은 없다. 그녀도 상냥했지만 감상적이지 않았다. 그들은 냉장고를 신용으로 살 수 있는지, 가로등이 가능한지, 또 다른 가전제품에 대해서도 물어봤다. 러다이트*가 보이지는 않았지만 그렇다고 몽상가도 없었다. 포인덱스터는 이렇게 말했다.

"나는 사회주의자가 아니에요. 사람들이 그런 식으로 연결시켜 생각하지도 않고요. 하지만 뭔가를 뽑아내는 자본주의는 갈 데까지 갔다고

* Luddite, 영국에서 산업혁명이 초래할 실업 위험에 반대해 일어난 기계 파괴 운동.

생각해요."

사람들은 어떻게 연결되어 있을까? 어디가 최고의 상황이고, 균형이고, 적정 규모일까? 포인덱스터는 다음과 같이 말했다. "처음 가나에 왔을 때 많은 것을 확신했어요. 여기가 공동사회였다는 게 좋았죠. 그래서 한 마을에 한 개의 계량기를 달 수 있다고 생각했어요. 하지만 모두가 반대했죠. '그렇게는 안 된다. 누가 가장 전기를 많이 썼는지 싸울 것이다'라고 했죠. 그래서 개별 계량기를 설치했어요." 여기서 아인 랜드에게 1점을 주자.

하지만 포인덱스터의 시스템은 공동체에 바탕을 두고 있다. "100가구가 있는 마을이라면 진행하기에 앞서 60가구의 서명이 필요해요. 모든 개인들이 그것을 원하는지 여부를 선택하게 하는 거예요. 하지만 일단 결정되면 공동체로서 함께 일해야만 해요. 우리는 맨 처음 부족장을 만나고, 부족장이나 혹은 어머니회와 양해각서(MOU)를 주고받았어요. 우리는 공공사업이고, 단위는 공동체가 되는 거죠."

이것은 또한 공동체를 변화시킨다. 일부가 더 나아지면, 틀림없이 일부는 악화될 것이다. 코트디부아르에서 만난 한 농부는 새로운 전기로 생활이 많이 나아졌다고 말했다. "옛날에는 밖에 나가 이야기를 많이 나눴다. 이제는 모든 집에 TV가 있다. 그러다 보니 사람들이 안에만 있다." 이것은 안타깝게도 《아틀라스》를 향한 슬픈 첫걸음처럼 들렸다. 하지만 사람들은 이것을 스스로 생각할 권리가 있다.

나는 가나 다반 마을의 부족장 옆에 앉아 찬물을 홀짝이며 그가 전기 출현에 대해 말하는 것을 경청했다. "3일째 되는 날, 전기가 들어왔네.

젊은이들이 다 시내로 나가 음향기기를 사왔지. 그리고 밤새 음악을 틀었어. 저기 저 노인네도 음악을 어찌나 틀어대던지.”

23장

내내 여백으로 두었던 지점으로 돌아가 보자. 휴먼 게임은 팀 스포츠다.

적어도 나에게는 그렇게 보인다. 대신 반정부 보수주의자들이 옳고 개인이 정말로 모두 중요하고 '사회라는 게 없다'면, 우리는 가망이 없다. 기후 변화에 맞서 실질적인 공동의 노력을 기울일 수가 없는 것이다. 실리콘 밸리에서 최신의 발명품이 출시될 때는 그냥 서서 입을 떡 벌린 채 지켜봐야 할 것이다.

하지만 확신하건대 그들은 틀렸다. 인간 프로젝트는 오랫동안 집단적 노력이었다. 인간은 큰 두뇌를 가지고 태어나지만 그 뇌는 충분히 발달되지 않았고 연약하다. 인간은 종족과 무리, 씨족, 공동체 안에서 성인으로 성장했다. 사냥도 무리를 지어 함께 했다. 다양한 언어로 이런저런 이야기를 나누면서 서로를 알아갔다. 그래서 인간이라는 동물에 대해 배운 모든 것이 이제는 MRI에 사람을 넣거나 호르몬을 분석하기도 하지만 여전히 사바나savanna의 바닥에 앉아 서로의 털에서 이를 잡아 주던 먼 옛날의 생명체와 그렇게 많이 다르지 않다는 생각이 든다.

2018년 미국 질병관리센터(CDC)는 깜짝 놀랄 만한 미국의 자살 통계를 공개했다. 1999년 이후 "대부분의 인종과 연령대"에서 자살이 25퍼센트나 증가한 것이다.[1] 믿기 어려운 수치였고, 그래서 처음에는 설명하기도 어려웠다. 같은 기간 훨씬 많은 수의 사람들이 우울증과 불안감을 치료받았다. 노스다코타 주립대의 행동과학자 클레이 루틀리지 Clay Routledge는 그곳의 자살률이 어느 주보다도 높은 58퍼센트나 올랐다는 것을 알았다. 그는 최근 인간은 음식과 피난처는 물론 '의미와 목적'도 필요로 한다고 썼다.

이것은 인간 스스로가 쉽사리 만들 수 없는 것으로 "심리학 문헌은 다른 사람과의 친밀한 관계가 우리의 가장 큰 실존적 자원이라고 말한다." 하지만 고작 우리는 인생의 후반기에 가족이 형성되는 세상에 살고 있다. 한때 우리를 하나로 묶은 종교기관도 이제는 시들기 시작했다. 또 TV나 스마트폰에 묶여 사는 사람들은 "이웃들을 알거나 서로 교류할 가능성이 더 적다." 꺼림칙한 나쁜 뉴스가 있다. "많은 연구에 따르면 강한 소속감을 느끼는 사람들이 더 많아질수록 인생을 더 의미있게 여긴다".[2] 여기서의 의미는 그들이 계속해서 살 수 있을 만큼 충분히 의미가 있다는 말이다.

이런 현대사회의 고민 중 일부는 정치변화에 따른 것일 수도 있다. 스칸디나비아 국가들의 경우는 탁아를 제공해서 쉽게 부모가 되게 하고 시민들이 더 큰 가족을 형성하게 한다. 그렇다면, 진보주의자들이 단지 사람들이 모이는 장소를 제공한다는 이유만으로 교회를 경멸하는 것이라면 이제는 덜 해도 될 듯하다. 사회가 실제로 중요한지에 대한 기본적인 질문에서는 좌우를 초월한다.

그러나 사회는 정치를 초월하지 않는다. 현재 우리 세계를 움직이는 것은 반정부를 추구하는 세력이다. 옆 탁자에 《파운틴헤드》를 계속 두고 있는 모든 각료들, 코크 형제와 함께 정치 방향을 계산하는 억만장자들, 자신의 다음 발명품에 아무 걸림돌이 없기를 바라는 실리콘 밸리의 거물들이 이에 해당한다. 이들은 사회라는 개념을 어느 정도의 수준에서 혐오하는 사람들이고, 대중교통에 반대하는 캠페인을 조직하는 사람들이고, 공립학교와 국립공원을 해체하려고 애쓰는 사람들이고, 본능적으로 문이 달린 소수의 주거지로 향하는 사람들이다. 이들의 지배가 영원히 지속될 것이라고는 생각하지 않는다. 하지만 이미 말했듯이 이들은 현재 휴먼 게임을 끝내기에 충분한 힘과 야만적인 레버리지를 소유하고 있다. 확실히 이들은 최선을 다하고 있다. 선거구를 자기 당에 유리하게 변경하고, 투표를 억누르고, 인종을 차별하고, 정치에 냉소주의를 만들고, 기후 변화 같은 이슈에 혼란을 주기 위해 끊임없이 노력한다. 이것은 사회를 약화시켜 사회에서 가장 지배적인 개인들에게 영향력을 행사하지 못하게 하려는 것에 불과하다. 여론조사는 "이제 가난한 사람들이 민주주의의 가장 강력한 팬이다. 부자들은 민주주의에 가장 큰 회의론자들이다"라는 것을 보여준다.[3]

달리 말하면, 일부 힘이 센 사람들이 로봇을 좋아하는 이유 중 하나는 정확히 로봇에게는 인간처럼 연대하려는 충동이 없기 때문이다. 로봇은 자신들을 양육할 사회도 필요 없다. 그리고 완벽하게 냉정하다. 트럼프의 첫 노동부 장관 후보자였던 앤디 퍼즈더Andy Puzder는 "자유시간의 상당 부분을" 아인 랜드의 책을 읽는데 할애했다. 그의 본업은 하디스Hardee's와 칼스 주니어Carl's Jr.의 패스트 푸드 왕국의 경영이었다. 그리고 그 역할을 하면서 최저 임금 인상에 격렬히 반대했다. 그는 시간당 15달러를 원하는 사람이라면 "자신이 무엇을 하고 있는지 진지하게 생각해 봐야 한다"고 말했다. 그 대신 그는 미래에 자신의 체인을 훨씬 더 자동화하는 것을 갈망했다. 로봇은 "항상 공손하고, 항상 고객에게 고가의 상품을 사게 하고, 절대 휴가를 안 가고, 절대 지각하지 않고, 절대 미끄러져 넘어지거나 나이 들지 않고, 연애나 인종 차별 사건도 일으키지 않기" 때문이다.[4]

또 다른 것은 비폭력 운동이 로봇에게 전혀 영향을 끼치지 않을 것이라는 점이다. 로봇의 시각에서 몽고메리 버스 보이콧*은 비논리적인 운동이다. AI가 게리 카스파로프**를 이길 수는 있다. 하지만 콜린 캐퍼닉*** 앞에서는 상황을 이해 못하고 눈만 깜박일 것이다. 인류 연대와 동지애에의 호소도 자각이 없는 존재 앞에서는 힘을 발휘하지 못한다. 그러므로 시작할 거라면 빨리 시작하는 게 최고다.

---

* Montgomery Bus Boycott, 1955-1956년에 미국 앨라배마주 몽고메리에서 흑인 여성이 '시내버스에서의 흑백분리'를 위반해 체포되면서 흑인차별 철폐를 요구한 운동.

** Gary Kasparov, 1997년에 IBM 딥 블루에게 패배한 체스 세계 챔피언.

*** Colin Kaeperick, 전 NFL 쿼터백으로 비무장 흑인 피살 사건에 항의해 국가 연주시 무릎을 꿇음. 이후 어느 구단과도 계약을 체결하지 못함.

현실에 기반을 두고

1969년 7월, 8살이 되어 싹트기 시작한 나의 외부 세계관은 거의 시작부터가 더 큰 우주가 포함됐다. 나는 아폴로 11호가 발사되기 몇 시간 전부터 일주일 후 임무가 완성될 때까지 줄곧 지켜봤다. TV를 끈 것은 가끔 한차례씩 부모님이 강제로 자게 할 때와 뒤뜰로 놀러갈 때뿐이었다. 거기서도 달을 뚫어지게 쳐다보며 감탄했다. NASA에서 사용하는 축약어를 전부 암기하기도 했다. LEM은 '달 탐사선lunar excursion module을 뜻하고, EVA는 선외활동extravehicular activity를 뜻하는데' 즉 다른 천체 위를 걷는 것이다. 카운트다운을 반복해서 큰 소리로 암송하기도 했다. "티 마이너스T-minus 12, 11, 10, 9, 점화 시퀀스sequence 시작, 6, 5, 4, 3, 2, 1, 0. 발사됐습니다. 아폴로 11호가 발사대를 벗어났습니다."

그리고 2018년 봄, 49년이 지나 우주왕복선 조립공장(VAB)의 지붕에 선 것은 마치 저 멀리 천진난만했을 때로 되돌아가는 여행 같았다. 당연히 VAB는 지구 행성에서 가장 큰 문이 있고 가장 큰 미국 국기가 그려져 있는 도심지역 외곽에 있는 가장 큰 빌딩 구조물이다. 동이 트기 한시간 전에 캐너버럴곶Cape Canaveral 덤불을 가로질러 엘론 머스크의 로켓이 국제 우주정거장을 향해 달려갈 준비를 하는 것을 지켜봤다. 드디어 그 순간이 왔고 언제나 내가 상상했던 그대로였다. 가스가 발산되면서 증기 구름이 생기고 엄청나게 밝은 불기둥이 분출됐다. 중력이 엔진의 힘에 굴복해 놀랍게도 천천히 로켓이 올라가기 전까지 잠시 동안 아무 일도 없는 것처럼 보였다. 드디어 우주발사체 팰컨 나인Falcon 9이 가속을 시작하면서 엄청나게 찢어지는 소리가 시야에 들어왔다. 더 빠르게 우주선이 옅은 색 하늘 속으로 올라갔고 구름 사이로 불꽃이 6분 동안 지속되다가 마침내 잔뜩 긴장된 눈에서 사라졌다.

그것은 여태까지 인간이 만든 가장 경탄할 만한 누구에게나 마음을 끄는 기술적 장관이었다. 심지어 아인 랜드도 그랬을 것이다. 그녀는 달 탐사의 시작을 자신의 잡지인 〈객관주의자〉에서 다루었다. 물론 정부가 그런 것에 자금 지원을 해서는 안 된다고 주장했지만 어쨌든 스스로 극복했다. "우리가 알몸의 본질에서 보았던 것은 실제로는 예술작품이 아니지만 인간의 위대함에 대한 구체화된 추상화였다. 이 일련의 순간을 위해 오랫동안 지속적으로 훈련하고 노력을 기울였다. 그래서 그 사람은 계속해서 성공을 거두었다." 그녀는 닐 암스트롱Neil Amstrong이 그 위대한 달 착륙 순간을 신에 대한 말로 망치지 않아서 더 좋았다고 썼다. "그 반대의 세력에 찬사를 보냄으로써 그의 업적이 지닌 합리성을 과소평가하지 않았다. 대신 사람에 대해 말했다. '그에게는 작은 한 걸음이었지만 인류에게는 거대한 도약이었다.' 그랬다."

랜드는 현재의 우주 프로그램을 훨씬 더 좋아했을 것이다. 하지만 트럼프 대통령은 국제 우주정거장에 대한 예산을 없앨 것을 제안했다. 그 기회를 잡은 기술 억만장자들이 미국이 우주에 가는 비용의 상당 부분을 내야만 할 것이라는 의미다. 지금, 그것이 머스크 회사의 스페이스 X다. 하지만 로켓 엔진의 불길은 제프 베조스의 우주개발업체인 블루 오리진Blue Origin의 거대한 격납고에 불을 비추고 있다. 다른 업체들도 있다. 마이크로소프트 공동 창업자인 고 폴 앨런Paul Allen의 6기통 엔진 우주 왕복선이 있고, 버진virgin그룹 창업자 리처드 브랜슨Richard Branson은 이미 승객과 위성을 우주로 나르는 버진 갤럭틱Virgin Galactic 우주선의 자리를 예약했다. 이제 누가 가장 큰 하늘을 나는 요트를 만들지 다들 혈안이 되어 있다. 호화 요트인 앨런의 414 옥토퍼스Octopus는 2개의 헬리콥터 이착륙장과 제트 스키 부두도 있어 아마 그 분야 선수권을 개최할지도 모른다. 실제로 우주여행을 위한 모든 노력에는 진심 어린 소년 같은 어떤 정서가 있는데, 지구상에서 노조를 깨부수는 것보다 훨씬 호감이 가는 정서이기도 하다. 최근 베조스가 말했다. "내가 80살이 되어 인생을 돌아보고 우주에 대한 접근을 저렴하고 부담없이 해준 저 들어올리기도 힘든 기반시설을 내가 했다고 말할 수 있다면 정말 행복한 80살일 것이다."[1]

왜 우주로 갈까?

"그렇게 하면 다음 세대들이 내가 인터넷에서 찾은 것 같은 폭발적인 사업기회를 누릴 수 있다"는 게 베조스의 말이었다. 갈색과 노란색의 UPS 셔틀이 토성 고리에 프린터 카트리지를 배달하는 마법같은 비전도 말했다.[2] (올해도 보다폰Vodafone과 노키아가 달에 휴대전화 통신망을 구축할 계획이다.)[3]

그렇지 않다면 난파된 지구행성에서 탈출하는 것일 수 있다. 2016년 11월 스티븐 호킹박사가 청중들에게 말했다. "공간은 넓히는 것이 우리 자신에게서 우리를 구하는 유일한 것이 될 수도 있다." 그리고 지구를 뜨는 1,000년의 시간표를 제시했다. 다음 해 5월에는 그 기한을 100년으로 줄였다. "지구가 너무도 많은 영역에서 위협받고 있어 긍정적으로 되기가 어렵다"는 게 그의 말이었다.[4]

그렇지 않고 가장 매력적인 것을 본다면, 일단 우주로 가기 때문에 혼자가 된다. 자유주의자들의 최고의 낙원이다. 앞의 선지자들은 그 어느 것도 놓치지 않았다. 물리학자 프리먼 다이슨Freeman Dyson을 주목해 보자. 그는 1950년대 후반 프린스턴 고등연구소를 떠나 1년간 일련의 핵폭발로 구동되는 토성탐사 로켓 개발을 도왔다. 이 계획은 1963년에 핵실험금지가 채택되면서 중단됐다. 하지만 다이슨은 계속 우주개발의 열렬한 지지자로 남는데, 그 이유는 2017년 그가 말했듯이 "법과 조약, 집행관과 세금 징수원들과 함께한" 우주의 작은 땅을 탈출해 "어떠한 관료적 권위도 효력을 잃는 통제할 수 없는 쭉 뻗은 거대한 황야"에서 방황하고 싶다고 말했다.[5] 우주에서는 그 누구도 세금을 내라고 하지 않는다.

하지만 이런 일은 아주 조금만 실제로 일어날 것이다. 우주가 작동하는 방식이 아니기 때문이다. 궁극적으로는 지구의 기후 변화와 똑같이 물리학과 생물학이 지배한다. 그렇다. 지나가는 소행성에서 희귀한 광물을 채굴하는 것은 가능할 것이다. 아니면 무중력 상태에서 생산하는 것이라든가 심지어 화성에 머스크의 식민지를 세울 수도 있을 것이다. 하지만, 이런 일은 행성을 지배하는 지금의 추세를 바꿀 것 같지 않은 작은 성과다. 우주생활에 대해 알고 있는 모든 지식들이 두 번째 기회는 없을 것이라는 점을 분명히 하고 있다.

우선 한 가지 이유는 우주 비행이 인간에게 너무 힘들다는 것이다. 현재는 소수의 사람들이 궤도에서 1년을 보내고 있는데, 분명한 것은 그 피해가 안구 모양의 변형부터 DNA의 안정성에 이르기까지 모든 것에서 일어나고 있다는 사실이다. 머스크가 화성에 대한 야망을 발표하고 얼마 지나지 않았을 때다. 찰스 볼포드Charles Wohlforth와 아만다 헨드릭스Amanda Hendrix는 우주로 떠나는 비행만으로도 우주인을 받아들이기 힘든 위험으로 몰아넣는다고 지적했다. 별에서 쏟아지는 엄청난 양의 우주 방사선 때문에 우주 비행사고의 위험보다 암 발생 위험이 더 클 것이기 때문이다. 이 방사선에 노출된 쥐들은 암이 걸리지 않더라도 '뇌 손상과 인지력 상실'이 발생했다.

지구에서는 대기 중의 수증기가 우리를 보호해 준다. "2입방미터 정도의 물이 있어야 방사선을 절반 정도 걸러낸다. 그리고 1입방미터는 무게가 1,000 킬로그램이나 나간다. 우주선을 보호하기에 충분한 물을 싣고 가는 것은 현재의 능력을 훨씬 뛰어넘는다." 우주 방사선에 그치지 않는다. 2014년 미국국립과학원의 보고서는 화성 임무 수행에 건강 위험을 9개나 열거했다. 여기에는 방사선에 따른 심장 손상, 음식과 의료 불안정, 정신건강의 악화가 포함됐는데, 모두가 "용인될 수 없는 수준"

에 있는 것들이다.[6]

또 하나는 우주가 끝없이 방대하다는 것이다. 태양계에 가장 가까운 행성계인 알파 센타우리Alpha Centauri도 4.37 광년이나 떨어져 있다. 우리가 지금까지 우주에 쏴 올린 것 중 가장 **빠른** 헬리오스 투(Helios 2) 무인 우주탐사선은 총알보다 100배나 **빠르지**만 거기까지 도달하는데 1만 9천년이 걸린다. 이걸 감안하면 거의 가기 불가능할 정도로 먼 거리다. 머지않아 연료가 떨어지고 동면상태가 시작될 것이다. NASA의 행성 사냥 케플러Kepler 위성은 과학자들이 트라피스트Trappist라는 별명을 붙인 생경한 태양계를 찾아냈다. 여기서는 냉각 왜성(난쟁이별) 둘레를 7개의 지구 크기만 한 위성이 궤도를 따라 돈다. 그중 3개는 생물체를 주고 지원할 수도 있는 거리에 있다. 아마 우리가 사는 세계에 가장 근접한 후보일 가능성이 있다. 하지만 그것도 39광년이나 떨어져 있다. 즉, 헬리오스가 가는데 약 18만 년이 걸린다. 생각한 바로는 인간 문명이 존재한 기간보다 18배가 더 길다. 모든 공상과학이 웜홀*과 불가해한 워프 항법**으로 가득 찬 이유다. 또 책 속에서 우주의 기본적인 물리학을 극복하는 방법이다.

기껏해야 트랜스휴먼***을 대기를 가로질러 보낼 수 있다. 사실 일부 AI의 열광적 지지자들은 바로 그런 일이 일어날 것이라고 상상하면서 우주여행이 가능하게 "유전적이고 (혹은) 수술적인 변형을"탐구해야 한

---

* worm hole, 블랙홀과 화이트홀을 연결하는 우주 시공간의 구멍으로 블랙홀이 회전할 때 만들어짐.
** warp drive, 공간을 일그러뜨려 4차원으로 만든 후 두 점 사이의 거리를 단축해 광속보다 빨리 이동하는 것.
*** transhuman, 몸 안에 전자칩과 같은 기계장치를 삽입해 타고난 신체기능을 업그레이드한 사람.

다고 주장한다.[7] 혹은 간단히 로봇을 보내는 것이 더 그럴 듯하다고 말한다.

러시아의 기술 선구자 유리 밀너(Yuri Milner: 그의 부모가 최초의 우주인인 유리 가가린Yuri Gagarin을 따라 지은 이름임)는 실리콘 밸리의 대들보다. 무엇보다 유전자 시험회사 23앤미의 투자자이다.(트럼프 딸 이방카의 남편 재러드 쿠슈너Jared Kushner가 하는 부동산 벤처의 파트너라는 것은 말할 것도 없다.) 2017년, 그는 1억 달러를 들여 거대한 우주 항해와 함께 1,000억 와트의 레이저를 발사해 종이보다도 가벼운 로봇을 알파 센타우리에 보내는 계획을 발표했다. 제대로만 된다면 그 깃털처럼 가벼운 탐사선이 알파 센타우리에 가는 데는 단 20년이 걸린다.

사실 캐너버럴곶에서 내가 발사를 지켜본 바로 그 우주 비행이 최초의 인공지능을 우주로 나르고 있었다. 그 구체orb는 CIMON(Crew Interactive Mobile CompaniON:승무원 상호작용 유동 동반자)이라 불렀는데 IBM이 TV 퀴즈쇼 제파디Jeopardy!에서 우승하고 세계 최고의 바둑 기사를 이길 때 사용한 똑같은 왓슨Watson AI 기어를 갖추고 있었다. CIMON 은 원래 iMac과 아주 비슷해 보이는데 무중력 상태에서 우주 정거장 주변을 떠다니다 호출을 받으면 작은 팬을 이용해 캡슐을 가로질러 날아가 우주 비행사를 마주본다. 그러면 우주 비행사가 다양한 기술적 질문을 하는 것이다. 이륙 전에 에어버스Airbus사에서 그것을 개발한 명랑하고 쾌활한 게르만족 특유의 남자 팀이 그것이 어떻게 '파트너십, 심지어 우정'을 제공하는지, 어떻게 '무한한 인내심'을 보이는지, 어떻게 '같이 일하는 좋은 친구, 단짝'이 될 수 있는지 등에 관해 상세하게 이야기를 했다.

기술자들이 CIMON을 식당으로 데리고 갔다. 그에게 질문을 하면 등에 있는 팬(fan)이 위아래로 까딱이며 응답하는 것을 도와준다. 그들은 CIMON이 성격유형 검사인 마이어스 브릭스 유형Myers-Briggs Type 척도에서 ISTJ* 성격을 띠게 했다. 즉, 아주 논리적이게 만든 것이다. "최초로 AI를 우주로 쏴 올리는 것보다 더 흥미로운 일은 없다고 생각한다." 그 기술자 중 한 사람이 말했다. "그것보다 더 냉철한 것은 없다." 특히 CIMON이 궁극적으로는 동승한 승무원을 감시하고, "작은 팀에서 오랜 기간 발생하고 장기간 임무 수행기간 동안 일어날 수 있는 집단 효과"[8]를 조사하게 훈련받았다는 것을 감안하면 더 그렇다.

사람들을 달에 보내는 것은 믿기지 않을 정도로 힘들다. 그리고 달은 40만 킬로미터 정도나 떨어져 있다. 하지만 우리가 **8,000만 킬로미터**에 있는 화성에 갔다고 해보자. 그 다음은? 살아남기 위해 지하로 들어가야만 한다. 하지만, 어떤 목적으로? **지구에서도 원하면 지하로 갈 수 있다.** 건설 자재를 트럭으로 실어나르면서 지구에 '생물권'**을 구축하기 위해 수십 억 달러를 들인 시도는 절망적인 실패로 끝났다. 킴 스탠리 로빈슨Kim Stanley Robinson은 화성의 식민지화에 관한 위대한 소설을 썼는데 25년까지 거슬러 올라가는 3부작이다. 이제 저자는 모든 것

---

* 내향(I), 감각(S), 사고(T), 판단(J)의 성향을 가지는 유형.

** biosphere, 생물이 살 수 있는 지구 표면과 대기권

이 실수가 될 것이라고 생각한다. "그것이 도덕적 해이"를 만들어 낸다는 게 그의 말이다. 사람들은 지구가 엉망이 되면 "언제라도 화성이나 다른 별로 갈 수 있다고 생각한다. 그게 제일 치명적이다."[9]

사실 그보다 더 심각하다. 이것이 우리가 이미 거주하고 있는 지구의 거의 참을 수 없는 아름다움에서 눈길을 다른 데로 돌리게 한다. 좀 더 최근의 소설 《오로라Aurora》에서는 로빈슨이 지구에서부터 행성을 식민지화하려는 미션을 내가 이미 설명한 거리 문제와 인간의 약점 등 온갖 이유로 실패한 것을 그리고 있다. 일부 식민지 주민들은 실제 지구로 귀환하게 했다. 그리고 우주선에서 태어난 프레야Freya라는 여성은 결국 기후 변화로 높아진 수면 때문에 파괴된 해변을 재구축하는데 일생을 보낸다. 책의 말미에 가서 그녀는 이 지구 바다에서 첫 수영을 하게 된다. "등에는 태양이 내리쬐고 젖은 머리카락이 매력적이다. 모든 것이 섬광을 발하면서 반짝반짝 빛나고 눈이 너무 부셔 뜰 수가 없을 지경이다. 부서지는 파도가 물가로 밀려와 멈추면서 거품 라인을 남긴다." 발밑에서 모래 소용돌이를 일으키면서 뿜어져 나온 물 때문에 그녀가 파도 속에서 무릎을 꿇는다. 폭삭 무너지는 금빛 알갱이로 V무늬를 만들고 있는 검은 얼룩이 바로 눈앞에서 새로운 삼각주를 만든다. "얼마나 멋진 세상인가. 프레야는 머리를 숙여 모래에 키스했다."[10]

이 듣기 좋은 엔딩이 내가 캐너버럴곶에서 생각한 것이었다. 발사 전날에는 공보 장교 그래그 할랜드Greg Harland와 주제 전문가(SME: Subject Matter Expert) 돈 댄커트Don Dankert와 함께 투어를 했다. 댄커트는 케네디 우주센터의 대서양쪽 해안선을 따라 있는 사구(모래 언덕) 재건 작업을 총괄했다. 사전에 지구 온난화 얘기는 꺼내지도 말라는 경고를 받았는데 뭐, 괜찮았다. 나도 그들을 흥분시키고 싶지 않았다. 아무튼 그럴 필요도 없었던 게 너무도 명백한 문제였기 때문이다. 우리는 작은 언덕에 올라가 제39발사 단지를 내려다 봤다. 거기에서 아폴로 우주선이 달로 떠났고 미래의 화성 우주여행이 시작될 가능성이 크다. 바다는 몇 백 미터 떨어져 있었다. 이곳 대서양 연안에서 로켓을 발사했다가 만약 뭔가 잘못되면 바다로 떨어진다는 점에서는 완벽한 입지였다. 하지만 이 제 수면이 상승하는 것을 감안하면 그렇게 완벽한 것이 아니게 됐다.

NASA는 새로운 세기가 좀 지났을 때부터 이에 대한 걱정을 시작했고 사구 취약성에 대비한 팀Dune Vulnerability Team을 구성했다. 2011년 허리케인 샌디는 이런 걱정을 극적으로 가속화시켰다. 샌디는 캐너버럴곶이 아니라 뉴욕을 강타했다. 하지만 수백 킬로미터가 떨어져 있었는데도 그 강력한 폭풍이 파도를 휘저어 사구 장벽을 뚫고 발사단지 바로 근처까지 뒤덮었다. "사구는 지난 수십년간 상대적으로 안정적이었다. 그런데 갑자기 사라졌다"고 플로리다 대학의 지질학자 존 재거John Jaeger가 말했다.

그래서 이 사구를 다시 구축한 것이다. 댄커트는 인근의 공군 기지에서 발굴한 수백만 평의 모래를 찾아내고 토종 관목 18만 개 중 마지막 것을 직접 심어 모래를 고정시켰다. 아직까지는 새 사구가 최근의 허리케인에도 거의 문제없이 역할을 잘 수행해줬다. 아마 남극의 빙산 덩어리 몇 개가 더 바다로 돌진하거나 더 큰 폭풍과 정면으로 부딪치지 않는 한 바깥 우주로 가는 우리의 탈출 경로는 안전할 것이다.

하지만 그 새로운 사구보다 더 인상적이었던 것은 자신들이 일하고 있는 자연풍경에 대한 두 사람의 순수한 애정이었다. 할랜드는 "케네디 우주센터는 메릿 아일랜드 야생동물보호지역이다. 산업 목적으로 사용되는 건 전체의 10퍼센트도 안 된다"라고 말했다.

댄커트도 거들었다. "해변을 보면 마치 1870년대의 플로리다 같다. 대서양 해안 중 가장 길게 뻗은 그 누구도 손대지 않은 지역이다. 야생 동물보호구역 한가운데서 사람들을 우주로 발사한다. 정말 놀라운 일이다."

그들은 그 지역에서 자신들이 가장 좋아하는 지역의 종에 대해 오랜 시간 얘기했다. 갈색 펠리컨이 해변 바로 앞 바다를 스치듯 지나갔다. 플로리다 어치, 땅 거북도 보였다. 사구를 다시 만들 때는 모든 거북을 하나하나 조심스럽게 양동이에 담아 이동시켰다고 한다. 마지막으로는 30분 가량 차를 타고 늪지대를 거쳐 우주센터본부 빌딩 부근의 연못으로 갔다. 단지 그 곳의 악어를 보기 위해서였다. 우리는 악어의 주둥이가 제방 근처 수면 위로 올라오는 것을 볼 수 있었다. 연못의 모든 코너에는 다음과 같은 표시판이 조심스럽게 놓여 있었다. 이 지역에는 본래 악어가 나타납니다. 일부러 비치한 애완동물이 아닙니다. 어떠한 이유로든 물 속으로 음식을 넣어주면 악어들이 사람에 익숙해지고 위험해질 가능성이 있습니다. 계속된 표지판은 그런 일이 발생하면 읽어야 하는 표지판이다. 만약 그렇게 되면 이곳에서 빼내 살처분해야만 합니다.

이 표지판의 뭔가가 나를 뭉클하게 했다. 연못에 독약을 푸는 것은 땅 거북을 불도저로 밀어버리는 것만큼 쉬울 것이다. 하지만 NASA는 그러지 않았다. 우리라는 존재에 대한 새로운 이해에 바탕을 둔 여러 애정 어린 법들 덕분이었다. 어떤 면에서는 자의식이 강했던 서구 최초의 환경주의자 존 뮤어John Muir는 1867년 루이지빌에서 멕시코만까지 약 1,600킬로미터를 걸어 플로리다를 횡단했다. 이 여행을 통해 그는 인간에 대한 그의 첫 이단적 사고를 형성하게 된다. 그의 일기장을 보자. "세상은 특히 사람을 위해 만들어졌다는 말들을 한다. 이는 모든 사실이 뒷받침되지 않는 주제넘은 추정이다. 수많은 부류의 사람들이 살아 있든 죽어 있든 간에 모든 것이 신의 것인 우주에서는 어떤 식으로든 자신들에게 유용한 것을 제시하거나 먹을 수 없다는 것을 알게 될 때마다 극도로 깜짝 놀라게 된다."

그가 말하는 잘못된 자기중심성의 증거는 악어였다. 늪 근처에 야영하면서 듣는 수많은 악어들의 으르렁거리는 소리는 분명 대부분의 사람들에게 공포를 일으킨다. 하지만 그렇더라도 악어는 경이로운 동물이다. 뮤어는 악어가 주변 경관에 완벽하게 적응된 놀랄 만한 생명체라고 생각했다. "집에서 봤을 때보다 이제야 악어에 대한 좋은 생각을 가지게 됐다." 그가 쓴 내용이다. 직접 그 생명체를 실제 표현하기도 했다. "더 오래전에 탄생한 거대한 파충류의 고결한 대표이시여, 오랫동안 백합과 골풀이 많은 곳에서 즐기시고 이제 한입거리로 테러에 찌든 사람들을 진미로 축복을 받으시기를."[11] 대부분의 사람은 뮤어처럼 그렇게까지 멀리 가지는 않는다. 대부분은 여섯 번째 홀의 워터 해저드water hazard 에서 부주의한 골퍼를 물어뜯은 악어에 대한 기사를 읽으면 흠칫 놀란다. 하지만 모든 창조물이 중요하다는 그의 기본적인 사상은 실질적인 전진을 이뤘다.

그날 저녁, 할랜드와 댄커트는 나에게 해변으로 가는 대강의 지도를 그려주었다. 거기서 동트기 전 로켓 발사까지 몇 시간을 기다릴 생각이었다. 이들은 해변에서 붉은바다거북이 알을 낳기 위해 육지에 올라오는 것을 발견할 확률이 높다고 말했다. 그래서 나는 패트릭 공군기지 북쪽과 브레바드 카운티 역사위원회(BCHC)가 세운 표지판 남쪽에 있는 모래사장에 누웠다. 그리고 거기서 1965년 〈내 사랑 지니〉*의 초기 장면에서 호리병으로부터 나와 연인이 될 우주 비행사를 맞이한 바바라 에덴Barbara Eden을 떠올렸다. (이 작품은 흑백으로 촬영된 마지막 시트콤이었고, 그녀는 나의 초기 지적 삶에 있어 주요 인물이었다.) 이 해변은 버려져 있어 보름달 아래서 거북이가 바다에서 나오는 걸 쉽게 볼 수 있는 곳이었다. 거북은 신중하게 느릿느릿 움직여 사구 인근의 지점으로 갔고, 그곳에서 힘차게 발로 구덩이를 판 다음 한 시간이나 걸려 알을 낳았다. 27미터 정도 떨어져 있었지만 파도의 속삭임 속에서 간간이 거북의 거친 숨소리가 들렸다. 그리고는 지난 1억2천만 년 동안 같은 종들이 해 오던 방식으로 낳은 알을 모래로 덮고 다시 바다로 돌아갔다.

인간이 거북의 삶을 더 힘들게 만들었다는 것은 부인할 수 없다. 어떤 곳에서는 바다거북을 먹는다. 더 많은 곳에서는 거북의 서식지가 침식당했다. 거북 알을 파내기 좋아하는 너구리와 여우 서식지가 해변가 도시에 조성됐기 때문이다. 엄청난 수의 거북이 잡히거나 새우잡이 과정에서 사고로 죽었다. 멕시코에서는 2018년 버려진 그물망 하나에 300마리

---

* I Dram of Jeannie, 램프요정과 우주비행사의 로맨스를 담은 인기 TV프로그램.

의 바다거북이 갇혀 죽은 게 발견됐다.[12

하지만 이제 사람들이 거북을 위한 해변을 확보하고 순찰대를 조직해서 둥지를 보호하고 있다. 어떤 곳에서는 둥지에 철로 된 새장을 설치해 너구리로부터 보호한다. 새우망에는 '거북 풀어주는 장치'를 의무화했다. 발사 단지를 따라 새롭게 만든 사구도 부분적으로 불빛을 막게 만들었는데 불빛이 거북이 바다에서 나와 둥지를 짓는 데 종종 혼란을 주기 때문이다. 그 결과 일부에서는 거북의 개체 수가 다시 늘기 시작했다. 이제 그들을 새롭게 위협하는 것은 당연히 높아지는 온도(모래 온도가 알의 성별을 결정한다)와 치솟는 산성뿐이다.

그 거북이 둥지에서 떠올렸던 두 가지 생각이다.

첫째는 우리가 정말 믿을 수 없을 정도로 아름다운 행성에 산다는 것이다. 우리는 종종 지구를 하나의 행성으로 생각하지 않는다. 대부분의 일상을 평평하고 따분한 땅바닥에서 보내고 비행기를 타더라도 영화 시청에 방해되지 않도록 창문을 닫는 경우가 많다. 하지만 70억이 사는 이 행성은 단지 도시와 시골뿐 아니라 산과 얼음 그리고 숲과 바다가 놀랍도록 조화롭게 모여 있다. 연중 내내 사람이 거주하는 세계에서는 가장 높은 티벳의 롱부크 사원에 간 적이 있다. 바위투성이의 사원 마당에서 에베레스트 꼭대기를 올려다봤다. 꼭대기가 너무 높아 제트 기류와 하얀 구름이 길게 펼쳐져 있었다. 남극 반도를 돌아다닌 적도 있다. 빙하가 굵고 낮게 으르렁거리는 소리를 내면서 쪼개지는 것을 직접 보았다.

아이슬랜드의 끝없는 용암원을 올라간 적도 있고 하와이 킬라우에아산 Kilauea에서 태평양으로 마그마가 쏟아지면서 내 눈앞에 새로운 땅이 탄생되는 것을 지켜본 적도 있다. 워싱턴주 레이니어산Mount Reinier의 꼭대기에서 증기가 뿜어져 나오는 것을 보고 언젠가 화산이 폭발하면 그곳에 오를 수 있을지가 궁금하기도 했다. 뒷마당에 엎드려 딱정벌레가 돌아다니는 것을 보고 잔디 줄기에 이슬이 매달린 것도 봤다. 펭귄, 고래도 보고 우리집 개와 뛰놀기도 했다.

우리는 이처럼 매력적인 지구라는 **행성**에 살고 있다. 그것은 여러 위험과 비용에도 불구하고 기를 쓰고 가려고 하는 다른 행성들보다 한없이 멋있다. 지구 표면 위에서 가장 사람이 살기 힘든 1평방미터, 즉 사하라 사막의 불모지나 히말라야의 노두 같은 곳도 화성이나 목성의 가장 매력적인 모퉁이보다 1,000배는 더 쾌적하다. 만약 어떤 이유에서건 그 사하라 사막을 녹색으로 바꾸기 원한다면 물만 조금 있으면 된다. 가장 높은 봉우리의 꼭대기에서도 숨을 쉴 수 있다. 모든 곳에 생명이 있다.

두 번째는 그 전체 생명체들 중에 가장 특이한 게 사람이라는 사실이다. **우리가 파괴할 수 있지만 파괴하지 않기로 결정할 수도 있기 때문이다.** 거북은 아주 장엄하게 자신의 할 일을 한다. 그것을 안 할 수는 없다. 비버가 댐을 만드는 것이나 벌이 꿀을 만들기를 잠시 쉬기로 결정할 수 없는 것처럼 말이다. 하지만 만약 새에게 주어진 특별한 재능이 날아다니는 것이라면, 인간의 재능은 자제할 줄 안다는 것이다. 인간은 할 수 있는 능력으로 뭔가를 하지 **않을** 것을 결정할 수 있는 유일한 생명체다. 비록 너무 드물게 행사하고 있지만 그것이 우리가 가진 초능력이다.

그렇다. 우리는 지금까지 알고 있는 지구를 파괴할 수 있다. 엄청난 수의 인간을 죽이고 다른 생명체 전체를 전멸시킬 수 있다. 사실 이 책에서 살펴 본 것처럼 우리는 지금 바로 그런 일을 하고 있다. 하지만 우리는 그렇게 하지 **않을** 수도 있다. 대신 이 책에서 내가 설명한 그 모든 지붕 꼭대기에 태양광 패널을 얹을 수 있다. 그렇게만 한다면 우리는 다른 방향으로 갈 수도 있을 것이다. 우리는 아이들을 설계할 수 있다. 지금은 최소한 조금이고 미래에는 의심의 여지없이 더 많아질 수 있지만, 우리는 하지 않기로 결정할 수 있다. 우리는 인간을 더욱 더 똑똑해지는 로봇 형태로 대체할 수도 있다. 또 의식을 디지털 방식으로 보존하여 우리 자신을 살리려 할 수도 있다. 그렇지 않고 각자가 특정 시간과 장소만을 영유하다 죽음을 우아하게 받아들일 수도 있다.

우리가 이런 선택을 할 것인지는 잘 모르겠다. 오히려 안하지 않을까 생각된다. 지금 우리는 이 모든 결정의 과정에서 흔들리고 있다. 그 사이에 휴먼 게임은 실제로 끝나가기 시작했다. 이것이 가차 없이 오르는 기온이 우리한테 말해주는 내용이다. 손바닥의 사각형(휴대폰)을 무표정하게 쳐다보며 보내는 시간이 점점 늘어난다는 사실도 그렇다. 그렇지만 우리는 그런 선택을 **할 수도** 있다. 권력을 가진 그 무모한 자들에게 맞설 수 있는 도구들이 있다. 그중 가장 중요한 게 비폭력이다. 또 가이드로 삼을 수 있는 인간 연대라는 기본적인 생각을 가지고 있다.

인간은 그야말로 뒤죽박죽의 생명체다. 종종 이기적이고, 근시안적인 경향이 있으며, 탐욕에 빠지기 쉽다. 인종차별과 민족주의가 기승을 부리는 트럼프의 시기에는 우리가 소멸되는 게 큰 손실이 아니라고 주장할 수 있다. 그러나 우리 대다수는 대부분의 경우 꽤 훌륭하다. 재미있고, 친절하다. 인간 연대의 또 다른 이름은 사랑이다. 지금 그대로의 인간 세상을 생각할 때도 나를 압도하는 것은 사랑이다. 가난한 사람을 먹이고 헐벗은 사람을 입히게 하는 게 인간의 사랑이다. 서로 함께 바다거북, 바다 얼음, 그리고 우리 주위에 있는 모든 좋은 것을 보호하는 게 사랑이다. 우리 각자에게 인간이 지구상에서 가장 중요한 게 아니라는 것을 알게 하는 게 사랑이고, 또 이것을 받아들이도록 하는 게 사랑이다. 불완전하더라도 세상 속으로 온 것을 환영하고 죽을 때도 함께하는 게 사랑이다.

특히 그 황혼에서조차 휴먼 게임은 우아하고 매력적이다.

이 책을 재능 있던 활동가이자 친구였던 코레티 티유말루에게 바친다. 코레티는 너무나도 일찍 2017년에 세상을 떠났다. 그녀의 어린 아들 빌리아무Viliamu가 자라면서 자신의 엄마가 기후 투쟁에서 얼마나 중요했는지 알기 바란다. 더 넓게는 지난 수년 간 함께 일할 기회가 있었던 모든 기후 활동가에게도 바친다. 이들의 자발적 투쟁이 나에게 얼마나 중요했는지 말로 다 표현할 수가 없다. 이들 모두는 이것이 오래된 역경에 맞서는 싸움이고 승리가 보장된 것도 아니라는 점을 잘 인식하고 있다. 사실 최소한 더러는 패배할 것이 확실하다. 그럼에도 이들은 창의성과 열정과 사랑으로 굴하지 않고 계속하고 있다. 물론 나는 가장 많은 시간을 350.org의 동료들과 보냈다. 이 단체를 출범시킨 젊은이들이 완전한 성년으로 자라는 걸 지켜보는 것은 엄청난 특권이다. 결혼과 아기 탄생 발표는 매년 내 달력에서 가장 기쁜 날이다. 사랑하고 존경하는 사람들과 일을 한다는 것은 대단한 특권이다. 나의 에이스 동료 바네사 아카라Vanessa Arcar는 매일같이 내가 계속 정진하게 해준다.

나오미 클라인, 제인 메이어, 리베카 솔닛Rebecca Solnit은 이 책의 초고를 읽어주었다. 모두가 내가 몇 년에 걸쳐 생각을 구체화하는 데 중요한 역할을 했다. 그리고 세상은 그들의 보도와 글에 정말 감사하지 않으면 안 된다. 마시 다노브스키 역시 날카로운 눈으로 유전공학에 관한 내용들을 봐줬다. 정말 감사하다. 마시와 그녀의 동료 리치 헤이스Rich Hayes는 15년 전 내가 인간 유전공학에 관한 책《이너프》을 쓸 때도 광범위한 도움을 줬다. 이 책에서는 내 자신의 흔적을 몇 번이나 넘나들었다. 그리고 시종 다른 사람들의 작업에 많이 기댔다. 〈뉴요커〉 기자 테드 프렌드Tad Friend와 라피 카차두리안Raffi Khatchadourian은 실리콘 밸리에 관한 최고의 보도를 제공해줬다. 딕 러셀Dick Russell은 석유 회사들의 일련의 사건과 그들이 기후 활동을 막기 위해 했던 싸움을 연대순으로 기록하는 걸 도와줬다. 앤 헬러와 제니퍼 번스는 매우 유용한 아인 랜드의 전기를 만들었다. 이제 출판물뿐만 아니라 웹상에서도 기후 리포터들의 최고의 커뮤니티가 구성돼 있다. 이 때문에 30년 전보다 훨씬 덜 외롭게 느껴진다. 특히 몇 년 동안 지속적으로 나오는 〈가디언〉과 〈뉴욕타임스〉의 기후 보도는 너무나 특출하다. 억년(지질학에서 100억년)을 넘나드는 피터 브래넌, 엘코 롤잉Eelco Rohling, 엘리자베스 콜버트의 지질학 보도는 시간상 이 특정 순간에 대한 나의 이해를 넓혀 주었다.

〈뉴요커〉는 이 책을 발췌하고, 애리조나부터 아프리카, 또 호주에서의 많은 보도를 지원해서 이 책에서 마무리 될 수 있게 해 주었다. 에밀리 스톡스Emily Stokes의 훌륭한 편집에 감사한다. 사실 확인을 담당한 팀원들과 교열 담당자 그리고 무엇보다도 데이비드 렘닉David Remnick에게 감사한다.

미들버리 칼리지의 동료들에게도 정말 감사한다. 특히 로리 패튼Laurie Patton, 난 켄크스-제이Nan Kenks-Jay, 자넷 와이즈만Janet Wiseman, 마이크 허시Mike Hussey, 그리고 존 이스햄Jon Isham에게 감사한다. 그리고 내가 긴장하도록 도와준 훌륭한 학생들에게도 감사한다. 버몬트의 우리 이웃은 특히 워렌과 베리 킹Warren and Barry King은 내 인생의 정말 중요한 일부다.

몇 년을 똑같은 출판사와 함께한 것은 행운이다. 폴 골롭Paul Golob, 매기 리차드Maggie Richards, 마리안 브라운Marian Brown, 캐롤라인 래이Carline Wray, 피오라 엘버스-티비츠Fiora Elbers-Tibbitts, 오스틴 프라이스Austin Price, 그리고 헨리 홀트henry Halt에 있는 그들의 동료는 항상 내 책을 훨씬 더 좋게 만들어줬다. 어떤 면에서는 이 책이《자연의 종말》에서 기인한 것이기 때문에 그 책이 성공하게 만들어준 두 분에게 다시 감사하고 싶다. 데이비드 로젠탈David Rosenthal과 아닉 라파지Annnik Lafarge다. 수십 년을 같은 에이전트와 일하고 있다. 글로리아 루미스Gloria Loomis는 나의 보호자이자 친구다. 이제는 그녀의 조수 줄리아 마스닉Julia Masnik도 역시 중요한 역할을 하고 있다.

사람들이 나에게 왜 계속 싸우느냐고 물을 때면, 내 분명한 답 하나는 딸 소피다. 딸의 엄마 수 핼펀Sue Halpern은 지구상 나의 위대한 절친이자 영원한 동반자이다.

참고문헌 및 미주

희망에 관한 단상

1. Steven Pinker, *Enlightenment Now: The Case for Reason, Science, Humanism, and Progress* (New York: Vintage, 2017), p. 262.

1부 게임 판의 크기

1장

1. Youtu.be/3UgGVKnelfY CertainTeed Roofing, "How Shingles Are Made," youtube.com

2. Yuval Noah Harari, *Homo Deus: A Brief History of Tomorrow* (New York: HarperCollins, 2017), p. 15.

3. Nicholas Kristof, "Good News, Despite What You've Heard," *New York Times,* July 1, 2017.

4. Yuval Noah Harari, *Sapiens: A Brief History of Humankind* (New York: Harper-Collins, 2015), p. 247.

5. Kaushik Basu, "The Global Economy in 2067," *Project Syndicate,* June 21, 2017.

6. "Scientists' Warning to Humanity 'Most Talked about Paper'" March 7, 2018, sciencedaily.com.

7. Nafeez Ahmed, "NASA-Funded Study: Industrial Civilization Headed for 'Irreversible Collapse'?" *Guardian,* March 14, 2014.

8. Baher Kamal, "Alert: Nature, on the Verge of Bankruptcy," September 12, 2017, ispnews.net.

9. Clive Hamilton, *Defiant Earth: The Fate of Humans in the Anthropocene* (Cambridge, UK: Polity Press, 2017), p. 42.

10. John Vidal, "From Africa's Baobabs to America's Pines: Our Ancient Trees Are Dying," *Huffington Post*, June 19, 2018.

11. Anne Barnard, "Climate Change Is Killing the Cedars of Lebanon," *New York Times*, July 18, 2018.

12. Damian Carrington, "Arctic Stronghold of World's Seeds Flooded After Permafrost Melts," *Guardian*, May 19, 2017.

13. William E. Rees, "Staving Off the Coming Global Collapse," TheTyee.ca, July 17, 2017.

14. Eelco Rohling, *The Oceans: A Deep History* (Princeton, NJ: Princeton University Press, 2017), p. 15.

15. Donella H. Meadows et al., *The Limits to Growth: A Report of the Club of*

Rome (New York: Universe Books, 1972), abstract.

16. "A Greener Bush," *The Economist*, February 13, 2003.

17. Peter U. Clark et al., "Consequences of Twenty-First-Century Policy for Multi-Millennial Climate and Sea-Level Change," *Nature Climate Change* 6, no. 4 (February 2016): 360–69.

18. Adam Gopnik, "The Illiberal Imagination," *The New Yorker*, March 20, 2017.

2장

1. Michael Safi, "Pollution Stops Play at Delhi Test Match as Bowlers Struggle to Breathe," *Guardian*, December 3, 2017.

2. Mehreen Zahra-Malik, "In Lahore, Smog Has Become a 'Fifth Season,'" *New York Times*, November 10, 2017.

3. Aniruddha Ghosal, "Landmark Study Lies Buried: How Delhi's Poisonous Air Is Damaging Its Children for Life," *Indian Express*, April 2, 2015.

4. Hilary Brueck, "Pollution Is Killing More People than Wars, Obesity, Smoking, and Malnutrition," *Business Insider*, October 24, 2017.

5. Institute for Governance and Sustainable Development, "Climate Change Could Kill More than 100 Million People by 2030," http://www.igsd.org/climate-change-could-kill-more-than-100-million-people-by-2030/

6. Joe Romm, "Earth's Rate of Global Warming Is 400,000 Hiroshima Bombs a Day," thinkprogress.org, December 22, 2013.

7. Rohling, *The Oceans*, p. 106.

8. Ibid., p. 107.

9. Justin Gillis, "Carbon in Atmosphere Is Rising, Even as Emissions Stabilize," *New York Times*, June 26, 2017.

10. Eric Holthaus, "Antarctic Melt Holds Coastal Cities Hostage. Here's the Way Out," grist.org, June 13, 2018.

11. Harry Cockburn, "Worst Case Climate Change Scenario Could Be More Extreme than Thought, Scientists Warn," *Independent*, May 15, 2018.

12. Damian Carrington, "Record-Breaking Climate Change Pushes World into 'Uncharted Territory,' " *Guardian*, March 20, 2017.

13. Eleanor Cummins, "Tropical Storm Ophelia Really Did Break the Weather Forecast Grid," *Slate*, October 16, 2017.

14. Brett Walton, "Cape Town Rations Water Before Reservoirs Hit zero," circleofblue.org, October 26, 2017.

15. Samanth Subramanian, "India's Silicon Valley Is Dying of Thirst. Your City May Be Next," *Wired*, May 2, 2017.

16. Marcello Rossi, "In Italy's Parched Po River Valley, Climate Change Threatens the Future of Agriculture," Reuters, July 27, 2017.

17. Catherine Edwards, "The Source of Italy's Longest River Has Dried Up Due to Drought," thelocal.it, September 6, 2017.

18. Chelsea Harvey, "Scientists Find a Surprising Result on Global Wildfires: They're Actually Burning Less Land," *Washington Post*, June 29, 2017.

19. Michael Kodas, *Megafire: The Race to Extinguish a Deadly Epidemic of Flame* (Boston: Houghton Mifflin Harcourt, 2017), p. xii.

20. Ibid., pp. xii, xv.

21. David Karoly, "Bushfires and Extreme Heat in South-East Australia," realclimate.org, February 16, 2009.

22. Regional Municipality of Wood Buffalo, Twitter post, May 4, 2016, 9:28 AM.

23. "Greece Wildfires: Dozens Dead in Attica Region," bbc.com, July 24, 2018.

24. Kodas, *Megafire*, p. 116.

25. Will Dunham, "Bolt from the Blue: Warming Climate May Fuel More Lightning," Reuters, November 13, 2014.

26. Kodas, *Megafire*, p. 20.

27. Jack Healy, "Burying Their Cattle, Ranchers Call Wildfires 'Our Hurricane Katrina,'" *New York Times*, March 20, 2017.

28. Michael E. Mann, "It's a Fact: Climate Change Made Hurricane Harvey More Deadly," *Guardian*, August 28, 2017.

29. Doyle Rice, "Global Warming Makes 'Biblical' Rain Like That from Hurricane Harvey Much More Likely," *USA Today*, November 14, 2017.

30. Ibid.

31. Scott Waldman, "Global Warming Tied to Hurricane Harvey," *Scientific American*, December 14, 2017.

32. Seth Borenstein, "Florence Could Dump Enough to Fill Chesapeake Bay," Associated Press News, September 14, 2018.

33. Somini Sengupta, "The City of My Birth in India Is Becoming a Climate Casualty. It Didn't Have to Be," *New York Times*, July 31, 2018.

34. "Extreme Precipitation Events Have Risen Sharply in Northeastern U.S. Since 1996," *Yale Environment 360*, May 24, 2017.

35. Hiroko Tabuchi et al., "Floods Are Getting Worse, and 2,500 Chemical Sites Lie in the Water's Path," *New York Times*, February 6, 2018.

36. "Glacier Mass Loss: Past the Point of No Return," University of Innsbruck, uibk.ac.at, March 19, 2018.

37. Stephen Leahy, "Hidden Costs of Climate Change Running Hundreds of Billions a Year," *National Geographic*, September 27, 2017.

38. Fiona Harvey, "Climate Change Is Already Damaging World Economy, Report Finds," *Guardian*, September 25, 2012.

39. Richard Harris, "Study Puts Puerto Rico Death Toll from Hurricane Maria Near 5,000," *All Things Considered*, NPR, May 29, 2018.

40. Solomon Hsiang and Trevor Houser, "Don't Let Puerto Rico Fall into an Economic Abyss," *New York Times*, September 29, 2017.

41. Pinker, *Enlightenment Now*, p. 69.

42. "Climate Change Aggravates Global Hunger," Agence France-Presse, September 15, 2017.

43. Lin Taylor, "Factbox: Conflicts and Climate Disasters Forcing Children into Work—U.N.," Reuters.com, June 12, 2018.

44. Laignee Barron, "143 Million People Could Soon Be Displaced Because of Climate Change, World Bank Says," *Time*, March 20, 2018.

45. Daniel Wesangula, "Dying Gods: Mt. Kenya's Disappearing Glaciers Spread Violence Below," *Climate Home News*, August 2, 2017.

46. Lorraine Chow, "The Climate Crisis May Be Taking a Toll on Your Mental Health," *Salon*, May 22, 2017.

47. Ilissa Ocko, "Climate Change Is Messing with Clouds," edf.org/blog, August 24, 2016.

48. Brian Resnick, "We're Witnessing the Fastest Decline in Arctic Sea Ice in at Least 1,500 Years," vox.com, February 16, 2018.

49. Henry Fountain, "Alaska's Permafrost Is Thawing," *New York Times*, August 23, 2017.

50. Gillis, "Carbon in Atmosphere Is Rising."

51. Tom Knudson, "California Is Drilling for Water That Fell to Earth 20,000 Years Ago," *Mother Jones*, March 13, 2015.

52. Carol Rasmussen, "Sierras Lost Water Weight, Grew Taller During Drought," nasa.gov, December 13, 2017.

53. Matt Stevens, "102 Million Dead California Trees 'Unprecedented in Our Modern History,' Officials Say," *Los Angeles Times*, November 18, 2016.

54. Thomas Fuller, "Everything Was Incinerated: Scenes from One Community Wrecked by the Santa Rosa Fire," *New York Times*, October 10, 2017.

55. Andrew Freedman, "The Combustible Mix Behind Southern California's Terrifying Wildfires," mashable.com, December 6, 2017.

56. Nora Gallagher, "Southern Californians Know: Climate Change Is Real, It Is Deadly and It Is Here," *Guardian*, March 3, 2018.

57. Ibid.

3장

1. "Failing Phytoplankton, Failing Oxygen: Global Warming Disaster Could Suffocate Life on Planet Earth," sciencedaily.com, December 1, 2015.

2. Jasmin Fox-Skelly, "There Are Diseases Hidden in Ice and They Are Waking Up," bbc.com, May 4, 2017.

3. Susan Casey, *The Wave: In Pursuit of the Rogues, Freaks, and Giants of the Ocean* (New York: Doubleday, 2010), p. 153.

4. Ibid., p. 253; and Akshat Rathi, "Global Warming Won't Just Change the Weather—It Could Trigger Massive Earthquakes and Volcanoes," qz.com, May 24, 2016.

5. Joe Romm, "Exclusive: Elevated CO_2 Levels Directly Affect Human Cognition, New Harvard Study Shows," thinkprogress.org, October 26, 2015.

6. Anna Vidot, "Climate Change to Blame for Flatlining Wheat Yield Gains: CSIRO," *ABC Rural*, March 8, 2017.

7. Georgina Gustin, "Climate Change Could Lead to Major Crop Failures in World's Biggest Corn Regions," *InsideClimate News*, June 11, 2018.

8. Bill McKibben, "While Colorado Burns, Washington Fiddles," *Guardian*, June 29, 2012.

9. Daisy Dunne, "Global Warming Could Cause Yield of Sorghum Crops to Drop 'Substantially,' " carbonbrief.org, August 14, 2017.

10. Tobias Lunt et al., "Vulnerabilities to Agricultural Production Shocks: An Extreme, Plausible Scenario for Assessment of Risk for the Insurance Sector," *Climate Risk Management* 13 (2016): 1–9.

11. Elizabeth Winkler, "How the Climate Crisis Could Become a Food Crisis Overnight," *Washington Post*, July 27, 2017.

12. Helena Bottemiller Evich, "The Great Nutrient Collapse," *Politico*, September 13, 2017.

13. Brad Plumer, "How More Carbon Dioxide Can Make Food Less Nutritious," *New York Times*, May 23, 2018.

14. Evich, "Great Nutrient Collapse."

15. Bob Berwyn, "Global Warming Means More Insects Threatening Food Crops—a Lot More, Study Warns," *InsideClimate News*, August 30, 2018.

16. http://www.realclimate.org/index.php/archives/2013/10/sea-level-in-the-5th-ipcc-report/

17. Peter Brannen, *The Ends of the World: Volcanic Apocalypses, Lethal Oceans, and Our Quest to Understand Earth's Past Mass Extinctions* (New York: Ecco Books, 2017), p. 258.

18. Robert Scribbler, "New Study Finds That Present CO_2 Levels Are Capable of Melting Large Portions of East and West Antarctica," robertscribbler.com, August 2, 2017.

19. Michael Le Page, "Alarm as Ice Loss from Antarctica Triples in the Past Five Years," *New Scientist*, June 13, 2018.

20. Ian Johnston, "Earth Could Become 'Practically Ungovernable' If Sea Levels

Keep Rising, Says Former NASA Climate Chief," *Independent*, July 14, 2017.

21. "How Much Will the Seas Rise?" conversations.e-flux.com, February 26, 2018.

22. David Smiley, "Was Jorge Pérez Drunk When He Made Controversial Sea Level Rise Comment to Jeff Goodell?" *Miami Herald*, May 31, 2018.

23. Jeff Goodell, *The Water Will Come: Rising Seas, Sinking Cities, and the Remaking of the Civilized World* (New York: Little, Brown, and Company, 2017), p. 148.

24. Christopher Flavelle, "Florida Could Be Close to a Real Estate Reckoning," *Insurance Journal*, January 2, 2018.

25. Anna Hirtensen, "AXA Insurance Chief Warns of 'Uninsurable Basements' from New York to Mumbai," *Insurance Journal*, January 26, 2018.

26. Tim Radford, "Kids Suing Trump Get Helping Hand from World's Most Famous Climate Scientist," *EcoWatch*, July 19, 2017.

27. "Relocating Kivalina," toolkit.climate.gov, January 17, 2017.

28. Wallace-Wells, *"The Uninhabitable Earth," New York*, July 9, 2017.

29. Kenneth R. Weiss, "Some of the World's Biggest Lakes Are Drying Up. Here's Why," *Inter Press Service*, March 1, 2018.

30. Bryan Bender, "Chief of U.S. Pacific Forces Calls Climate Greatest Worry," *Boston Globe*, March 9, 2013.

31. Jonathan Watts, "Arctic's Strongest Sea Ice Breaks Up for First Time on Record," *Guardian*, August 21, 2018.

32. Quirin Schiermeier, "Huge Landslide Triggered Rare Greenland Mega-Tsunami," *Nature*, July 27, 2017.

33. Goodell, *The Water Will Come*, p. 141.

4장

1. "How to Improve the Health of the Ocean," *The Economist*, May 27, 2017.

2. Brannen, *Ends of the World*, p. 235.

3. Roz Pidcock, "Rate of Ocean Warming Quadrupled Since Late 20th Century, Study Reveals," *Carbon Brief*, March 10, 2017.

4. Brittany Patterson, "How Much Heat Does the Ocean Trap? A Robot Aims to Find Out," *Climatewire*, October 18, 2016.

5. Christopher Knaus and Nick Evershed, "Great Barrier Reef at Terminal Stage; Scientists Despair at Latest Bleaching Data," *Guardian*, April 9, 2017.

6. Amy Remeikis, "Great Barrier Reef Tourism Spokesman Attacks Scientist Over Slump in Visitors," *Guardian*, January 12, 2018.

7. P. G. Brewer, "A Short History of Ocean Acidification Science in the 20th Century: A Chemist's View," *Biogeosciences* 10 (2013): 7411–22.

8. Rohling, *Oceans*, p. 181.

9. Ibid., p. 72.

10. Ibid., 161.

11. Seth Borenstein, "Scientists Warn of Hot, Sour, Breathless Oceans," Associated Press, November 14, 2013.

12. Elena Becatoros, "More than 90 Percent of World's Coral Reefs Will Die by 2050," *Independent*, March 13, 2017.

13. Brannen, *Ends of the World*, p. 65.

14. Ibid., p. 65.

15. Ibid., p. 122.

16. Ibid., p. 188.

17. Ibid., p. 203.

18. "A One-Two Punch May Have Helped Check the Dinosaurs," sciencedaily.com, February 7, 2018.

19. Joseph F. Byrnes and Leif Karlstrom, "Anomalous K-Pg–aged Seafloor Attributed to Impact-Induced Mid-Ocean Ridge Magmatism," *Science Advances* 4 no. 2 (February 7, 2018): 1–6.

20. Brannen, *Ends of the World*, p. 136.

21. Rohling, *Oceans*, p. 114.

22. Ibid., p. 88.

23. Howard Lee, "Underground Magma Triggered Earth's Worst Mass Extinction with Greenhouse Gases," *Guardian*, August 1, 2017.

24. Damian Carrington, "Earth's Sixth Mass Extinction Event Under Way, Scientists Warn," *Guardian*, July 10, 2017.

25. Damian Carrington, "Humans Just 0.01% of All Life but Have Destroyed 83% of Wild Mammals—Study," *Guardian*, May 21, 2018.

26. George Monbiot, "Our Natural World Is Disappearing Before Our Eyes. We Have to Save It," tppahanshilhorst.com, July 6, 2018.

5장

1. Donald Worster, *Shrinking the Earth: The Rise and Decline of Natural Abundance* (New York: Oxford University Press, 2016), p. 15.

2. Ibid., p. 40.

3. Adam Smith, *The Wealth of Nations, Book 4*, Chapter 7, Part 3. (Indianapolis, 2009), p. 2.

4. Gayathri Vaidyanathan, "Killer Heat Grows Hotter around the World," *Scientific American*, August 6, 2015.

5. Alan Blinder, "As the Northwest Boils, an Aversion to Air-Conditioners Wilts," *New York Times*, August 3, 2017.

6. Mike Ives, "In India, Slight Rise in Temperature Is Tied to Heat Wave Deaths," *New York Times*, June 8, 2017.

7. Jason Samenow, "Two Middle Eastern Locations Hit 129 Degrees, Hottest Ever in Eastern Hemisphere, Maybe the World," *Washington Post*, July 22, 2016.

8. Bob Berwyn, "Heat Waves Creeping Toward a Deadly Heat-Humidity Threshold," *InsideClimate News*, August 3, 2017.

9. Damian Carrington, "Unsurvivable Heatwaves Could Strike the Heart of China by End of Century," *Guardian*, July 31, 2018.

10. Jonathan Watts and Elle Hunt, "Halfway to Boiling: The City at 50C," *Guardian*, August 13, 2018.

11. Kevin Krajick, "Humidity May Prove Breaking Point for Some Areas as Temperatures Rise, Says Study," *Earth Institute*, December 22, 2017.

12. Lauren Morello, "Climate Change Is Cutting Humans' Work Capacity," climatecentral.org, February 24, 2013.

13. Jeremy Deaton, "Extreme Heat Is Killing America's Farm Workers," qz.com, September 1, 2018.

14. Somini Sengupta, Tiffany May, and Zia ur-Rehman, "How Record Heat Wreaked Havoc on Four Continents," *New York Times*, July 30, 2018.

15. Elle Hunt, " 'We Have Different Ways of Coping': The Global Heatwave from Beijing to Bukhara," *Guardian*, July 28, 2018.

16. Watts and Hunt, "Halfway to Boiling."

17. Christopher Flavelle, "Louisiana Plan Could Move Thousands from Coast," *Portland Press Herald*, December 22, 2017.

18. Ashley Nagaoka, "Hawaii Study: Impacts of Sea Level Rise Already Being Felt—and It Will Only Get Worse," hawaiinewsnow.com, December 20, 2017.

19. Michael Kimmelman, "Jakarta Is Sinking So Fast, It Could End Up Underwater," *New York Times*, December 21, 2017.

20. Gabrielle Gurley, "Boston's Rendezvous with Climate Destiny," prospect.org, January 5, 2018.

21. Rohling, *Oceans*, p. 170.

22. Goodell, *The Water Will Come*, p. 214.

23. Dr. Jeff Masters, "Retreat from a Rising Sea: A Book Review," wunderground .com/cat6, February 16, 2018.

24. Kavya Balaraman, "U.S. Harvests Could Suffer with Climate Change," *Scientific American*, January 20, 2017.

25. Oliver Millman, "We're Moving to Higher Ground," *Guardian*, September 24, 2018.

26. Worster, *Shrinking the Earth*, p. 133.

27. Alister Doyle, "Arctic Thaw to Cause up to $90 Trillion Damage to Roads and Buildings," *Independent*, April 25, 2017.

28. Catherine Porter, "Canadian Town, Isolated after Losing Rail Link, 'Feels Held Hostage,' " *New York Times*, August 30, 2017.

29. Jim Dwyer, "Saving Scotland's Heritage from the Rising Seas," *New York Times*, September 25, 2018.

6장

1. Nathaniel Rich, "Losing Earth: The Decade We Almost Stopped Climate Change," *New York Times Magazine*, August 1, 2018.
2. Harry Stevens, "A 30-year alarm on the reality of climate change," Axios, June 23, 2018.
3. Peter Frumhoff, "Global Warming Fact: More than Half of All Industrial CO_2 Pollution Has Been Emitted Since 1988," uscusa.org, December 15, 2014.
4. Goodell, *The Water Will Come*, p. 224.
5. Ibid., p. 84.
6. Joe Romm, "Obama's Worst Speech Ever: 'We've Added Enough New Oil and Gas Pipeline to Encircle the Earth,' " thinkprogress.org, March 22, 2012.
7. Sabrina Shankman, "Oil and Gas Fields Leak Far More Methane than EPA Reports, Study Finds," *InsideClimate News*, June 21, 2018.
8. Cameron Cawthorne, "Obama Touts Paris Agreement," *Washington Free Beacon*, November 28, 2018.
9. Nicole Gaouette, "Trudeau Issues Rallying Cry for Climate Fight and Takes a Dig at the US," cnn.com, September 21, 2017.

7장

1. Neela Banerjee, Lisa Song, and David Hasemyer, "Exxon's Own Research Confirmed Fossil Fuels' Role in Global Warming Decades Ago," *InsideClimate News*, September 16, 2015.
2. Ibid.
3. Benjamin Franta, "On Its 100th birthday in 1959, Edward Teller Warned the Oil Industry About Global Warming," *Guardian*, January 1, 2018.
4. Energy and Policy Institute, "Utilities Knew: Documenting Electric Utilities' Early Knowledge and Ongoing Deception on Climate Change from 1968–2017," July 2017.
5. Dick Russell and Robert F. Kennedy Jr., *Horsemen of the Apocalypse: The Men Who Are Destroying Life on Earth—And What It Means for Our Children* (New York: Hot Books, 2017), p. 16–17.
6. Neela Banerjee, Lisa Song, and David Hasemyer, "Exxon: The Road Not Taken," *InsideClimate News*, September 16, 2015.
7. Sara Jerving et al., "What Exxon Knew about the Earth's Melting Arctic," *Los Angeles Times*, October 9, 2015.
8. Benjamin Franta, "Shell and Exxon's Secret 1980s Climate Change Warnings,"

Guardian, September 19, 2018.

9. Jason M. Breslow, "Investigation Finds Exxon Ignored Its Own Early Climate Change Warnings," pbs.org, September 16, 2015.

10. Russell and Kennedy, *Horsemen of the Apocalypse*, p. 20–21.

11. Oliver Burkeman, "Memo Exposes Bush's New Green Strategy," *Guardian*, March 3, 2003.

12. Ruairí Arrieta-Kenna, "Almost 90% of Americans Don't Know There's Scientific Consensus on Global Warming," vox.com, July 6, 2017.

13. Russell and Kennedy, *Horsemen of the Apocalypse*, p. 30.

14. Rupert Neate, "ExxonMobil CEO: Ending Oil Production 'Not Acceptable for Humanity,' " *Guardian*, May 25, 2016.

15. Olivia Beavers, "Trump: Polar Ice Caps Are 'at a Record Level,' " *Hill*, January 28, 2018.

16. John H. Cushman Jr., "Exxon Reports on Climate Risk and Sees Almost None," *InsideClimate News*, February 5, 2018.

17. Exxon Mobile, "Understanding the '#ExxonKnew' controversy," https://corporate.exxonmobil.com/en/key-topics/understanding-the-exxonknew-controversy/understanding-the-exxonknew-controversy/

18. Alex Steffen, "On Climate, Speed Is Everything," *The Nearly Now*, December 7, 2017.

19. Brady Dennis, "Countries Made Only Modest Climate-Change Promises in Paris. They're Falling Short Anyway," *Washington Post*, February 19, 2018.

2부 레버리지

8장

1. David Cole, "Facts and Figures," *New York Review of Books*, July 19, 2018.

2. Philip Alston, "Extreme Poverty in America: Read the UN Special Monitor's Report," *Guardian*, December 15, 2017.

3. Ed Pilkington, "Hookworm, A Disease of Extreme Poverty, Is Thriving in the U.S. South. Why?" *Guardian*, September 5, 2017.

4. Ibid.

5. "Contempt for the Poor in US Drives Cruel Policies, Says UN Expert," ohchr.org, June 4, 2018.

6. Editorial Board, "The Tax Bill that Inequality Created," *New York Times*, December 16, 2017.

7. Noah Kirsch, "The Three Richest Americans Hold More Wealth Than Bottom

50% of the Country, Study Finds," *Forbes*, November 9, 2017.

8. Max Ehrenfreund, "How Trump's Budget Helps the Rich at the Expense of the Poor," *Washington Post*, May 23, 2017.

9. Annie Lowrey, "Jeff Bezos's $150 Billion Fortune Is a Policy Failure," *Atlantic*, August 1, 2018.

10. Les Leopold, *Runaway Inequality: An Activist's Guide to Economic Justice* (New York: Labor Institute Press, 2015), p. 6.

11. Josh Hoxie, "Blacks and Latinos Will Be Broke in a Few Decades," *Fortune*, September 19, 2017.

12. Preeti Varathan, "Millennials Are Set to Be the Most Unequal Generation Yet," qz.com, November 19, 2017.

13. Raj Chetty, interview by Michel Martin, "U.S. Kids Now Less Likely to Earn More than Their Parents," *All Things Considered*, NPR, December 18, 2016.

14. Richard Wilkinson and Kate Pickett, "The Science Is In: Greater Equality Makes Societies Healthier and Richer," evonomics.com, January 26, 2017.

15. Jessica Boddy, "The Forces Driving Middle-Aged White People's Deaths of Despair," *Morning Edition*, March 23, 2017.

16. Tyler Durden, "America's Miserable 21st Century," zerohedge.com, March 4, 2017.

9장

1. "A Very Big Shoe to Fill," *The Economist*, March 7, 2002.

2. Harriet Rubin, "Ayn Rand's Literature of Capitalism," *New York Times*, September 15, 2007.

3. Jonathan Freedland, "The New Age of Ayn Rand: How She Won Over Trump and Silicon Valley," *Guardian*, April 10, 2017.

4. Rubin, "Ayn Rand's Literature of Capitalism."

5. Harriet Rubin, "Fifty Years On, 'Atlas Shrugged' Still Has Its Fans—Especially in Business," *New York Times*, September 17, 2007.

6. Freedland, "New Age of Ayn Rand."

7. Rachel Weiner, "Paul Ryan and Ayn Rand," *Washington Post*, August 13, 2012.

8. Husna Haq, "Paul Ryan Does an About-Face on Ayn Rand," *Christian Science Monitor*, August 14, 2012.

9. Robert James Bidinotto, "Celebrity Ayn Rand Fans," atlassociety.org, January 1, 2006.

10. James B. Stewart, "As a Guru, Ayn Rand May Have Her Limits. Ask Travis Kalanick," *New York Times*, July 13, 2017.

11. Kirsten Powers, "Donald Trump's Kinder, Gentler Version," *USA Today*,

April 11, 2016.

12. Wendy Milling, "President Obama Jabs at Ayn Rand, Knocks Himself Out," *Forbes*, October 30, 2012.

13. Jennifer Burns, *Goddess of the Market: Ayn Rand and the American Right* (New York: Oxford University Press, 2009), p. 23.

14. Thomas E. Ricks, *Churchill and Orwell: The Fight for Freedom* (New York: Penguin Press, 2017), p. 8 (emphasis added).

15. William Manchester, *The Last Lion: Winston Spencer Churchill, Alone 1932–1940* (New York: Bantam Books, 1988).

16. George Orwell, *A Patriot After All* (London: Secker and Warburg, 1998), p. 503.

17. Burns, *Goddess of the Market*, p. 8.

18. Ibid., p. 13.

19. Ibid., pp. 20, 24.

20. Anne C. Heller, *Ayn Rand and the World She Made* (New York: Nan A. Talese, 2009), p. 1.

21. Ayn Rand, *The Fountainhead*, twenty-fifth anniversary edition (Indianapolis: Bobbs-Merrill, 1968), p. 7.

22. Ibid., p. 3.

23. Burns, *Goddess of the Market*, p. 86.

24. Ibid.

25. Rand, *The Fountainhead*, p. 712 (emphasis added).

26. Ayn Rand, *Atlas Shrugged* (New York: Dutton, 1957), p. 1065.

27. Andrea Barnet, *Visionary Women: How Rachel Carson, Jane Jacobs, Jane Goodall, and Alice Waters Changed Our World* (New York: Ecco Books, 2018), p. 441.

28. Burns, *Goddess of the Market*, p. 157.

29. Jonas E. Alexis, *Christianity's Dangerous Idea: How the Christian Principle and Spirit Offer the Best Explanation for Life and Why Other Alternatives Fail: Volume 1* (Bloomington, IN: Authorhouse, 2010), p. 600.

10장

1. Maria Tadeo, "Unrepentant Tom Perkins Apologises for 'Kristallnacht' Remarks but Defends War on the Rich Letter," *Independent*, January 28, 2014.

2. Julia Ioffe, "Before Predicting a Liberal Kristallnacht, Tom Perkins Wrote a One-Percenter Romance Novel," *New Republic*, January 25, 2014.

3. Jonathan Chait, "Voting Also Reminds Tom Perkins of Kristallnacht," *New York Magazine*, February 14, 2014.

4. Jane Mayer, "The Koch Brothers Say No to Tariffs," *The New Yorker Radio Hour*, June 15, 2018.

5. Jane Mayer, *Dark Money: The Hidden History of the Billionaires behind the Rise of the Right* (New York: Doubleday, 2016), p. 36.

6. Ibid., p. 38 (emphasis added).

7. Ibid, p. 40.

8. Jane Mayer, "The Secrets of Charles Koch's Political Ascent," *Politico*, January 18, 2016.

9. Nancy MacLean, *Democracy in Chains: The Deep History of the Radical Right's Stealth Plan for America* (New York: Viking, 2017), p. xiv.

10. James M. Buchanan and Gordon Tullock, *The Collected Works of James M. Buchanan, Vol. 3: The Calculus of Consent: Logical Foundations of Constitutional Democracy*, available online at delong.typepad.com/Files/calculus-of-consent.pdf, p. 171.

11. MacLean, *Democracy in Chains*, p. 134.

12. Ibid., p. 148.

13. Mayer, *Dark Money*, p. 464.

14. Jane Mayer, "The Reclusive Hedge-Fund Tycoon Behind the Trump Presidency," *The New Yorker*, March 27, 2017.

15. Lisa Mascaro, "They Snubbed Trump. But the Koch Network Has Still Exerted a Surprising Influence over the White House," *Los Angeles Times*, August 15, 2017.

16. Annie Linskey, "The Koch Brothers (and Their Friends) Want President Trump's Tax Cut. Very Badly," *Boston Globe*, October 14, 2017.

17. Hiroko Tabuchi, "How the Koch Brothers Are Killing Public Transit Projects Around the Country," *New York Times*, June 19, 2018.

18. Lee Gang and Nick Surgey, "Koch Document Reveals Laundry List of Policy Victories Extracted from the Trump Administration," *Intercept*, February 25, 2018.

19. Fredreka Schouten, "Secret Money Funds More than 40% of Outside Congressional Ads," *USA Today*, July 12, 2018.

20. Robert Barnes and Steven Mufson, "White House Counts on Kavanaugh in Battle Against 'Administrative State,'" *Washington Post*, August 12, 2018.

11장

1. Ayn Rand, "Civilization," aynrandlexicon.com.

2. Dhruv Khullar, "How Social Isolation Is Killing Us," *New York Times*, December 22, 2016.

3. Ruth Whippman, "Happiness Is Other People," *New York Times*, October 27, 2017.

4. Nicole Karlis, "Why Doing Good Is Good for the Do-Gooder," *New York Times*, October 26, 2017.

5. "Why Hearing Loss May Raise Your Risk of Dementia," clevelandclinic.org,

February 20, 2018.

6. Adam Grant, "In the Company of Givers and Takers," *Harvard Business Review*, April 2013.

7. "Elinor Ostrom," *The Economist*, June 30, 2012.

8. Shankar Vedantam, "Social Isolation Growing in U.S., Study Says," *Washington Post*, June 23, 2006.

9. Jean M. Twenge, *iGen: Why Today's Super-Connected Kids Are Growing Up Less Rebellious, More Tolerant, Less Happy—and Completely Unprepared for Adulthood—and What That Means for the Rest of Us* (New York: Atria Books, 2017).

10. Adam Smith, *The Theory of Moral Sentiments* (London: printed for A. Millar, A. Kincaid, and J. Bell, 1759), part III, chapter 2.

11. Kate Raworth, *Doughnut Economics: Seven Ways to Think Like a 21st-Century Economist* (White River Junction, VT: Chelsea Green Publishing, 2017), p. 89.

12. Mike Bird and Riva Gold, "How Do You Price a Problem Like Korea?" *Wall Street Journal*, August 11, 2017.

13. Michael Tomasky, "The G.O.P.'s Legislative Lemons," *New York Times*, December 14, 2017.

14. Amy Fleming et al., "Heat: The Next Big Inequality Issue," *Guardian*, August 13, 2018.

15. "Rupert Murdoch's Speech on Carbon Neutrality," *Australian*, May 10, 2007.

16. "Free Market Is a Fair Market: Murdoch," *Australian*, April 5, 2013.

17. ClimateDenierRoundup, "Washington Post Hires Former WSJ Opinion Editor, Will He Bring Deniers Along?" dailykos.com, May 31, 2018.

18. Farron Cousins, "Media Matters Report Shows Stunning Lack of Climate Coverage on TV Networks in 2016," desmogblog.com, March 30, 2017.

19. "Fox News' Jesse Watters: 'No One Is Dying from Climate Change,'" Media Matters video, 1:04, mediamatters.org, June 5, 2017.

20. Steven F. Hayward, "Climate Change Has Run Its Course," *Wall Street Journal*, June 4, 2018.

21. Amanda Terkel, "CEI Expert: 'The Best Policy Regarding Global Warming Is to Neglect It,'" thinkprogress.org, August 15, 2006.

22. Robert D. Tollison and Richard E. Wagner, *The Economics of Smoking* (New York: Springer, 1992), p. 183.

23. Graham Readfearn, "The Idea That Climate Scientists Are in It for the Cash Has Deep Ideological Roots," *Guardian*, September 15, 2017.

24. Ibid.

25. Russell and Kennedy, *Horsemen of the Apocalypse*, p. 116.

26. Ibid., p. 114.

27. MacLean, *Democracy in Chains*, p. 216.

28. Bill McKibben, "McCain's Lonely War on Global Warming," *onEarth*, March 31, 2004.

29. Rebecca Shabad, "McCain to Kerry: What Planet Are You On?" *TheHill*, February 19, 2014.

30. Hiroko Tabuchi, "Rooftop Solar Dims Under Pressure from Utility Lobbyists," *New York Times*, July 8, 2017.

31. John Cushman Jr., "No Drop in U.S. Carbon Footprint Expected through 2050, Energy Department Says," *InsideClimate News*, February 6, 2018.

32. Daniel Simmons, "Does the Federal Government Think We Are Dim Bulbs?" instituteforenergyresearch.org, December 18, 2013.

12장

1. Nellie Bowles, "Silicon Valley Flocks to Foiling, Racing Above the Bay's Waves," *New York Times*, August 20, 2017.

2. Adam Vaughan, "Google to Be 100% Powered by Renewable Energy from 2017," *Guardian*, December 6, 2016.

3. Nick Bilton, "Silicon Valley's Most Disturbing Obsession," *Vanity Fair*, November 2016.

4. Maureen Dowd, "Elon Musk's Billion Dollar Crusade to Stop the AI Apocalypse," *Vanity Fair*, April 2017.

5. Melia Robinson, "Silicon Valley's Dream of a Floating, Isolated City Might Actually Happen," *Business Insider*, October 5, 2016.

6. Paulina Borsook, *Cyberselfish: A Critical Romp through the Terribly Libertarian Culture of High Tech* (New York: PublicAffairs, 2000), pp. 2–3.

7. Ibid., p. vi.

8. Ibid., p. 215.

9. Ayn Rand, *Fountainhead*, p. 11.

3부 게임의 이름

13장

1. Personal conversation, November 22, 2017.

2. James Bridle, "Known Unknowns," *Harper's*, July 2018.

3. "Rise of the Machines," *The Economist*, May 22, 2017.

4. "On Welsh Corgis, Computer Vision, and the Power of Deep Learning," microsoft.com, July 14, 2014.

5. Andrew Roberts, "Elon Musk Says to Forget North Korea Because Artificial

Intelligence Is the Real Threat to Humanity," uproxx.com, August 12, 2017.

6. Tom Simonite, "What Is Ray Kurzweil Up to at Google? Writing Your Emails," *Wired*, August 2, 2017.

7. Michio Kaku, *The Future of the Mind: The Scientific Quest to Understand, Enhance, and Empower the Mind* (New York: Doubleday, 2014), p. 271.

8. Tim Urban, "What Will Happen When We Succeed in Creating AI That's Smarter than We Are?" qz.com, October 1, 2015.

9. Ibid.

10. Pawel Sysiak, "When Will the First Machine Become Superintelligent?" *Medium*, April 11, 2016.

11. Raffi Khatchadourian, "The Doomsday Invention," *The New Yorker*, November 23, 2015.

12. Tim Urban, "The AI Revolution: The Road to Superintelligence," waitbutwhy.com, January 22, 2015.

14장

1. Kaku, *Future of the Mind*, p. 118.

2. "On Living Forever," interview with Michael West, *Ubiquity* magazine, megafoundation.org, June 2000.

3. Brad Plumer et al., "A Simple Guide to CRISPR, One of the Biggest Science Stories of the Decade," vox.com, July 23, 2018.

4. Ibid.

5. Jennifer A. Doudna and Samuel H. Sternberg, *A Crack in Creation: Gene Editing and the Unthinkable Power to Control Evolution* (Boston: Houghton Mifflin Harcourt, 2017), p. 29.

6. Ibid., p. x.

7. Carl zimmer, "A Crispr Conundrum: How Cells Fend Off Gene Editing," *New York Times*, June 12, 2018.

8. Doudna and Sternberg, *Crack in Creation*, p. 194.

9. Ibid., p. xv.

10. Ibid., p. 166.

11. Denise Grady, "FDA Panel Recommends Approval for Gene-Altering Leukemia Treatment," *New York Times*, July 12, 2017.

12. Doudna and Sternberg, *Crack in Creation*, p. xvi (emphasis added).

13. Akshat Rathi, "A Highly Successful Attempt at Genetic Editing of Human Embryos Has Opened the Door to Eradicating Inherited Diseases," qz.com, August 2, 2017.

14. Dennis Normille, "CRISPR Bombshell: Chinese Researcher Claims to Have Created Gene-Edited Twins," *Science*, November 26, 2018.

15. "Chinese Scientist Pauses Gene-Edited Baby Trial After Outcry," *Al-Jazeera*, November 28, 2018.

16. Hannah Devlin, "Jennifer Doudna: I Have to be True to Who I Am as a Scientist," *Guardian*, July 2, 2017.

17. Paul Knoepfler, *GMO Sapiens: The Life-Changing Science of Designer Babies* (Singapore: World Scientific Publishing, 2016), p. 11.

18. Dean Hamer, "Tweaking the Genetics of Behavior," *Scientific American*, Fall 1999, p. 62.

19. Gregory E. Pence, *Who's Afraid of Human Cloning?* (Lanham, MD: Rowman and Littlefield, 1998), p. 168.

20. Abbey Interrante, "A New Genetic Test Could Help Determine Children's Success," *Newsweek*, July 10, 2018.

21. Pam Belluck, "Gene Editing for 'Designer Babies'? Highly Unlikely, Scientists Say," *New York Times*, August 4, 2017.

22. Ibid.

23. Ibid.

24. Doudna and Sternberg, *Crack in Creation*, p. 241.

25. Ibid., p. 185.

26. Lee M. *Silver, Remaking Eden* (New York: 1997), pp. 1–3.

27. Doudna and Sternberg, *Crack in Creation*, p. xvi.

15장

1. Abate, T. "Nobel Winner's Theories Raise Uproar in Berkeley/Geneticist's Views Strike Many as Racist, Sexist," *San Francisco Chronicle*, November 13, 2000. Retrieved on October 24, 2007.

2. Doudna and Sternberg, *Crack in Creation*, p. 199.

3. Ibid., p. 237.

4. Silver, *Remaking Eden*, p. 241.

5. Julian Savulescu, "As a Species, We Have a Moral Obligation to Enhance Ourselves," interview by TED guest author, ideas.ted.com, February 19, 2014.

6. Nathaniel Comfort, "Can We Cure Genetic Diseases without Slipping into Eugenics?" *The Nation*, July 16, 2015.

7. Johann Hari, "Is Neoliberalism Making Our Depression and Anxiety Crisis Worse?" *In These Times*, February 21, 2018.

8. Vince Beiser, "The Robot Assault on Fukushima," *Wired*, April 26, 2018.

9. Quoctrung Bui, "Bricklayers Fending Off a Robot Takeover," *New York Times*, March 9, 2018.

10. Harari, *Homo Deus*, p. 330.

11. Alana Semuels, "Where Automation Poses the Greatest Threat to American

Jobs," citylab.com, May 3, 2017.

12. Tom Price, "The Last Auto Mechanic," *Medium*, July 27, 2017.

13. Tyler Cower, *Average Is Over* (New York: Dutton, 2013) p. 23.

14. Curtis White, *We, Robots: Staying Human in the Age of Big Data* (Brooklyn, NY: Melville House, 2015), p. 19.

15. Kai-Fu Lee, "The Real Threat of Artificial Intelligence," *New York Times*, June 24, 2017.

16. Bill Joy, "Why the Future Doesn't Need Us," *Wired*, April 1, 2000.

17. Sarah Marsh, "Essays Reveal Stephen Hawking Predicted Race of Superhumans," *Guardian*, October 4, 2018

18. Dowd, "Elon Musk's Billion Dollar Crusade."

19. James Vincent, "Elon Musk Says We Need to Regulate AI Before It Becomes a Danger to Humanity," theverge.com, July 17, 2017.

20. Stephen Hawking, "Artificial Intelligence Could Be the Greatest Disaster in Human History," *Independent*, October 20, 2016.

21. James Barrat, *Our Final Invention: Artificial Intelligence and the End of the Human Era* (New York: St. Martin's Press, 2013), p. 34.

22. Nick Bostrom, "A Transhumanist Perspective on Genetic Enhancements," nickbostrom.com, 2003.

23. Khatchadourian, "Doomsday Invention."

24. Stephen M. Omohundro, "The Basic A.I. Drives," in *Artificial General Intelligence 2008*, eds. Pei Wang, Ben Goertzel, and Stan Franklin (Amsterdam: IOS Press, 2008), available online at selfawaresystems.files.wordpress.com/2008/01/ai_drives_final.pdf, p. 9.

25. Anders Sandberg, "Why We Should Fear the Paperclipper," sentientdevelopments.com, February 14, 2011.

26. Dowd, "Elon Musk's Billion Dollar Crusade," p. 89.

27. Barrat, *Our Final Invention*, p. 19.

28. Ibid., p. 265.

29. Pinker, *Enlightenment Now*, p. 300.

30. Jaron Lanier, *Ten Arguments for Deleting Your Social Media Accounts Right Now* (New York: Henry Holt, 2018), p. 135.

31. Damien Cave, "Artificial Stupidity," Salon, October 4, 2000.

32. Dowd, "Elon Musk's Billion Dollar Crusade," p. 90.

33. Sam Thielman, "Is Facebook Even Capable of Stopping an Influence Campaign on Its Platform?" *Talking Points Memo*, September 15, 2017.

34. James Walker, "Researchers Shut Down AI that Invented Its Own Language," digitaljournal.com, July 21, 2017.

35. Cade Metz, "Mark zuckerberg, Elon Musk, and the Feud over Killer Robots,"

New York Times, June 9, 2018.

36. Dowd, "Elon Musk's Billion Dollar Crusade," p. 91.

37. Khatchadourian, "Doomsday Invention."

16장

1. Knoepfler, *GMO Sapiens*, p. 177.

2. Rachel Nuwer, "Babies Start Learning Language in the Womb," smithsonianmag.com, January 4, 2013.

3. Michael D. Lemonick, "Designer Babies," *Time*, January 11, 1999.

4. Jim Kozubek, "Can Crispr-Cas9 Boost Intelligence?" *Scientific American*, September 23, 2016.

5. Knoepfler, *GMO Sapiens*, p. 179.

6. Ibid., p. 187.

7. Gregory Stock, *Redesigning Humans* (New York, 2002), p. 120.

8. Ephrat Livni, "Columbia and Yale Scientists Found the Spiritual Part of Our Brain," qz.com, May 30, 2018.

9. Knoepfler, *GMO Sapiens*, p. 214.

10. Ray Kurzweil, "Kurzweil's Law," longnow.org, September 23, 2005.

11. Megan Molteni, "Extra CRISPR," *Wired*, May 2018

12. Mihalyi Csikszentmihalyi, *Beyond Boredom and Anxiety, 25th Anniversary Edition* (San Francisco, CA: Wiley and Co., 2000), p. 33.

17장

1. Gil Press, "Breaking News: Humans Will Forever Triumph over Machines," *Forbes*, June 30, 2015.

2. Timothy J. Demy and Gary P. Stewart, eds., *Genetic Engineering: A Christian Response: Crucial Considerations for Shaping Life* (Grand Rapids, MI: Kregel, 1999), p. 131.

3. Wesley J. Smith, "Darwinist Wants Us to Create 'Humanzee,'" nationalreview.com, March 8, 2018.

4. Ed Regis, *The Great Mambo Chicken and the Transhuman Condition* (New York: Basic, 1990), p. 167.

5. Tim Urban, "The AI Revolution: The Road to Superintelligence," *Huffington Post*, February 10, 2015.

6. Ibid.

7. Decca Aitkenhead, "James Lovelock: Before the End of This Century, Robots Will Have Taken Over," *Guardian*, September 30, 2016.

8. Yuval Harari, "The Meaning of Life in a World without Work," *Guardian*, May 8, 2017.

9. Samuel Gibbs, "Apple Co-founder Steve Wozniak Says Humans Will Be Robots' Pets," *Guardian*, June 25, 2015.

10. Paul Lewis, " 'Our Minds Can Be Hijacked': The Tech Insiders Who Fear a Smartphone Dystopia," *Guardian*, October 6, 2017.

11. Lanier, *Ten Arguments*, p. 18.

12. Sang In Jung et al., "The Effect of Smartphone Usage Time on Posture and Respiratory Function," *Journal of Physical Therapy Science* 28, no. 1 (January 2016).

13. "The Next Human: Taking Evolution into Our Own Hands," *National Geographic*, April 2017.

14. Jean M. Twenge, "Have Smartphones Destroyed a Generation?" *The Atlantic*, September 2017.

18장

1. Steven Johnson, *How We Got to Now: Six Innovations that Made the Modern World* (New York: Riverhead Books, 2014), p. 148.

2. Jason Pontin, "Silicon Valley's Immortalists Will Help Us All Stay Healthy," *Wired*, December 15, 2017.

3. Maya Kosoff, "Peter Thiel Wants to Inject Himself with Young People's Blood," *Vanity Fair*, August 1, 2016.

4. Maya Kosoff, "This Anti-Aging Startup Is Charging Thousands of Dollars for Teen Blood," *Vanity Fair*, June 1, 2017.

5. Peter Thiel, "The Education of a Libertarian," cato-unbound.org, April 13, 2009.

6. Benjamin Snyder, "This Google Exec Says We Can Live to 500," *Fortune*, March 9, 2015.

7. Katrina Brooker, "Google Ventures and Bill Maris' Search for Immortality," stuff.co.nz, March 11, 2015.

8. Sy Mukherjee, "We're Finally Learning More Details about Alphabet's Secretive Anti-Aging Startup Calico," *Fortune*, December 14, 2017.

9. Nikhil Swaminathan, "A Silicon Valley Scientist and Entrepreneur Who Invented a Drug to Explode Double Chins Is Now Working on a Cure for Aging," qz .com, January 6, 2017.

10. Jamie Nimmo, "Life . . . UNLIMITED: Beating Ageing Is Set to Become the Biggest Business in the World, Say Tycoons," thisismoney.co.uk, March 17, 2018.

11. zack Guzman, "This Company Will Freeze Your Dead Body for $200,000," nbcnews.com, April 26, 2016.

12. Mark O'Connell, *To Be a Machine* (New York: Doubleday, 2017), p. 23.

13. Antonio Regalado, "A Startup Is Pitching a Mind-Uploading Service that Is '100 Percent Fatal,' " *MIT Technology Review*, March 13, 2018.

14. Ray Kurzweil, *The Age of Spiritual Machines: When Computers Exceed Human*

Intelligence (New York: Viking, 1999), p. 97.

15. Tad Friend, "Silicon Valley's Quest to Live Forever," *The New Yorker*, April 3, 2017.

16. Sage Crossroads, *The Fight over the Future: A Collection of Sage Crossroads Debates that Examine the Implications of Aging-Related Research* (Bloomington, IN: iUniverse, 2004), p. 25.

4부 실낱같은 가능성

19장

1. Address of His Holiness Pope Francis, June 7, 2018 wz.vatican.va/Francesco/en /speeches/2018/june/documents/popa.francesco_20180609_imprenditori-energia.html

2. Maggie Astor, "Want to Be Happy? Try Moving to Finland," *New York Times*, March 14, 2018.

3. "Few Americans Support Cuts to Most Government Programs, Including Medicaid," Pew Research Center, Washington, DC, May 26, 2017.

4. Doudna and Sternberg, *Crack in Creation*, p. 234.

5. Lester Thurow, *Creating Wealth: Building the Wealth Pyramid for Individuals, Corporations, and Society* (New York: Nicholas Brealey Publishing, 1999), p. 33.

6. Emily Baumgartner, "As D.I.Y. Gene Editing Gains Popularity, 'Someone Is Going to Get Hurt,' " *New York Times*, May 14, 2018.

7. Maxwell Mehlman, "Regulating Genetic Enhancement," *Wake Forest Law Review* 34 (Fall 1999): 714.

8. Eugene Volokh, "If It Becomes Possible to Safely Genetically Increase Babies' IQ, It Will Become Inevitable," *Washington Post*, July 14, 2015.

9. Daniela Hernandez, "How to Survive a Robot Apocalypse: Just Close the Door," *Wall Street Journal*, November 10, 2017.

10. Olivia Solon, "The Rise of Pseudo-AI: How Tech Firms Quietly Use Humans to Do Bots' Work," *Guardian*, July 6, 2018.

11. James Vincent, "Elon Musk Says We Need to Regulate AI Before It Becomes a Danger to Humanity," theverge.com, July 17, 2017.

12. Preetika Rana, "China, Unhampered by Rules, Races Ahead in Gene-Editing Trials," *Wall Street Journal*, January 21, 2018.

13. "Biggest AI Startup Boosts Fundraising to $1.2 Billion," *Bloomberg News*, May 30, 2018.

14. James Vincent, "Putin Says the Nation that Leads in AI 'Will Be the Ruler of the World,' " theverge.com, September 4, 2017.

15. Maureen Dowd, "Will Mark zuckerberg 'Like' This Column?" *New York*

Times, November 23, 2017.

16. Susan Ratcliffe, ed., "J. Robert Oppenheimer 1904–67, American Physicist," oxfordreference.com, 2016.

17. Barrat, *Our Final Invention*, p. 52.

18. Julian Savulescu, "As a Species, We Have a Moral Obligation to Enhance Ourselves," ideas.ted.com, February 19, 2014.

19. Ingmar Persson and Julian Savulescu, *Unfit for the Future: The Need for Moral Enhancement* (Oxford: Oxford University Press, 2012), pp. 1–2.

20. Ibid., p. 116.

21. David Roberts, "Americans Are Willing to Pay $177 a Year to Avoid Climate Change," vox.com, October 13, 2017.

20장

1. Worster, *Shrinking the Earth*, p. 116.

2. World Bank, "State of Electricity Access Report (SEAR) 2017," worldbank.org.

3. Russell and Kennedy, *Horsemen of the Apocalypse*, pp. 109–10.

4. Ryan Koronowski, "Exxon CEO: What Good Is It to Save the Planet If Humanity Suffers?" thinkprogress.org, May 30, 2013.

5. Simon Evans, "Renewables Will Give More People Access to Electricity than Coal, Says IEA," carbonbrief.org, October 19, 2017.

6. David Roberts, "Wind Power Costs Could Drop 50%. Solar PV Could Provide up to 50% of Global Power. Damn," vox.com, August 31, 2017.

7. Jake Richardson, "Solar Power Energy Payback Time Is Now Super Short," cleantechnica.com, March 25, 2018.

8. Lorraine Chow, "100% Renewable Energy Worldwide Isn't Just Possible—It's Also More Cost-Effective," ecowatch.com, December 22, 2017.

9. Personal conversation with author, September 22, 2016.

10. Natasha Geiling, "New Study Gives 150 Million Reasons to Reduce Carbon Emissions," March 20, 2018, thinkprogress.org.

11. Steve Hanley, "Network of Tesla Powerwall Batteries Saves Green Mountain Power $500,000 During Heat Wave," cleantechnica.com, July 27, 2018.

12. Nick Harmsen, "Elon Musk's Tesla and SA Labor Reach Deal to Give Solar Panels and Batteries to 50,000 Homes," abc.net.au, February 3, 2018.

21장

1. Henry David Thoreau, *On the Duty of Civil Disobedience*. Constitution.org/civ /civildis.htm

2. Jonathan Schell, *The Unconquerable World: Power, Nonviolence, and the Will of the People* (New York: Metropolitan Books, 2003), p. 144. (Emphasis mine.)

3. Harari, Homo Deus, p. 277.

4. Heidi M. Przybyla, "Report: Anti-Protester Bills Gain Traction in State Legislatures," *USA Today*, August 29, 2017.

5. Megan Darby, "Pope Francis Tells Oil Chiefs to Keep It in the Ground," climatechangenews.com, June 9, 2018.

6. Phil McKenna, "Ranchers Fight Keystone XL Pipeline by Building Solar Panels in Its Path," *InsideClimate* News, July 11, 2017.

22장

1. "Poll: Voters in America's Heartland Don't Want Changes to National Monuments," nationalparktraveler.org, November 7, 2017.

2. Coral Davenport and Lisa Friedman, "GOP Pushes to Overhaul Law Meant to Protect At-Risk Species," *New York Times*, July 22, 2018.

3. Wendell Berry, "Manifesto: The Mad Farmer Liberation Front," *In Context* 30 (Fall/Winter 1991).

4. "75 Percent of the German Energy Coops Finance with Local Coop Banks," Die Genossenschaften, dgrv.de https://www.dgrv.de/en/services/energycooperatives /energycoopsfinancewithlocalcoopbanks.html

5. Christine Emba, "Our Socialist Youth: Why Millennials Are Embracing a Bad, Old Term," *Washington Post*, March 21, 2016.

6. David Fleming, ed. Shaun Chamberlin, *Surviving the Future: Culture, Carnival, and Capital in the Aftermath of the Market Economy* (White River Junction, VT: Chelsea Green Publishing, 2016), p. 27.

7. Clint Carter, "We Will Not Get Bigger, We Will Not Get Faster," medium.com, July 26, 2018.

8. Adrien Marck et al., "Are We Reaching the Limits of Homo Sapiens," *Frontiers in Physiology*, October 24, 2017.

9. Richard Price, "Stephen Pinker's Enlightenment Now: the Flynn Effect," richardprice.io, April 6, 2018.

10. Rory Smith, "IQ Scores Are Falling and Have Been for Decades, New Study Finds," CNN.com, June 14, 2018.

11. Adrien Marck et al., "Are We Reaching the Limits of *Homo sapiens?*" *Frontiers in Physiology*, frontiersin.org, October 24, 2017.

12. Steven Pinker, "The Moral Imperative for Bioethics," *Boston Globe*, July 31, 2015.

13. Derrick O'Keefe, "Décroissance in America: Say Degrowth!" *Reporterre*, May 8, 2010.

14. Adam Smith, *The Wealth of Nations*, Book I, chapter 9. "On the Profits of Stock," available online econlib.org/library/smith/smwn.htm

15. John Stuart Mill, "Of the Stationary State of Wealth and Population," quoted

at bartleby.com.

16. The Arts Council of Great Britain, "First Annual Report 1945–6" (London: Baynard Press, 1946), p. i.

23장

1. Clay Routledge, "Suicides Have Increased. Is This an Existential Crisis?" *New York Times*, June 23, 2018.

2. Ibid.

3. Edward Luce, *The Retreat of Western Liberalism* (New York: Atlantic Monthly Press, 2017), p. 123.

4. Steven Overly, "Trump's Pick for Labor Secretary Has Said Machines Are Cheaper, Easier to Manage than Humans," *Washington Post*, December 8, 2016.

에필로그 - 현실에 기반을 두고

1. Christian Davenport, "Jeff Bezos on Nuclear Reactors in Space, the Lack of Bacon on Mars and Humanity's Destiny in the Solar System," *Washington Post*, September 15, 2016.

2. Ibid.

3. Arjun Kharpal, "When Elon Musk Sends People to the Moon There May Be a Mobile Network So They Can Check Facebook," cnbc.com, March 2, 2018.

4. Ben Guarino, "Stephen Hawking Calls for a Return to Moon as Earth's Clock Runs Out," *Washington Post*, June 21, 2017.

5. Freeman Dyson, "Should Humans Colonize Space?" Letters, *New York Review of Books*, May 25, 2017.

6. Charles Wohlforth and Amanda Hendrix, "Humans May Dream of Traveling to Mars, but Our Bodies Aren't Built for It," *Los Angeles Times*, November 28, 2016.

7. Rae Paoletta, "Will Human Beings Have to Upgrade Their Bodies to Survive on Mars?" gizmodo.com, March 17, 2017.

8. Sarah Scoles, "The Floating Robot with an IBM Brain Is Headed to Space," *Wired*, June 28, 2018.

9. "The 12 Greatest Challenges for Space Exploration," *Wired*, February 16, 2016.

10. Kim Stanley Robinson, *Aurora* (New York: Orbit, 2015), p. 501.

11. John Muir, *The Ten Thousand Mile Walk to the Gulf, chapter 5*, available online vault.sierraclub.org

12. Luke Bailey, "Three Hundred Turtles Were Found Dead in an Old Fishing Net," inews.co.uk, September 4, 2018.

찾아보기

옮긴이 홍성완

연세대 정외과, 마이애미MBA, 서울시립대 박사수료 후 현재 NDS에 재직, 출판번역 에이전시 엔터스코리아에서 전문번역가로 활동 중이다. 역서로는 『건강한 과학 : 오류와 편견, 논쟁 속에 숨은 진실 찾기』, 『지속 가능한 발전의 시대』, 『전자 정복 : 상상이 현실이 되기까지 천재과학자들이 써 내려간 창조의 역사』등 다수가 있다.

폴터 – 휴먼 게임의 위기, 기후 변화와 레버리지

초판 1쇄 발행   2020년 8월 25일

지은이   빌 맥키번
옮긴이   홍성완

발행처   도서출판 생각이음
발행인   김종희
디자인   별을 잡는 그물
출판등록번호   제2019–000031
출판 등록연월일   2017년 10월 27일
주소   (04045) 서울시 마포구 양화로 64, 8층 LS–837(서교동, 서교제일빌딩)
전화   02–337–1673
팩스   02–337–1674
전자우편   thinklink37@naver.com

ISBN   979–11–965525–3–4(03300)